시간이 멈추는 날

수메르 점토판에 새겨진 지구와 인류의 마지막 운명

시간이 멈추는 날
수메르 점토판에 새겨진 지구와 인류의 마지막 운명

초판 1쇄 인쇄 2011년 10월 18일
초판 1쇄 발행 2011년 10월 25일

지은이   제카리아 시친
옮긴이   이재황

펴낸이   김환기
펴낸곳   도서출판 AK

주소   서울시 마포구 마포동 324-3번지 경인빌딩 3층
전화   02-3143-7995
팩스   02-3143-7996
등록   제 395-2009-000037호
이메일   booksorie@naver.com
블로그   http://blog.naver.com/akbooks

ISBN   978-89-94881-01-0 03900
        978-89-962449-4-3 (세트)

※잘못 만들어진 책은 구입하신 서점에서 교환해 드립니다.

THE EARTH CHRONICLES V

시간이 멈추는 날

수메르 점토판에 새겨진 **지구**와 **인류**의 마지막 운명

제카리아 시친 지음 | 이재황 옮김

AK
Alternative Knowledge

THE END OF DAYS
Copyright ⓒ 2007 by Zecharia Sitchin
All rights reserved.

No part of this book may be reproduced or transmitted in any form
or by any means without the prior written permission of the author.
Korean translation copyright ⓒ 2011 by eMorning Book Pub.

이 책의 한국어판 저작권은 저작권자와의 독점계약으로
도서출판 이른아침에 있습니다. 신저작권법에 의해 한국 내에서
보호를 받는 저작물이므로 무단전재와 복제를 금합니다.

| 머리말 |

과거와 미래

"그들은 언제 돌아올까요?"

나는 이런 질문을, 내 책을 읽은 사람들로부터 수도 없이 받았다. 여기서 '그들'이란 아눈나키(Anunnaki)다. 자기네 행성 니비루(Nibiru)에서 지구로 와서 고대에 신들로 숭배되던 존재들이다. 니비루가 타원 궤도를 돌다가 우리 지구에 근접하는 때일까? 그리고 그때 무슨 일이 일어날까? 한낮에 캄캄한 어둠이 닥치고 지구가 산산조각이 날까? 그것은 기독교에서 말하는 '지상의 평화(Peace on Earth)'일까, 아니면 '아마겟돈(Armageddon, 대파국)'일까? 고통과 고난의 1,000년일까, 메시아(Messiah, 구세주)의 재림(再臨)일까? 그 일은 2012년에 일어날까, 아니면 그 이후일까, 그도 아니면 전혀 일어나지 않을까?

이 문제는 현세에 일어나고 있는 일들과 복합되어 사람들의 깊숙한 희망과 불안을 종교적 신념 및 기대와 연결시켜 주고 있는 심원한 질문들이다. 그 일들이란 신과 인간의 복잡한 사건들이 시작된 지역에서 일어나는 전쟁, 핵 재앙의 위협, 심상찮은 자연재해의 강도 등이다. 나는 이제까지 이런 질문들에는 대답을 하려 하지 않았다. 그러나 이제 그 질문들에 대한 대답을 미룰 수 없는, 어쩌면 미뤄서는 안 되는 시기가 되었다.

분명히 알아야 할 것은, 그들의 귀환에 대한 질문이 새로운 것은 아니라는 사실이다. 그 질문들은 과거(그리고 현재도), '주님의 날(The Day of the Lord)' 또는 '종말의 날(End of Days)' 또는 '아마겟돈'에 대한 기대나 우려와 확실하게 연결되어 있었다. 4,000년 전 근동 지방에서는 한 신과 그 아들이 '지상천국'을 약속했다. 3,000여 년 전 이집트의 왕과 백성들은 메시아의 시대를 기구(祈求)했다. 2,000년 전 유대 사람들은 메시아가 나타난 것이 아닌지 미심쩍어했고, 우리는 아직도 그 사건들의 미스터리에 붙잡혀 있다. 예언은 실현되고 있는 것일까?

우리는 이 문제들에 관해 주어진 헛갈리는 대답들을 검토하고, 고대의 수수께끼들을 풀며, 십자가와 물고기와 성배 같은 상징들의 유래와 의미를 풀어보겠다. 우리는 역사적 사건들 속에 나오는 우주 관련 장소들의 역할을 설명하고, 과거와 현재와 미래가 '하늘-지구 연결고리(Bond Heaven-Earth)'가 있는 예루살렘 땅으로 귀일(歸一)되는 이유도 제시하겠다. 또한 우리가 사는 서기 21세기가 서기전 21세기와 왜 그렇게 비슷한지에 대해서도 고찰해 보겠다. 역사는 반복되는 것일까? 반복되도록 정해진 것일까? 이 모든 것은 '메시아의 시계'에 따라 움직이는 것일까? 그 시간이 가까워진 것일까?

2,000여 년 전, 구약에 나오는 유명한 다니엘은 천사들에게 거듭 물었다.

"언제입니까?"

'종말의 날'이, '시대의 종말'이 언제냐는 것이었다. 300여 년 전 천체 운행의 비밀을 밝혀낸 유명한 아이작 뉴턴(Isaac Newton, 1642~1727)은 구약의 「다니엘」과 신약의 「요한 계시록」에 관한 논문을 썼다. '종말의 날'에 관한 그의 계산을 담은, 최근 발견된 육필 원고도 분석하고 '종말'에 대한 최근의 예언들도 더 다루어보겠다.

구약과 신약은 모두 '미래'에 관한 비밀은 '과거' 속에 숨겨져 있고, '지구'의 운명은 '하늘'과 연결되어 있으며, 인류에게 일어나는 사건들과 그 운명은 하느님 및 신들에게 일어나는 사건들과 그들의 운명에 연관되어 있다고 주장한다. 아직 일어나지 않은 일들을 다룸에 있어 우리는 역사에서 예언으로 넘어간다. 그 둘은 어느 한쪽만 가지고는 이해할 수 없으며, 우리는 양쪽 모두를 다룰 것이다. 이를 길잡이로 삼고 과거의 렌즈를 통해 미래를 살펴보자. 틀림없이 놀라운 대답들이 기다리고 있을 것이다.

2006년 11월, 뉴욕에서
제카리아 시친

| 차례 |

머리말 | 과거와 미래 5

1 메시아의 시계 11

2 "그리고 그 일이 일어났다" 35

3 이집트의 예언, 인간의 운명 55

4 신들과 반신반인들 77

5 최후의 심판을 향한 카운트다운 101

6 바람과 함께 사라지다 123

7 운명의 이름은 50가지 155

8 신의 이름으로 181

9 약속의 땅 205

시친의 지구연대기 V
THE EARTH CHRONICLES

10 지평선의 십자가 233

11 주님의 날 261

12 한낮의 어둠 291

13 신들이 지구를 떠나던 날 325

14 종말의 날 359

15 예루살렘 : 성배, 사라지다 385

16 아마겟돈과 귀환 예언들 413

마지막 말 437

역자 후기 439

| 일러두기 |

1. 인용된 『성서』 번역은 역본에 따라 빠진 장·절도 있고 뉘앙스도 조금씩 다르게 되어 있기 때문에 특정 국역본에 맞추지 않고 여러 국역본을 참조해 저자가 인용한 영역본에 충실하게 번역했다.
2. 『성서』에 나오는 고유명사는 일반적인 독음과 다른 경우 괄호 안에 병기했다. 기타 고유명사도 이(異)표기를 괄호 안에 병기했다.
3. 중동 지역 말에 들어 있는 sh는 뒤에 모음이 이어지지 않는 경우 '쉬'로 통일하고, 그리스어 y는 'ㅟ'로 표기했다.
4. 주요 신 가운데 Sin(난나르)은 신(神)과 혼동되는 것을 막기 위해 예외적으로 '씬'이라 표기했다.

1
메시아의 시계

메시아의 시계

인류는 어떤 고비를 넘을 때마다 대파국의 공포와 메시아 열풍, '시대의 종말'이라는 불안에 사로잡히는 것 같다.

종교에 대한 맹목적인 믿음은 전쟁과 폭동, '이교도' 학살 등으로 나타난다. 서방 왕들이 동원한 군대가 동방 왕들의 군대와 전쟁을 벌인다. '문명의 충돌'이 기존의 생활 방식을 뿌리째 흔들어놓는다. 학살당한 시체가 도시와 마을을 뒤덮고, 신분이 높고 힘센 자들은 방벽 뒤로 숨어 일신의 안전을 꾀한다. 자연재해와 점점 거세어지는 대재앙으로 사람들은 유리걸식한다. 인류는 과연 죄를 지었고, 이것이 과연 '신의 분노'가 표출되는 것이며, 또 하나의 싹쓸이 대홍수가 예정되어 있다는 말일까? 이것이 계시의 실현일까? 구원은 가능할까(또는 있을 것인가)? 메시아의 시대가 시작된 것일까?

지금, 즉 서기 21세기인가 아니면 서기전 21세기였을까?

정답은 '둘 다 맞다'이다. 지금이기도 하고 그 옛날이기도 하다. 그것이 현재의 상황이기도 하고 4,000여 년 전 시기의 상황이기도 하다. 그리고 이 놀라운 유사성은 그사이 중간 시기의 사건들에 기인한다. 예수의 시대, 메시아 열풍에 휩싸였던 시기 말이다.

인류와 그 인류가 살고 있는 지구에 대변혁이 일어나는 세 시기는 서로 불가분의 관계에 있다. 그 가운데 둘은 기록을 남긴 과거의 일이었고(서기 전 2100년 무렵과 서력기원 전후에 일어났다), 하나는 가까운 미래의 일이다. 한 가지 사건은 다른 사건의 원인이 되었고, 한 사건을 이해하려면 다른 사건을 알아야만 한다. '현재'는 '과거'로부터 왔고, '과거'는 바로 '미래'다. 세 사건 모두의 핵심은 **메시아에 대한 기대**다. 그리고 셋 모두를 엮어주는 것은 **예언**이다.

현재의 이 고통과 고난의 시기는 어떻게 끝날 것인가? 그 미래의 전조를 찾으려면 '예언'의 영역으로 들어가야 한다. 우리가 찾을 예언은 주로 심판과 '종말'에 대한 두려움 때문에 생긴 예언들의 신규 발굴 목록이 아니다. '과거'에 정리되어 '미래'를 예언하고 이전의 메시아에 대한 열망을 적어놓은 특별한 고대 기록들에 의거하는 것이다. 고대에 그들의 미래를 예언했고, 다가올 '우리의 미래'도 예언했다고 믿어지는 기록들이다.

세 가지 예언적 사건들(그 가운데 둘은 이미 일어났고 하나는 이제 일어나려 하고 있다)에서 하늘과 지구 사이의 물리적·영적 관계는 이 사건들에 결정적으로 중요했고, 지금도 여전히 중요하다. 물리적 측면은 지구를 하늘과 연결하는 실제 기지들의 지구상 위치에 나타나 있다. 그 기지들은 매우 중요시된 곳이었고, 사건들의 초점이었다. 영적인 측면은 우리가 '종교'라 부르는 것에 나타나 있다. 세 경우 모두 인간과 신 사이의 변화된 관계가 핵심이었다. 다만 인류가 이 세 대격변 가운데 처음 맞이했던 경우인 서기 전 2100년 무렵에는 그 관계가 인간과 '신들'의 관계여서 복수형이었다는 차이가 있다. 그 관계가 정말로 변했는지는 곧 알게 될 것이다.

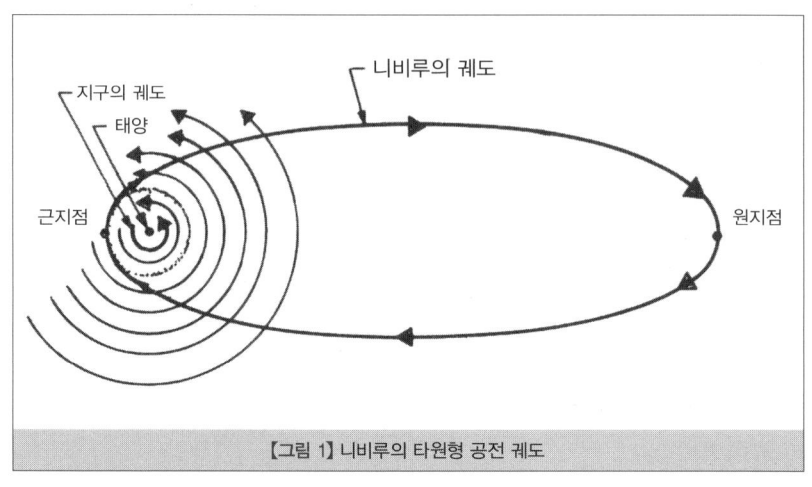

【그림 1】 니비루의 타원형 공전 궤도

수메르인들이 **아눈나키**('하늘에서 지구로 온 자들')라고 부르던 신들의 이야기는 그들이 금을 찾아 **니비루**에서 지구로 오는 것으로부터 시작된다. 그들의 행성인 니비루에 관한 이야기는 일곱 개의 서판에 길게 적힌 「창조 서사시」라는 형태로 고대에 기록되었다. 이 서사시는 대개 상징적인 신화로 이해되어 왔다. 원시적인 인류가 행성들을 살아 있는 신들이 서로 싸우는 것으로 생각한 결과라는 것이다. 그러나 내가 『수메르, 혹은 신들의 고향 The Twelfth Planet』에서 밝혔듯이, 이 고대 문서는 사실 한 떠돌이 행성이 우리 태양계를 지나다가 티아마트(Tiamat)라는 행성과 충돌한 전말을 이야기하고 있는 자세한 우주 발생론이다. 이 충돌로 말미암아 지구와 그 위성인 달이 생겨났고, 소행성대(小行星帶)와 혜성들이 생겨났으며, 침입자 자신은 태양계에 붙잡혀 일주하는 데 지구 햇수로 3,600년이나 걸리는 거대한 타원 궤도를 돌게 되었다. 【그림 1】

수메르 문서들에 따르면 아눈나키가 지구에 온 것은 노아(Noah)의 대홍수보다 그 공전 주기로 120주기 전, 지구 햇수로 43만 2,000년 전이었다. 그들이 지구로 온 이유와 과정, 기독교 성서에 에덴(Eden)으로 나오는 에딘(Edin)에 세운 그들의 첫 도시들, 그들이 인간을 만든 일과 만든 이유, 그리고 싹쓸이 대홍수에 얽힌 이야기들에 관해서는 내가 쓴 '지구 연대기(The Earth Chronicles)' 시리즈의 여러 책들에서 이미 밝힌 바 있기 때문에 여기서 되풀이하지는 않겠다. 그러나 중요한 서기전 21세기로 시간여행을 떠나기 전에 대홍수 이전과 이후의 몇 가지 획기적인 사건들에 대한 기억은 되살려볼 필요가 있다.

「창세기」 6장에서부터 시작되는 기독교 성서의 대홍수 이야기는 하나의 신 야훼(Yahweh, 여호와)에 관해 서로 모순되는 모습을 전하고 있다. 야훼는 처음에는 인류를 지구상에서 쓸어 없애려고 결정했다가, 나중에는 노아와 방주를 통해 그들을 구하려고 노력한다. 이 이야기의 앞선 형태인 수메르 자료에 따르면 인류에게 불만을 품은 것은 **엔릴**(Enlil)이라는 신이었고, 인류를 구하려고 반기를 든 것은 **엔키**(Enki)라는 신이었다. 구약이 일신교 때문에 얼버무린 것은 엔릴과 엔키 사이의 불일치만이 아니었고, 이후 지구상에서 일어나는 사건들을 좌지우지한 그 두 아눈나키 집안 사이의 경쟁과 갈등도 마찬가지였다.

이 둘과 그 후손들 사이의 갈등, 그리고 대홍수 이후 그들에게 분배된 지구상의 지역들은 그 이후 일어나는 모든 사건들을 이해하려면 염두에 두고 있어야 한다.

엔릴과 엔키는 이복형제간으로, 니비루의 지배자 **아누**(Anu)의 아들들이었다. 지구상에서 벌어진 그들 사이의 갈등은 그들의 고향 행성 니비루에서 시작되었다. 당시 **에아**(Ea, '물에 사는 자')라 불린 엔키는 아누의 맏아들이었지만 정식 배우자 **안투**(Antu)의 소생은 아니었다. 아누와 그의 이복누이인 안투 사이에서 엔릴이 태어나자, 엔릴은 맏아들이 아니었지만 니비루의 대권을 이어받을 법적 승계자가 되었다. 엔키와 그 외가 쪽의 어쩔 수 없는 불만은 무엇보다도 아누의 대권 승계 자체에 하자가 있다는 사실로 인해 증폭되었다. 알랄루(Alalu)라는 경쟁자와의 승계 싸움에서 패한 아누는 나중에 쿠데타를 일으켜 왕위를 찬탈했고, 알랄루는 목숨을 구하기 위해 니비루를 떠나지 않을 수 없었다. 그것이 에아의 원망이라는 형태로 자손들에게서 되풀이되었을 뿐만 아니라, 「안주(Anzu) 이야기」라는 서사시에 나타나는 것과 같이 엔릴의 리더십에 대한 도전들을 불러들였다. (니비루 왕가들과 아누·안투 및 엔릴·에아 집안 사이의 얽히고설킨 관계에 대해서는 『사라진 엔키의 책 The Lost Book of Enki』을 보라.)

신들의 계승(및 결혼) 원칙이라는 수수께끼를 푸는 열쇠로 나는 그 원칙들이 신들에 의해 인류의 대리인으로 선택된 민족에게도 같은 방식이 적용되었음을 알아차렸다. 기독교 성서에는 족장 아브라함(Abraham) 이야기가 나오는데(「창세기」 20:12), 그는 아내 사라(Sarah)를 여동생이라고 소개했지만 그것이 거짓은 아니었다.

> "(…) 정말로 그녀는 내 여동생입니다.
> 내 아버지의 딸이지만
> 내 어머니의 딸이 아닐 뿐입니다.
> 그리고 그녀는 내 아내가 되었습니다. (…)"
>
> _「창세기」 20:12

어머니가 다른 이복누이와 결혼하는 것이 허용되었을 뿐만 아니라 그런 부인에게서 난 아들, 즉 이 경우에는 이사악(Isaac, 이삭)이 법적 상속자가 되고 왕위를 이어받게 되는 것이다. 하녀 하가르(Hagar, 하갈)에게서 난 맏아들 이쉬마엘(Ishmael, 이스마엘)이 아니었다. (그러한 계승 원칙이 이집트에서 라(Ra) 신의 후손들, 즉 각기 이복누이 이시스(Isis) 및 네프튀스(Nephtys)와 결혼한 오시리스(Osiris)와 세트(Seth) 사이에서 격렬한 반목을 불러일으켰던 전말에 대해서는 『신들의 전쟁, 인간들의 전쟁 The Wars of Gods and Men』에 설명되어 있다.)

이런 계승 원칙이 복잡해 보일지 모르지만, 그것은 왕실 연구자들이 '혈족'이라 부르는 것에 근거하고 있다. 지금 양친으로부터 유전되는 일반 디엔에이(DNA)나 어머니로부터 여성에게만 유전되는 미토콘드리아디엔에이(mtDNA)와는 구별되는 복잡한 디엔에이 혈통으로 이해해야 하는 부분이다. 복잡하지만 기본적인 원칙은 이렇다. 왕실 계보는 부계로 이어진다. 맏아들은 다음 승계자다. '어머니가 다른' 이복누이는 아내가 될 수 있다. 그리고 그러한 이복누이에게서 나중에 아들이 태어나면 그 아들은 맏이가 아니더라도 법적 상속자가 되어 왕가의 계승자가 된다.

대권을 놓고 벌이는 에아/엔키와 엔릴 두 이복형제간의 경쟁은 마음속의 문제인 사적 경쟁에 의해 더욱 뒤엉켰다. 그들은 모두 아누의 또 다른 첩의 딸인 이복누이 **닌마**(Ninmah)를 욕심냈다. 에아는 그녀를 진심으로 사랑했지만 결혼을 허락받지 못했다. 그러자 엔릴이 그녀를 낚아채 **닌우르타**(Ninurta)라는 아들을 낳았다. 결혼을 통해 낳은 것은 아니었지만, 승계 원칙에 따라 닌우르타는 이론의 여지 없는 엔릴의 상속자가 되었다. 그의 맏아들이자 왕실 이복누이와의 사이에서 태어난 아들이었던 것이다.

'지구 연대기'의 여러 책들에서 설명했듯이, 에아는 희박해져 가는 니비루의 대기권을 보호하는 데 필요한 금을 얻기 위해 지구로 온 선발대 아눈나키 50명의 지휘자였다. 처음 계획이 실패로 돌아가자 그의 이복동생 엔릴이 지구 파견단의 확충을 위해 더 많은 아눈나키를 이끌고 지구로 왔다. 그것만으로는 적대 분위기를 조성하는 데 부족했던지, 닌마마저 의료진의 책임자로 일하기 위해 지구에 도착했다.

「아트라하시스(Atra-Hasis) 서사시」로 알려진 긴 문서는 아누가 중대한 임무를 망치고 있는 두 아들 사이의 반목을 완전히 뿌리 뽑기 위해(그는 그걸 원했다) 지구를 방문하는 장면으로 지구상에서의 신들과 인간들에 대한 이야기를 시작한다. 아누는 심지어 자신이 지구에 남고 두 이복형제 가운데 하나를 보내 니비루를 통치하게 하려고까지 했다. 이 고대 문서를 보면, 이를 위해 누가 지구에 남고 누가 니비루의 대권을 맡을지 결정하는 제비뽑기까지 했다.

> 신들은 서로 손을 맞잡고
> 제비를 뽑은 뒤 헤어졌다.
> 아누는 (다시) 하늘로 올라가고
> (엔릴에게는) 지구가 맡겨졌다.
> 고리처럼 둘러싸인 바다는
> 엔키 왕자에게 주어졌다.

제비뽑기 결과 아누는 니비루를 다스리기 위해 그곳으로 돌아갔다. 에아에게는 바다와 물의 지배권이 주어졌고(나중에 그리스인들은 '포세이돈(Poseidon)'이라 했고, 로마인들은 '넵투누스(Neptunus)'라 했다), 그 마음을 달래기 위해 엔키('지구의 주인')라는 별호도 주어졌다. 그러나 전체적인 책임을 맡은 것은 엔릴('사령부의 주인')이었다. '그에게 지구가 맡겨졌다'고

했다. 화가 났거나 말았거나, 에아/엔키는 승계 원칙이나 제비뽑기 결과에 반발할 수는 없었다. 그리고 이 원한, 곧 정의를 부정당한 것에 대한 분노와 그 부당함을 아버지와 조상들에게 되갚으려는 통절한 집념 역시 억누를 수 없었고, 이렇게 해서 엔키의 아들 **마르둑**(Marduk)이 싸움에 나서게 된 것이다.

몇몇 문서들은 아눈나키가 각기 특정한 기능을 가진 에딘(대홍수 이후의 수메르)의 정착지들을 어떤 방식으로 건설했는지 설명한다. 모든 정착지들은 마스터플랜에 따라 배치되었다. 중요한 우주와의 연락(고향 행성 및 왕복선·우주선과 상시 대화할 수 있는 능력이다)은 니푸르(Nippur)에 있는 엔릴의 사령부에서 주관했다. 그 핵심에는 두르안키(Duranki, '하늘-지구 연결고리')라는 이름을 지닌 희미한 빛을 내는 방이 있었다. 또 다른 중요한 시설은 시파르(Sippar, '새의 도시')에 위치한 우주공항이었다. 니푸르는 다른 '신들의 도시'들이 형성하는 동심원의 중심에 위치했다. 그 모두는 우주선이 도착할 때의 착륙회랑으로 설계되었고, 그 초점은 근동 지역에서 가장 눈에 잘 띄는 지형지물인 아라라트(Ararat) 산 쌍봉이었다. 【그림 2】

그리고 대홍수가 일어나 '땅을 휩쓸어' 모든 신들의 도시와 함께 비행통제센터 및 우주공항도 없애버렸고, 에딘을 수백만 톤의 진흙과 침적토 밑에 묻어버렸다. 모든 것은 완전히 새로 시작되어야 했다. 그러나 상당 부분은 이제 더 이상 똑같이 만들 수 없었다. 무엇보다도 새로운 우주공항 시설과 함께 새로운 비행통제센터, 착륙회랑을 위한 새로운 표지 시설을 건설하는 일이 필요했다. 새로운 착륙 경로는 또다시 눈에 띄는 아라라트 쌍봉을 기준점으로 삼았다. 다른 부분들은 모두 새롭게 만들었다. 시나이(Sinai) 반도의 북위 30도 선상에 세워진 우주공항, 표지 시설 노릇을 하는 인공 쌍봉인 기자(Giza)의 피라미드들, 예루살렘이라는 곳에 자리 잡은 새

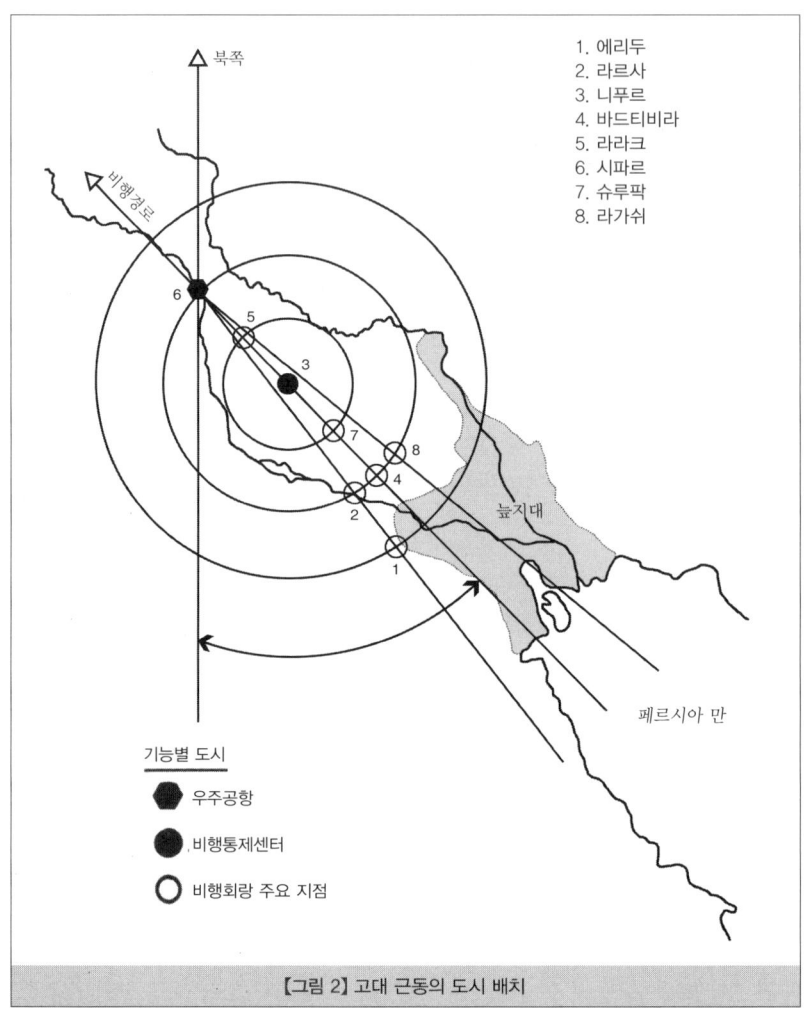

【그림 2】 고대 근동의 도시 배치

로운 비행통제센터 등이다.【그림 3】이것이 대홍수 이후 시기에 일어난 사건들에서 중요한 역할을 하는 배치도였다.

대홍수는 신과 인간의 문제나 그들 사이의 관계에 있어 하나의 분수령

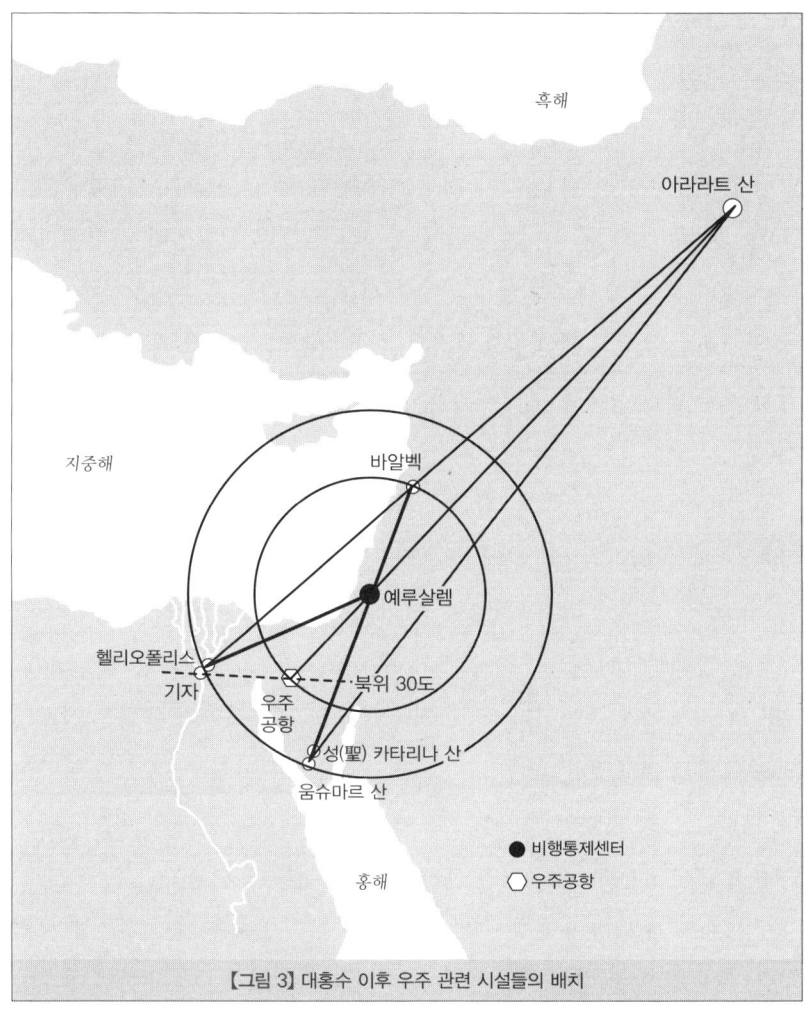

【그림 3】대홍수 이후 우주 관련 시설들의 배치

이었다. 문자 그대로도 그렇고, 비유적으로도 그러했다. 신들에게 봉사하고 노동을 하도록 만들어졌던 지구인들은 이제 폐허가 된 지구에서 아우 격의 동반자가 되었다.

인간들과 신들 사이의 새로운 관계는 서기전 3800년 무렵 인류가 메소포타미아에서 최초의 고도 문명을 전수받았을 때 공식화되고 신성화되고 성문화되었다. 이 역사적인 사건은 아누의 지구 공식 방문 뒤에 일어났다. 아누는 니비루의 지배자였을 뿐만 아니라 지구에서는 고대 신들의 집합체에서 우두머리였다. 그가 지구를 방문한 또 다른(그리고 아마도 가장 중요한) 이유는 신들 사이에 평화를 조성하고 그것을 확인하기 위해서였다. 대홍수 이후의 새로운 환경과 우주 시설들의 새로운 배치로 신들 사이에서 새로운 영토 분할이 필요해졌고, 아눈나키의 두 주요 가문인 엔릴 집안과 엔키 집안 사이에 구대륙의 땅을 분할하는 상생 협정을 맺어야 했던 것이다.

그것이 기독교 성서 '제(諸)민족 목록'(「창세기」 10장)에 나오는 분할이다. 거기에는 노아의 세 아들들로부터 시작된 인류의 분산이 민족과 지역에 따라 기록되어 있다. 아시아는 셈(Shem)의 부족들/나라들에 주어졌고, 유럽은 야페트(Japhet)의 자손들에게 주어졌으며, 아프리카는 함(Ham)의 부족/나라들에게 주어졌다. 역사 기록들을 보면 아시아와 유럽은 엔릴계에 주어지고 아프리카는 엔키와 그 자손들에게 주어지는, 비슷한 분할이 나타난다. 접경 지역인 시나이 반도에는 대홍수 이후 중요한 우주공항이 자리 잡고 있었는데, 중립적인 신성 구역으로 남겨두었다.

구약은 그저 노아의 가계 구분에 따라 나라와 민족을 나열하는 데 그쳤지만, 그보다 앞선 수메르 문서들은 이 분할이 계획적인 행동이었으며 아눈나키 지도부가 숙고 끝에 내린 결론이었다는 사실을 기록하고 있다. 「에타나(Etana) 서사시」로 알려진 한 문서는 이렇게 말하고 있다.

> 운명을 결정하는 고위 아눈나키가
> 모여 앉아 지구에 관한 의견을 나누었다.

그들은 네 구역을 정하고
정착지를 건설했다.

에우프라테스(Euphrates)와 티그리스(Tigris) 두 강 사이의 땅, 즉 메소포타미아(Mesopotamia)인 제1구역에서는 인류의 첫 번째 문명인 수메르 문명이 건설되었다. 대홍수 이전 신들의 도시가 있었던 곳에 '인간의 도시'들이 들어섰고, 각 도시마다에는 한 신과 그의 거처 지구라트가 있는 성역이 있었다. 예를 들어 엔릴은 니푸르에, 닌마는 슈루팍(Shuruppak)에, 닌우르타는 라가쉬(Lagash)에, **난나르**(Nannar)/**씬**(Sin)은 우르(Ur)에, **인안나**(Inanna)/**이쉬타르**(Ishtar)는 우루크(Uruk)에, **우투**(Utu)/**샤마쉬**(Shamash)는 시파르에 자리 잡았다. 그런 각 도시들의 중심에는 엔시(Ensi, '정통성 있는 목자')를 하나씩 골라 신들을 대신해 백성을 다스리도록 했다(처음에는 선택받은 반신반인이 그 일을 담당했다). 그 엔시의 주된 임무는 정의와 도덕의 법을 공포하는 것이었다. 성역에서는 고위 사제의 감독하에 한 사제가 신과 그 배우자의 시중을 들고, 휴일 축연을 감독하고, 봉헌과 희생과 신에 대한 기도 의례를 주관했다. 미술과 조각, 음악과 무용, 시와 찬가, 그리고 무엇보다도 신전에서 문서와 기록 보존이 활발해졌고 이는 왕궁으로 확산되었다.

때로는 이 도시들 가운데 하나가 선택되어 나라의 수도 역할을 했다. 그곳의 지배자는 루갈(Lugal, '위대한 사람')로 불린 왕이었다. 처음에는, 그리고 그 뒤 오랫동안 나라에서 가장 힘센 이 사람이 왕이자 고위 사제 노릇을 했다. 왕은 그 역할과 권위를 위해 신중하게 선택되었고, 왕권을 상징하는 모든 물건들은 하늘로부터, 니비루의 아누에게서 직접 지구로 보내진 것으로 생각되었다. 이 문제를 다룬 한 수메르 문서는 지구의 왕에게 왕관과 홀(笏) 같은 왕권의 상징물들과 정통성(목자의 지팡이)이 주어지기 전에 그들은 '하늘에서 아누 앞에 놓인다'고 말하고 있다. 실제로 '왕권'에 해당하는 수메르어는 아누쉽(Anuship)이었다.

문명의 핵심으로서 '왕권'이 지닌 모습과 인류를 위한 정당한 행위 및 도덕적 규범에 관해서는 대홍수 이후 '왕권이 하늘로부터 내려왔다'는 구절로 「수메르 왕 명부」에 분명하게 표현되어 있다. 이는 우리가 이 책에서 메시아에 대한 열망(신약의 용어로는 **지상에서 '하늘의 왕권'을 되찾는 것**이다)을 탐구할 때 염두에 두고 있어야 할 의미심장한 말이다.

서기전 3100년 무렵에 아프리카의 제2구역에서 비슷하지만 똑같지는 않은 문명이 건설되었다. 나일(Nile) 강 문명, 즉 누비아(Nubia) 및 이집트(Egypt) 다. 그 역사는 엔릴 자손들 사이에서처럼 화기애애한 것은 아니었다. 도시가 아니라 영지 전체를 나누어 받은 엔키의 여섯 아들들 사이에 경쟁과 분란이 계속되었기 때문이다. 가장 큰 것이 이집트에서는 **라**로 불린 엔키의 맏아들 **마르둑**과 이집트에서 **토트**(Thoth)로 불린 **닌기쉬지다**(Ningishizidda) 사이의 계속된 갈등이었다. 그 갈등 끝에 토트와 그를 추종하던 일단의 아프리카인들이 신대륙으로 건너갔고, 거기서 토트는 켓살코와틀(Quetzalcohuātl, 깃털 달린 뱀)로 알려지게 된다. 마르둑/라는 동생 두무지(Dumuzi)가 엔릴의 손녀 인안나/이쉬타르와 결혼하는 데 반대하다가 동생을 죽음에 이르게 한 일에 연루되어 처벌을 받고 추방된다. 인안나/이쉬타르가 제3지구 문명의 지배권을 부여받은 것은 일종의 보상이었다. 서기전 2900년 무렵의 인더스(Indus) 강 유역 문명이다. 이 세 문명이(그리고 신성 구역의 우주공항 역시) 모두 북위 30도선 지역에 몰려 있었던 데는 상당한 이유가 있었다. 【그림 4】

수메르 문서들에 따르면 아눈나키는 왕권을(메소포타미아에서 가장 분명

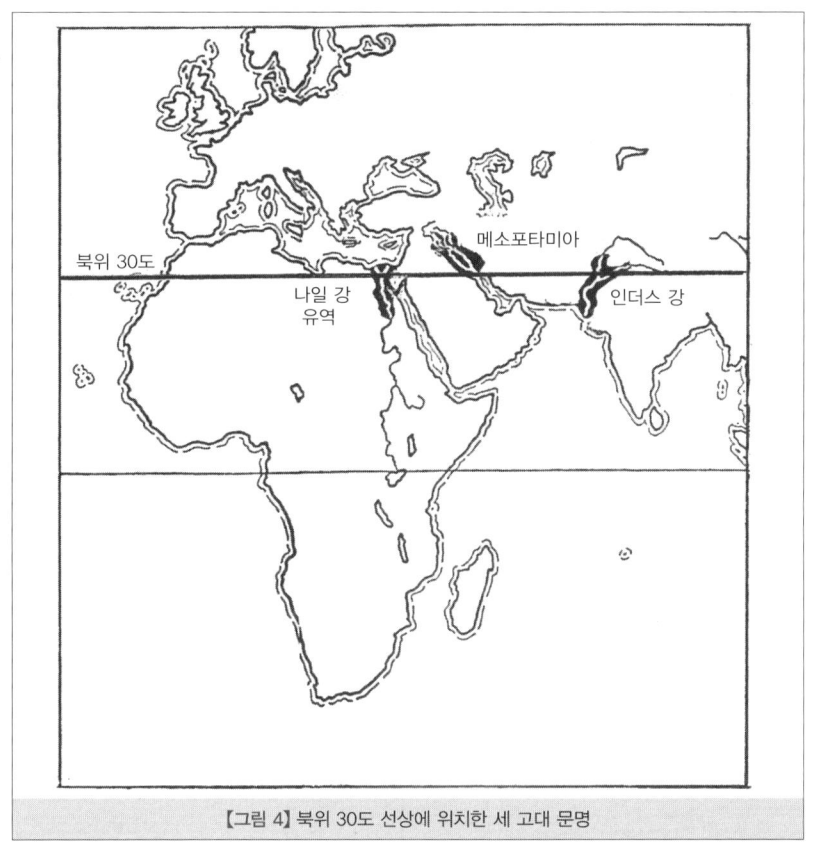

【그림 4】 북위 30도 선상에 위치한 세 고대 문명

하게 예시되었듯이 문명과 그 제도들을) 인류와 그들 사이의 관계에 있어 새로운 질서로서 건설했다. 왕들/사제들을 신과 인간 사이의 연결 장치이자 격리 장치로 부리려 한 것이다. 그러나 신과 인간의 문제에서 '황금시대'처럼 보이는 이 시기를 되돌아보면 신들의 문제가 끊임없이 인간의 문제와 인류의 운명을 지배하고 좌지우지했음을 알 수 있다. 가장 큰 것은 마르둑/라가 자기 아버지 에아/엔키에게 가해진 부당한 조치를 되돌리겠다고 나선 것이었다. 아눈나키의 계승 원칙에 따라 엔키가 아닌 엔릴이 그들의 아버지 아누의 법적 상속자이자 그들의 고향 행성 니비루의 통치자로 공표되었기 때문이다.

신들이 수메르인들에게 전수한 60진법('기수 60') 계수 체계에 따라 수메르의 열두 고위 신들에게는 숫자로 표현되는 서열이 주어졌다. 아누가 가장 높은 60등급이었다. 50등급은 엔릴에게 주어졌다. 엔키는 40등급이었고, 이런 식으로 체감되었으며 남자 신들과 여자 신들이 달랐다. 【그림 5】 계승 원칙에 따르면 엔릴의 아들 닌우르타는 지구에서 50등급이었던 반면에 마르둑은 겨우 10등급에 지나지 않았다. 그리고 이들 두 승계 대기자는 애당초 열두 명의 '신들의 협의체'에 아직 들어가지도 못하고 있었다.

그리고 이렇게 해서 엔릴과 엔키의 반목에서 시작된 길고 치열하며 가차 없는 마르둑의 분투는 나중에 엔릴의 아들 닌우르타의 50등급 승계 서열에 대한 다툼에 초점이 맞추어지고, 엔키의 막내아들 두무지가 엔릴의 손녀 인안나/이쉬타르와 결혼하는 데 마르둑이 극렬하게 반대한 끝에 두무지의 죽음으로 끝이 나자 인안나/이쉬타르에게로 확산되었다. 그리고 곧 마르둑/라는 우리가 이미 언급했던 토트와의 갈등에 더해 다른 형제 및 이복형제들과도 갈등 관계에 들어간다. 특히 에레쉬키갈(Ereshkigal)이라는 엔릴의 손녀와 결혼한 엔키의 아들 **네르갈**(Nergal)과의 갈등이 컸다.

이런 투쟁의 과정에서 다툼은 간혹 두 신 집안 사이의 전면전으로 비화되기도 했다. 그 가운데 어떤 것은 내 책『신들의 전쟁, 인간들의 전쟁』에서 '피라미드 전쟁'으로 불렸다. 어떤 특이한 상황에서는 싸움 끝에 마르둑을 대피라미드에 산 채로 매장하기까지 했다. 또 다른 경우에서는 닌우르타가 그곳을 점거하기도 했다. 마르둑은 최소 한 번 이상 추방되기도 했다. 처벌을 받은 것이기도 했지만, 스스로 사라진 일이기도 했다. 자신이 받아야 한다고 믿는 지위를 얻기 위한 마르둑의 집요한 노력 가운데는 구

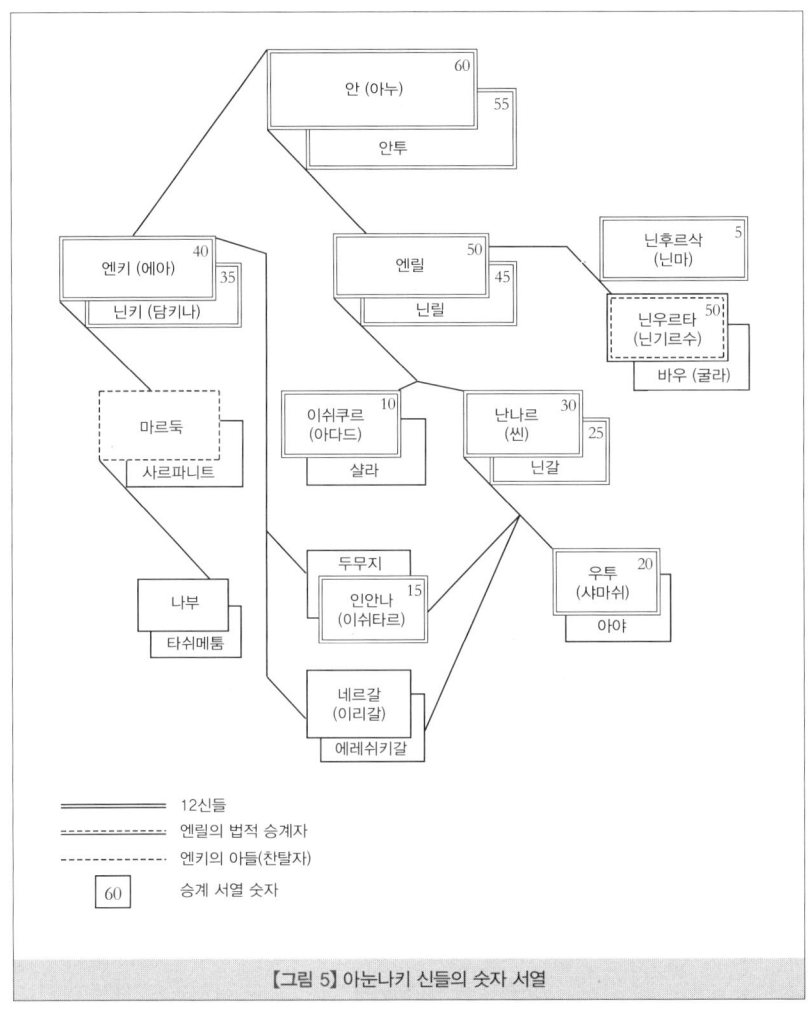

【그림 5】 아눈나키 신들의 숫자 서열

약에 바벨(Babel)탑 사건으로 기록된 일도 포함된다. 그러나 결국 수많은 좌절 끝에 성공은 지구와 하늘이 **메시아의 시계**에 맞추어졌을 때에야 찾아왔다.

사실 서기전 21세기에 일어났던 첫 번째 대파국의 사건들과 그에 수반

된 메시아에 대한 열망은 주로 마르둑에 대한 이야기였다. 이는 또한 그의 아들 **나부**(Nabu)를 무대 중앙으로 끌어냈다. 나부 신은 신의 아들이었지만 어머니는 지구인이었다.

거의 2,000년에 걸친 수메르의 역사를 통해 그 왕도는 첫 수도인 키쉬(Kish, 닌우르타의 첫 도시)에서 우루크(아누가 인안나/이쉬타르에게 준 도시)로, 다시 우르(씬이 자리 잡은 숭배 중심지)로 옮겨갔다. 그러고는 다른 도시들로 옮겨갔다가 다시 처음 도시들로 돌아왔다. 그리고 마지막에는 세 번째로 우르로 돌아왔다. 그러나 엔릴의 도시 니푸르, 학자들이 입버릇처럼 말하듯이 그의 '의례 중심지'는 늘 수메르와 수메르인들의 종교 중심지로 남아 있었다. 매년 신들에 대한 경배 일정이 결정되는 곳도 그곳이었다.

수메르 '신들의 협의체'의 열두 신은 각기 태양계 열두 식구(태양·달과 니비루를 포함한 열 개의 행성) 가운데 하나씩을 천상의 짝으로 가지고 있었다. 이들에게는 또한 일 년 열두 달 가운데 한 달씩이 봉헌되었다. '달'을 의미하는 수메르어 에젠(Ezen)은 사실 '휴일, 축제'라는 뜻이다. 그리고 각각의 달은 열두 최고신 가운데 한 신에 대한 숭배 축제를 벌이는 데 할애되었다. **서기전 3760년**에 '인류 최초의 책력'이 도입된 것은 각 달이 시작되고 끝나는 정확한 시간을 정해야 하는 필요 때문이었다(교과서에서 말하듯이 농민들이 씨 뿌리고 추수하는 시기를 알 수 있도록 하기 위해서가 아니었다). 그것이 **니푸르 책력**으로 알려진 것은 책력의 복잡한 시간표를 확정하고 종교 축제의 시기를 온 나라에 알리는 것이 그곳 사제들의 임무였기 때문이다. 그 책력은 유대교의 종교 책력으로 오늘날까지도 사용되고 있는데, 서기 2007년이 5767년에 해당한다.

대홍수 이전 시기에 니푸르는 비행통제센터 역할을 했다. 엔릴이 고향 행성 니비루 및 그곳과의 연락을 위한 우주선과 통신을 할 수 있는 두르안키('하늘-지구 연결고리')를 건설한 엔릴의 지휘소였다(대홍수 이후 이 기능은 나중에 예루살렘으로 알려지게 되는 곳으로 옮겨졌다). 중앙에 자리 잡은 그 위치는 에딘의 다른 기능 중심지들에서 등거리에 있었고【그림 2 참조】, '지구의 사방'으로부터도 등거리에 있는 것으로 간주되어 '지구의 배꼽'이라는 별명을 얻었다. 엔릴에 대한 한 찬가는 니푸르와 그 기능에 대해 이렇게 언급하고 있다.

> 엔릴이시여,
> 당신이 지구상에 신들의 정착지를 구획할 때
> 당신은 니푸르를 당신 자신의 도시로 꾸몄습니다. (…)
> 당신은 지구 사방의 한가운데에
> 두르안키를 건설했습니다.

('지구의 사방'이라는 말은 구약에도 나온다. 그리고 예루살렘이 니푸르 대신 비행통제센터가 되자 그곳 역시 '지구의 배꼽'이라는 별명을 얻었다.)

수메르어에서 지구의 사방에 해당하는 말은 '웁(Ub)'이었다. 그러나 안 웁(Anub, **하늘의 사**방)이라는 말도 나오는데, 이 경우는 책력과 관련된 천문학 용어다. 이는 지구-태양의 연례적인 순환에서의 네 위치를 가리키는 것으로 이해된다. 지금 우리가 하지·동지라 부르는 것과 태양이 적도를 넘어서는 두 번의 시기인 춘분·추분을 말하는 것이다. 니푸르 책력에서 한 해는 춘분날 시작되는 것이었고, 이후의 고대 근동 책력들도 그런 체제를 유지했다. 그것이 한 해의 가장 중요한 축제인 신년 축제 시기를 결정했다. 신년 축제는 열흘 동안 계속되었는데, 그 기간 동안 상세하고

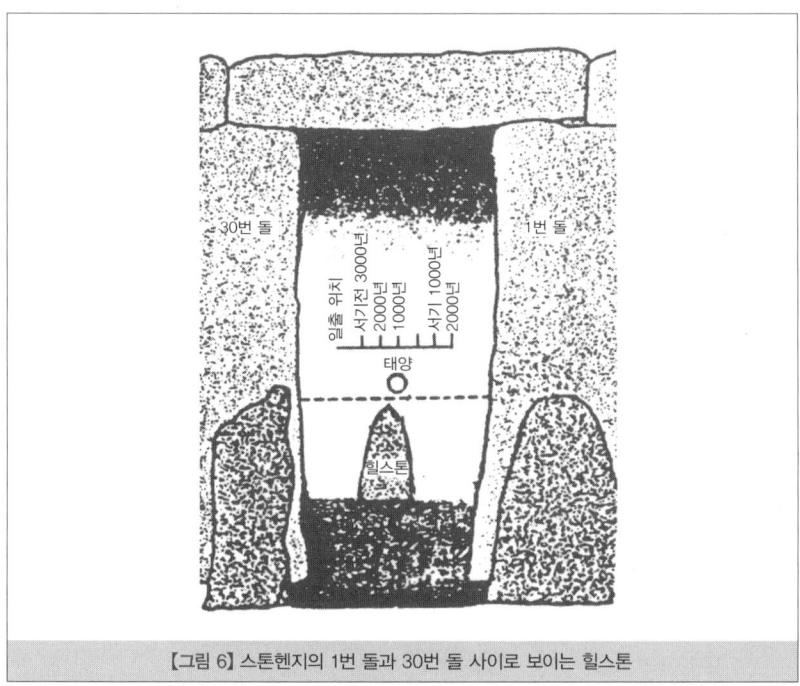

【그림 6】 스톤헨지의 1번 돌과 30번 돌 사이로 보이는 힐스톤

정례화된 의식들이 이어졌다.

반일출(伴日出, heliacal rising)*을 기준으로 책력의 시간을 결정하게 되면서, 태양은 막 동쪽 지평선에 뜨기 시작했지만 하늘은 아직 배경의 별들을 보여줄 수 있을 만큼 어두운 새벽에 하늘을 관측하는 일이 필요해졌다. 춘분날은 그날 낮과 밤의 길이가 정확하게 똑같다는 사실에 의해 결정되기 때문에 훗날 관찰의 길잡이로 삼기 위해 반일출시 태양의 위치를 돌기둥을 세워 표시했다. 예컨대 나중에 영국의 스톤헨지(Stonehenge)에서도 이런 식의 일을 했다. 그리고 스톤헨지에서도 그랬지만 장기적으로 관찰해

---

*어떤 천체가 태양과 동시에 동쪽 지평선에 떠오르는 현상. (옮긴이)

보면 배경에 있는 별의 무리('별자리')는 똑같지가 않음을 발견할 수 있다. 【그림 6】 스톤헨지에는 힐스톤(Heel Stone)이라는 정렬용 돌이 있어 요즘 하짓날의 일출 지점을 가리키고 있는데, 본래는 서기전 2000년 무렵의 일출을 가리키던 것이었다.

춘분점세차(Precession of the Equinoxes) 또는 그냥 세차(Precession)라고 부르는 이 현상은 지구가 태양 주위 궤도를 완전히 한 바퀴 돈 뒤 천구상의 정확히 동일한 지점으로 돌아오지 않는다는 사실 때문에 생긴다. 이때 약간의, 아주 작은 지체가 생긴다. 72년 동안에 원주 360도 중 1도 꼴이다. 지구상에서 볼 수 있는 별들을 처음 '별자리'로 분류하고 지구가 태양을 도는 하늘을 열두 부분으로 나눈 것은 엔키였다(이후 그것은 별자리의 황도대 순환이라 불렸다). 【그림 7】이 원의 열두 부분 각각은 천구의 30도씩을 차지하고 있기 때문에 이 지체 또는 세차로 인해 한 황도궁에서 다른 황도궁으로 이동하기까지는 (산술적으로) **2,160**년이 걸리며(72×30), 황도대들을 완전히 한 바퀴 도는 데는 2만 5,920년이 걸린다(2,160×12). 여기서는 독자의 이해를 위해 각 **별자리 시대**의 대략적인 연도(실제 천문 관측에 의한 것이 아니라 열두 부분으로 등분한 수치)를 추가했다.

이것이 인류 문명 이전 시기에 이루어진 것임은 별자리 책력이 엔키의 첫 지구 체재(첫 두 황도궁의 이름이 그를 기념해 붙여졌다)에 적용되었다는 사실로 입증될 수 있다. 그리고 이것이 대부분의 교과서들이 시사하는 것처럼 서기전 3세기 그리스 천문학자 히파르코스(Hipparchos)가 만든 것이 아님은 열두 황도궁이 그보다 수천 년 앞서 수메르인들에게 우리가 오늘날에도 쓰고 있는 다음과 같은 이름과 그림으로 알려져 있었다는 사실로 입증할 수 있다. 【그림 8】

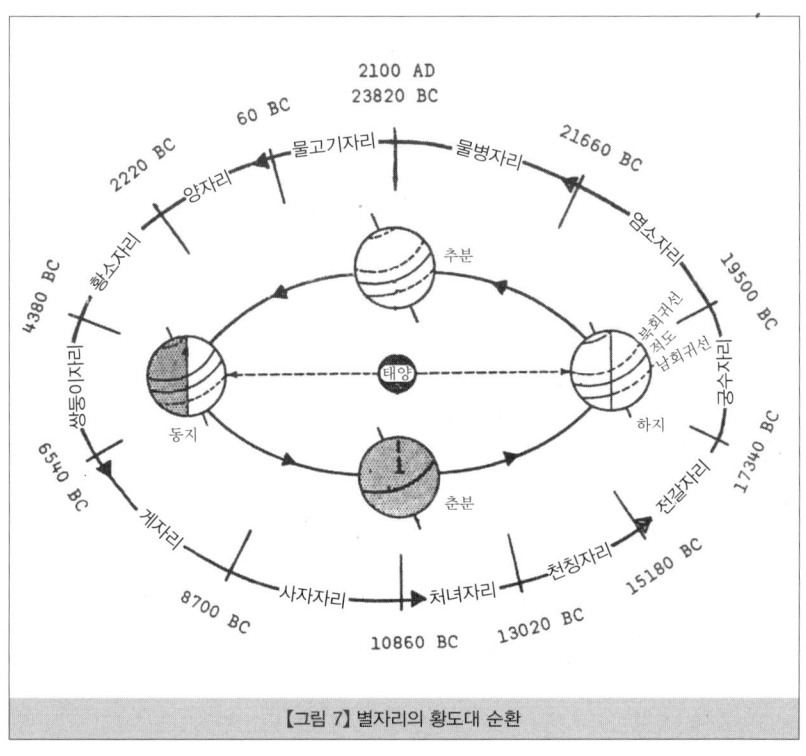

【그림 7】 별자리의 황도대 순환

1. 황소자리   구안나(Guanna, '하늘의 황소')
2. 쌍둥이자리 마쉬탑바(Mashtabba, '쌍둥이')
3. 게자리   둡(Dub, '집게')
4. 사자자리   우르굴라(Urgula, '사자')
5. 처녀자리   압신(Absin, '씬의 딸')
6. 천칭자리   지바안나(Zibaanna, '하늘의 운명')
7. 전갈자리   기르탑(Girtab, '잡고 자르는 것')
8. 궁수자리   파빌(Pabil, '경호자')
9. 염소자리   수후르마쉬(Suhurmash, '노랑촉수')

【그림 8】 고대로부터 쓰인 황도 12궁의 상징들

10. 물병자리 　　구(Gu, '물의 주인')
11. 물고기자리 　심마(Simmah, '물고기')
12. 양자리 　　　쿠말(Kumal, '들에 사는 자')

아눈나키는 그들이 사르(Sar)라고 하는 공전 주기가 지구 햇수로 3,600년인 니비루에서 왔기 때문에 공전 주기가 훨씬 짧은 지구에 와서도 그들의 첫 책력의 척도는 당연히 그 단위였다. 실제로 그들이 지구에 온 초기를 다룬 「수메르 왕 명부」 같은 문서들을 보면 이런저런 지도자들이 지구를 지배했던 시기의 기간이 사르라는 용어로 정리되어 있다. 나는 이를 **신**

의 시간이라 이름 붙였다. 지구(그리고 그 위성인 달)의 공전 형태를 바탕으로 해서 만들어져 인간에게 전수된 책력은 **지구 시간**이라 했다. 황도궁 이동에 걸리는 2,160년(아눈나키의 1년보다 짧다)이 그들에게 양 극단 사이의 더 나은 비율(10 대 6의 '황금비율')을 제공했음을 지적하면서 나는 이것을 **하늘의 시간**이라 불렀다.

마르둑이 발견했듯이 '하늘의 시간'은 그의 운명을 결정하게 되는 '시계'였다.

그러나 인류의 파멸과 운명을 결정하는 **인류의 메시아 시계**는 어떤 것이었을까? 50년 주기의 요벨(Yovel, 禧年)이나 세기, 천년기 같은 '지구 시간'이었을까, 니비루의 공전에 연동되는 '신의 시간'이었을까? 아니면 별자리 시계를 천천히 도는 것을 본뜬 '하늘의 시간'이었고 그 시간인 것일까?

앞으로 보게 되겠지만 옛날에 재난이 인류를 궁지에 몰아넣었다. 그것은 아직도 현재의 '귀환' 논란의 핵심에 자리 잡고 있다. 지금 제기되는 질문은 이전에도 별을 관찰하던 바빌로니아(Babylonia)와 앗시리아(Assyria, 아시리아/앗수르)의 사제들에 의해, 「다니엘」 및 「요한 계시록」에서 기독교 성서 예언자들에 의해, 아이작 뉴턴 같은 사람들에 의해, 오늘날 우리 모두에 의해 제기되었다.

대답은 매우 놀라울 것이다. 이제 고생스런 탐색에 나서보자.

2
"그리고 그 일이 일어났다"

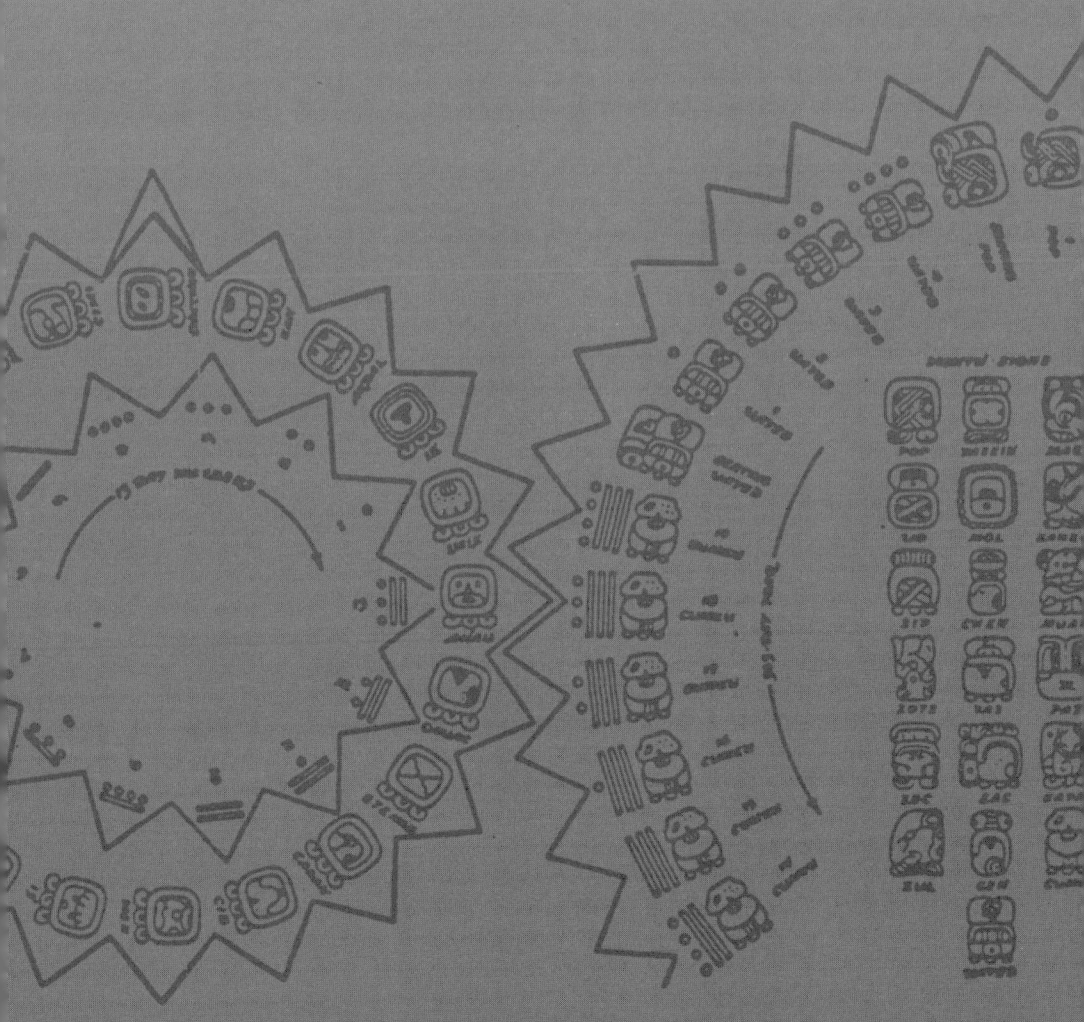

"그리고 그 일이 일어났다"

구약이 수메르와 초기 수메르 문명을 기록하면서 '우주 연결 사건'에 초점을 맞추도록 선택했다는 것은 매우 중요한 사실이다. 바로 **바벨탑 이야기**'로 알려진 사건이다.

> 그리고 그들이 동쪽으로부터 이동해 올 때 그 일이 일어났다.
> 그들은 쉰아르(Shin'ar, 시날) 땅에서 한 평원을 발견했다.
> 그들은 거기에 정착했다.
> 그들은 서로 말했다.
> "자, 벽돌을 만들고 불로 구웁시다."
> 그 벽돌을 그들은 돌 대신 썼다.
> 역청은 회반죽 대용이었다.
> 그들은 말했다. "자, 도시를 세우고
> **꼭대기가 하늘까지 닿는 탑을 세웁시다.**"
>
> _「창세기」11:2~4

이것이 구약에서 마르둑(!)의 가장 대담한 시도를 기록한 내용이다. 마르둑은 엔릴계 신들의 영토 한가운데에 자신의 도시를 세워 자신의 지배권을 주장하고, 더구나 **거기에 독자적인 '발사탑'을 포함한 자신의 우주 시설을 세우려 했던** 것이다. 그 장소의 이름은 구약에는 '바벨(Babel)'로 나와 있고, 그곳이 바로 '바빌론(Babylon)'이다.

기독교 성서의 이 이야기는 여러모로 주목할 만한 것이다. 우선 이는 대홍수 이후 재정주(再定住)가 가능할 정도로 땅이 마른 뒤에 티그리스-에우프라테스 평원에 정착한 것을 기록하고 있다. 새 정착지의 이름은 '쉰아르'로 정확하게 적혀 있다. '수메르'에 해당하는 히브리 이름이다. 그것은 정착민들이 어디서 왔는지에 대한 중요한 실마리를 제시하고 있다. 바로 동쪽의 산악지대다. 그것은 도시를 건설해 인간의 첫 도시 문명이 시작된 곳이 바로 그곳이었음을 확인해 주고 있다. 땅이 마른 진흙층으로 되어 있고 바위가 없는 그곳에서 사람들은 흙벽돌을 건축에 썼고, 벽돌을 가마에 구우면 돌 대신 쓸 수 있었다는 사실을 정확하게 지적하고 또 설명하고 있다. 또한 건축에서 역청을 회반죽 대신 썼음도 언급하고 있는데, 이는 놀라운 토막 정보다. 원유로부터 나오는 역청은 남부 메소포타미아에서는 지표면으로 새어나오지만 이스라엘 땅에서는 전혀 찾아볼 수 없는 물질이기 때문이다.

이렇게 「창세기」의 이 장을 쓴 사람들은 수메르 문명의 기원과 중요한 신기술들에 대해 잘 알고 있었다. 그들은 또한 '바벨탑' 사건의 중요성도 인식하고 있었다. 그들은 아담 창조 이야기나 대홍수 이야기에서와 마찬가지로 수메르의 여러 신들을 뭉뚱그려 복수형인 엘로힘(Elohim) 또는 전지전능한 최고신 야훼로 만들었다. 그러나 그들은 이 이야기에서 '**우리가 내려가**' 이 사악한 시도를 좌절시키자(「창세기」 11:7)고 말함으로써 '한 무리의 신들'이었다는 사실을 흔적으로 남겨놓았다.

수메르 및 후대의 바빌로니아 문서들은 기독교 성서에 나오는 이야기들의 정확성을 확인하고 있을 뿐 아니라, 대홍수 이후 두 차례의 '피라미드 전쟁'을 촉발한 신들 사이의 팽팽했던 전반적 분위기와 연결되는 사건들에 관한 여러 가지 세부적인 이야기들도 담고 있다. 서기전 8650년 무렵의 '지구평화' 협정에 따라 과거의 '에덴'은 엔릴계의 수중에 들어갔다. 그것은 아누와 엔릴, 그리고 심지어 엔키까지도 참여해 내린 결정에 따른 것이었지만, 마르둑/라는 결코 이를 인정한 적이 없었다. 그리고 '인간의 도시'들이 과거의 '에덴'에서 신들에게 분배될 때도 마찬가지였고, 그래서 마르둑은 '내 몫은 어디 있소?' 하고 문제를 제기한 것이다.

수메르가 엔릴계 신들 영지의 중심부였고 그 도시들은 엔릴계의 '의례 중심지'였지만, 예외가 하나 있었다. 수메르 남부 늪지 끄트머리에 있는 **에리두**(Eridu)였다. 에리두는 에아/엔키의 지구상 첫 정착지가 있던 바로 그곳에 대홍수 이후 새로 건설된 도시였다. 앙숙이던 아눈나키 집안들이 지구를 분할할 때 엔키가 에리두를 영원히 소유해야 한다고 고집한 것은 아누였다. **서기전 3460년** 무렵 마르둑은 그의 아버지가 특권을 누렸던 전례에 따라 자신도 엔릴계 영지의 심장부에 자신의 근거지를 가져야겠다고 결심했다.

지금 입수할 수 있는 문서들에는 마르둑이 왜 에우프라테스 강 유역의 그 특정 지점을 자신의 새 지휘부로 선택했는지 나와 있지 않다. 그러나 그 위치가 실마리 하나를 제공한다. 그곳은 재건된 니푸르(대홍수 전 비행통제센터)와 재건된 시파르(대홍수 전 아눈나키의 우주공항) 사이에 자리 잡고 있었다. 따라서 마르둑이 생각하고 있던 것은 그 두 가지 기능을 모두 갖춘 시설이었을 수 있다. 점토판에 그려진 후대 바빌론 지도는 이를 '지

【그림 9】 바빌론이 '지구의 배꼽'으로 표기된 점토판

구의 배꼽'으로 표기하고 있다. 【그림 9】이는 니푸르의 본래 기능상 명칭과 비슷하다. 마르둑이 그곳에 붙인 아카드어 이름 '밥일리(Bab-Ili)'는 '신들의 관문'이라는 뜻이다. 신들이 올라가고 내려올 수 있는 곳이며, 그곳에 필요한 핵심 시설은 '꼭대기가 하늘까지 닿는 탑'이어야 했다. 바로 **발사탑**이다!

기독교 성서의 이야기처럼, 비슷한(그리고 조금 이른) 메소포타미아 판본도 이 사악한 우주 시설을 세우려는 시도가 수포로 돌아갔음을 말하고 있다. 1876년 조지 스미스(George Smith, 1840~1876)가 처음 번역한 이 메소포타미아 문서는 비록 깨져 있긴 해도, 마르둑의 행동에 엔릴이 화가 나서 심야에 공격해 그 탑을 부숴버리라고 '화를 내며 명령을 토해냈다'는 사실은 분명히 전하고 있다.

이집트의 기록들은 **서기전 3110년** 무렵 이집트에서 파라오 왕조가 시작되기 전에 350년에 걸친 혼란기가 있었다고 적고 있다. 이런 연대표 속에서 우리는 바벨탑 사건이 **서기전 3460년** 무렵에 일어난 것으로 산정할 수 있다. 이 혼란기가 끝나는 시점에 마르둑/라가 이집트로 돌아오고 토트가 추방되었으며 라에 대한 숭배가 시작되었기 때문이다.

이번에는 좌절됐을지라도, 마르둑은 결코 니비루와 지구를 연결하는 '하늘-지구 연결고리'로 기능하는 공식 우주 시설을 지배하거나 스스로 시설을 세우려는 노력을 포기하지 않았다. 결과적으로 마르둑은 바빌론에서 자기 목적을 달성했기 때문에 이런 흥미로운 의문이 제기된다. 그는 왜 **서기전 3460년**에는 실패했을까? 대답 또한 흥미롭다. 타이밍이 문제였다.

마르둑과 그의 아버지 엔키 사이의 대화를 기록한 잘 알려진 문서가 있다. 여기서, 낙담한 마르둑은 자신이 배우지 못한 게 무엇이냐고 아버지에게 묻는다. 그가 잘못한 것은 당시의 시대(하늘의 시간)가 **황소자리의 시대, 곧 엔릴의 시대**였다는 사실을 고려하지 않았다는 것이다.

고대 근동 지역에서 발굴된 수천 개의 글을 새긴 점토판 가운데 상당수가 한 특정한 신과 관련된 특정한 달에 관한 정보를 제공하고 있다. **서기전 3760년** 니푸르에서 시작된 복잡한 책력의 첫 달 닛사누(Nissanu)는 아누와 엔릴을 위한 에젠(축제 기간)이었다(음력으로 열세 달이 있는 윤년에는 두 신에 대한 경배가 분리되었다). '숭배 대상'의 명부는 시간이 지남에 따라 바뀌었고, 열두 명의 최고위 '신들의 협의체' 구성원도 마찬가지였다. 달의 조합도 지역에 따라 달라져, 여러 나라의 입장이 반영되었을 뿐만 아니라 때로는 도시의 신들을 집어넣기도 했다. 우리가 알고 있듯이, 예컨대 우리가 금성이라 부르는 행성은 처음에는 닌마와 연결되어 있었으나 나중에는 인안나/이쉬타르에게로 넘어갔다.

그러한 변화들로 인해 어느 신이 어느 천체와 연결되어 있었는지를 밝혀내기는 어려우나, 몇몇 황도대와의 연결은 문서들과 그림들을 통해 명확하게 추론해 낼 수 있다. 처음에 에아('물에 사는 자')라 불렸던 엔키는 분명히 물병자리와 연결되어 있었고, 계속 그러했는지는 모르지만 처음에는 물고기자리와도 연관되어 있었다. 【그림 10】쌍둥이자리로 명명된 별자리는 틀림없이 지구에서 쌍둥이로 태어난 것으로 알려진 유일한 사례인 난나르/씬의 자녀 우투/샤마쉬와 인안나/이쉬타르 남매를 기려 그렇게 명명된 것이다. 여성 별자리인 처녀자리('처녀'는 부정확하고 차라리 '소녀'가 맞겠다)는 행성인 금성과 마찬가지로 아마도 처음에는 닌마를 기리기 위한 것이었는데, 압신('씬의 딸')으로 개명되었으니 오직 인안나/이쉬타르에게만 합당한 이름이다. 궁수자리는 수많은 문서와 찬가에서 '거룩한 궁수'로 찬미되었으며 그 아버지 엔릴의 전사이자 경호원이었던 닌우르타와 어울린다. 우투/샤마쉬의 도시 시파르는 대홍수 이후에는 이제 우주공항의 소재지가 아니었지만, 수메르인들의 시대에 법률과 재판의 중심지였고 그 신은 나라의 대법원장으로 인식되었다(그 후의 바빌로니아인들까지도 마찬가지였다). 천칭자리는 우투/샤마쉬의 별자리였음이 틀림없다.

【그림 10】 물병자리와 연관된 엔키의 모습

 그리고 신의 용기와 힘, 신의 특성을 두려워하는 동물에 비긴 별명들이 있다. 엔릴은 여러 문서마다 되풀이되듯이 '황소'였다. 원통인장에도 새겨지고, 천문학을 다룬 서판에도 나타나며, 그림으로도 그려졌다. 우르 왕릉에서 발견된 가장 아름다운 예술품들 가운데는 동·은·금으로 조각되고 준보석으로 장식된 황소 머리들이 있었다. 의심할 바 없이 황소자리는 엔릴을 기리고 상징하는 것이었다. '하늘의 황소'를 뜻하는 그 이름 '구드안나(Gudanna)'와 실제 '하늘의 황소'를 묘사한 문서들은 엔릴과 그의 별자리를 지구상의 가장 특이한 곳과 연결시키고 있다.
 그곳은 '착륙장'이라 불리던 곳이었다. 그리고 하늘까지 닿는 석탑을 포함해 지구에서 가장 놀라운 구조물들 가운데 하나가 아직도 서 있는 곳이 바로 그곳이다.
 구약을 비롯한 여러 고대 문서들은 크고 멋진 삼나무가 있는 레바논의 특이한 숲을 묘사하거나 언급하고 있다. 고대에 이 숲은 몇 킬로미터나 펼쳐져 있었는데, 그 한가운데에 특이한 곳이 있었다. 바로 '신들이 지구상에 첫 우주 관련 기지로 세운 거대한 돌 기단'이었다. 진짜 우주공항과 여러 시설들이 세워지기 전에 만든 것이다. 수메르 문서들은 이것이 대홍수가 휩쓸고 지나간 뒤에도 남아 있던 유일한 구조물이어서 대홍수 직후 아눈나키의 작전 기지로 쓰였음을 증언하고 있다. 이곳을 근거지로 해서 그들은 황폐한 땅에서 농작물들과 길들인 동물들을 소생시켰다. 「길가메쉬(Gilgamesh) 서사시」에서 '착륙장'이라 부른 이곳은 길가메쉬 왕이 영생을 찾아 떠난 목적지였다. 우리는 이 서사시의 이야기를 통해 엔릴이 자신의 '황소자리 시대'의 상징인 구드안나('하늘의 황소')를 길렀던 곳이 바로 이 신성한 삼나무 숲이었음을 알고 있다.

그리고 그 뒤 이 신성한 숲에서 일어난 일은 신과 인간의 사연 전개와 관련이 있다.

이 서사시의 이야기에 따르면 '삼나무 숲'과 그 '착륙장'으로 가는 여정은 우루크에서 시작된다. 우루크는 아누가 그의 증손녀 인안나('아누의 사랑'이라는 뜻을 지닌 이름이다)에게 선물한 도시였다. 서기전 제3천년기 초기에 그곳의 왕은 **길가메쉬**였다. 【그림 11】 그는 여느 사람과는 달랐다. 어머니가 엔릴 집안의 일원인 닌순(Ninsun) 여신이었기 때문이다. 그래서 그는 '절반'의 신인 반신반인이 아니라 '3분의 2 신'이었다. 그가 자라서 삶과 죽음의 문제를 생각해 보니 '3분의 2 신'은 조금 달라야 했다. 그가 왜 여느 인간들처럼 '담 너머에서 들여다보는 신세'가 되어야 하는가? 그는 어머니에게 물었다. 어머니는 그의 이야기에 고개를 끄덕이면서도, 신들이 영생하는 것처럼 보이지만 사실은 그들 행성의 공전 기간이 길기 때문에 오래 사는 것일 뿐이라고 설명해 주었다. 그렇게 오래 살려면 그는 니비루로 가서 신들과 함께 살아야 했다. 그리고 그러기 위해서는 로켓 우주선이 오

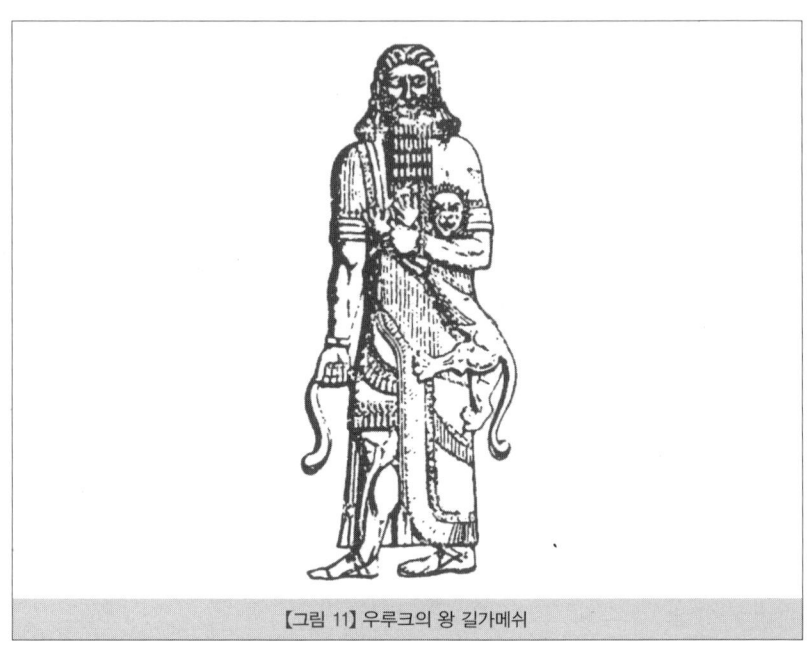

【그림 11】 우루크의 왕 길가메쉬

르내리는 곳으로 가야 했다.

여행이 위험하다는 경고를 들었지만 길가메쉬는 가겠다는 고집을 꺾지 않았다. 자신이 실패하더라도, 적어도 노력은 한 사람으로 기억될 것이라고 그는 말했다. 억지로 짝을 채워주려는 어머니의 고집으로 엔키두(Enkidu, '엔키가 만든 자')가 그의 동료 겸 경호원이 되었다. 이 서사시의 열두 서판들과 고대의 여러 가지 그 변형물들에서 이야기되고 또 이야기된 그들의 모험은 우리의 『틸문, 그리고 하늘에 이르는 계단 The Stairway to Heaven』에서 추적할 수 있다. 이 여행은 사실 한 번이 아니라 두 번이었다. 【그림 12】하나는 '삼나무 숲'의 '착륙장'으로 가는 여행이었고, 다른 하나는 시나이 반도에 있는 우주공항으로 가는 여행이었다. 이집트의 그림을 보면 이 시나이 반도 우주공항 지하 격납고에는 로켓 우주선이 입고되어 있

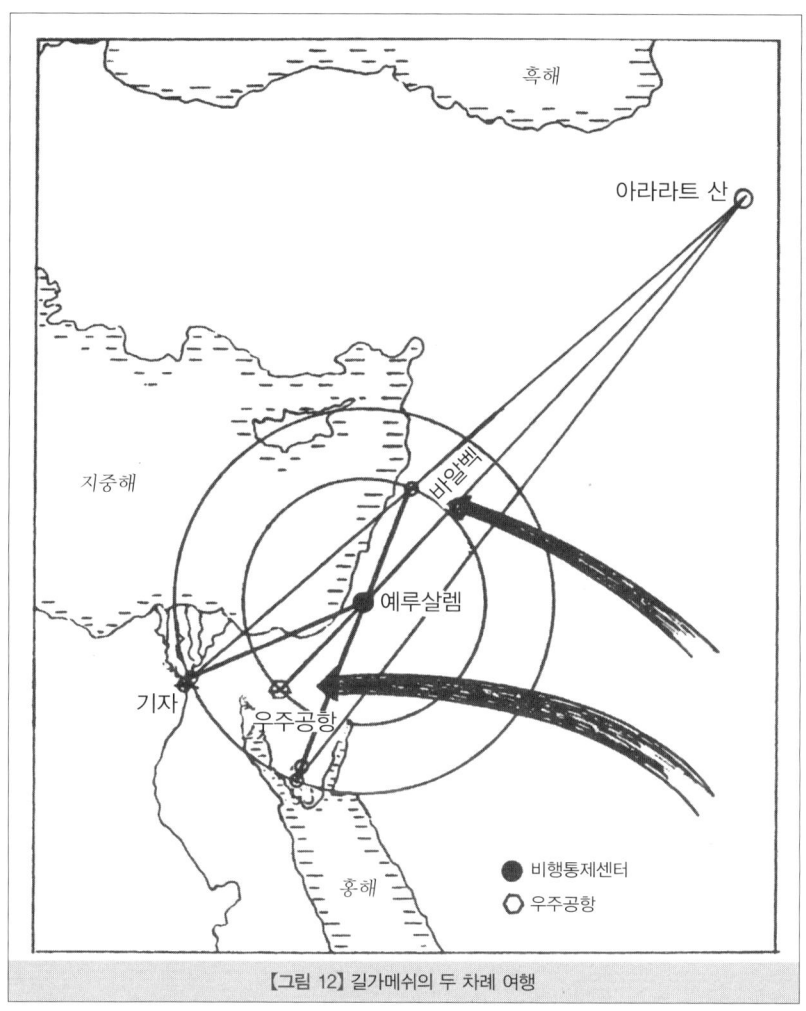

【그림 12】 길가메쉬의 두 차례 여행

었다. 【그림 13】

　레바논의 '삼나무 숲'으로 가는 **서기전 2860년** 무렵의 첫 번째 여행에서 이들 콤비는 길가메쉬의 대부인 샤마쉬 신의 도움을 받았고, 가는 길도 비교적 빠르고 쉬웠다. 그들은 숲에 도착한 뒤 '밤중에 로켓 우주선이 발사

【그림 13】 지하 격납고에 입고되어 있는 로켓 우주선

되는 장면을 목격'했다. 그 장면을 길가메쉬는 이렇게 묘사했다.

내가 본 장면은 너무도 놀라웠다!
하늘이 비명을 지르고 땅이 우르르 울렸다.
동이 터 해가 떴는가 했더니 어둠이 왔다.
번개가 번쩍이고 불꽃이 터져 올랐다.
구름이 부풀어 오르더니 죽음의 비를 내렸다!
그리고 불꽃이 사라지고 불길도 잦아들었다.
떨어진 모든 것은 재로 변했다.

두려웠지만 굴하지 않은 길가메쉬와 엔키두는 이튿날 아눈나키가 사용하던 비밀 출입구를 발견했다. 그러나 그들은 입구에 들어서자마자 마치 로봇과도 같은 경비병들로부터 공격을 받았다. 경비병들은 살인 광선과 연발 화염방사기로 무장하고 있었다. 그들은 간신히 괴물을 처치하고 길이 뚫렸다는 안도감에 긴장을 풀었다. 그러나 '삼나무 숲'을 더 헤치고 들어가자 새로운 도전자가 나타났다. 바로 **하늘의 황소**였다.

불행하게도 이 서사시의 여섯 번째 서판은 이 짐승 및 그와 싸우는 장면을 묘사한 부분이 너무 심하게 파손되어 있어서 완전하게 판독해 낼 수 없다. 판독할 수 있는 부분에서는 이들 콤비가 필사적으로 도망을 쳤고, 하늘의 황소는 우루크로 돌아오는 내내 그들을 추격했음을 알 수 있다. 거기서 엔키두가 겨우 그 짐승을 처치했다. 문서는 의기양양해진 길가메쉬가 황소의 넓적다리를 잘라내고 황소의 뿔을 자랑하려고 우루크의 '대장장이와 무기 장인, 세공사 들을 부르는' 장면에서 판독 가능해진다. 문서는 이 뿔들이 '인공물'임을 시사하고 있다.

> 각각은 30미나*의 라피스로 주조되었고,
> 모두 손가락 두 개 폭의 두께로 코팅이 되었다.

이 판독할 수 없는 부분을 담은 또 다른 서판이 발견되기 전에는 삼나무 숲에 있던 엔릴의 천상의 상징이, 특별히 선발해 금과 보석으로 꾸미고 치장한 살아 있는 황소인지 로봇 같은 생명체인 인공 괴물인지 알 수 없을 것이다. 우리가 확실히 알 수 있는 것은, 황소가 죽자 '자기 거처에 있던

---

*고대 서양의 무게 및 화폐 단위. 근동의 무게 단위로는 575그램에 해당한다. (옮긴이)

【그림 14】 이집트 파피루스에 그려진 '하늘의 황소'의 죽음

이쉬타르가 대성통곡을 하고' 하늘에 있는 아누에게 달려갔다는 것이다. 이 문제는 너무도 심각한 것이어서 아누·엔릴·엔키·샤마쉬가 황소를 죽인 콤비를 심판하고(결국 엔키두만 처벌을 받게 된다) 황소 피살의 영향에 대해 논의하기 위해 신들을 대표하는 평의회를 구성하고 있다.

야심만만했던 인안나/이쉬타르라면 정말로 통곡을 할 이유가 있다. 엔릴 시대의 무적의 명성이 통타(痛打)를 당했고, 황소의 넓적다리를 벰으로써 엔릴 시대 자체가 상징적으로 단축된 것이다. 그림으로 그려진 천문 관련 파피루스 등 이집트 자료들을 보면 황소 살해의 상징성은 마르둑에게도 영향을 미쳤음을 알 수 있다. 【그림 14】 하늘에서도 이는 엔릴의 시대가 조금 단축됨을 의미하는 것으로 인식되었다.

또 하나의 우주 시설을 건설하려는 마르둑의 시도는 엔릴계 신들에게 심상한 일로 받아들여지지 않았다. 엔릴과 닌우르타는 자신들의 새로운 우주 시설을 지구 반대편 아메리카, 대홍수 후의 금(金) 산지 부근에 세우려고 먼저 나섰었다는 단서도 있다.

엔릴이 자리를 비우고 마침 '하늘의 황소' 사건이 일어나자 메소포타미아 중심부에서는 불안정과 혼란의 시기가 초래되었고, 주변 나라들의 침입을 받게 되었다. 구티아(Gutia)인들로 불린 민족, 그리고 이어서 엘람(Elam)인들이 동쪽에서 쳐들어왔고, 셈계 언어를 사용하는 민족들이 서쪽에서 쳐들어왔다. 동방 사람들은 수메르인들과 같은 엔릴계 신들을 숭배했지만, '서방인' 아무루(Amurru, 아모리)는 달랐다. '위쪽 바다'(지중해) 연안을 따라 카나안(Canaan)인들의 땅에서는 사람들이 이집트의 엔키계 신들에 의탁하고 있었다.

거기에(아마도 오늘날까지도) '신의 이름으로' 치러지는 '성전(聖戰)'의 씨앗이 뿌려져 있었다. 각 민족이 각기 고유의 민족신을 믿기는 하지만 말이다.

기발한 생각을 해낸 것은 인안나였다. 그 생각은 '상대와 싸울 수 없다면 그를 초대하라'로 표현될 수 있을 것이다. 어느 날 그녀는 자신의 비행기를 타고 하늘을 배회하고 있었다(이 일은 **서기전 2360년** 무렵에 일어났다). 그녀는 어느 정원에서 잠자는 남자 옆에 내렸는데, 그 남자가 그녀의 마음을 잡아끌었다. 그녀는 섹스를 좋아했고, 남자를 좋아했다. 그 남자는 셈계 언어를 사용하는 서방 사람이었다. 나중에 그 남자가 회상록에 쓴 바에 따르면 그는 아버지가 누구인지도 몰랐다. 그러나 그의 어머니는 엔투(Entu, 신의 여사제)였다. 어머니는 (갓난아이인) 그를 갈대 바구니에 넣어 강물에 떠내려 보냈고, 정원에서 물을 관리하는 아키(Akki)라는 사람이 발견해 아들로 길렀다.

강하고 멋진 인간은 신이 버린 자식일 가능성이 있었으므로 인안나는 다른 신들에게 이 아무루가 다음 왕이 되어야 한다고 추천할 수 있었다. 신들이 동의하자 인안나는 그에게 옛 수메르 왕들의 소중한 칭호였던 샤르루킨(Sharru-kin)이라는 별칭을 부여했다. 그는 사람들이 알고 있는 이전 수메르 왕가의 핏줄이 아니었기 때문에 옛 수도 어디에서도 왕위에 오를 수 없었고, 그의 수도로 삼기 위해 완전히 새로운 도시를 건설했다. 그곳은 악가데(Aggade, '연합 도시')로 불렸다. 우리의 교과서에는 이 왕을 아카드(Akkad, 악갓)의 사르곤(Sargon)이라 부르고, 그의 셈계 언어를 아카드어라 부른다. 고대 수메르에 북쪽 및 북서쪽 지방들을 합친 그의 왕국은 수메르아카드로 불렸다.

사르곤은 얼마 지나지 않아 자신이 선택받으면서 받은 임무를 수행해 냈다. '반란을 일으킨 지역들'을 평정하는 것이었다. 인안나(이후 아카드어 이름인 '이쉬타르'로 알려지게 된다)에 대한 찬가들은 인안나가 사르곤에게, 그는 '반란 지역을 파괴하고 그 백성들을 살육해 그 강을 피로 물들인' 인물로 기억될 것이라고 말했다 한다. 사르곤의 군사 원정은 자신의 왕실 연대기에 기록되고 기려졌다. 그의 업적은 「사르곤 연대기」에 이렇게 요약되어 있다.

> 악가데의 왕 샤르루킨이
> 이쉬타르의 시대에 권좌에 올랐다.
> 그는 경쟁자도 적수도 남기지 않았다.
> 그는 공포스런 경외감을 온 나라에 퍼뜨렸다.
> 그는 동쪽의 바다를 건너고
> 그는 서쪽의 나라를 정복했다.
> 온 세상을 정복했다.

이 자화자찬 속에는 인안나/이쉬타르를 위해 신성한 우주 관련 시설, '서쪽 나라' 깊숙한 곳에 있는 '착륙장'을 점령해 확보했다는 암시도 들어 있다. 그러나 반발이 없지는 않았다. 사르곤을 기리기 위해 쓰인 문서들조차도 '그의 만년에 모든 나라가 그에게 반기를 들었다'고 적고 있다. 이 일들을 마르둑의 입장에서 본 상대측 기록은 마르둑이 응징의 반격을 이끌었음을 밝히고 있다.

> 사르곤이 저지른 불경 때문에
> 높은 신 마르둑이 분노하셨다. (…)
> 동쪽부터 서쪽까지 그는 사르곤에게서 백성을 떼어놓으셨고
> 쉴 수 없는 고통이라는 벌을 사르곤에게 내리셨다.

사르곤의 영토 범위는 대홍수 이후의 네 우주 관련 기지 가운데 오직 하나, '삼나무 숲'의 '착륙장'만을 포함하고 있었음을 지적해 둘 필요가 있겠다. 【그림 3 참조】 사르곤의 뒤를 이어 그 두 아들이 잠시 수메르아카드의 권좌를 이어받았으나, 정신적으로나 업적 면에서나 진정한 그의 후계자는 나람신(Naramsin)이라는 이름을 가진 그의 손자였다. 이 이름은 '씬의 총아(寵兒)'라는 뜻이었으나, 그의 치세와 군사 원정을 언급하고 있는 연대기들과 새김글들을 보면 그는 사실 이쉬타르의 총아였다. 문서들과 그림들은 이쉬타르가 그녀의 적들에 대한 끊임없는 정복과 파괴를 통해 웅장하고 위대한 제국을 건설하도록 나람신을 부추겼으며, 전쟁터에서 적극적으로 그를 도왔다고 기록하고 있다. 그녀를 고혹적인 사랑의 여신으로 표현했던 그녀에 대한 그림들은 이제 그녀를 한 아름 무기를 든 전쟁의 여신으로 그리고 있다. 【그림 15】

그것은 계획 없는 전쟁이 아니었다. 그리고 그 계획이란 인안나/이쉬타르를 위해 우주 관련 기지를 '모두' 점령함으로써 마르둑의 야망에 맞서는 것이었다. 나람신이 점령하거나 복속시킨 도시들의 명단을 보면, 그는

【그림 15】 사랑의 여신에서 전쟁의 여신으로 변신한 이쉬타르

지중해까지 도달했을 뿐 아니라(이로써 '착륙장'이 통제권에 들어왔음이 확인된다) 남쪽으로 방향을 돌려 이집트 침공에도 나섰음을 알 수 있다. 엔키계 신들에 대한 그런 침공은 전례가 없는 것이었고, 기록이 보여주는 것을 자세히 읽어보면 그런 일은 인안나/이쉬타르가 마르둑의 동생인 네르갈과 사악한 동맹을 맺고 있었기 때문에 일어날 수 있는 것이었다. 네르갈은 인안나의 여동생과 결혼한 자였다. 이집트 습격은 또한 우주공항이 위치한 시나이 반도의 중립 신성 구역에 들어가고 그곳을 지나야 하는 일이었다. 그것은 옛 평화협정에 대한 또 하나의 위반이었다. 우쭐해진 나람신은 스스로 '사방의 왕' 칭호를 사용했다.

  엔키가 항의했다는 사실이 기록에 남아 있다. 마르둑의 경고를 기록한 문서들도 남아 있다. 이런 일들은 모두 엔릴계 지도부조차 용인할 수 있는 범위를 넘어선 것이었다. 「악가데의 저주」로 알려진 긴 문서는 아카드 왕조 이야기를 전해 주고 있는데, 파국은 '엔릴의 이마가 찌푸려진 뒤' 찾아왔다고 분명하게 말하고 있다. 그리고 엔릴이 니푸르에 있는 그의 신전에서 발표한 '에쿠르 담화'가 그 문제에 종지부를 찍었다.

에쿠르 담화가 악가데에 떨어졌다.

악가데를 부숴버리고 지구상에서 쓸어 없애라는 것이었다. 나람신의 **종말은 서기전 2260년 무렵**에 찾아왔다. 그 이후의 문서들은 동쪽 땅에서 온 구티아라는 이름의, 닌우르타에 충성하는 군대가 신의 분노를 표출하는 도구였다고 쓰고 있다. 악가데는 결코 재건되거나 재정착되지 못했다. 실제로 그 왕도는 전혀 발견되지 않았다.

서기전 제3천년기 초의 길가메쉬의 무용담과 그 천년기 말에 가까워지면서 일어난 아카드 왕들의 군사적 침략은 그 천년기에 일어난 사건들에 대한 명확한 배경을 제시한다. 목표는 우주 관련 기지들이었다. 길가메쉬는 신들처럼 오래 살려던 것이었고, 악가데의 왕들은 패권을 차지해 이쉬타르에게 의탁하려는 것이었다.

의심할 바 없이 우주 관련 기지의 통제권 문제를 신과 인간 문제의 핵심에 갖다 놓은 것은 마르둑의 '바벨탑' 건설 시도였다. 그리고 앞으로 보게 되는 것처럼 그것은 이후 일어나는 일들 가운데 상당 부분, 어쩌면 대부분을 좌우하는 것이었다.

지구상 '전쟁과 평화'의 아카드 국면은 천상 혹은 '메시아적' 측면과 무관했던 것은 아니었다.

사르곤의 연대기에서 그의 칭호는 '이쉬타르가 보낸 감독관', '키쉬의 왕', '엔릴의 고위 엔시(사제)' 등 관례적인 경칭을 따르고 있다. 그러나 그는 자신을 '**아누가 임명**(anoint)**한 사제**'로 부르기도 했다. 고대 새김글에서 신이 '기름을 부어(anoint)' 임명했다는 표현이 나오는 것은 이것이 처음이다. 그것은 '메시아(Messiah)'의 문자적 의미이기도 하다.

마르둑은 그의 성명을 통해 격변과 중대한 사건이 다가오고 있음을 경고했다.

>낮은 어둠으로 바뀔 것이고
>강물의 흐름은 뒤죽박죽이 될 것이며
>땅은 황폐한 채 버려질 것이고
>사람들은 죽어갈 것이다.

뒤돌아 비슷한 기독교 성서의 예언들을 상기해 보면, 서기전 21세기 직전에 신들과 인간들은 '계시의 시간'을 예기하고 있었음이 분명하다.

3
이집트의 예언, 인간의 운명

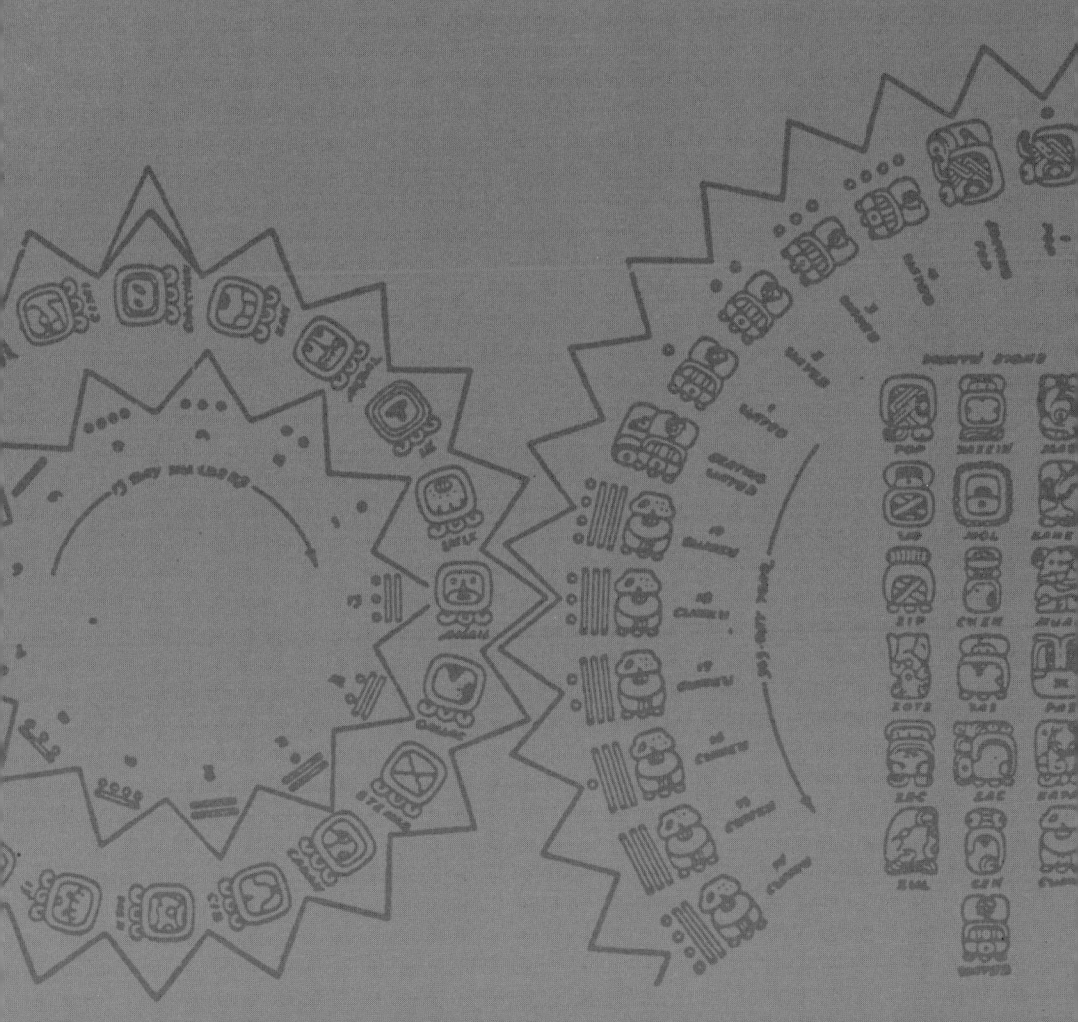

이집트의 예언, 인간의 운명

'지구상의 인간' 연대기에서 서기전 21세기에는 고대 근동에 문명의 가장 찬란한 장 가운데 하나가 펼쳐졌다. '우르 3기'로 알려진 시기다. 이 시기는 동시에 가장 힘들고 절망적인 시기이기도 했다. 치명적인 방사능 구름으로 수메르가 멸망한 시기이기 때문이다. 그리고 그 이후로 그만한 일은 다시 일어나지 않았다.

앞으로 보게 되겠지만, 이 중대한 사건들은 21세기쯤 뒤인 서력기원 시작 전후 시기 예루살렘을 중심으로 일어났던 메시아 소동의 뿌리였다.

이 주목할 만한 세기에 일어난 역사적 사건들은 역사 속의 다른 모든 사건들과 마찬가지로 그 이전에 일어난 사건들에 뿌리가 있었다. 여기서 **서기전 2160년**이라는 연도는 기억해 둘 필요가 있다. 그 이후의 수메르아카드 연대기는 엔릴계 신들이 중대한 정책 전환을 했음을 기록하고 있다. 이집트에서 이 연도는 정치적·종교적 의미 변동의 기점으로 기록되었으며, 양쪽 지역에서 일어난 일들은 패권을 차지하기 위해 마르둑이 벌인 군사 원정의 새 국면과 일치하고 있다. 사실 이 시기 '신들의 체스 게임'의 의제를 좌우한 것은 마르둑의 마치 체스를 두는 듯한 전략 운용과 한곳에서 다른 곳으로의 지리적 이동이었다. 그의 이동과 활동은 이집트를 떠나 (이집트인들이 볼 때) **'보이지 않는 자' 아몬**(Amon, Amun/Amen이라고도 쓴다)이 되면서부터 시작되었다.

서기전 2160년이라는 연도는 이집트학자들이 제1중간기라고 명명한 시기의 시작을 나타내는 것으로 받아들여진다. 제1중간기란 고왕국의 종말과 중왕국 왕조 시작 사이의 혼란스러웠던 막간을 말한다. 고왕국 1,000년 동안에는 종교적·정치적 중심지가 이집트 중부의 멤피스(Memphis)에 있었다. 이집트인들은 프타(Ptah)를 중심으로 한 신들을 숭배하고, 프타와 그 아들 라, 그리고 그 후계 신들을 위해 기념비적인 신전들을 세웠다. 멤피스 파라오들이 만든 유명한 새김글들은 신들을 찬미하고 왕들에게 '내세'를 약속했다. 신의 대리인으로 통치한 파라오들은 상이집트(남부)와 하이집트(북부)의 두 왕관을 씀으로써, 단순히 행정적으로만이 아니라 종교적으로도 두 지역이 통일되었음을 상징했다. 두 지역은 호루스(Horus)가 프타-라의 유산을 놓고 세트(Seth)와 벌인 싸움에서 승리함으로써 이루어진 것이었다. 그리고 **서기전 2160년**에 이 통일과 종교적 확신은 와르르 무너지고 말았다.

이 혼란기에 통일은 깨지고 수도가 버려졌으며, 테바이(Thebai) 군주들이 지배권을 잡기 위해 남쪽에서 쳐들어왔다. 외국 문물이 유입되고 신전이 짓밟혔으며 법과 질서가 무너졌다. 가뭄과 기근, 식량 폭동이 일어났다. 그 정황은 「이푸웨르(Ipu-Wer)의 경고」로 알려진 파피루스를 통해 되살릴 수 있다. 이 문서는 몇 개의 부분으로 구성된 긴 상형문자 문서인데, 거기에는 참화와 재난에 대한 묘사, 종교적 범죄와 사회적 악행을 일삼은 사악한 적들에 대한 비난, 사람들에게 회개하고 종교 의례를 재개하라는 권고 등이 담겨 있다. 파피루스는 '대속자(代贖者)의 출현'을 묘사한 예언적 부분과 앞으로 올 이상(理想) 시대를 찬미하는 또 다른 부분으로 마무리된다.

이 문서는 서두에서 법과 질서가 무너지고 사회 기능이 마비되었음을 묘사하고 있다. 이런 상황이다.

> 문지기가 뛰쳐나가 약탈을 하고,
> 짐꾼이 짐 나르기를 거부하고 (…)
> 도적이 도처에 횡행하며 (…)
> 자기 자식을 원수처럼 여긴다.

나일 강은 범람해 땅에 물을 대주었으나 소용이 없었다.

> 아무도 농사를 짓지 않고 (…)
> 농작물은 말라죽으며 (…)
> 창고는 텅 비고 (…)
> 온 땅에 먼지만 쌓이고 (…)
> 황무지는 늘어나고 (…)
> 여자들은 비쩍 말라
> 아무도 아이를 가질 수 없고 (…)
> 시체가 마구 강에 버려지고 (…)
> 강이 피로 물든다.

길 가는 것도 위험하고 상거래가 끊기며, 상이집트 여러 주에서는 더 이상 세금을 거둘 수 없다.

> 내전이 일어나고 (…)
> 이민족들이 사방에서 이집트에 쳐들어오며 (…)
> 모든 것이 폐허가 된다.

일부 이집트학자들은 이 사건들의 핵심에, 부와 권력을 차지하려는 단순한 경쟁심과 나라 전체를 통제하고 지배하려는 남쪽 테바이 군주들의 기도(결국은 성공하게 되는)가 자리 잡고 있었다고 본다. 최근 여러 연구들은 고왕국의 붕괴를 '기후 변화'와 연결시키고 있다. 그것이 농업에 기반을 둔 사회의 토대를 무너뜨렸고, 식량 부족과 식량 폭동을 초래했으며, 사회적 동란과 권위 붕괴를 가져왔다는 것이다. 그러나 가장 크고 어쩌면 가장 중요한 변화에는 그다지 주목하지 않고 있다. 문서에, 찬가에, 신전의 경칭에 이제 더 이상 '라'가 쓰이지 않고 이때 이후로는 '라아몬(Ra-Amon)' 또는 그저 '아몬'이 나온다. 이때부터 그를 숭배한 것이다. 라는 아몬, 곧 '보이지 않는 라'가 되었다. 그가 이집트를 떠났기 때문이다.

정치적·사회적 붕괴를 가져온 것은 실로 종교적 변화였다고, 정체불명의 이푸웨르는 쓰고 있다. 우리는 그 변화란 라가 아몬이 된 것이었다고 생각한다. 격변은 종교 의례가 붕괴되면서 시작되었고, 신전을 짓밟고 버림으로써 분명해졌다.

> '비밀의 장소'가 노출되고
> 도서관의 귀중한 장서들이 사방으로 유출되며
> 아무나 길거리에서 그것을 찢고 있다. (…)
> 마법의 비밀이 드러나
> 모르는 사람의 눈에도 보이게 된다.

우라이오스(Uraeos)*에 대한 반역이 일어나고 (…)

종교적인 일정이 흐트러지고 (…)

사제들이 부당하게 잡혀간다.

우라이오스(거룩한 뱀)는 왕관에 새겨진 신성한 신들의 상징이다. 파피루스는 사람들에게 회개하고 '신전에 향을 올리며 (…) 신들에게 계속 봉헌물을 올리도록' 요구한 뒤 회개한 자들에게 '세례를 받도록' 요구했다. '물에 빠진 것을 기억'하라는 것이다. 그리고 나서 파피루스의 이야기는 예언적으로 변한다. 이집트학자들조차도 '정말로 메시아적'이라고 하는 한 구절에서 이 '경고'는 이름이 밝혀지지 않은 '구원자'(신이면서 왕이다)가 나타날 '앞으로 올 그때'에 대해 이야기하고 있다. 처음에는 소수의 추종자만을 거느리게 될 그에 대해 사람들은 이렇게 말할 것이라고 한다.

그는 가슴을 식혀줄 것이다.

그는 모든 사람의 양치기다.

그 양떼는 많지 않아도

그는 그들을 돌보며 나날을 보낼 것이다. (…)

그리고 그는 악을 내려치고

그들을 물리치려 팔을 앞으로 뻗칠 것이다.

이푸웨르는 이렇게 묻고 대답한다.

---

*이집트 코브라를 양식화한 고대 이집트의 전통 장식으로, 이집트 왕권을 상징한다. (옮긴이)

사람들은 이렇게 물을 것이다.
'그는 지금 어디 있는가?
그는 잠을 자고 있는가?
왜 그는 힘을 보이지 않고 있는가?' (…)
자, 그로 인한 영광은 볼 수 없지만,
'권위'와 '이해'와 '정의'가 그와 함께 있다.

이푸웨르는 그 예언을 통해, 그 이상(理想) 시대는 메시아 산통(産痛)을 겪고 난 뒤에야 올 것이라고 말하고 있다.

온 나라에 혼란이 일어날 것이다.
떠들썩한 소리와 함께
한 사람이 다른 사람을 죽일 것이고,
많은 사람이 소수의 사람을 죽일 것이다.

사람들은 물을 것이다. '그 목자는 죽음을 원하는가?' 그는 그렇지 않다고 대답한다. '죽음을 요구하는 것은 땅이다.' 그러나 몇 년의 싸움 끝에 정의와 올바른 종교가 이기게 된다. 이것이 '이푸웨르가 만물의 주인인 왕에게 대답하면서 말한 것'이라고 파피루스는 결론지었다.

이 고대 이집트 파피루스에 나오는 사건들과 메시아 예언에 대한 묘사뿐만이 아니라 단어 선택마저도 놀라운 것이며, 뭔가가 더 있다. 학자들은 고대 이집트에서 만들어져 지금까지 전해지고 있는 또 다른 예언적/메시아적 문서의 존재에 대해서도 알고 있지만, 이는 사실상 사건이 일어난 뒤에 만들어졌고 날짜만 이전 시기로 당겨놓아 예언서를 가장했을 뿐이라고 믿고 있다. 구체적으로 이 문서는 제4왕조 파라오인 스네프루(Snefru) 시대(서기전 2600년 무렵)의 예언을 전하는 것처럼 가장했지만, 이집트학자들은 그것이 실제로는 제12왕조의 아메넴헤트(Amenemhet) 1세 시대(서기전 2000년 무렵)에 쓰였다고 보고 있다. 그것이 예언하는 척했던 사건들이 일어난 '뒤'다. 설사 그렇다고 하더라도 이 '예언'은 그 이전에 일어난 일들을 확인해 주는 역할을 한다. 그리고 예언의 여러 세부 사항이나 단어 선택 자체는 섬뜩하다고밖에 할 수 없다.

예언은 네페르로후(Nefer-Rohu)라는 '위대한 선지자이자 사제'가 스네프루 왕에게 전한 것으로 되어 있다. 네페르로후는 '명문가 출신의 유능한 서기'였다. 그는 왕에게 불려가 미래를 예언하게 되었는데, '필기도구가 들어 있는 상자로 손을 뻗쳐 파피루스 두루마리를 끄집어냈다'. 그러고는 자신이 본 것을, 노스트라다무스 식으로 써 내려가기 시작했다.

> 보라, 사람들이 이야기한 것이 있다.
> 그것은 무시무시하다. (…)
> 앞으로 나타날 것은 이전에는 나타난 적이 없었다.
> 지구는 완전히 폐허가 된다.
> 땅은 망가져 남아 있는 것이라고는 하나도 없다.
> 햇빛도 비치치 않아 사람들이 볼 수 없다.
> 아무도 구름 덮인 속에서 살 수 없다.
> 북풍에 맞서 남풍이 분다.
> 이집트의 강들은 텅 빈다. (…)
> 라는 땅의 기초를 다시 세워야 한다.

라가 '땅의 기초'를 재건하기 전에 침입과 전쟁과 유혈 사태가 일어날 것이다. 그리고 평화와 안정과 정의의 새로운 시대가 이어질 것이다. 그것은 우리가 '구원자'·'메시아'로 부르게 된 자에 의해 얻어질 것이다.

> 그리고 독립이 이루어질 것이다.
> **아메니**(Ameni, '무명씨')여,
> 그는 승리자라 불릴 것이다.
> '아들인간'이 영원히 그의 이름이 될 것이다. (…)
> 죄악은 뿌리 뽑힐 것이다.
> 정의가 제자리에 돌아올 것이다.
> 그의 시대의 사람들은 환호성을 올릴 것이다.

무려 4,200년 전에 쓰인 파피루스 문서에서 계시의 시대와 '죄악'이 끝장나고 평화와 정의가 찾아온다는(돌아온다는) 그런 메시아적 예언을 발견할 수 있다는 것은 놀라운 일이다. 그 속에서 '무명씨'나 '승리의 구원자'나 '아들인간' 같은, 신약에서 낯익은 용어들을 발견하는 것은 섬뜩한 일이다.

앞으로 보게 되듯이, 이는 수천 년을 사이에 둔 사건들의 연결이다.

수메르에서 혼란의 시기가 이어지고 외국 군대에게 점령당하고 신전이 짓밟히며 어느 곳을 수도로 삼고 누구를 왕으로 세워야 하는지 헷갈리는 일이, **서기전 2260년** 이쉬타르에 의한 사르곤 시대가 종막을 고한 뒤에 이어졌다.

한동안 온 나라에서 유일한 안전지대는 닌우르타의 '종교 센터' 라가쉬였다. 구티아인의 외국 군대는 그곳에 들어가지 못했다. 닌우르타는 당시 라가쉬 왕 구데아(Gudea)에게 지시해 그 도시의 기르수(Girsu, 성역)에 독특한 새 신전을 세우도록 함으로써 50등급의 서열인 자신의 권리를 거듭 주장해야겠다고 결심했다. 닌우르타는 이제부터 닌기르수(Ningirsu, '기르수의 주인')로 불리게 되는데, 이미 거기에 신전을 갖고 있었고 그의 비행기 '신의 검은 새'를 넣어두는 특수 격납고까지 갖고 있었다. 새 신전을 지으려면 엔릴의 특별 허가가 있어야 했고, 허가는 곧 떨어졌다. 새김글들을 보면 새 신전은 하늘로 연결되는 특이한 모습을 지녀 특정한 천체 관측이 가능해야 했다. 그 목적을 위해 닌우르타는 '거룩한 건축가'이자 기자 피라미드의 '비밀 수호자'인 닌기쉬지다(이집트에서는 '토트') 신을 수메르로 초청했다. 닌기쉬지다/토트가 서기전 3100년 무렵 마르둑에 의해 강제 추방된 그의 아우라는 사실은 아마 관계자 가운데 어느 누구도 잊지 않고 있었을 것이다.

에닌누(Eninnu, '50의 집/신전')의 건설 계획 발표와 설계·건설·봉헌을 둘러싼 깜짝 놀랄 만한 전말이 구데아의 새김글에 아주 상세히 적혀 있다. 이 새김글들은 라가쉬의 옛 터, 지금은 텔로(Tello)라 불리는 유적지에서 발굴되었고, '지구 연대기'의 여러 책에서 충분히 인용한 바 있다. 상세한 기록이 두 개의 원통형 점토판에 분명한 수메르 쐐기문자로 새겨져 있는데, 이를 통해 계획 발표로부터 봉헌까지 새 신전 건축의 모든 단계와 모든 세부 사항들이 천체 배치를 따랐다는 사실이 밝혀졌다.【그림 16】

이 특별한 천체 배치는 신전 건축 시기 자체와도 관련이 있다. 새김글의 첫 줄에 나오는 대로 이때는 '하늘에서 지구의 운명이 결정된' 때였다.

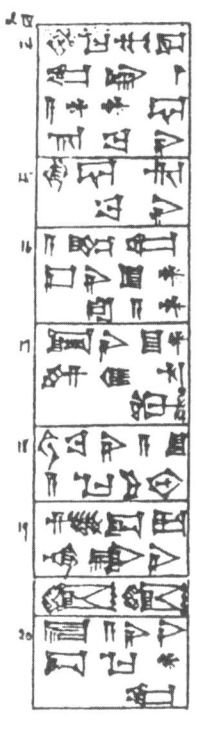
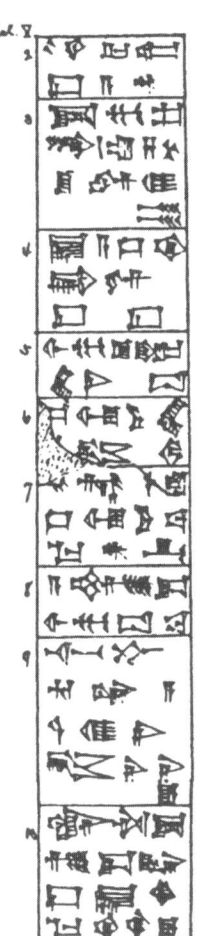

【그림 16】 에닌누 건설 전말을 기록한 점토판

지구의 운명이

하늘에서 결정될 때

"'운명의 큰 서판'에 나오는 대로

라가쉬는 하늘을 향해 그 머리를 들게 하라"고

엔릴이 닌우르타에게 우호적인 결정을 내렸다.

하늘에서 지구의 운명이 결정된 그 특별한 시간은 우리가 '하늘의 시간', '별자리 시계'로 부른 바로 그때였다. 그 결정이 춘분과 연결되어 있었음은 구데아 이야기의 나머지 부분에서 분명해지며, 새 신전의 방향을 잡기 위해 '측량을 한' 토트의 이집트 이름 테후티(Tehuti, '균형자')가 낮과 밤의 균형을 의미한다는 점도 증거가 된다. 그러한 천체에 대한 고려는 계속 이어져 에닌누 프로젝트를 처음부터 끝까지 지배하게 된다.

구데아 이야기는 환상을 보는 꿈으로 시작되는데, 이는 TV 시리즈〈환상특급 The Twilight Zone〉의 한 에피소드인 듯한 느낌을 준다. 거기에 등장했던 여러 신들은 그가 꿈에서 깨자 모두 사라져버리고 그 신들이 꿈속에서 그에게 보여준 여러 가지 물건들은 실제로 그의 곁에 남아 있었기 때문이다!

그 환상을 본 꿈(몇 번의 꿈 가운데서 첫 번째)에서 닌우르타 신은 해돋이 때 나타났고, 태양은 행성인 목성과 일직선으로 정렬되어 있었다. 닌우르타는 자신이 새 신전을 세우기로 했다고 구데아에게 알려주었다. 다음에는 니사바(Nisaba) 여신이 나타났다. 니사바는 머리에 신전 건물의 모습을 이고 있었다. 또한 별이 빛나는 하늘이 그려진 서판을 든 채 철필로 '좋아하는 하늘의 별자리'를 계속 가리키고 있었다. 세 번째 신 닌기쉬지다, 즉 토트는 건물 설계도가 그려진 청금석 서판을 들고 있었다. 그는 또한 흙벽

【그림 17】 구데아가 환상 속에서 받은 물건들

돌과 벽돌을 만들기 위한 틀, 인부들이 쓰는 운반용 바구니도 들고 있었다. 구데아가 꿈에서 깨었을 때, 세 신들은 사라졌지만 건축을 위한 서판은 그의 무릎에 있었고 벽돌과 틀도 발치에 놓여 있었다!【그림 17】

구데아가 그 의미를 모두 이해하는 데는 계시의 여신 한 명의 도움과 환상의 꿈 두 번이 더 필요했다. 세 번째 환상의 꿈에서는 홀로그래피 같은 신전 건물 동영상 자료를 보았다. 그 자료는 처음에 지정된 천구상의 지점과 정렬하는 것에서부터, 기초 놓기, 벽돌 찍기 등 전 건설 과정을 단계별로 보여주었다. 건설 개시와 최종 봉헌 의식은 모두 특정한 날 신들의 신호에 따라 하도록 되어 있었다. 두 가지 모두 새해 첫날에 맞추었는데, 새해 첫날은 바로 춘분날이었다.

이 신전은 통상적인 7층 기단에 '머리를 올려놓았다'. 그러나 꼭대기가

【그림 18】 피라미드 위에 갓돌을 얹은 모습

평평한 수메르 지구라트에서는 이례적으로 그 머리가 뾰족하고 '뿔과 같은 모양'이어야 했다. 구데아는 신전 꼭대기에 갓돌을 올려놓아야 했다! 그 모양은 묘사되지 않았지만, 추측컨대(그리고 니사바의 머리 모습으로 판단컨대) 피라미디온 모양이었을 것이다. 이집트 피라미드에 갓돌을 얹는 방식이다.【그림 18】게다가 보통은 벽돌 쌓은 부분을 그대로 노출시키지만 구데아에게는 이 부분을 붉은 돌 외피로 씌우라는 명령이 떨어졌기 때문에 이집트 피라미드와 더욱 비슷해졌다.

　　신전의 외관은
　　그곳에 갖다 놓은 산과 같았다.

이집트 피라미드와 같은 외양의 건물을 올린 것이 목적이 있는 일이었음은 닌우르타 자신의 말에서 분명해진다. 그는 구데아에게 말했다.

　　(새 신전은) 멀리서도 보일 것이고,

그 두려운 모습은 하늘까지 닿을 것이다.

나의 신전에 대한 숭배는

온 땅으로 퍼져 나가고,

그 거룩한 이름은

지구 구석구석의 나라들에서 울려 퍼질 것이다. (…)

마간(Magan)과 멜루하(Meluhha)에서 사람들은

이렇게 말하게 될 것이다.

"엔릴의 땅 출신의 '위대한 영웅'

닌기르수('기르수의 주인')는 비길 자 없는 신이다.

그는 온 지구의 주인이다."

마간과 멜루하는 이집트 신들의 두 영지로서, 이집트 및 누비아의 수메르 이름이다. 에닌누를 세우는 목적은 그곳 마르둑의 땅에서조차 닌우르타의 비길 데 없는 지배권을 확립하려는 것이었다. '비길 자 없는 신, 온 지구의 주인'인 것이다.

닌우르타(마르둑이 아닌)의 패권을 주장하기 위해서는 에닌누에 특별한 모습이 필요했다. 지구라트의 출입구는 햇빛을 정동쪽에서 받아야 했다. 일반적인 북동쪽이 아니었다. 신전의 꼭대기 층에 구데아는 슈갈람(Shugalam, '빛이 나타나는 곳, 구멍이 있는 곳, 측정을 하는 곳')을 세워야 했다. 여기서 닌우르타/닌기르수는 '땅 위에서의 재현'을 확인할 수 있었다. 그것은 열두 개의 지점이 있는 둥근 방이었다. 각 지점에는 별자리의 상징이 표시되어 있었고 하늘을 관찰하기 위한 구멍이 있었다. **그것은 '황도궁 별자리들에 정렬된 고대의 천상의(天象儀, planetarium)'였다!**

【그림 19】 덴데라 신전에서 발견된 천체 관측 시설

　해 뜨는 쪽을 향한 거리와 연결되는 신전 앞마당에 구데아는 하늘을 관찰하기 위한 두 개의 환상열석(環狀列石)을 세워야 했다. 하나는 여섯 개의 돌기둥, 또 하나는 일곱 개의 돌기둥이었다. 길은 하나만 언급되었기 때문에 큰 원 안에 작은 원이 들어 있는 것으로 간주할 수밖에 없다. 글귀와 용어, 세부 구조를 연구해 보면 닌기쉬다/토트의 조력을 받아 라가쉬에 세워진 것은 정교하고 실용적인 석조 관측소였음이 분명해진다. 그 한

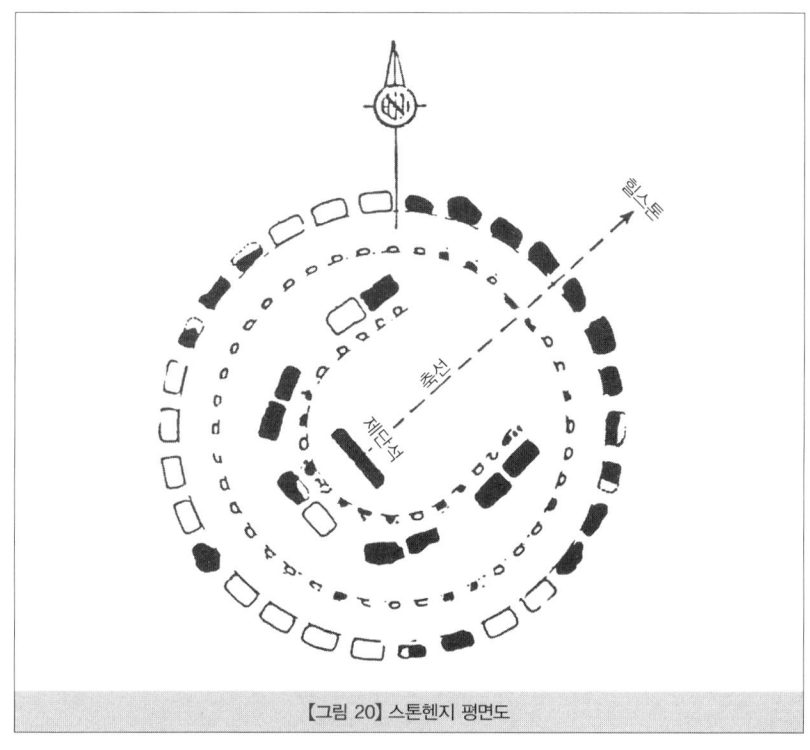

【그림 20】 스톤헨지 평면도

쪽은 순전히 별자리만을 위한 것으로, 이집트 덴데라(Denderah)에서 발견된 비슷한 시설을 떠올리게 한다. 【그림 19】 그리고 또 다른 부분은 천체가 뜨고 지는 것을 관측하기 위한 것으로, **에우프라테스 강가에 세운 가상의 스톤헨지였다!**

영국에 있는 스톤헨지와 마찬가지로 라가쉬에 세워진 것도 춘·추분과 하·동지의 태양 관측을 위해 돌로 표지를 세웠다. 【그림 20】 그러나 가장 중요한 외양은 중심석으로부터 시작해 두 돌기둥 사이로 이어지고 대로를 내려가 또 다른 돌로 이어지는 시선 형성이었다. 그 시선은 설계할 때 정확하게 방향이 잡혀 반일출시 이를 통해 어느 황도대 별자리에서 태양이 나타나는지 관측할 수 있도록 했다. 그리고 **정확한 관찰을 통해 별자리 시대를 관측하는 것이 전체 복합 시설의 주요 목적이었다.**

스톤헨지에서는 시선이 제단석이라 불리는 중앙의 돌기둥에서 시작해 사르센석 1번 및 30번으로 확인된 두 돌기둥을 지나 대로를 내려가 이른바 힐스톤에 이른다. 【그림 6 참조】이중의 블루스톤 환상열석과 스톤헨지 II의 구성 요소로 설계됐던 힐스톤은 서기전 2200년에서 서기전 2100년 사이에 건설되었다고 일반적으로 받아들여지고 있다. **'에우프라테스의 스톤헨지'가 건설된 시기 또한 바로 이 시기**(아마도 보다 정확하게는 서기전 2160년)였다.

그리고 그것은 우연의 일치가 아니다. 이 두 별자리 관측소처럼 다른 석조 관측소들이 지구상의 다른 곳에서도 동시에 만들어졌다. 유럽의 여러 유적지, 남아메리카, 이스라엘 북동쪽 골란(Golan) 고원, 심지어 멀리 중국에서도 건설되었다. 중국의 경우 고고학자들이 산시성(山西省)에서 별자리와 정렬된 열세 개의 돌기둥으로 이루어진 서기전 2100년 무렵의 환상열석을 발견했다. 이들은 모두 마르둑의 '신들의 체스 게임'을 향한 닌우르타와 닌기쉬지다의 계획적인 대항 수단이었다. **인류에게 별자리 시대가 아직 황소자리 시대라는 것을 보여주려던 것이었다.**

마르둑의 자서전적 문서와 「에르라(Erra) 서사시」로 알려진 좀 더 긴 문서 등 그 시기 이후의 여러 문서들은 마르둑이 이집트를 떠나 떠돌아다녔음을 밝히고 있다. 마르둑은 이때 '사라진 자'가 되는 것이다. 문서들은 또한 그의 요구와 행동이 절박하고 매서웠다는 사실을 보여주고 있다. 그는 자신이 지배권을 쥐어야 할 시기가 왔다고 확신했던 것이다. '하늘'은 주인인 '나의' 영광을 드러내고 있다는 것이 그의 주장이었다. 왜 그럴까? 그가 공표한 바에 따르면 황소자리의 시대, 곧 엔릴의 시대는 끝났고 '양자리의 시대, 곧 마르둑의 별자리 시대가 왔다'는 것이었다. 그것은 닌우르타가 구데아에게 말한 대로 하늘에서 지구의 운명이 결정된 때였다.

별자리 시대는 지구의 태양 주위 공전에서의 지체를 말하는 세차 현상 때문에 생긴다는 것이 기억날 것이다. 이 지체는 72년 만에 1도(360도 가운데서)씩 축적되고, 거대한 천구를 임의로 각기 30도씩의 열두 부분으로 나누었으니 산술적으로 별자리 책력은 2,160년마다 한 시대에서 다른 시대로 옮겨간다는 의미가 된다. 수메르 문서들에 따르면 대홍수가 사자자리 시대에 일어났으니 우리의 별자리 시계는 **서기전 10860년** 무렵에 시작되었을 수 있다.

이 '산술적으로 추정된' 2,160년 별자리 책력에서 시점을 서기전 10860년이 아니라 10800년으로 택한다면 놀라운 연대표가 나온다.

서기전 10800~8640년   사자자리 시대
       8640~6480년   게자리 시대
       6480~4320년   쌍둥이자리 시대
       4320~2160년   황소자리 시대
       2160~0년   양자리 시대

'서력기원과 일치'하는 산뜻한 최종 결과는 차치하고라도, 이쉬타르-닌우르타의 시대가 서기전 2160년 또는 그즈음에 끝났다는 것이 단순한 우연의 일치인지 의문이 들 수밖에 없다. 위의 별자리 책력에 따르면 바로 그때가 황소자리의 시대, 곧 엔릴의 시대가 끝나는 때였다. 아마도 아닐 것이다. 분명히 마르둑은 그렇게 생각하지 않았다. 현재까지의 증거들로 보면 마르둑은, '하늘의 시간'에 따르면 '자신이' 지배권을 차지할 시기, 그의 '시대'가 왔다고 확신했다. (현대의 메소포타미아 천문학 연구에 따르면 메소포타미아에서 실제로 천구는 각기 30도씩의 열두 궁으로 나뉘었음이 확인됐다. 관측에 따른 것이 아니라 산술적인 분할이었다.)

우리가 언급한 여러 문서들에 따르면 마르둑은 여기저기 떠돌다가 엔릴 진영의 심장부를 향해 또 하나의 급습을 감행했다. 일단의 추종자를 거느리고 바빌론으로 귀환한 것이다. 엔릴 진영은 무력 충돌에 호소하는 대신 엔릴의 손녀와 결혼한 마르둑의 동생 네르갈을 남아프리카로부터 바빌론으로 불러들여 형으로 하여금 바빌론을 떠나도록 설득하게 했다. 「에르라 서사시」로 알려진 그의 회고록에서 네르갈은, 마르둑의 핵심 주장은 자신의 시대, 곧 양자리의 시대가 왔다는 것이었다고 한다. 그러나 네르갈은 그것이 사실이 아니라고 반박했다. 그는 마르둑에게, 반일출이 아직 황소자리에서 일어나고 있다고 말한 것이다!

화가 난 마르둑은 관측의 정확성에 대해 의문을 제기했다. 대홍수 이전에 너의 '아래 세계'에 설치한 정확하고 믿을 만한 계기에 무슨 이상이라도 생긴 거냐? 마르둑은 네르갈에게 이렇게 물었다. 네르갈은 그 계기들이 대홍수로 망가졌다고 설명했다. 정해진 날 일출 때 어떤 별자리가 보이는지 직접 와서 보라고 그는 마르둑을 압박했다. 마르둑이 관측을 위해 라가쉬로 갔는지는 알 수 없지만, 그는 견해차의 원인을 깨달았다.

산술적으로는 시대가 2,160년마다 바뀌어야 하지만 실제로는, 관측을 바탕으로 해서 보면 그렇지가 않았다. 별들이 아무렇게나 뭉쳐 있는 황도대 별자리는 크기가 일정치 않았다. 일부는 하늘의 더 많은 부분을 차지하고 있었고 일부는 조금 적은 부분을 차지했다. 그리고 공교롭게도 양자리

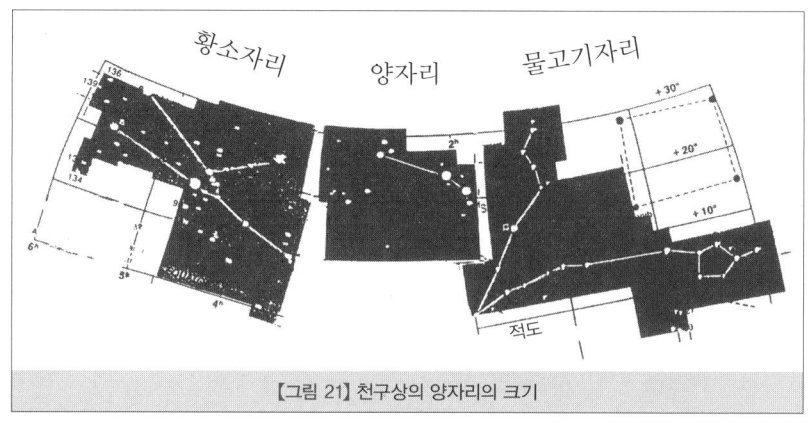

【그림 21】 천구상의 양자리의 크기

는 황소자리와 물고기자리 사이에 끼여 작은 별자리에 속했다.【그림 21】 하늘에서 황소자리는 천구 가운데 30도를 넘게 차지해 산술적인 계산보다 적어도 200년은 더 지속되는 것이었다.

서기전 21세기에 '하늘의 시간'과 '메시아의 시간'은 일치하지 않았던 것이다.

조용히 물러가고 하늘이 형의 시대를 선포할 때 돌아오시오. 네르갈은 마르둑에게 말했다. 마르둑은 자신의 운명에 굴복해 떠나갔다. 그러나 아주 멀리 가지는 않았다.

그리고 그와 동행한 것은 '지구인'을 어머니로 둔 그의 아들이었다. 밀사 겸 대변인 겸 전령이었다.

4
신들과 반신반인들

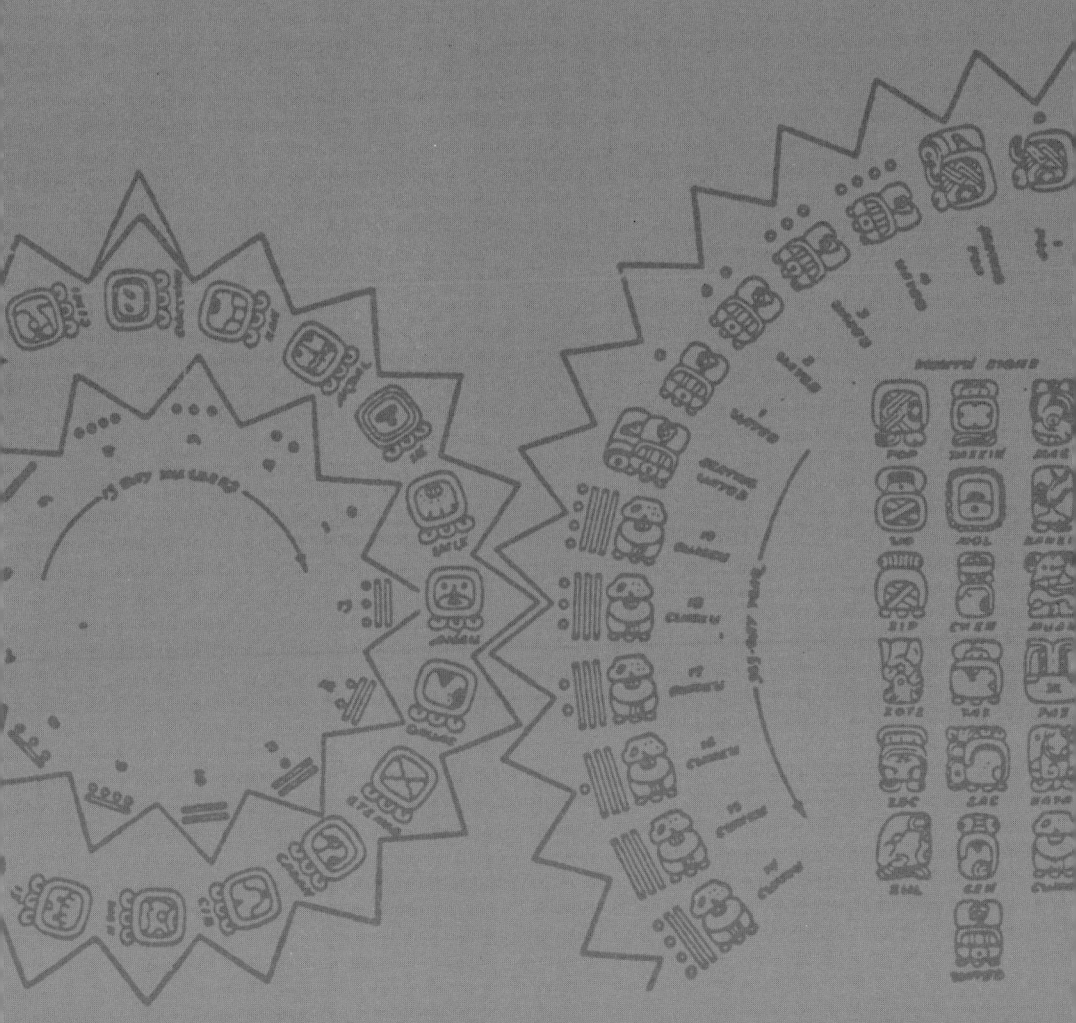

신들과 반신반인들

마르둑이 분쟁지 안 또는 근처에 머물고 자기 아들을 끌어들여 인간들의 충성심 확보 경쟁에 나서자 엔릴 진영은 수메르의 중심 도시를 난나르(아카드어로 수엔(Su-en) 또는 '씬(Sin)'이다)의 의례 중심지인 우르로 옮기지 않을 수 없었다. 우르는 세 번째로 수도 역할을 하게 되었고, 이에 따라 이 시기는 '우르 3기'라는 명칭을 얻었다.

이러한 움직임은 반목하던 신들의 문제를 기독교 성서에 나오는 아브라함 이야기(그리고 그 역할)와 연결시키게 되고, 그 뒤엉킨 관계는 '종교'를 변화시켜 오늘날에 이르게 된다.

난나르/씬을 엔릴 진영의 투사로 선택한 것은 여러 가지 이유가 있지만, 마르둑과의 경쟁이 신들끼리의 문제를 넘어서 사람들의 마음과 애정에 대한 다툼으로 비화되었음을 깨달았기 때문이었다. 신들이 만들어낸 그 '지구인'들이 이제는 자신들을 만든 신들을 대신해서 전쟁에 나서는 군사가 되고 있었던 것이다.

난나르/씬은 엔릴 진영에서는 예외적으로 '신들의 전쟁'에 나서지 않았

【그림 22】 우르의 신 난나르-닌갈 부부

었다. 그가 선택된 것은 각처의 사람들, 심지어 '반란국'의 사람들에게도 그의 치하라면 평화와 번영이 시작될 것이라는 암시로 받아들여졌다. 그와 그 아내 **닌갈**(Ningal)은 수메르 사람들로부터 큰 사랑을 받았고, 그들의 도시 우르는 번영과 행복의 대명사였다. 【그림 22】'틀이 잡히고 개화된 곳'이라는 뜻의 우르는 그저 도시가 아니라 '최고의 도시'를 의미하게 되었다. 고대 세계의 도시들 가운데 보석 같은 존재였다.

그곳에 있는 난나르/씬의 신전은 여러 층으로 이루어져 하늘을 찌를 듯이 서 있는 지구라트였다. 담으로 둘러쳐진 그 성역 안에는 두 신의 거처와 집무실, 그리고 이들 부부 신의 시중을 들고 왕과 백성들의 종교 의식을 준비하는 많은 사제들과 관원들, 하인들이 쓸 실용적 건물들이 줄줄이 늘어서 있었다. 성벽 너머에는 두 개의 항구와 에우프라테스 강으로 연결되는 운하를 가진 웅장한 도시가 펼쳐져 있었다. 【그림 23】 이 도시는 왕

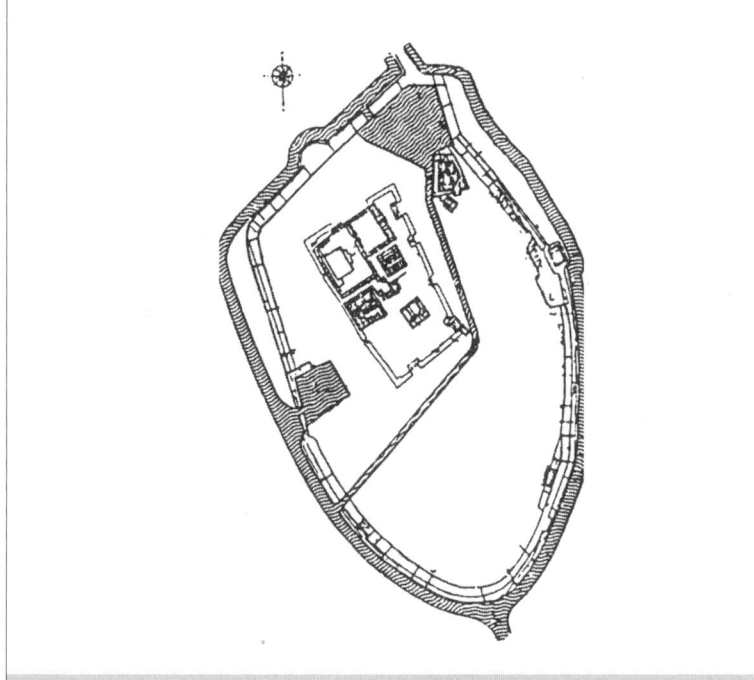

【그림 23】 운하로 둘러싸인 도시 우르

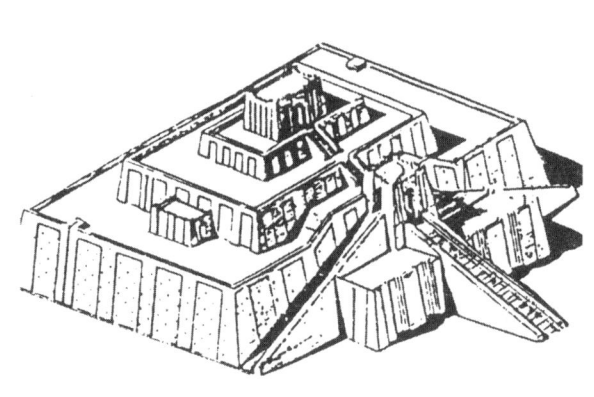

【그림 24】 난나르의 신전이었던 지구라트(재구성)

궁, 문서 작성과 보존 및 징세를 위한 관청 건물들, 다층의 민간 주택들, 작업장, 학교, 상인들의 창고, 마구간 등이 있는 거대한 도시였다. 이 모든 것들이 들어서 있는 넓은 거리들에는 교차로마다 모든 여행객들에게 개방된 예배당이 세워져 있었다. 이 기념비적인 계단이 있는 장엄한 지구라트는 폐허가 된 지 오래지만, 4,000여 년이 지난 뒤에도 그곳 풍광을 지배하고 있다.【그림 24】

그러나 난나르/씬이 선택된 데는 또 하나의 흥미로운 이유가 있다. 모두가 니비루에서 지구로 온 '이민자'들이었던 경쟁 주체 닌우르타나 마르둑과는 달리 난나르/씬은 지구에서 태어났다. 그는 지구에서 태어나게 되는 신들의 제1세대 가운데서도 첫 번째로 태어난 신이었다. 신들의 제3세대에 속하는 그의 자녀들인 우투/샤마쉬와 인안나/이쉬타르 쌍둥이 남매, 그리고 그들의 여동생인 에레쉬키갈도 모두 지구에서 태어났다. 그들은 신이었지만, 그들은 지구 토박이이기도 했다. 틀림없이 이 모든 것이 앞으로 있을 사람들의 충성 확보 경쟁을 위해 고려되었을 것이다.

수메르에서 새 왕조를 재출범시키기 위해 새로운 왕을 선택하는 일도 조심스럽게 진행되었다. 인안나/이쉬타르에게 주어졌던(혹은 그녀가 차지했던) 재량권은 없어졌다. 그녀는 아카드인 사르곤의 섹스 능력을 높이 사새 왕조의 개창자로 그를 선택했었다. 그러나 우르남무(Ur-Nammu, '우르의 기쁨')라는 이름의 이번 새 왕은 엔릴이 신중하게 선택하고 아누가 승인했다. 그리고 그는 단순한 '지구인'이 아니었다. 그는 닌순 여신의 아들, '총애하는 아들'이었다. 독자들도 생각나겠지만 닌순 여신은 길가메쉬의 어머니다. 이 신의 가계는 우르남무의 치세 동안에 난나르와 다른 여러 신들의 면전에서 만들어진 여러 새김글들에 거듭 진술되고 있기 때문에 거의 사실이라고 보아도 좋다. 때문에 우르남무는 길가메쉬와 마찬가지로 반신반인을 넘어서 '3분의 2 신'이었다. 사실 우르남무는 자신의 어머니가 닌순 여신이었다고 주장함으로써 길가메쉬와 마찬가지로 왕의 자리를 차지해 공적이 잘 기억되었고 이름이 숭배되었다. 이 선택은 이렇게 엔릴과 그 집안의 무적의 권위 아래 유지되던 영광스러운 시대가 다시 돌아왔다는 신호(적과 동지 모두를 향한)였다.

이 모든 것은 매우 중요하고 어쩌면 결정적이기까지 한 것이었다. 마르둑이 인간 대중에게 먹힐 만한 속성을 지녔기 때문이다. 특별히 '지구인' 들에게 먹힐 만한 부분이라는 것은 바로 마르둑의 대리인이자 으뜸 전사인 그의 아들 **나부**였다. 나부는 지구에서 태어났을 뿐만 아니라 '지구인인 어머니로부터 태어난' 아들이기도 했다. 그것도 오래전, 실로 대홍수 전에 이미 마르둑이 모든 전통과 금기를 깨고 '지구인'인 여인을 자신의 정실부인으로 맞았던 것이다.

젊은 아눈나키가 '지구인' 여자를 아내로 맞았다는 것이 아주 놀라운 일일 수는 없다. 그것은 모든 사람이 읽을 수 있는 구약에 기록되어 있기 때문이다. 학자들에게마저도 덜 알려졌던(이 정보가 주목받지 못한 문서들에서 발견되고 복잡한 '신 명부'에서 입증되어야 했기 때문이다) 부분은 '신들의 아들들'이 뒤따랐던 선례를 만든 것이 마르둑이었다는 사실이다.

    그리고 그 일이 일어났다.
    지구상에서
    '지구인'들의 수가 늘기 시작하고
    그들에게서 딸들이 태어났다.
    엘로힘의 아들들이

> 인간의 딸들을 보니
> 사귀어볼 만하다고 생각되었다.
> 그래서 마음에 드는 여자를 골라
> 하나씩 아내로 삼았다.
>
> _「창세기」 6:1~2

「창세기」 6장의 수수께끼 같은 첫 여덟 절에 나오는 '대홍수'의 이유에 대한 기독교 성서의 설명은 분명히 신이 분노한 원인으로 이런 신과 인간 사이의 결혼 및 그에 따른 자손의 출산을 들고 있다.

> 그 시대와 그 이후에도
> **네필림**(Nefilim)은 지구상에 있었다.
> **엘로힘**의 아들들이
> 인간의 딸들에게 접근하고
> 그들에게서 아이들을 낳았다.

(독자들은 하늘에서 지구로 내려왔기 때문에 문자적으로 '내려온 사람들'을 의미하는 '네필림'이 왜 항상 '거인들'로 번역되었는지가 학생으로서의 내가 품은 의문이었음을 기억할 것이다. 히브리어로 '거인들'에 해당하는 단어 '아나킴(Anakim)'은 실제로 수메르어 '아눈나키(Anunnaki)'의 변형임을 내가 깨닫고 그렇게 주장한 것은 훨씬 뒤의 일이다.)

구약은 젊은 '신들의 아들들'('엘로힘', 곧 '네필림'의 아들들)과 여자 '지구인'('인간의 딸들') 사이의 그러한 결혼('아내로 얻음')이, 신이 대홍수를 통해 인류의 종말을 기도했던 이유라고 분명하게 지적하고 있다.

"내 영혼은 더 이상 인간에게 머물지 않을 것이다.

그의 육신으로 죄를 저질렀기 때문이다. (…)"

그리고 하느님은 지구에서 인간을 만든 것을 후회했다.

심란해진 하느님은 이렇게 말했다.

"내가 만든 인간을 지구상에서 쓸어 없애야겠다."

대홍수 이야기를 전하는 수메르와 아카드 문서들은 이 드라마에 두 신이 관련되었다고 설명한다. 대홍수를 통해 인류를 절멸시키려 했던 것은 엔릴이었고, '노아'에게 구조용 방주를 만들도록 지시해 이를 막는 일을 공모한 것은 엔키였다. 자세한 내용을 파고들어 가보면 한편의 '이젠 어쩔 수 없다!'는 엔릴의 분노와 다른 한편의 엔키의 반대 방향으로 기울인 노력은 단순한 원칙 문제가 아니었다. '지구인 여성과 관계를 가져 그들에게서 아이를 낳기 시작한 것은 바로 엔키'였고, 그 방향을 이끌어 그들과 실제로 결혼한 선례를 남긴 것이 엔키의 아들 마르둑이었기 때문이다.

그들의 '지구 미션'이 완전히 궤도에 올라섰을 때 지구에 주둔한 아눈나키의 수는 600명에 달했다. 게다가 '이기기(Igigi, '관측하는 자들')'로 알려진 300명이 행성 '간이역'(화성에 있었다!)과 이 두 행성 사이를 오가는 우주선에 배치되어 있었다. 우리는 아눈나키 의료진 책임자인 닌마가 일단의 여성 간호사들을 이끌고 지구로 왔음을 알고 있다. 【그림 25】 그들이 얼마나 많았는지 또는 아눈나키 가운데 다른 여성들이 있었는지는 기록되지 않았으나, 어떻든 그들 가운데 여성은 얼마 되지 않았음이 분명하다. 이런 상황이니 성적인 부분에서 어른들에 의한 엄격한 규제와 감독이 필요했고, 그래서 (한 문서에 따르면) 엔키와 닌마는 누가 누구와 결혼해야 하는지를 결정하는 중매쟁이 노릇을 해야 했다.

【그림 25】 닌마와 그녀가 인솔해 온 여성 간호사들

 엄격한 사감이었던 엔릴 자신도 여성 부족의 희생양이 되어 젊은 간호사를 강간했다. 때문에 지구 총사령관이었던 그도 유배의 처벌을 받았다. 이 처벌은 그가 피해자인 수드(Sud)와 결혼해 그녀를 정실부인으로 맞아들이겠다고 합의하면서 취소되었다. 수드는 엔릴과 결혼해 **닌릴**(Ninlil)이라는 이름을 얻었고, 그녀는 마지막까지 엔릴의 유일한 배우자였다.

 반면에 엔키는 여러 문서들에 난봉꾼으로 그려지고 있다. 그는 나이를 가리지 않고 여신들을 건드렸지만 요리조리 빠져나갔다. 더구나 '인간의 딸들'이 늘어나자 그는 이들과의 불장난도 마다치 않았다. 수메르 문서들은 엔키의 집에서 자란 '가장 현명한 인간' 아다파(Adapa)를 극찬했다. 그는 엔키로부터 쓰기와 수학을 배웠고, 니비루로 아누를 만나러 간 첫 번째 '지구인'이었다. 문서들은 또한 아다파가 엔키의 숨겨둔 아들이었고, 그 어머니는 '지구인' 여자였다고 밝히고 있다.

 외경(外經) 문서들은 기독교 성서 속 대홍수의 주인공인 노아가 태어났을 때 아기와 출생에 관한 여러 가지 일들로 그의 아버지 라메크(Lamech)는 노아의 진짜 아버지가 네필림 가운데 하나가 아니었을까 의심하기도 했다고 전한다. 구약은 노아가 혈통상 '완벽한' 사람이었으며 '엘로힘과 동행했다'고만 적었다. 수메르 문서들에는 대홍수의 주인공 이름이 지우수드라(Ziusudra)로 나오는데, 그는 엔키의 아들인 반신반인인 것처럼 되어 있다.

한편 마르둑은 어느 날 자기 어머니에게 불평을 했다. 다른 친구들은 아내를 배정받았는데 자신은 그렇지 못하다는 것이었다.

"나는 아내가 없어요. 아들도 없고요."

그러고는 자신이 한 '고위 사제이자 뛰어난 음악가'의 딸을 좋아하고 있다고 말했다. 그 사제는 기독교 성서의 에노크(Enoch, 에녹)에 해당하는, 수메르 문서들의 선택받은 인간 엔메두르안키(Enmeduranki)라고 생각하는 것이 온당할 것이다. 마르둑의 부모는 차르파니트(Tsarpanit)라는 그 젊은 '지구인' 여성이 동의했음을 확인한 뒤 승낙을 했다.

이 결혼으로 아이가 태어났다. 이름은 엔삭(Ensag, '높은 신')이었다. 그러나 '지구인' 반신반인이었던 아다파와는 달리 마르둑의 아들은 수메르 신 명부에 올랐다. 거기에 그는 '메쉬(Mesh) 신'으로 나오는데, 이는 길가'메쉬'의 경우처럼 반신반인을 나타내는 말이었다. **이렇게 그는 신으로 간주된 첫 번째 반신반인이었다.** 나중에 그가 아버지 대신 인간 대중을 이끌면서 그는 나부(대변자)라는 별명을 얻었다. 그 단어의 문자 그대로의 의미는 '예언자'였다. 이에 해당하는 기독교 성서의 히브리어 단어는 나비(Nabih)로, 역시 '예언자'로 번역되었다.

이렇게 나부는 고대 기록에 나오는 신의 아들이자 인간의 아들이었고, 그의 이름은 바로 '예언자'라는 의미였다. 앞서 언급한 이집트 예언자들의 경우와 마찬가지로 그의 이름과 역할 역시 메시아에 대한 열망과 연결되는 것이다.

그리고 이렇게 해서 마르둑은 대홍수 이전 시기에 다른 미혼의 젊은 신들에게 선례를 보였다. '지구인' 여성을 찾아 결혼하라는 것이었다. 이러한 금기 파괴는 대부분의 시간을 화성에서 보내고 지구에서의 근무처는 주로 삼나무 산지의 '착륙장'이었던 이기기 신들에게 특히 매력적으로 다가왔다. 그들은 기회(아마도 마르둑의 결혼에 와서 축하해 달라는 초청이 그 기회였을 것이다)를 노려 '지구인' 여성들은 채어다가 아내로 삼았다.

'외경'이라고 불리는 기독교 성서에서 배제된 몇몇 책들, 예컨대 「요벨(Yovel)의 책」, 「에노크의 책」, 「노아의 책」 등은 네필림의 결혼 이야기를 언급하고 이를 상세히 기록하고 있다. 200명쯤 되는 '관찰자들'('관측하는 자들')은 20개의 부대로 나뉘어 각기 지휘자 한 명씩이 지명되어 있었고, 그 지휘자들 가운데 하나인 샴야자(Shamyaza)라는 신이 총사령관이었다. 금기를 깨는 데 앞장선 것은 예콘(Yeqon)이라는 신이었다.

    (그는) 신의 아들들을 타락의 길로 이끌어
    '지구로 데리고 내려간' 뒤
    '인간의 딸들'을 범하게 했다.

이들 자료들은 이 일이 에노크의 시대에 일어났음을 확인하고 있다.

구약 편찬자들은 경쟁·갈등 관계에 있던 엔릴과 엔키에 관한 수메르 자료들을 일신교(전지전능한 유일신을 믿는)의 틀 안에 집어넣으려 애썼지만 결국 「창세기」 6장 말미에서 사실적인 결론을 인정하고 말았다. 구약은 이런 신과 인간의 결혼으로 태어난 자손들에 대해 이야기하면서 두 가지를 인정했다. 하나는 이러한 결혼이 대홍수 이전에, 그리고 '그 이후에도' 있었다는 것이다. 그리고 두 번째로, 그렇게 태어난 자손들 가운데서 '옛

날 영웅들, 유명한 사람들이 나왔다'는 것이다. 수메르 문서들은 대홍수 이후의 힘센 왕들이 실제로 그런 반신반인들이었음을 시사하고 있다.

그러나 그들은 엔키와 그의 집안의 자손들뿐만이 아니었다. 때로는 엔릴계 신들 지역의 왕들도 엔릴계 신들의 자손이었다. 예를 들어 『수메르 왕 명부』는 엔릴계의 영토인 우루크에서 왕조가 시작되었을 때 왕으로 선택된 것이 '메쉬', 곧 반신반인이었음을 분명히 밝히고 있다.

> 우투의 아들 메스키악가쉐르(Meskiaggasher)가
> 고위 사제 겸 왕이 되었다.

우투는 물론 엔릴의 손자 우투/샤마쉬 신이다. 이 왕조의 가계를 좀 더 내려가면 유명한 '3분의 2 신' 길가메쉬가 나온다. 엔릴계 여신 닌순의 아들로, 아버지는 우루크의 고위 사제였던 지구인이었다. 이 가계를 좀 더 내려가면 우루크와 우르에서 '메쉬(Mesh)' 또는 '메스(Mes)'의 칭호를 지닌 통치자들이 몇 명 더 나온다.

이집트에서도 몇몇 파라오들이 신의 자손임을 주장하고 있다. 제18왕조 및 19왕조의 여러 파라오들은 'mss' 접두사나 접미사가 들어 있는 신적인 이름들을 가지고 있다. 메스(Mes), 모세(Mose), 메세스(Meses) 등이 그것이다. 이는 아무아무 신의 '자손'이라는 뜻이다. 아흐메스(Ahmes) 또는 람세스(Ramses, Ra-Meses, 라 신의 자손) 같은 식이다. 여자로서 파라오의 칭호와 대권을 잡았던 유명한 여왕 하트쉡수트(Hatshepsut)는 반신반인이라는 이유로 그런 권한을 주장했다. 그녀는 데이르엘바흐리(Deir el-Bahri)에 있는 그녀의 거대한 신전 새김글과 그림들을 통해, 위대한 신 아몬이 그녀 모후의 남편인 '왕의 모습을 하고 왕비와 관계를 맺어' 자신을 낳게 했다

고 주장했다. 하트쉡수트는 아몬의 딸이며 반신반인이라는 말이다. 카나안 문서들 가운데는 케레트(Keret)라는 왕의 이야기가 나오는데, 그는 엘(El) 신의 아들이었다고 한다.

반신반인이 왕이 되던 그런 관행의 변형 가운데 재미있는 것이 에안나툼(Eannatum)의 경우다. 그는 초기 '영웅' 시대에 닌우르타의 라가쉬를 통치했던 수메르의 왕이었다. '독수리의 돌기둥'이라는 유명한 유물에 그가 남긴 새김글을 보면 그가 반신반인으로 태어난 것이 성역 기르수의 주인인 닌우르타에 의한 '인공수정'과 인안나/이쉬타르 및 닌마(여기서는 그녀의 별칭 닌하르삭(Ninharsag)으로 나온다)의 도움 덕분이었다고 한다.

> 엔릴의 전사 닌기르수 신이
> 에안나툼을 낳기 위해 엔릴의 정액을
> (…)의 자궁에 착상시켰다.
> 인안나가 그의 (탄생)에 입회해
> 그를 '에안나(Eanna) 신전에 살 만한 자'라고 이름 붙이고
> 닌하르삭 여신의 무릎에 올렸다.
> 닌하르삭이 그에게 자신의 숨을 불어넣었고
> 닌기르수는 에안나툼을 보며 환호를 올렸다.
> 정액은 닌기르수에 의해 자궁에 착상되었다.

'엔릴의 정액'에 관한 언급은 닌우르타/닌기르수 자신의 정액이 그가 엔릴의 맏아들이었으므로 여기서 '엔릴의 정액'으로 간주되었는지 아니면 인공수정에 실제로 엔릴의 정액이 사용되었는지(이건 좀 의심스럽다)에 대해서는 다소 불분명한 구석이 있지만, 새김글은 에안나툼의 어머니(그

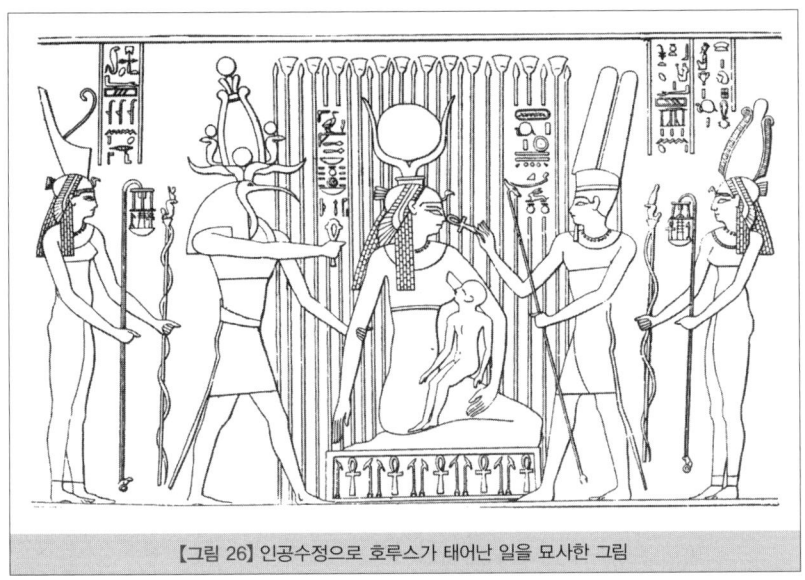

【그림 26】 인공수정으로 호루스가 태어난 일을 묘사한 그림

녀의 이름은 돌기둥에서 판독해 낼 수 없다)가 인공수정을 받아 실제 성적 접촉 없이 이 반신반인을 잉태했다고 분명히 말하고 있다. **서기전 제3천년기 수메르에서 인공수정에 의해 임신한 사례인 것이다!**

신들에게 인공수정이 낯선 일이 아니었음은 이집트 문서들에 의해서도 확인된다. 이집트 문서들에 따르면 세트가 오시리스를 죽여 사지를 절단한 뒤 토트 신은 오시리스의 남근에서 정액을 추출해 그것을 오시리스의 아내 이시스에게 수정시킴으로써 호루스 신을 낳게 했다. 이 위업을 묘사한 그림을 보면, 토트와 출생의 여신들은 거기에 사용된 디엔에이 두 가닥을 들고 있고 이시스는 갓 태어난 호루스를 안고 있다. 【그림 26】

그렇다면 분명히 엔릴계 신들도 대홍수 이후 '지구인' 여성들과의 결혼을 용인했고, '영웅' 또는 '유명한 사람'으로 불린 그 후손들이 왕위에 적합하다고 생각했음이 틀림없다.

반신반인의 왕실 '혈통'은 이렇게 시작되었다.

우르남무의 첫 번째 과제 가운데 하나는 도덕적·종교적 부흥을 실현하는 것이었다. 그리고 그러기 위해서 역시 존경을 받고 기억에 남은 이전의 왕을 모방했다. 그것은 도덕적 행위에 관한 법과 정의에 관한 법 등 새로운 법전의 선포와, 엔릴·난나르·샤마쉬가 왕들에게 시행토록 하고 백성들에게 준수토록 원했던 법들에 충실함으로써 수행되는 것이라고 법전은 밝히고 있다.

의무 사항과 금지 사항을 죽 나열한 이 법들의 본질은 그 정의의 법들로 인해 얻었다고 우르남무가 주장한 바에 따라 판단할 수 있을 것이다.

> 고아가 부자들의 먹잇감이 되지 않고,
> 과부가 권력자의 먹잇감이 되지 않고,
> 양 한 마리를 가진 자가
> 소 한 마리를 가진 자에게 굴복하지 않으며 (…)
> 나라에 정의가 확립되었다.

거기서 우르남무는 과거 수메르 왕이었던 라가쉬의 우루카기나(Urukagina)를 모방했고, 때로는 완전히 똑같은 구절을 사용하기도 했다. 우루카기나는 300년 전 법전을 공포해 사회적·법률적·종교적 개혁을 추진했다. 닌우르타의 아내인 바우(Bau) 여신의 후원 아래 여성 보호소를 설치한 것이 그 가운데 하나다. 이러한 일들은 다음 천년기에 기독교 성서의 예언자들이 왕들이나 백성들에게 요구했던 것과 똑같은 정의와 도덕 원칙이었음을 지적해 둘 필요가 있을 것이다.

우르 3기가 시작되면서 수메르(이제는 수메르아카드가 되었다)를 영예롭고 번성하며 도덕적이고 평화롭던 그 옛날로 되돌리려는 의식적인 시도들이 분명히 있었다. 마르둑과 벌인 최근의 대결 직전에 있었던 바로 그 시대다.

새김글들과 유물들, 고고학적 증거들을 보면 서기전 2113년에 시작된 우르남무의 치세에는 많은 공공사업이 펼쳐졌고, 해운이 재건되었으며, 나라 고속도로들도 재건되고 보수되었다. 한 새김글에는 '그가 아래 지방에서 위 지방에 이르는 고속도로들을 만들었다'고 적혀 있다. 이에 따라 교역과 상업도 활발해졌다. 예술과 기술, 교육도 크게 진흥되었고, 다른 사회적·경제적 생활의 진보도 이루어졌다(보다 정확한 도량형의 도입이 그 가운데 하나다). 동쪽과 북동쪽 인접국 지배자들과의 협정으로 번영과 행복이 증진되었다. 고위급 신들, 특히 엔릴과 닌릴이 개축되고 확장된 신전에 모셔졌고, 수메르 역사상 최초로 우르의 사제가 니푸르의 사제를 겸해 종교 부흥을 이끌었다.

모든 학자들은 우르남무로부터 시작된 우르 3기가 거의 모든 측면에서 수메르 문명의 정점에 도달했음을 인정하고 있다. 이러한 결론은 오히려 고고학자들이 발굴한 아름답게 가공된 한 상자가 제기한 의혹을 더욱 가중시킬 뿐이다. 이 상자의 앞뒤 상감 벽판에는 두 가지 모순되는 우르의 생활 장면이 그려져 있다. 지금은 '평화 벽판'으로 알려진 한쪽 벽판에는 잔치와 교역 등 민간 활동 장면이 그려져 있고, '전쟁 벽판'인 다른 쪽에는 무장을 하고 투구를 쓴 군사들의 행렬과 말이 끄는 마차가 전쟁터로 나가는 모습이 그려져 있다. 【그림 27】

이 시기 이후의 기록을 자세히 살펴보면 정말로 우르남무의 통치하에서 수메르 자신은 번영을 구가하고 있었지만, '반란 지역'의 엔릴 진영에

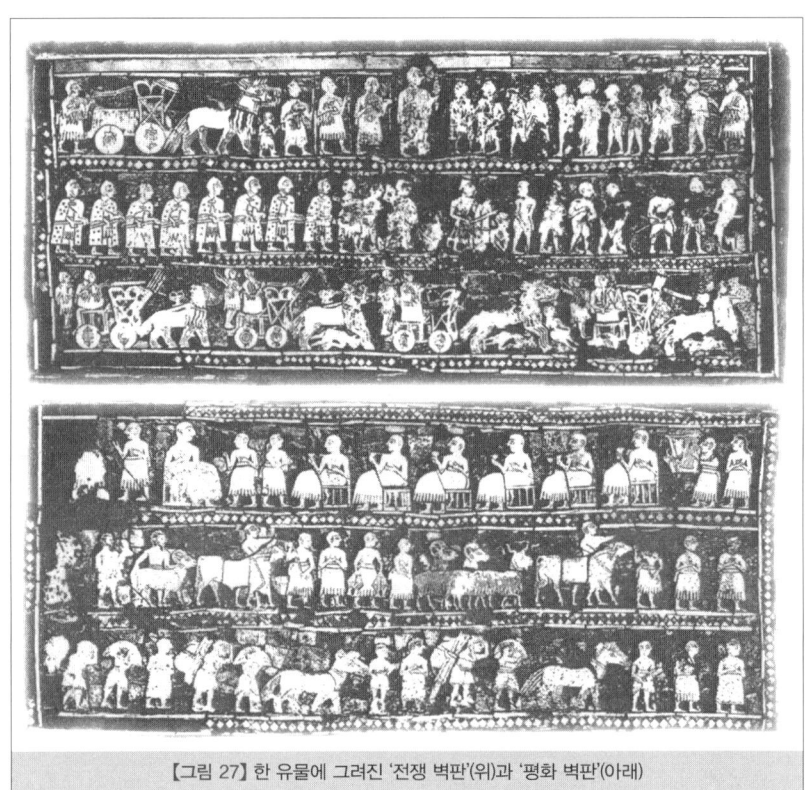

【그림 27】 한 유물에 그려진 '전쟁 벽판'(위)과 '평화 벽판'(아래)

대한 적대감은 줄기보다는 오히려 늘었음을 알 수 있다. 상황은 명백히 행동을 요구했다. 우르남무의 새김글에 따르면 엔릴은 그에게 '반란자들의 시체를 산더미처럼 쌓게 할 신의 무기'를 주었다. 그 무기로 '적국을 공격하고 악의 도시를 파괴해 저항을 뿌리 뽑을' 것이었다. 그 '적국'과 '죄악의 도시'들은 수메르 서쪽, 마르둑을 따르는 아무루(아모리)인들의 나라들이다. 그곳에서 '악'(엔릴에 대한 적대)은 나부가 선동하고 있었다. 그는 이 도시 저 도시를 돌아다니며 마르둑 신앙을 전도하고 있었다. 엔릴계의 기록들은 그를 '압제자'로 불렀는데, '죄악의 도시들'이 그의 손아귀에서 놓여

나야 했다.

 이 '평화 벽판'과 '전쟁 벽판'은 실제로 우르남무 자신을 그렸다고 보아야 할 것이다. 하나는 평화와 번영을 축하하고 잔치를 벌이는 모습이고, 다른 하나는 수레를 타고 전쟁에 나선 군사들을 이끄는 모습이다. 그는 군사 원정에 나서 수메르를 멀리 벗어나 서쪽 나라들로 가기도 했다. 그러나 우르남무는 위대한 개혁가이고 건설자이며 경제적 '목자'이기는 했지만, 군사 지도자로서는 실패했다. 전투 중에 그의 수레는 진창에 빠졌다. 우르남무는 수레에서 굴러떨어졌고, 우르남무를 남겨둔 채 '수레는 폭풍처럼 달려 나가' 우르남무 왕은 '찌그러진 주전자처럼 버려졌다'. 비극은 우르남무의 시신을 싣고 수메르로 돌아오는 배에서 더욱 처절해졌다.

 (배가) 알 수 없는 곳에서 침몰되었다.
 그의 시신이 실린 배를 파도가 집어삼킨 것이다.

 전쟁에서 지고 우르남무가 비참하게 죽었다는 소식이 우르에 전해지자 애도 열기가 고조되었다. 사람들은 종교적으로 그렇게 독실했던 왕이, 신들의 지시만을 따라 그 신들이 쥐여준 무기를 손에 들고 나간 정통성 있는 목자가 그렇게 수치스럽게 죽을 수 있는지 도무지 이해할 수 없었다. 그들은 의문을 품었다.

 왜 난나르 신은 그의 손을 잡아주지 않았을까?
 왜 하늘의 귀부인 인안나는 그녀의 고귀한 팔로
 그의 머리를 감싸주지 않았을까?
 왜 용맹한 우투는 그를 도와주지 않았을까?

일어나는 모든 일들은 운명 지워진 것이라고 믿었던 수메르인들은 의문을 품었다. '왜 이 신들은 우르남무의 비운이 결정될 때 방관하고 있었을까?' 분명히 이 신들(난나르와 그의 쌍둥이)은 아누와 엔릴이 어떤 결정을 내리는지를 알고 있었다. 그러나 그들은 우르남무를 보호하기 위해 한마디도 하지 않았다. 우르와 수메르 사람들은 울부짖고 애도하면서 그럴듯한 설명은 하나뿐이라고 결론지었다. 고위급 신들이 약속을 어겼음이 틀림없다고.

> 어떻게 이 영웅의 운명이 바뀌었는가!
> 아누가 신성한 약속을 바꾸었다.
> 엔릴이 기만적으로 그의 포고를 바꾸었다!

이는 엔릴계 신들이 속임수를 쓰고 일구이언을 했다는 매우 격한 말들이다! 이 고대인들의 말들은 사람들의 실망감이 어느 정도였는지를 전해주고 있다.

수메르아카드에서 이런 정도였다면, 서방 반란국들의 반응은 충분히 상상할 수 있을 것이다.

인간의 정서와 생각을 다루는 일에서 엔릴 진영은 비틀거리고 있었다. '대변자' 나부는 아버지 마르둑을 대신해 싸움을 격화시켰다. 그 자신의 위상도 높아지고 변화했다. 그의 신격은 이제 여러 가지 숭배의 별명으로 찬미되고 있었다. '예언자'라는 의미인 나부(나비)라는 이름에서 영감을 받아 앞으로 무슨 일이 일어날지 하는, 미래에 대한 예언들이 각축의 대상이 된 나라들을 휩쓸기 시작했다.

그러한 예언들이 새겨진 점토판들이 여럿 발견되었기 때문에 우리는 그들이 무슨 말을 했는지를 알 수 있다. 구(舊)바빌로니아 쐐기문자로 쓰인 그 점토판들을 학자들은 '아카드의 예언들' 또는 '아카드의 계시록'으로 분류하고 있다. **이들 모두에 공통적인 것은 과거·현재·미래가 연속적인 사건의 흐름 가운데 일부라는 관점이다.** 또한 예정된 운명 속에 약간의 자유의지의 여지가 있는 변형된 운명이라는 관점과, 어느 쪽이든 인류는 하늘과 지구의 신들에 의해 운명 지워지고 결정되어 있다는 관점, '따라서 지구에서 일어나는 사건들은 하늘에서 일어난 일들을 반영한다'는 관점이다.

이 문서들은 예언에 신빙성을 부여하기 위해 간혹 알려진 과거의 역사적 사실이나 존재 속에 미래 사건에 대한 예언을 붙여놓는다. 그러고는 과거에 무엇이 잘못되었는가, 왜 변화가 필요한가를 자세히 설명한다. 전개되는 사건들은 하나 또는 그 이상의 고위급 신들의 결정 때문이다. **신의 밀사가, 전령이 나타날 것이다.** 서기가 쓰든 예상된 발표든, 그의 말은 예언적인 문서가 될 것이다. 종종, '아들이 아버지를 대신해 말할 것이다'. 예언된 사건(들)은 왕의 죽음이나 하늘의 신호 등 징조와 연결될 것이다. 어떤 천체가 나타나 무서운 소리를 낼 것이다. '뜨거운 불'이 하늘에서 떨어질 것이다. '한 별이 횃불이 되어 하늘 꼭대기에서 지평선을 향해 빛날 것이다.' 그리고 **가장 중요한 것으로, '한 행성이 제시간보다 빨리 나타날 것이다'.**

나쁜 일들이, 대참사가 마지막 사건에 앞서 일어날 것이다. 재앙의 비가 내리고 거대한 파멸의 파도가 덮친다. 아니면 가뭄이나 수로 폐색(閉塞), 메뚜기 떼, 기근 등이 닥친다. 어미가 딸을 등지고 이웃이 이웃을 배반할 것이다. 반역과 동란, 참화가 곳곳에서 일어날 것이다. 도시는 공격을 받고 주민이 이산될 것이다. 왕들은 죽고 쫓겨나고 사로잡힐 것이다. '한 군주가 다른 군주를 뒤엎을 것이다.' 관리들과 사제들이 죽임을 당할 것이다. 신전이 버려질 것이다. 의식과 봉헌이 중지될 것이다. 그리고 예언된 일이, 곧 거대한 변화, 새로운 시대, 새로운 지도자, 대속자가 나타날 것이다. 선이 악을 이기고, 고난 대신에 번영이 올 것이다. 버려진 도시에 다시 사람이 모여들고, 흩어졌던 유민들이 자기네 고향으로 돌아올 것이다. 신전이 재건되고, 사람들은 올바른 종교 의식을 거행할 것이다.

충분히 예상할 수 있는 일이지만 바빌로니아의 마르둑 편에 선 이들 예언들은 수메르·아카드와 그 동맹자인 엘람 및 하티(Hatti), 그리고 해상 국가들의 악행에 대해 비난의 화살을 돌렸고, 신의 응보의 도구로서 서방의 아무루인을 거명했다. 엔릴계의 '종교 중심지' 니푸르·우르·우루크·라르사·라가쉬·시파르·아다브(Adab)가 거명되었고, 이들은 공격을 받고 약탈당하며 그 신전들은 버려질 것이라고 했다. 엔릴계 신들은 혼란에 빠진 것으로 묘사되었다('잠을 잘 수 없었다'). 엔릴은 아누에게 소리를 질렀으나, 미샤루(Misharu) 칙령, 곧 '광정(匡正)' 명령을 발포하라는 충고(일부 번역자는 이 단어를 '명령'으로 보았다)는 묵살했다. 엔릴·이쉬타르·아다드는 수메르·아카드의 왕을 바꾸지 않을 수 없을 것이다. '신성한 의식'은 니푸르 밖으로 옮겨질 것이다. 하늘에서는 '거대한 행성'이 양자리에서 나타날 것이다. 마르둑의 말이 널리 퍼질 것이다.

> 그가 '사방'을 정복하고,
> 그의 이름이 언급되면 온 지구가 벌벌 떨 것이다. (…)
> 그의 뒤를 이어 그의 아들이
> 왕으로 통치하고 온 지구의 주인이 될 것이다.

일부 예언에서는 특정한 신들이 특정한 예언의 대상이 된다. 한 문서는 인안나/이쉬타르에 관해 이렇게 예언하고 있다.

> 한 왕이 일어나
> 우루크의 수호 여신을 우루크로부터 떼어내
> 바빌론에 살게 할 것이다. (…)
> 그는 우루크에 아누의 의식을 확립할 것이다.

이기기 또한 구체적으로 언급된다. 한 예언은 '중단되었던 이기기 신들에 대한 정기 봉헌이 재개될 것이다'라고 밝히고 있다.

이집트의 예언들과 마찬가지로, 대부분의 학자들은 '아카드 예언들' 역시 '가짜 예언', 곧 사후(post aventa) 문서로 간주하고 있다. 이 문서들이 실제로는 '예언된' 사건들이 일어난 지 한참 뒤에 쓰였다는 것이다. 그러나 우리가 이미 이집트 문서들에 관해 이야기했듯이, 그 사건이 과거에 일어난 것이기 때문에 예언이 아니라는 주장은 그 사건 자체는 일어났다는 사실을(그것이 예언되었든 예언되지 않았든) 재천명하는 일일 뿐이다. 그리고 우리에게 가장 중요한 것은 바로 그것이다. **그것은 예언이 실현되었음을 의미한다.**

그리고 그럴 경우에 가장 섬뜩한 것은 'B 예언'으로 알려진 이러한 예측이다.

> 에르라의 무시무시한 무기가
> 심판을 위해

여러 나라와 백성들에게 떨어질 것이다.

이는 정말로 가장 섬뜩한 예언이다. 서기전 21세기가 끝나기 전에 '여러 나라와 백성들에 대한 심판'이 있었기 때문이다. '절멸자' 에르라(네르갈의 별칭) 신이 핵무기를 발사해 대파국을 일으킴으로써 예언이 실현된 것이다.

5
최후의 심판을 향한 카운트다운

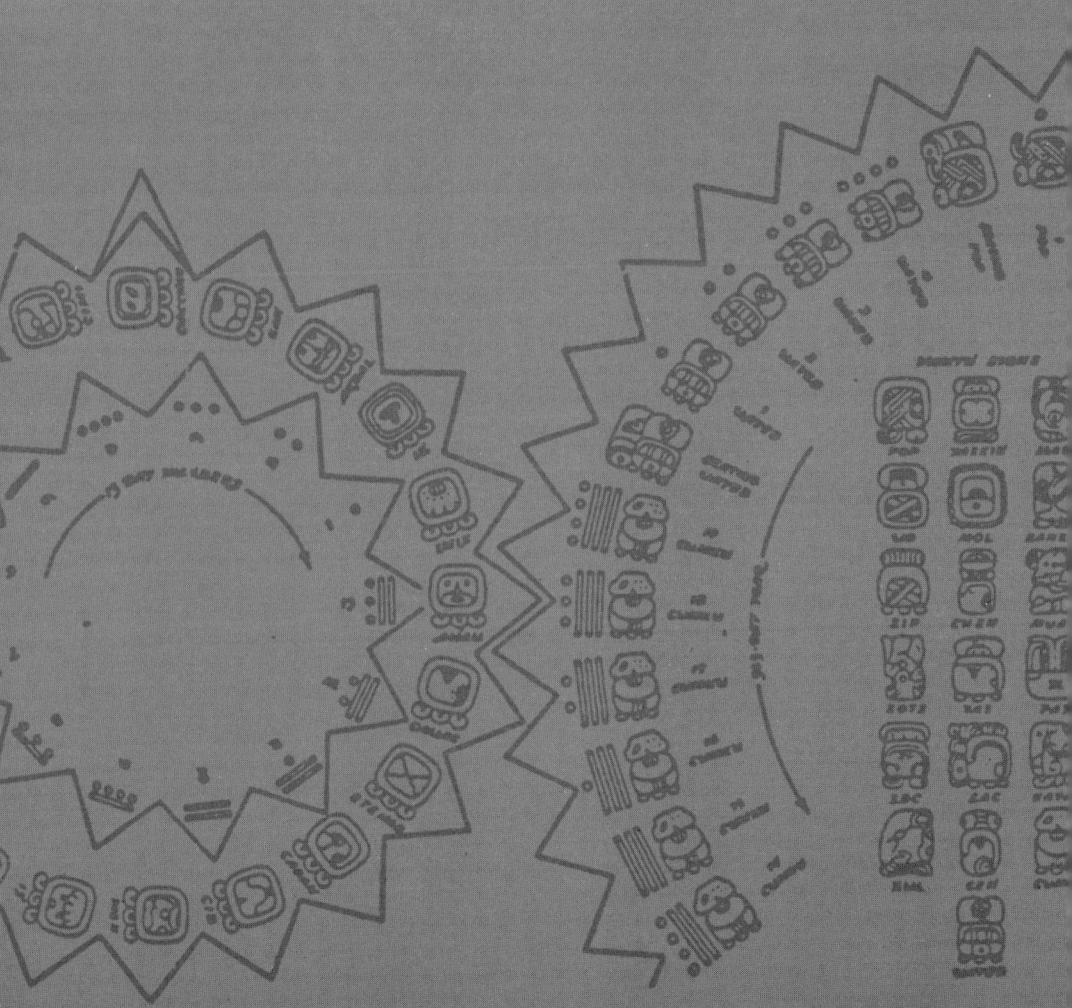

최후의 심판을 향한 카운트다운

　서기전 21세기의 재앙은 서기전 2096년에 있었던 우르남무의 비극적인 비명횡사로 시작되었다. 그것은 서기전 2024년 신들이 스스로 저지른 전대미문의 참화로 절정을 이루었다. 그 사이의 간격이 72년, 정확하게 1도의 세차 이동에 걸리는 시간이었다. 그리고 그것이 그저 우연일 뿐이라면 그것은 어떻든 매우 잘 조절된 일련의 '우연적' 사건들 가운데 하나였다.

　우르남무가 비극적 죽음을 당한 뒤 우르의 왕좌는 그 아들 슐기(Shulgi)에게로 넘어갔다. 그는 반신반인의 신분을 주장할 수 없었지만, 그 대신 신의 도움 아래 태어났다고 자신의 새김글에서 주장했다. 난나르 신이 직접 니푸르의 엔릴 신전에서 우르남무와 엔릴의 고위 여사제의 결합을 통해 아이가 잉태되도록 주선했다는 것이다. 그래서 '왕권을 쥐고 보좌에 오를 아이, **꼬마 엔릴**이 잉태되었다'는 것이다.

　그것은 얕보이지 않기 위한 혈통의 주장이었다. 앞서 말했듯이 우르남무는 '3분의 2' 신이었다. 그의 어머니가 여신이었기 때문이다. 슐기의 어머니인 고위 여사제의 이름은 언급되지 않았지만, 그녀의 지위는 그녀 역시 어떤 신의 핏줄임을 시사한다. 엔투로 선택되는 것은 왕의 딸이었고, 제1왕조 이래의 우르의 왕들은 반신반인으로 거슬러 올라갈 수 있기 때문이다. 난나르가 직접 니푸르의 엔릴 신전에서 그 결합이 이루어지도록 주선했다는 것도 의미심장하다. 앞서 말했듯이 니푸르의 사제가 처음으로 다른 도시의 사제(이 경우 우르의 사제)를 겸한 것은 우르남무의 통치하에서였기 때문이다.

수메르와 그 주변 지역에서 어떤 일이 일어났는지에 대한 정보의 상당 부분은 「연대기」라는 왕실 기록에서 수집된 것이다. 여기에는 왕의 치세 각 연도별로 그해의 주요 사건들이 적혀 있다. 슐기의 경우는 알려진 내용이 더 많은데, 그가 시와 연가 등이 포함된 길고 짧은 다른 새김글들을 남겼기 때문이다.

이 기록들에 따르면 슐기는 왕위에 오른 직후 아버지의 호전적인 정책을 뒤집었다(아마도 그의 아버지가 전쟁터에서 맞았던 비운을 피하려는 생각에서였던 듯하다). 그는 '반란국들'을 포함한 바깥 지역으로 원정을 떠났다. 그러나 그의 '무기'는 교역과 평화, 그리고 결혼을 통해 그의 딸들을 제공하는 것이었다. 스스로 길가메쉬의 후예를 자처한 그의 노정은 그 유명한 영웅의 목적지 두 군데를 포괄하고 있었다. 우주공항이 있었던 남쪽의 시나이 반도와 북쪽의 '착륙장'이다. 거룩한 제4구역을 본 슐기는 반도의 가장자리를 지나 그 경계 지역의 신들에게 경의를 표했다. '위대한 신들의 요새지'로 묘사된 곳이었다. 북쪽으로 이동한 그는 사해 서쪽 '분명한 계시의 장소'(우리가 예루살렘으로 알고 있는 곳)에 멈춰 예배를 드리고 그곳에 '심판의 신'(언제나 우투/샤마쉬의 별명이다)을 위한 제단을 세웠다. 북쪽의 '눈 덮인 곳'에서 그는 제단을 세우고 희생을 바쳤다. 이렇게 갈 수 있는 우주 관련 기지들을 '들른' 뒤 그는 '비옥한 초승달'(지형과 수자원을 따라 동서로 형성된 활 모양의 교역 및 이주 통로)을 따라 이번에는 남쪽으로 티그리스-에우프라테스 평원을 계속 여행해 남부 수메르로 돌아왔다.

슐기는 우르로 돌아온 뒤 자신이 신들과 사람들에게 '우리 시대의 평화'(현대의 비유법을 사용하자면)를 가져다주었다고 충분히 생각할 만했다. 신들은 그에게 '아누의 고위 사제, 난나르의 사제'라는 칭호를 주었다. 우투/샤마쉬가 그를 도와주었고, 인안나/이쉬타르도 그에게 개별적인 관심을 보였다(그는 자신의 연가에서, 자신이 인안나 사원에서 그녀와 사랑을 나누었다고 떠벌였다).

그러나 슐기가 나랏일에서 개인적인 쾌락으로 돌아서고 있는 동안에 '반란국들'에서의 불안 상태는 계속되었다. 군사 행동을 할 준비가 되지 않았던 슐기는 동맹국 엘람에 군대 파견을 요청했다. 그 대신 엘람 왕에게 자신의 딸 하나를 시집보내고 수메르의 도시 라르사를 지참금으로 함께 붙여서였다. 이 엘람인 부대를 고용한 대규모 군사 원정은 서방의 '죄악의 도시'들을 향해 출발했다. 부대는 제4구역 경계에 있는 신들의 '요새지'에 도착했다. 슐기는 승리를 거두었다고 새김글에서 떠벌였다. 그러나 사실은 그 뒤 얼마 지나지 않아서 그는 서쪽과 북서쪽에서 쳐들어오는 외세로부터 수메르를 방어하기 위해 방벽을 쌓기 시작했다.

「연대기」는 이를 '서부 장성(長城)'으로 불렀다. 학자들은 이 성벽이 에우프라테스 강에서 티그리스 강에 걸쳐 있었다고 보고 있다. 오늘날 바그다드(Baghdad)는 그 북쪽에 위치하고 있다. 방벽은 침입자들이 두 강 사이의 비옥한 평원지대로 내려오는 것을 막기 위한 것이었다. 이는 비슷한 목적에서 건설된 중국의 만리장성보다 앞선 시기에 만들어진 방어 시설이었다. 거의 2,000년이나 앞선 것이었다!

서기전 2048년, 엔릴을 필두로 한 신들은 슐기의 국정 실패와 개인적인

'향락'에 넌더리를 냈다. 그들은 '슐기가 신들의 규제에 따르지 않았다'고 결론을 내리고 그에게 '죄인으로서 죽어야 한다'고 판정했다. 그것이 어떤 종류의 죽음이었는지는 알 수 없다. 그러나 바로 그해에 그의 아들 아마르신(Amar-Sin)이 그를 대신해 우르의 왕위에 오른 것은 역사적 사실이다. 새 김글들을 보면 아마르신은 북쪽의 반란을 진압하고 서쪽의 다섯 나라 왕들의 동맹과 싸우기 위해 잇달아 군사 원정을 떠나야 했다.

흔히 그렇듯이 일어난 일들은 이전 시기와 사건들로, 때로는 아주 먼 옛날로 거슬러 올라가야 근본 원인을 찾을 수 있다. '반란국들'은 아시아 땅이어서 노아의 아들 셈에게 주어진 엔릴계 신들의 영지지만, '카나안' 여러 부족들이 살고 있었다. 이들은 기독교 성서에 나오는 카나안의 자손들인데, 함의 후예들(그래서 아프리카에 속하는)이면서도 셈의 땅 한 줄기를 차지하고 있었다(「창세기」 10장). 지중해 연안에 늘어선 '서방 나라들'이 어떻든 분쟁 지역이었음은 호루스와 세트 사이의 치열한 각축(이 각축은 시나이 및 역시 쟁탈의 대상이 되었던 지역 상공에서 두 신이 벌인 공중전으로 마무리된다)을 다룬 고대 이집트 문서들에도 나타나 있다.

서방의 '반란국들'을 정복하고 응징하기 위해 군사 원정에 나선 우르남무와 슐기 모두 시나이 반도에 도착했지만 그 제4구역에는 들어가지 않고 우회했다는 사실은 주목할 만하다. 그곳의 핵심은 틸문(Tilmun, '미사일의 땅')이라고 불리는 곳이었다. 그곳은 대홍수 이후 아눈나키의 우주공항이 있던 곳이었다. 피라미드 전쟁이 끝나면서 신성한 제4구역은 이때 닌하르삭(Ninharsag, '산꼭대기의 귀부인')이라는 새로운 이름을 얻은 중립적인 닌마의 손에 맡겨졌다. 그러나 우주공항을 실질적으로 통제한 것은 우투/샤마쉬였다.【그림 28/29】

【그림 28】 날개 달린 제복을 입은 우투

【그림 29】 우투의 지휘를 받는 우주공항의 '독수리 인간'들

그러나 그것은 패권 경쟁이 격화되면서 변화하는 듯 보였다. 알 수 없는 노릇이지만, 여러 수메르 문서들과 '신 명부'들은 틸문을 마르둑의 아들인 엔삭(Ensag)/나부 신과 연결시키기 시작했다. 엔키가 분명히 거기에 관련된 듯했다. 엔키와 닌하르삭 사이의 일을 다룬 한 문서는 그 두 신이 그곳을 마르둑의 아들에게 떼어주기로 결정했다고 말했기 때문이다. '엔삭이 틸문의 주인이 되게 합시다' 하고 그들은 말했다.

고대 자료들에 따르면 나부는 신성 지역의 안전을 내팽개치고 위험한 지중해 연안의 나라들과 도시들을 돌아다니며 마르둑이 곧 권좌에 오르리라는 소식을 퍼뜨리고 다녔다. 심지어는 지중해상의 섬들에까지도 갔다. 이렇게 그는 이집트 및 아카드 예언들에 나오는 수수께끼의 '아들인간'이었다. 아들인간이기도 했던 신의 아들, 신과 '지구인' 여자의 아들이었다.

엔릴계 신들은 당연히 그런 상황을 받아들일 수 없었다. 그래서 아마르신이 슐기의 뒤를 이어 우르의 왕위에 올랐을 때 우르 군사 원정의 목표와 전략이 변하지 않을 수 없었다. 틸문에 대한 엔릴 진영의 통제권을 재천명하고, 신성 구역을 '반란국들'로부터 분리하며, 그런 뒤에 군사력을 동원해 이 나라들을 나부와 마르둑의 영향권으로부터 풀어내는 것이었다. 서기전 2047년 이후 신성한 제4구역은 엔릴 진영이 마르둑 및 나부와 투쟁을 벌이는 데 있어서 목표이자 볼모가 되었다. 그리고 기독교 성서와 메소포타미아 문서들에 함께 나타나는 바와 같이 갈등은 '고대의 가장 큰 다국간 **세계대전**'으로 분출되었다. **히브리인 아브라함을 덮친 이 '왕들의 전쟁'은 그를 국제적 사건의 중심 무대에 올려놓았다.**

서기전 2048년, 일신교의 기반을 쌓은 아브라함의 운명과 아눈나키 신 마르둑의 비운은 하란(Harran)이라 불리는 곳에서 만나고 있었다.

'이동 상단(商團)'이라는 의미의 이름을 지닌 하란은 까마득한 옛날부터 하티(히타이트 땅)의 중요한 교역 중심지였다. 그곳은 국제적인 주요 육상 교역로 및 군사 도로가 교차하는 곳에 자리 잡고 있었다. 하란은 에우프라테스 강 상류에 위치해 하류로 우르까지 연결되는 수상 운송의 중심지이기도 했다. 발리흐(Balikh) 강과 하부르(Khabur, 그발) 강 등 에우프라테스 강 지류들로부터 물을 공급받는 비옥한 초원에 둘러싸인 그곳은 양목의 중심지였다. 유명한 '우르 상인들'이 하란 양털을 사기 위해 그곳으로 오고, 그 상인들은 그 대신 거기서 팔 유명한 우르의 양모 옷을 가지고 왔다. 금속과 모피, 가죽 제품, 목재, 도기 제품, 향신료 등도 거래되었다. 바빌로니아 시대에 예루살렘에서 하부르 지역으로 유배당한 예언자 에제키엘(Ezekiel, 에스겔)은 하란의 '고급 직물, 수놓은 푸른색 외투, 그리고 여러 가지 색깔의 카펫 상인들'을 언급하고 있다.

하란은 지금도 여전히 같은 이름의 도시로 시리아 국경 근처의 터키에 남아 있으며, 나도 1997년 그곳을 방문한 바 있다. 이곳은 고대에 '우르 밖의 우르'로도 알려졌었다. 그 중심부에 거대한 난나르/씬 신전이 서 있었기 때문이다. 슐기가 우르의 왕좌에 오른 해인 서기전 2095년에 테라(Terah, 데라)라는 사제가 우르에서 하란으로 보내져 그 신전에서 일하게 되었다. 그는 가족들도 함께 데려왔는데, 그 가운데는 아들 아브람(Abram)도 끼어 있었다. 우리는 구약을 통해 테라와 그의 가족, 그리고 우르에서 하란으로 간 그들의 이주에 대해 알 수 있다.

  테라의 가계는 이러하다.
  테라는 아브람 · 나호르(Nahor, 나홀) · 하란(Haran)을 낳고
  하란은 로트(Lot, 롯)를 낳았다.

> 하란은 그가 태어난 땅, 칼데아(Chaldea, 갈대아)의 우르에서
> 그의 아버지 테라보다도 먼저 죽었다.
> 아브람과 나호르는 아내를 얻었는데,
> 아브람의 아내 이름은 사라이(Sarai, 사래)였고
> 나호르의 아내 이름은 밀하(Milkhah, 밀가)였다. (…)
> 테라는 그의 아들 아브람과
> 그의 아들 하란의 아들 로트,
> 그의 며느리 사라이를 데리고
> 칼데아의 우르를 떠나
> 카나안으로 길을 잡았다.
> 그들은 하란에 이르러 그곳에서 살았다.
>
> _「창세기」11:27~31

구약은 이 구절로 중요한 아브라함(처음에는 그의 수메르식 이름 **아브람**으로 불렸었다) 이야기를 시작한다. 앞서 이야기했듯이 그의 아버지는 노아(대홍수의 주인공)의 맏아들 셈으로까지 이어지는 족장 가문에서 나왔다. 이들 족장들은 모두 장수를 누렸다. 셈은 600살까지 살았고, 그의 아들 아르파크샤드(Arpakhshad, 아르박삿)는 438살, 그 이후의 남자 후손들은 433·464·239(2명)·230살을 살았다. 테라의 아버지 나호르(Nahor, 나홀)는 148살까지 살았고, 테라 자신은 70살에 아브람을 낳고 205살까지 살았다. 「창세기」11장은 아르파크샤드와 그 후손들이 나중에 수메르와 엘람으로 알려진 지역 및 그 주변에 살았다고 설명하고 있다. **따라서 아브라함은 진정한 수메르인이었고, 본래는 아브람이라는 이름을 지녔다.**

이 계보 이야기만으로도 아브라함이 특별한 가문 출신이었음을 알 수

있다. 그의 수메르어 이름 아브람은 '아버지의 총아'라는 의미였고, 아버지가 일흔 살이 되어서야 낳은 아들에게 적합한 이름이었다. 아버지의 이름 테라는 수메르어 별명 티르후(Tirhu)에서 나왔다. 이는 '신탁 사제'를 의미한다. 천체의 이상을 관찰하고 신으로부터 계시의 메시지를 받아 왕에게 설명하거나 전달하는 성직자다. 나중에 히브리어로 사라(Sarah)라 했지만 아브람의 아내 사라이는 '왕녀'라는 의미였다. 나호르의 아내 밀하는 '여왕 같은'이라는 의미다. 둘 다 왕실 혈통임을 시사한다. 나중에 아브라함의 아내가 그의 이복누이임이 밝혀지는데('내 아버지의 딸이지만 어머니가 다르다'고 그는 설명한다), 따라서 사라이/사라의 어머니는 당연히 왕실의 후예였다. 이렇게 이 집안은 왕실과 사제 가문이 결합된 수메르의 최상류층이었다.

이 집안의 역사를 밝히는 또 하나의 중요한 실마리는 아브라함이 카나안과 이집트 통치자들을 만날 때 자신을 계속해서 이브리(Ibri)로 언급한다는 점이다. '히브리인'이라는 뜻이다. 이 말은 '가로질러 오다, 건너다'라는 뜻의 아보르(Abor)에서 유래했다. 따라서 기독교 성서 연구자들은 아브라함이 자신을 그렇게 소개함으로써 자신이 에우프라테스 강의 다른 편, 곧 메소포타미아에서 건너왔음을 말한 것이라고 생각하고 있다. 그러나 나는 이 말이 보다 구체적인 것이라고 생각한다. 수메르의 '바티칸' 니푸르의 이름은 원래의 수메르어 이름 니이브루(Niibru)의 아카드어 변용이다. '멋진 교차점'이라는 뜻이다. 아브람과 구약에서 히브리인이라 부른 그의 후손들은 자신들을 '이브루(Ibru)', 곧 니푸르인으로 생각한 가문에 속했다. 이는 테라가 처음에 니푸르의 사제였으며 뒤에 우르로 옮겼다가 결국 온 가족을 이끌고 하란으로 옮겨갔음을 시사하고 있다.

기독교 성서와 수메르 및 이집트 연대기들을 맞춰보면서 우리는 아브라함의 출생 연도가 서기전 2123년임을 알아냈다(『신들의 전쟁, 인간들의 전쟁』에 자세히 나온다). 난나르/씬의 숭배 중심지 우르를 수메르의 수도로 삼고 우르남무를 왕위에 올린다는 신들의 결정은 서기전 2113년에 이루어졌다. 그 뒤 곧 니푸르와 우르의 사제직이 처음으로 통합되었다. 니푸르의 사제 티르후가 열 살짜리 소년 아브람을 포함한 가족들과 함께 우르의 난나르 신전에 근무하기 위해 이주한 것이 바로 그때였을 가능성이 매우 높다.

아브라함이 스물여덟 살이 되고 이미 결혼해 있었던 서기전 2095년에 테라는 가족들을 데리고 하란으로 이주했다. 그해에 슐기가 우르남무의 뒤를 이어 왕위에 올랐다는 것이 단순한 우연의 일치였을 수는 없다. **여기서 가능성으로 제기되는 것은 이 가족의 이주가 어떻든 이 시대의 국제적인 사건들과 연결되어 있다는 것이다.** 실제로 아브라함 자신이 신의 명령을 수행하도록 선택되어 하란을 떠나 카나안으로 달려갈 때 **높은 신 마르둑은 하란으로 옮겨가는 중요한 행보를 떼고 있었다.** 이 두 가지 이주가 이루어진 때가 서기전 2048년이다. 마르둑은 하란으로 들어와 머물고, 아브라함은 하란을 떠나 멀리 카나안으로 간 것이다.

「창세기」를 보면 아브람이 하느님으로부터 다음과 같은 말을 들은 것은 그가 일흔다섯 살 때(서기전 2048년이다)였다.

"네 나라와 네가 태어난 곳에서 나와
네 아버지의 집을 떠나
내가 네게 보여주는 땅으로 가라."

_「창세기」 12:1

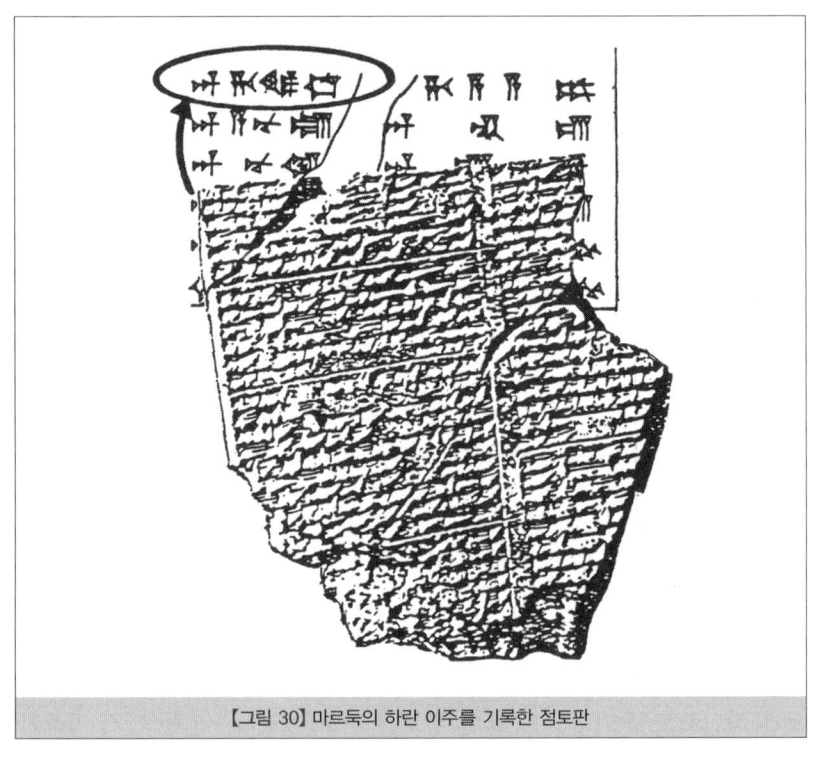

【그림 30】 마르둑의 하란 이주를 기록한 점토판

　수메르·니푸르·하란을 떠나라는 이야기였다. 마르둑의 경우는 그가 하란 사람들에게 이야기한 「마르둑의 예언」으로 알려진 긴 문서가, 그가 하란으로 이주했다는 사실과 그 시기를 확인할 수 있는 실마리를 제공하고 있다. 【그림 30】 그 시기는 서기전 2048년이다. **이 두 이주가 관련이 없기란 불가능한 일이다.**

　그러나 서기전 2048년은 엔릴계 신들이 슐기에게 '죄인으로서의 죽음'을 명령함으로써 그를 쫓아내기로 결정한 해이기도 했다. 이 결정은 '평화적 방법을 강구'하는 시대가 끝나고 치열한 다툼으로 돌아가는 신호였다. **그리고 이것 역시 그저 우연일 수만은 없었다.** 아니었다. 마르둑이 하란으로 가고 아브람이 하란을 떠나 카나안으로 향하고 향락에 빠진 슐기가 제거된 세 가지 움직임은 서로 연결되는 일이어야 했다. **이들은 신들의 체스 게임에서 동시에 일어나고 서로 연관된 세 가지 움직임이었다.**

앞으로 보게 되겠지만, 이 일들은 최후의 심판을 향한 카운트다운에서 거치는 단계들이었다.

그 후의 24년간(서기전 2048년부터 2024년까지)은 종교적 열정과 소란, 국제적인 외교와 음모, 군사 동맹과 무력 충돌, 전략적 우위를 차지하기 위한 투쟁의 시기였다. 시나이 반도의 우주공항과 다른 우주 관련 시설들은 늘 사건의 핵심에 있었다.

놀랍게도 고대에 기록된 여러 문서들이 남아 있어 사건들의 대체적인 내용뿐만 아니라 전투와 전략, 토론과 논쟁, 참여자들과 그들의 움직임, 그리고 대홍수 이후 지구상에 일어난 가장 심각한 격변을 초래한 치명적인 결정 등 극히 세세한 부분까지도 우리에게 알려주고 있다.

「연대기」등 다른 여러 가지 참조물들에 의해 보충되기는 하지만, 이 극적인 사건들을 재구성하는 주요 자료는 「창세기」의 관련 부분들과 「마르둑의 예언」으로 알려진 그의 자서전, 「케돌라오메르(Khedorla'omer, 그돌라오멜) 문서들」로 알려진 대영박물관 '스파르톨리(Spartoli) 컬렉션'에 있는 일군의 서판들, 네르갈 신이 믿을 만한 서기에게 불러준 긴 역사적·자전적 문서(「에르라 서사시」로 알려진 문서다) 등이다. 영화(통상적으로 범죄 스릴러)에서 여러 목격자들과 중심인물들이 한 사건을 정확하게 똑같이 설명하지는 않지만 거기서 진짜 이야기가 떠오르듯이, 우리도 이 경우에 같은 결론에 도달할 수 있다.

서기전 2048년 마르둑이 장기판에서 둔 가장 중요한 수는 하란에 지휘소를 설치하는 것이었다. 이를 통해 그는 난나르/씬으로부터 이 긴요한 십자로를 빼앗고 수메르로부터 북방의 히타이트 땅을 잘라냈다. 군사적인 중요성 외에도, 이 움직임은 수메르로부터 경제적으로 긴요한 교역망을 빼앗았다. 이 움직임은 또한 나부로 하여금 '큰 바다 쪽의 도시들을 장악'할 수 있게 했다. 이 문서들에 나오는 지명들을 보면 에우프라테스 강 서쪽의 주요 도시들이 이들 부자의 손아귀에 완전히, 아니면 적어도 부분적으로라도 들어왔음을 알 수 있다. 가장 중요한 '착륙장'을 포함해서 말이다.

아브람/아브라함이 가도록 명령받은 곳은 서방 나라들(카나안)에서도 가장 인구가 많은 지역이었다. 그는 하란을 떠날 때 아내와 조카 로트를 데리고 갔다. 그는 빠르게 남쪽으로 이동하면서 선택된 신성한 장소에서 자신의 '하느님'에게 경배하기 위해서만 머물렀다. 그의 목적지는 시나이 반도와 맞닿아 있는 사막 지역인 네게브(Negev)였다.

그는 거기에 오래 머물지 않았다. 아마르신이 서기전 2047년 슐기의 뒤를 이어 우르의 왕위에 오른 직후 아브람은 이집트로 가라는 지시를 받았다. 그는 곧바로 지배자 파라오를 만나러 갔고, '양·소·나귀·낙타와 남녀 하인들'을 얻었다. 구약은 이 칙사 대접의 이유에 대해 침묵하고 있다. 다만 사라이가 아브람의 누이라는 이야기를 들은 파라오가 그녀는 조약 협상의 일환으로 자신과 결혼시키기 위해 데려온 것으로 생각했다는 암시가 있을 뿐이다. 아브람과 이집트 왕 사이에 이러한 고위급 국제 협상이 진행되고 있었다는 사실은 아브람이 7년간의 이집트 체재를 마치고 네게브로 돌아간 서기전 2040년이, 상이집트의 테바이 군주들이 하이집트 왕조를 무너뜨리고 이집트를 통일한 중왕국을 개창한 바로 그해라는 점을 알면 그럴듯해진다. **국제정치상의 또 하나의 우연의 일치다!**

이제 병력과 낙타를 증강한 아브람은 적절한 시기에 네게브로 돌아왔다. 그의 임무는 이제 분명해졌다. 우주공항이 있는 제4구역을 지키는 것이었다. 기독교 성서의 서술에 나오는 대로 그는 이제 네아림(Ne'arim)이라는 정예 병력을 거느리게 되었다. '네아림'은 통상 '젊은이'로 번역되지만 메소포타미아 문서들은 이에 상응하는 루나르(Lunar, '나르 병력')라는 용어를 사용해 무장 기병을 나타낸다. 내 생각으로는 하란에서 군사적으로 뛰어난 히타이트인들에게서 병법을 배운 아브라함이 이집트에 가서 낙타 경(輕)기병대라는 진기한 부대를 얻어 온 것이다. 그의 기지는 다시 시나이 반도와 인접한 네게브였다.

그는 이 일을 적절한 시기에 이루어냈다. 엔릴 진영 왕들의 강력한 동맹군이 '다른 신들' 휘하로 변절해 들어간 '죄악의 도시'들을 쳐부수고 응징하기 위해 진군하고 있었기 때문이다. 그 동맹군이 세운 또 하나의 목적은 우주공항을 점령하는 것이었다.

슐기를 뒤이은 그의 아들 아마르신의 치세를 다루고 있는 수메르 문서들은 그가 서기전 2041년에 최대 규모의(그리고 마지막의) 군사 원정을 떠났다고 전하고 있다. 마르둑-나부의 마법에 걸린 서방국들을 향한 것이었다. 이에 따라 국제 동맹군에 의한 유례없는 규모의 침공이 이루어졌다. 인간의 도시들뿐만 아니라 신들과 그 자손들의 성채도 공격 대상이었다.

구약은 그러한 유례없는 대규모 사건을 위해 「창세기」 14장이라는 긴 챕터 하나를 통째로 할애하고 있다. 성서학자들은 이를 '왕들의 전쟁'으로 부른다. 그것이 네 '동방 왕들'의 군대와 다섯 '서방 왕들'의 연합군 사이에 벌어진 대격돌로 절정에 올라 아브라함 경기병의 혁혁한 무공 달성으로 마무리되었기 때문이다.

구약은 이 대규모 국제전쟁에 대한 보고를, 서방에 '와서 전쟁을 일으
킨' 동방의 왕들과 왕국들을 거명하면서 시작한다.

> 그리고 그 일이 일어났다.
> 쉬네아르(Shine'ar, 시날)의 암라펠(Amraphel, 아므라벨) 왕과
> 엘라사르(Ellasar, 엘라살)의 아리오크(Ariokh, 아리옥/아룍) 왕,
> 엘람의 케돌라오메르 왕,
> 고임(Goyim)의 티달(Tidhal, 디달/티드알) 왕의 시대였다.
>
> ㅡ「창세기」 14:1

「케돌라오메르 문서들」로 불린 일군의 서판들은 1897년 런던 빅토리아학회(Victoria Institute)에서 행한 앗시리아학자 시어필러스 핀치스(Theophilus Pinches, 1856~1934)의 강연을 통해 처음으로 학자들의 관심의 대상이 되었다. 이 문서들은 분명히 「창세기」 14장에 나오는 대규모 국제 전쟁이라는 같은 사건을 묘사하고 있었다. 훨씬 세세한 부분까지도 말이다. 사실 이 서판들은 기독교 성서 작가들에게 자료로서 쓰였을 가능성이 매우 높다. 이 서판들은 '엘람 왕 케돌라오메르'를 역사 기록으로 알려진 '엘람 왕 쿠두르라가마르(Kudur-Laghamar)'로 밝히고 있다. '아리오크'는 도시 라르사(기독교 성서의 '엘라사르')를 통치한 에리아쿠(Eriaku)였고, 티달은 엘람 왕의 가신인 투드굴라(Tud-Ghula)로 밝혀졌다.

여러 해 동안 '쉬네아르의 암라펠 왕'의 정체에 관해 논쟁이 벌어졌다. 주장 가운데는 수백 년 뒤의 바빌로니아 왕 함무라비(Hammurabi)라는 견해까지 있었다. 쉬네아르는 기독교 성서에서 언제나 수메르를 일컫는 이름이었지 바빌론이 아니었다. 그렇다면 아브라함 시대에 그곳 왕은 누구

였던가? 나는 『신들의 전쟁, 인간들의 전쟁』에서 이 히브리어는 암라펠이 아니라 아마르펠(Amar-Phel)로 읽어야 한다고 설득력 있게 주장한 바 있다. 이는 수메르어 아마르팔(Amarpal)에서 왔고, 그것은 다시 아마르신(Amarsin)의 변형이다. 그의 「연대기」는 그가 정말로 서기전 2041년에 '왕들의 전쟁'을 일으켰음을 확인하고 있다.

구약에 따르면 전면적인 제휴를 맺은 연합군은 엘람인들이 이끌었다. 이는 메소포타미아 자료로 확인된 세부 정보로, 이 싸움에서 닌우르타의 주도적 역할이 재부상하고 있음을 강조하고 있다. 구약은 또한 케돌라오메르의 침공이 이전의 엘람인들이 카나안을 침입한 지 14년 뒤에 일어났다고 언급함으로써 그 시기를 제시했다. 슐기 시대 자료를 확인하는 또 하나의 세부 정보다.

그러나 이번에는 침공로가 달랐다. 침략군은 위험한 사막의 직선 코스를 통과함으로써 메소포타미아로부터의 거리를 단축하고, 요르단(Jordan, 요단) 강 동쪽 측면으로 행군함으로써 인구가 많은 지중해 연안 지역을 피했다. 구약은 그 전투들이 일어난 장소들과 엘람인 부대가 거기서 누구와 싸웠는지를 나열하고 있다. 이 정보는 명백히 엔릴 진영에 대한 반란을 지원한 옛 적수에 대한 복수 시도가 있었음을 시사하고 있다. 지구인과 결혼한 이기기의 후예들, 특히 찬탈자 주(Zu)의 후예들에 대한 복수였다. 그러나 시선은 언제나 주요 목표 우주공항에 가 있었다. 침공군은 성서 시대 이래 '왕의 길'로 알려진 길로 행군했다. 요르단 강 동쪽에 남북으로 뻗어 있는 길이었다. 그러나 그들이 서쪽으로 방향을 틀어 시나이 반도의 관문을 향하자 막아서는 병력이 있었다. 아브라함과 그의 기병대였다.

【그림 31】

구약은 반도의 관문 도시 두르마일라니(Dur-Mah-Ilani, '신들의 큰 요새지')

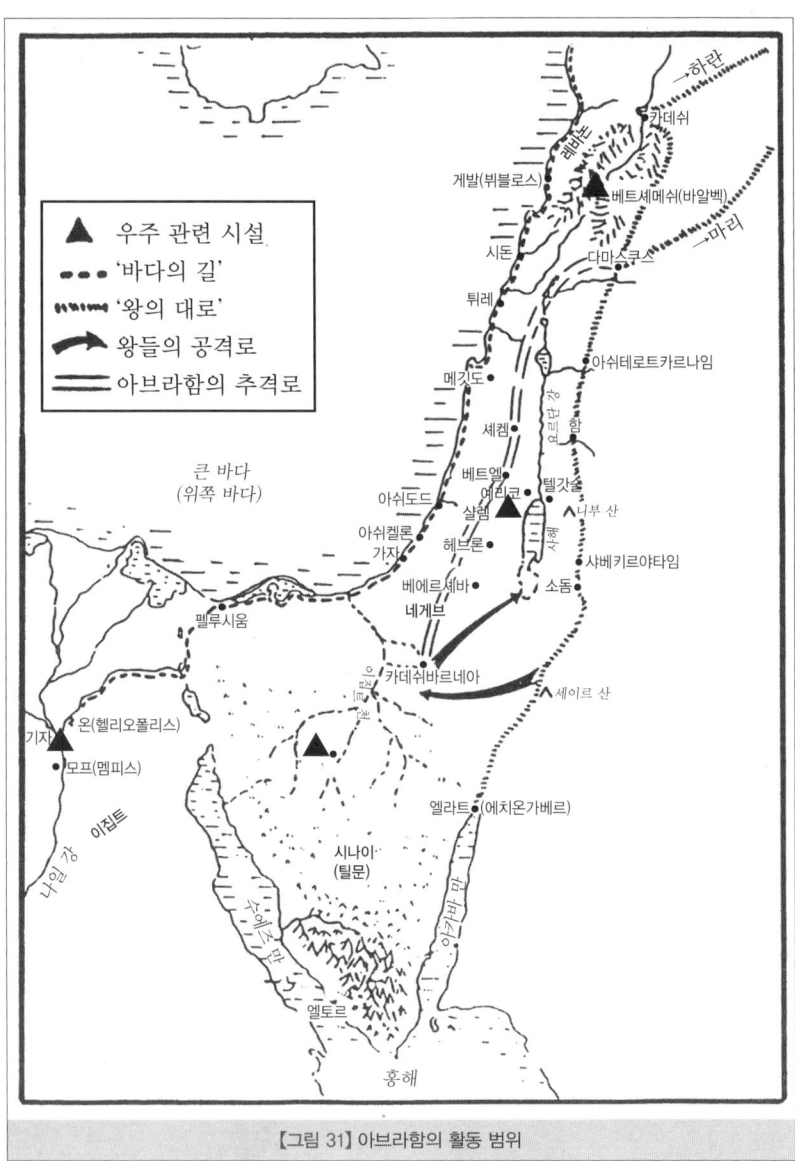

【그림 31】 아브라함의 활동 범위

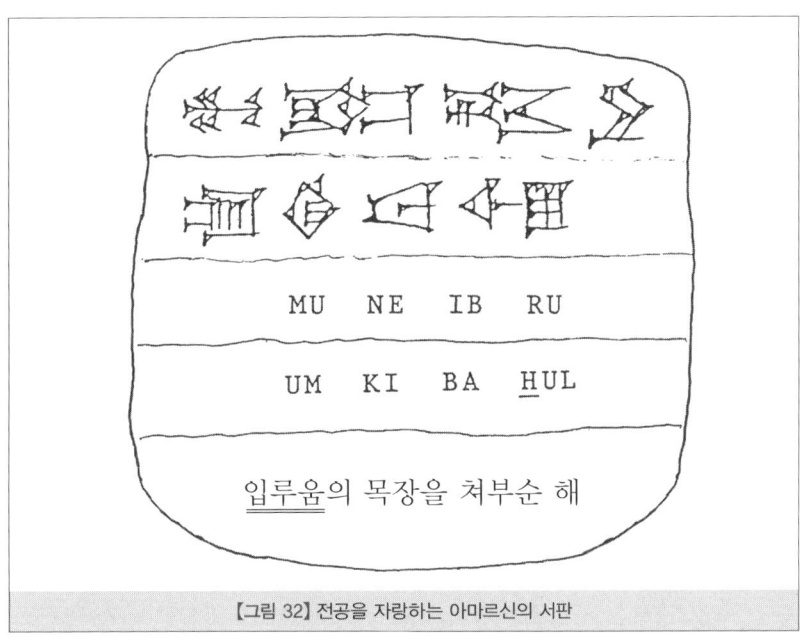

【그림 32】 전공을 자랑하는 아마르신의 서판

를 언급하면서 이를 카데쉬바르네아(Kadesh-Barnea)라 불렀다. 「케돌라오메르 문서들」은 길이 거기서 막혔다고 분명하게 서술하고 있다.

> 신들이 진정으로 임명한
> 사제의 아들이
> 파괴를 막아냈다.

내 생각에 신들이 임명한 '사제의 아들'은 사제 테라의 아들인 아브람이었다.
 아마르신의 「연대기」 서판(양쪽 면에 모두 새겨졌다) 하나는 네입루움(Ne Ibruum, '입루움의 목장')을 쳐부쉈다고 자랑하고 있다. 【그림 32】 사실 우주공항의 관문에서는 전투가 없었다. 아브람의 기병 타격대가 버티고 서 있는 것만으로, 침략군을 좀 더 부유하고 돈이 될 만한 곳으로 돌려보낸 것이다. 그러나 이 언급이 정말로 아브람에 관한 것이라면 이는 그 족장에 대한 기록을 기독교 성서 밖에서 입증하는 또 하나의 대단한 보강 증거가 된다. 누가 승리했다고 주장하느냐는 별개의 문제다.

시나이 반도로 들어가는 길이 막히자 동부의 군대는 북쪽으로 방향을 틀었다. 당시 사해는 지금보다 조금 짧았다. 지금 그 남쪽에 붙어 있는 부분은 수몰되기 전이었고, 그곳은 당시 경작지와 과수원, 교역 중심지 들이 잔뜩 들어서 있는 비옥한 평원이었다. 그곳의 정착지들 가운데 도시가 다섯 개 있었고, 유명한 소돔(Sodom)과 고모라(Gomorrah)도 거기에 있던 도시들이었다. 북쪽으로 돌아선 침략군은 이제 구약에서 '다섯 죄악의 도시'로 부른 연합군과 맞닥뜨렸다. 구약에 따르면 네 왕들이 다섯 왕들과 싸워 이긴 곳이 바로 그곳이었다. 침략군은 도시들을 약탈하고 포로를 잡아 가지고 회군했다. 이번에는 요르단 강 서쪽 길이었다.

소돔에 살고 있던 아브람의 조카 로트가 그 포로들 속에 끼어 있지 않았더라면 이 전투들에 대한 기독교 성서의 조명은 그들이 돌아가는 데서 끝났을 것이다. 소돔에서 도망쳐 나온 사람 하나가 아브람에게 그 이야기를 해주었고, '그는 자신의 훈련된 부하 318명을 무장시킨 뒤 추격에 나섰다'(『창세기』 14:14). 기병대는 침략군을 추격해 북쪽으로 멀리 다마스쿠스(Damascus) 부근까지 갔고, 거기서 로트를 구해내고 약탈물들을 되찾았다. 【그림 31 참조】 구약은 이 전과를 아브람이 '케돌라오메르 및 그와 함께 한 왕들을 쳐부수었다'(『창세기』 14:17)고 적고 있다.

역사 기록들에 따르면 이 '왕들의 전쟁'은 대담하고 광범위한 것이었지만, 마르둑-나부의 상승세를 꺾는 데는 실패했다. 우리가 아는 바대로 아마르신은 서기전 2039년에 죽었다. 적의 창에 쓰러진 것이 아니라 전갈에 물려서였다. 그 뒤를 이어 그의 아우 슈신(Shu-Sin)이 서기전 2038년에 즉위했다. 슈신의 9년 치세에 대한 자료를 보면, 북쪽으로는 두 차례 군사 정벌에 나섰지만 서쪽으로 나간 적은 없는 것으로 기록되어 있다. 자료들은 대체로 방어 조치들에 대해 이야기하고 있다. 슈신은 주로 아모리인들의 침략에 대비해 '서부 성벽'을 보강해 쌓는 데 매달렸다. 그러나 방어선은 계속해서 수메르의 중심부와 가까워졌고, 우르의 지배 영역은 갈수록 줄어들었다.

우르 제3왕조의 다음이자 마지막 군주인 입비신(Ibbi-Sin)이 즉위하자 서방에서 쳐들어온 침략군은 방어 '성벽'을 무너뜨리고 우르의 '외인부대'인 엘람인들의 군대와 수메르 영토 안에서 격돌했다. 이 서방 군대를 몽매에도 그리던 목표를 향해 이끌고 독려한 것은 나부였다. 그의 아버지인 마르둑 신은 하란에서 바빌론 탈환을 기다리고 있었다.

긴급회의에 소집된 고위급 신들은 이때, 미래의 모습을 영원히 바꿀 비상조치를 승인했다.

6
바람과 함께 사라지다

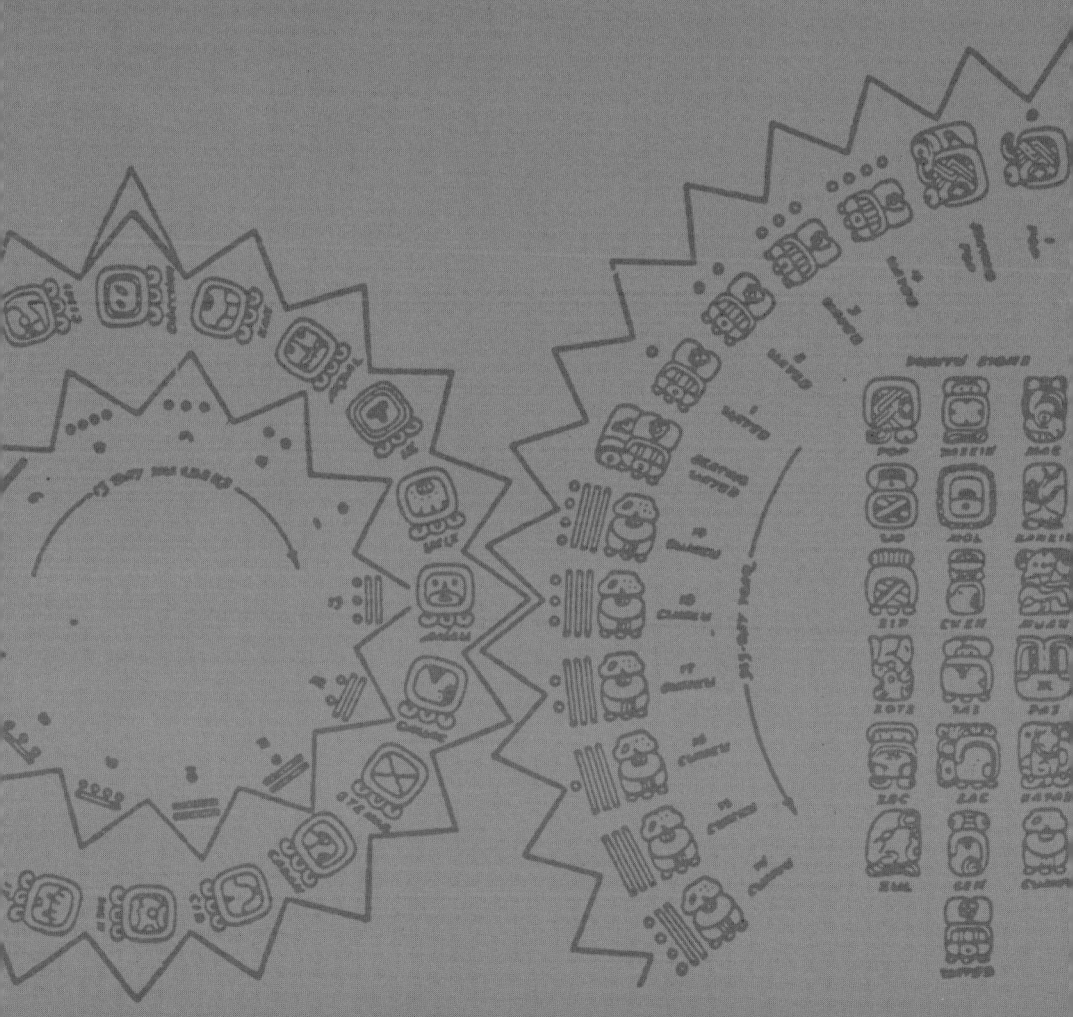

바람과 함께 사라지다

중동에서 일어난 '대량살상무기' 발사의 근저에는 아마겟돈 예언의 실현에 대한 두려움이 놓여 있다. 서글픈 사실은, 갈등(인간들 사이에서가 아니라 신들 사이에서의)이 증폭되면서 바로 그곳에서 4,000년 전에 핵무기가 사용되었다는 것이다. 그리고 가장 뜻밖의 결과를 가져온 가장 유감스러운 행동이 있었다면 그것은 바로 그 일이었다.

지구상에서 핵무기가 처음 사용된 것이 서기 1945년이 아니라 서기전 2024년이었음은 사실이다. 허구가 아니다. 그 숙명적인 사건은 여러 고대 문헌들에 묘사되었고, 이를 통해 그 내용과 경과, 원인과 등장인물이 추론·재추론될 수 있고 맥락을 파악할 수 있다. 그 고대 자료들 가운데는 구약도 있다. 첫 히브리 족장 아브라함이 그 무시무시한 대참사의 목격자였기 때문이다.

'반란국들'을 평정하려던 '왕들의 전쟁'의 실패는 물론 엔릴 진영에는 실망을 불러왔고 마르둑 진영에는 용기를 북돋워 주었지만, 그 일들의 영향은 거기서 그치는 게 아니었다. 엔릴의 지시에 따라 닌우르타는 지구 반대편, 멀리 남아메리카의 지금 페루가 자리 잡은 곳에 또 하나의 우주 시설을 세우는 데 분주한 나날을 보내고 있었다. 여러 문서들은 엔릴 스스로가 오랜 시간 동안 수메르를 떠나 있었음을 시사하고 있다. 엔릴과 닌우르타의 이러한 움직임은 수메르의 마지막 두 왕 슈신과 입비신의 충성심에 동요를 초래해, 엔키의 수메르 거점인 에리두에서 그에 대한 숭배가 시작되기도 했다. 두 신의 부재는 또한 엘람인 '외인부대'에 대한 통제도 느슨해지게 했고, 기록들은 엘람인 부대의 '불경'에 대해 이야기하고 있다. 신들과 인간들은 이 모든 일들에 대해 점차 넌더리를 내기 시작했다.

특히 화가 난 것은 마르둑이었다. 그는 자신이 애지중지한 바빌론이 약탈당하고 파괴되고 모욕을 당했다는 이야기를 들었다. 독자들은 그가 바빌론에 마지막으로 머물 때 이복동생 네르갈이 찾아와 설득했던 일이 생각날 것이다. 네르갈은 마르둑에게 '하늘의 시간'이 양자리 시대가 될 때까지 조용히 떠나 있으라고 했었다. 그는 바빌론에서 아무것도 손대거나 훼손하지 않겠다는 네르갈의 다짐을 받고 그렇게 했었는데, 정반대의 일이 일어난 것이다. 마르둑은 그곳에 있는 자신의 신전이 '자격 미달의' 엘람인들에 의해 짓밟혔다는 소식을 듣고 화가 났다.

> 바빌론은 개떼의 소굴이 되었다.
> 까마귀들이 큰 소리로 울부짖으며
> 거기에 똥을 싸댔다.

하란에서 그는 높은 신들에게 절규했다.
"언제까지 여기에 있어야 합니까?"
시간이 아직 되지 않았느냐고, 그는 자신의 예언적 자서전에서 물었다.

오, 높은 신들이여, 내 비밀을 들어주오.
나는 허리띠를 조이면서 내 기억을 되살리오.
나는 높은 신 마르둑이오.
나는 죄를 지어 내쳐졌소.
나는 산으로 갔소.
나는 여러 나라를 떠돌아다녔소.
해가 뜨는 곳에서 나와 해가 지는 곳으로 갔소.
나는 하티 산골에 갔소.
하티 땅에서 나는 계시를 물었소.
나는 '언제까지 있어야 하는가'를 물었소.
24년 동안 하란 안에서 둥지를 틀고 있었소.
날짜는 다 채워졌소!

마르둑은 자신의 도시(바빌론)로 돌아가면서 '나의 신전을 재건하고 영원한 나의 거처를 건설할 때'가 되었다고 말했다. 그는 점점 몽상가가 되어 자신의 신전 에삭일라(Esagila, '꼭대기가 뾰족한 신전')에 대해 이야기했다. 바빌론의 기단 위에 산처럼 솟은 그 신전을 그는 '내가 약속한 집'이라고 불렀다. 그는 바빌론을, 영원히 서 있고 자신이 선택한 왕이 자리 잡고 있는 곳, 즐거움으로 가득 찬 도시이자 아누의 축복을 받은 도시로 내다보았다. 이 메시아의 시대는 '악과 불행을 몰아내고 인류에게 자비를 가져올' 것이라고 그는 예언했다.

24년에 걸친 하란 체류가 끝난 해는 서기전 2024년이었다. 마르둑이 바빌론을 떠나 계시에서 말한 하늘의 시간을 기다리기로 동의한 지 72년이 흘렀다.

마르둑이 '높은 신들'에게 '언제까지 여기에 있어야 합니까?' 하고 애원한 것은 공허한 이야기가 아니었다. 아눈나키 지도부는 비공식적으로나 공식 회의를 통해서나 끊임없이 의논을 해왔기 때문이다. 엔릴은 서둘러 수메르로 돌아왔고, 심지어 니푸르에서조차 일이 잘못 돌아가고 있음을 알고 충격을 받았다. 닌우르타는 엘람인들의 잘못을 설명하기 위해 불리어 갔지만, 닌우르타는 모든 잘못을 마르둑과 나부의 탓으로 돌렸다. 나부가 소환되었다.

> 신들 앞에
> 그 아버지의 아들이 나왔다.

나부를 가장 비난한 것은 우투/샤마쉬였다. 그는 이 심각한 상황을 설명하면서 '이 모든 사태를 초래한 것은 나부'라고 말했다. 나부는 자기 아버지에 관해 이야기하면서 닌우르타를 비난했고, 대홍수 이전의 관찰 장비 분실과 바빌론에서의 불경죄 예방 실패에 따른 네르갈에 대한 해묵은 비난을 다시 끄집어냈다. 그는 네르갈과 격렬한 말다툼을 벌였다.

> 그는 무례한 모습을 보이며 (…)
> 엔릴에게 험악한 말을 했다.
> "옳지가 않아요.
> 파괴할 생각을 품고 있었어요.
> 엔릴이 바빌론에 대해 나쁜 짓을 꾸미도록 했어요."

이는 '사령관'에 대한 전례가 없는 비난이었다.

엔키가 발언을 했다. 그러나 그것은 자기 아들에 대한 변호였지, 엔릴에 대한 것이 아니었다. '마르둑과 나부가 정말로 문제 삼는 것은 무엇인가?' 하고 그는 물었다. 그의 분노는 특히 자신의 아들 네르갈을 향한 것이었다. '너는 왜 계속 반대하느냐?' 하고 그는 네르갈에게 물었다. 둘은 오랫동안 언쟁을 벌였고, 결국 엔키는 네르갈에게 자기 눈앞에서 사라지라고 소리를 질렀다. 신들의 회의는 엉망진창으로 끝나고 말았다.

그러나 이 모든 논쟁과 비난·맞비난은 갈수록 현실화되는 사실, 즉 마르둑이 '하늘의 계시'라고 한 사실을 놓고 벌어진 것이었다. 시간이 지나면서(중요한 세차 운동의 시계가 1도 움직이면서) 엔릴의 별자리 시대인 황소자리의 시대가 마감되고 양자리의 시대, 마르둑의 시대가 하늘에서 희미하게 나타나고 있었던 것이다. 닌우르타는 라가쉬에 있는 자신의 에닌누 신전(구데아가 건설한 것이다)에서 그것이 다가오고 있음을 볼 수 있었다. 닌기쉬지다/토트는 자신이 지구상의 다른 곳에 세운 모든 환상열석을 통해 이를 확인할 수 있었다. 그리고 사람들 역시 그것을 알고 있었다.

이때 마르둑 및 나부에게 비난을 받고 자기 아버지 엔키로부터 쫓겨난 네르갈은 '자문자답'을 한 끝에 '무시무시한 무기'에 호소하자는 생각을 짜냈다. 그는 그것이 어디에 숨겨져 있는지는 몰랐지만, 지구에 존재한다는 사실은 알고 있었다. 지하 비밀 장소에 안전하게 보관되어 있었고, CT-xvi로 분류된 한 문서 44~46행에 따르면 아프리카 어느 곳, 그의 동생인 기빌(Gibil)의 영지에 있다는 것이었다.

　　그 일곱 무기는 산에 있다.
　　땅속 동굴에 그것들은 있다.

현재의 우리 기술 수준에서 볼 때 그것들은 일곱 개의 핵폭탄이라고 생각해 볼 수 있다.

> 공포스런 모습을 드러내고, 빛을 뿜으며
> 그것들은 앞으로 튀어나갔다.

그것들은 오래전에 니비루에서 지구로 무심코 들여와 안전한 비밀 장소에 숨겨놓고 있었다. 엔키는 그곳이 어딘지 알았고, 그것은 엔릴도 마찬가지였다.

신들의 전시(戰時)위원회는 엔키의 의견을 기각하고 마르둑에게 징계의 일격을 가하자는 네르갈의 제안을 받아들이기로 결정했다. 아누와는 상시 대화가 유지되고 있었다.

> 아누가 지구에 대해 말을 하고
> 지구는 아누에게 말을 했다.

아누는 이 전례 없는 조치에 대한 그의 승인이 마르둑으로부터 시나이 우주공항을 빼앗는 일로 한정되고, 신들이나 사람들이 다쳐서는 안 된다는 점을 분명히 했다. '신들의 왕인 아누는 지구에 대해 동정심을 가지고 있었다'고 고대 기록들은 적고 있다. 신들은 네르갈과 닌우르타를 임무 수행자로 선정하면서 그들에게 조치의 범위가 제한적이고 조건부임을 아주 분명하게 밝혔다.

그러나 실제로 일어난 사태는 그렇지가 않았다. '의도하지 않았던 결과의 법칙'은 파멸적인 규모로 사실임을 입증하고 말았다.

수많은 사람이 죽고 수메르가 황폐화되는 결과를 초래한 대참사 뒤에 네르갈은 믿을 만한 서기에게 자신이 본 사건들에 대해 구술함으로써 변명을 하려 했다. 이 긴 문서는 「에르라 서사시」로 불렸다. 여기에는 네르갈이 별칭인 에르라('절멸시키는 자')로 나오고 닌우르타는 이슘(Ishum, '불태우는 자')으로 나오기 때문이다. 우리는 이 문서에 몇몇 다른 수메르 및 아카드 자료, 기독교 성서 자료들을 추가함으로써 진짜 이야기를 모을 수 있다.

이렇게 알아낸 바에 따르면 네르갈은 결정 내용을 듣자마자 기빌의 아프리카 영지로 달려가 그 무기를 찾아 손에 넣었다. 닌우르타를 기다릴 새도 없었다. 닌우르타는 네르갈이 목표 제한을 무시하고 개인적 원한을 풀기 위해 무기를 무차별적으로 사용하려 함을 알고 당황했다. 네르갈은 이렇게 큰소리쳤다.

> 나는 아들을 죽여
> 그 아버지로 하여금 묻게 하겠다.
> 그리고 그 아버지를 죽여
> 아무도 그를 묻지 못하게 하겠다.

둘이 다투고 있는 사이에 나부가 가만히 있지 않으리라는 소식이 들어왔다.

> 그는 자신의 신전에서 모든 도시들을 불러 모으고
> 발걸음을 내디뎠다.
> 큰 바다 쪽으로 방향을 잡았다.

그는 큰 바다에 들어가

자신의 것이 아닌 왕좌에 올랐다.

나부는 서부 지역의 도시들을 전향시켰을 뿐만 아니라 지중해의 섬들을 접수하고 스스로 그들의 지배자가 된 것이다! 이에 따라 네르갈/에르라는 우주공항을 파괴하는 것만으로는 충분치 않다고 주장했다. 나부와 그에게 규합된 도시들 또한 처벌을 받고 파괴되어야만 했다!

이제 두 가지 목표를 설정한 네르갈-닌우르타 팀은 또 다른 문제점을 발견했다. 우주공항의 '지각변동'이 잘못을 저지른 나부 및 그 추종자들에게 도망치라는 경고로 들리지 않을까? 목표들을 재검토하면서 그들은 분리에 해법이 있음을 발견했다. 닌우르타는 우주공항을 공격하고 네르갈은 인근에 있는 '죄악의 도시'들을 공격하면 된다. 그러나 이 모든 문제에 합의한 뒤 닌우르타가 재고의 의견을 냈다. 그는 우주 시설에 근무하고 있는 아눈나키에게 사전 통고되는 것으로 그칠 게 아니라 일부 사람들에게도 사전 통고를 해주자고 주장했다. 그는 네르갈에게 이렇게 말했다.

용맹스런 에르라여,

그대는 불의한 자와 함께

의로운 자도 죽이려 하는가?

그대는 그대에게 죄지은 자와 함께

그대에게 죄를 짓지 않은 자도 죽이려 하는가?

이 고대 문서들은 네르갈/에르라가 설득을 당했다고 말한다.

이슘의 말이 좋은 기름처럼
에르라에게 파고들었다.

그리고 이렇게 해서 둘은 어느 날 아침 일곱 개의 핵폭탄을 나누어 가지고 마지막 임무 수행에 착수했다.

그러자 영웅 에르라가 앞으로 나아갔다.
이슘의 말을 기억한 채.
이슘도 또한 앞으로 나아갔다.
던져진 말에 맞추어.
그것은 그의 가슴속에서 짜낸 말이었다.

입수할 수 있는 문서들은 심지어 누가 어느 목표물로 갔는지까지도 이야기하고 있다.

이슘은 '가장 높은 봉우리'로
진로를 잡았다.
이슘이 손을 들었고
봉우리는 부서졌다. (…)
아누를 향해 솟아 있던
발사대가 무너져 내렸다.
그 형체는 사라져버렸고
그것이 있던 자리는 황량해졌다.

우리는 「길가메쉬 서사시」를 통해 이 봉우리 옆에 우주공항이 있었음을 알고 있다. 핵폭탄 하나를 날리자 우주공항과 그 부대시설들은 닌우르타의 손에 의해 사라져버렸다.

이 고대 문서는 이어서 네르갈이 한 일을 묘사한다.

> 이슘을 흉내 내듯이
> 에르라는 '왕의 길'을 따라갔다.
> 그는 도시들을 해치웠고
> 도시들을 뒤엎어 황무지로 만들었다.

그의 목표는 '동부의 왕들'에 대항해 동맹을 결성한 '죄악의 도시들'이었다. 사해 남부 평원에 있던 도시들이었다.

이렇게 해서 서기전 2024년에 핵무기가 시나이 반도와 인근의 사해 평원으로 발사되었다. 그리고 우주공항과 다섯 도시들은 더 이상 존재하지 않았다.

놀랍게도(그러나 아브라함과 그의 카나안에서의 임무에 대해 우리가 설명한 방식대로 이해가 되었다면 더 이상 놀랍지 않다), 기독교 성서의 기록과 메소포타미아 문서들이 만나는 것은 바로 이 계시적인 사건에서다.

이 사건들을 다루고 있는 메소포타미아 문서들을 보면 우주공항을 경비하고 있던 아눈나키는 사전 경고를 받는다(그것은 필수 사항이었다).

> 두 신(네르갈과 닌우르타)은
> 악을 저지르는 것에 자극을 받아

그 경비병들을 비켜서게 했다.

그곳에 있던 신들은 시설을 버렸다.

그 보호자들은 하늘 꼭대기로 올라갔다.

그러나 메소포타미아 문서들이 '두 신은 신들을 피신하도록, 그들을 화염으로부터 피신하도록 했다'고 거듭 말하고 있지만, 그 심판받은 도시들에 사는 사람들에게까지 그 사전 경고가 전달되었는지에 관해서는 분명치가 않다. 구약이 잃어버린 세부를 제공하는 것은 이 부분에서다. 「창세기」를 보면 아브라함과 그의 조카 로트는 모두 정말로 사전 경고를 받았다. 그러나 다른 '죄악의 도시' 주민들은 그렇지 않았다.

이 기독교 성서의 기록은 이 사건들이 '대동란'의 양상을 지녔음을 밝혀주는 것은 물론이고, 신들 일반 그리고 특수하게는 그들과 아브라함 사이의 관계를 분명하게 밝혀주는 세부 정보를 담고 있다. 「창세기」 18장의 이야기는 이때 아흔아홉 살이 된 아브라함이 어느 무더운 한낮에 자기 장막 출입구에 앉아 있는 장면으로부터 시작된다. 그는 갑자기 '눈을 떠보니' '세 사람이 자신을 내려다보고 있는'(「창세기」 18:2) 것을 볼 수 있었다. 그들은 아나쉼(Anashim, '사람들')으로 표현되었지만 그들에게는 조금 색다른, 또는 이상한 부분이 있었다. 아브라함이 장막에서 달려 나와 땅바닥에 엎드려 절을 하고 (자신을 그들의 종이라 칭하며) 그들의 발을 씻기고 그들에게 음식을 대접했기 때문이다. 나중에 밝혀지지만 이들은 신들이었다.

그들이 떠날 때 그 우두머리('하느님'이라고 한다)는 아브라함에게 일행의 임무를 알려주기로 결심한다. 그들의 임무는 소돔과 고모라가 과연 죄악의 도시여서 그 도시들을 쓸어버리는 것이 옳으냐의 여부를 판정하는 것이었다. 셋 가운데 두 신이 소돔을 향해 발걸음을 떼고 있는 동안에 아브라함은 '하느님'에게 다가가 메소포타미아 문서에 나오는 것과 똑같은 말로 그를 **비난**(!)한다.

> 당신은 악인과 함께
> 의인까지도 쓸어버리려 하십니까?
>
> _「창세기」18:23

이어지는 것은 하느님과 인간 사이의 믿을 수 없는 흥정 장면이다.

> 만약 그 도시 안에 의인이 쉰 명 있다면
> 그래도 당신은 도시를 쓸어버리시겠습니까?
> 그 안에 있는 의인 쉰 명을 보아서
> 그 도시를 용서하지 않으시겠습니까?
>
> _「창세기」18:24

아브라함은 하느님에게 이렇게 물었다. 그러고는 그 도시에 의인 쉰 명이 살고 있으면 용서해 줄 것이라는 말을 듣자 아브라함은 다시, 마흔 명이면 어떠냐고 묻는다. 그리고 서른 명이면 어떤가? 그런 식으로 해서 숫자는 열 명까지 내려간다.

> 그리고 야훼는 말을 마치자 떠나셨고
> 아브라함도 자기 처소로 돌아왔다.
>
> _「창세기」18:33

이 이야기가 이어지는 19장에서 말라킴(Mal'achim)이라고 불린 다른 두 신은 저녁에 소돔에 도착했다('말라킴'의 문자적 의미는 '심부름꾼들'이지만 보통 '천사들'로 번역한다). 거기서 일어난 사건들은 그 주민들의 사악함을 입증했고, 새벽 무렵에 두 신은 아브라함의 조카 로트에게 가족들을 데리고 도망치라고 재촉한다. '야훼께서 이 도시를 쓸어버리려 하신다'는 것이었다. 꾸물거리는 이 가족은 시간을 더 달라고 청하고, '천사들' 가운데 하나가 로트와 그의 가족이 안전한 산에 도착할 만큼 충분히 시간을 연기해 주겠다고 약속했다.

> 그리고 아브라함이 아침에 일찍 일어나서 (…)
> 소돔과 고모라, 그리고 평원 온 지역을 휘둘러보았다.
> 그런데, 이게 어찌 된 일인가.
> 증기가 마치 용광로에서 나오는 연기처럼
> 땅에서 치솟고 있었다.
>
> _「창세기」19:27~28

아브라함은 그때 아흔아홉 살이었다. 그가 서기전 2123년에 태어났으니, 이때는 서기전 2024년이 된다.

메소포타미아 문서들이 소돔과 고모라의 파멸을 언급하고 있는 기독교 성서「창세기」의 이야기와 일치한다는 것은 동시에 구약의 일반적인 정확성이나 세부적으로는 아브라함의 신분 및 역할에 대한 언급이 정확함을 확인해 주는 가장 중요한 증거 가운데 하나다. 그러나 이는 또한 신학자들이나 다른 학자들이 가장 회피하는 부분이기도 하다. 세 명의 신들(사람처럼 보이는 '천사들')이 아브라함을 찾아왔던 그 전날의 사건들에 관한 그 기

【그림 33】 고대의 핵폭발 흔적을 지닌 시나이 반도 항공사진

록 때문이다. 그것은 '고대의 우주인' 이야기 같은 냄새가 너무 난다. 구약에 의문을 품고 메소포타미아 문서들을 단순한 신화로 취급하는 사람들은 소돔과 고모라의 파괴를 자연재해로 설명하려 애써왔다. 그러나 기독교 성서 판은 '불과 유황'에 의한 이 '참사'가 자연재해가 아니라 '계획적이고, 연기하거나 심지어 취소할 수도 있었던' 사건임을 두 번이나 확인하고 있다. 첫 번째는 아브라함이 악인과 함께 의인을 쓸어버리지 말고 도시를 용서하도록 '하느님'과 흥정한 것이고, 또 하나는 그의 조카 로트가 파괴의 연기를 허락받았던 사실이다.

시나이 반도의 항공사진은 핵폭발이 일어났던 곳의 표면에 아직도 거대한 함몰지와 균열이 있음을 보여주고 있다. 【그림 33】 이 일대는 오늘날에

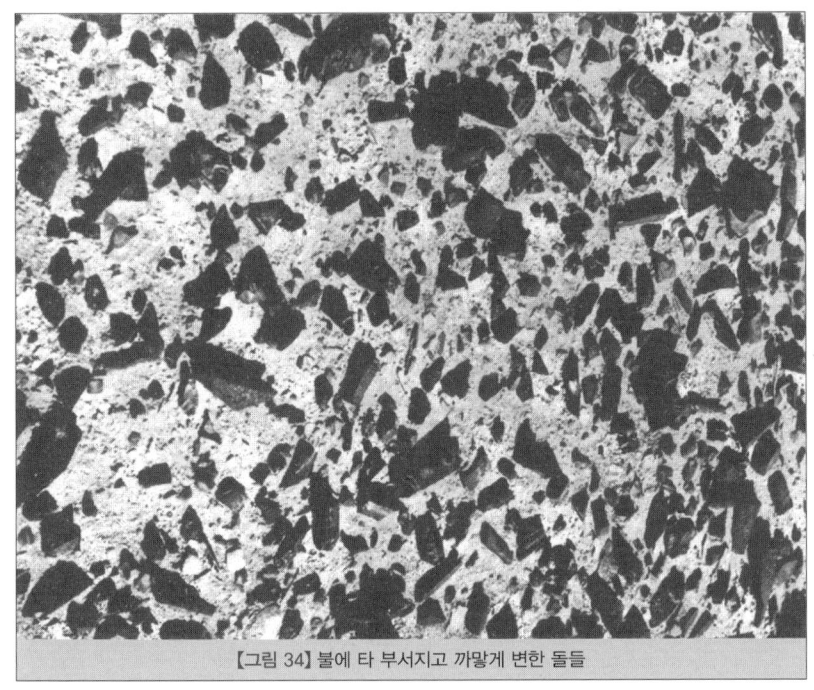

【그림 34】 불에 타 부서지고 까맣게 변한 돌들

도 부스러지고 불타고 까맣게 변한 돌들로 뒤덮여 있다. 【그림 34】이 돌들은 우라늄-235 동위원소의 비율이 비정상적으로 높은데, 전문가들은 **핵에서 발생한 엄청난 열기에 갑작스레** 노출되었기 때문이라고 보고 있다.

사해 평원의 도시들이 쑥밭이 되면서 사해 남쪽 해안이 무너졌고, 한때 비옥한 땅이었던 이곳에 물이 밀려들었다. 그리고 그 모습은 오늘날까지 엘릿산(El-Lissan, '혀')이라 불리는 방벽에 의해 본래의 사해와 분리된 부속물 형태를 띠고 있다. 【그림 35】이스라엘 고고학자들은 사해 해저 조사에 나서 수수께끼의 해저 유적이 있음을 밝혀냈다. 그러나 유적이 있는 사해 동쪽을 영유하고 있는 요르단 왕국은 추가 조사를 중지시켰다. 흥미롭게도 이와 관련된 메소포타미아 문서들은 이런 지형 변화를 확인하고 있을

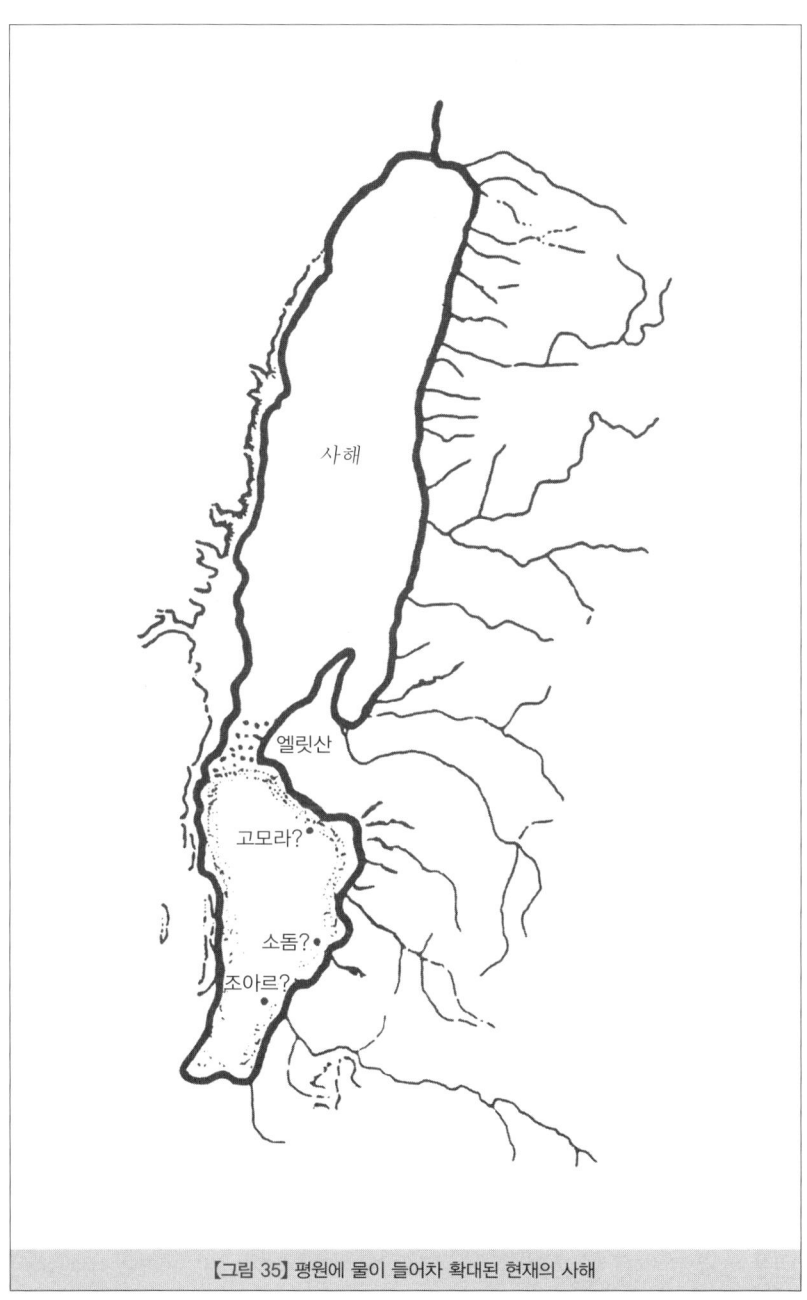

【그림 35】 평원에 물이 들어차 확대된 현재의 사해

뿐만 아니라 이 바다가 핵폭발의 결과로 '사해'가 되었음을 시사하기까지 하고 있다. 문서들은 말한다.

> (에르라가) 바다를 파헤쳐
> 그 전체를 나누었다.
> 그 안에 살고 있던 것들을
> 심지어 악어까지도 사라지게 했다.

밝혀진 것처럼 두 신은 우주공항과 죄악의 도시들만 파괴한 것이 아니었다. 핵폭발의 결과는 이러했다.

> 폭풍이, '재앙의 바람'이
> 하늘에 떠돌았다.

그리고 의도하지 않았던 결과의 연쇄반응이 시작되었다.

역사 기록들은 수메르 문명이 우르에서 통치한 입비신 재위 6년, 곧 서기전 2024년에 붕괴했음을 보여주고 있다. 독자들도 기억하겠지만 이는 아브라함이 아흔아홉 살이 되던 바로 그해였다.

학자들은 처음에는 수메르의 수도 우르가 '이민족 침략자들'에 의해 짓밟혔다고 생각했다. 그러나 그러한 파괴적인 침략의 흔적은 발견되지 않았다. 그때 「우르 파괴에 대한 비가(悲歌)」라는 문서가 발견되었다. 이 문서는 학자들을 당혹케 했다. 이 문서가 우르의 물리적인 파괴를 슬퍼하는 내용을 담고 있을 뿐만 아니라 우르의 '포기'마저 이야기하고 있기 때문이다. 그곳에 살던 신들이 우르를 버렸고, 거기 살던 주민들도 떠나버렸으며, 그 마구간은 비었다. 그 신전과 집들과 양의 우리들은 그대로 온전하게 남아 있었으나 빈 채였다.

그리고 다른 비가 문서들도 발견되었다. 이 문서들은 우르뿐만이 아니라 수메르 전체를 슬퍼했다. 여기서 다시 그들은 '포기'를 이야기했다. 우르의 부부 신 난나르와 닌갈이 우르를 버렸을 뿐만 아니라 '들소' 엔릴도 니푸르에 있는 소중한 그의 신전을 버렸다. 그의 아내 닌릴도 사라졌다. 닌마는 그녀의 도시 케쉬(Kesh)를 버렸다. '에레크의 여왕' 인안나는 에레크를 버렸다. 닌우르타는 그의 신전 에닌누를 포기했다. 그의 아내 바우 또한 라가쉬를 떠났다. 수메르의 도시들이 하나씩 하나씩 '버려진' 도시 목록에 올랐다. 그 신들도, 사람들도, 동물들도 사라졌다. 학자들은 이제 어떤 '엄청난 재난', 수메르 전체에 영향을 미친 수수께끼의 참화를 머릿속에 떠올리게 되었다. 그것은 무엇일까?

이 수수께끼에 대한 해답은 바로 그 문서들에 있다. **바람과 함께 사라졌다.**

아니, 이것은 유명한 책/영화 제목을 이용한 말장난이 아니다. 이것은 비가 문서들의 후렴구다. 엔릴은 그의 신전을 버렸고, 그는 '바람과 함께 사라졌다'. 닌릴은 그의 신전에서 '바람과 함께 사라졌다'. 난나르는 우르를 버렸고, 그의 양 우리는 '바람과 함께 사라졌다'. 이렇게 계속 이어진다. 학자들은 이 단어 반복이 문학적 장치라고 생각해 왔다. 비가의 작가들이 자꾸만 반복해서 그들의 슬픔을 극대화시키는 후렴구라는 것이다. 그러나 그것은 문학적 장치가 아니었다. 그것은 문자 그대로의 진실이었다. **수메르와 그 도시들은 문자 그대로 바람이 불어와 비워진 것이었다.**

비가는(그리고 다른 문서들도) 말한다. '재앙의 바람'이 불어와 '인간에게 알려지지 않은 참화가 나라에 닥쳤다'.

    ('재앙의 바람'은) 도시를 텅 비게 만들고,
    집들을 텅 비게 만들고,
    마구간을 텅 비게 만들고,
    양 우리를 비게 만들었다.

황폐해졌지만 파괴는 없었다. 비기는 했지만 부서지지는 않았다. 도시는 거기 있었고, 집들도 거기 있었고, 마구간이나 양 우리도 거기 있었다. 그러나 살아 있는 것은 하나도 남지 않았다.

    수메르의 강에는 오염된 물이 흐르고
    농사를 짓던 들에는 잡초가 자라며
    초원에서는 풀이 시들었다.

모든 생명체가 사라졌다. 이전에 일어난 적이 없던 참화였다.

    수메르 땅에 참화가 닥쳤다.
    인간에게 알려지지 않은,
    이전에 한 번도 보지 못했던,
    견뎌낼 수 없는 참화였다.

'재앙의 바람'에 실려 온 것은 누구도 피해 갈 수 없는 죽음이었다. 그것은 이런 죽음이었다.

거리를 떠돌아다니는

길에 풀려나온 죽음이었다. (…)

가장 높은 담도, 가장 두터운 벽도

그것은 홍수처럼 지나간다.

어떤 문으로도 막을 수 없고

어떤 빗장도 그것을 돌려세울 수 없다.

문 뒤에 숨은 자들은 그 안에서 죽어 넘어졌고, 옥상으로 도망친 자들은 옥상에서 죽었다. 그것은 듣도 보도 못한 죽음이었다.

그것은 사람 옆에 서 있어도

아무도 볼 수 없다.

그것이 집으로 들어와도

그것이 나타났는지 알지 못한다.

그것은 소름 끼치는 죽음이었다.

기침과 가래가 가슴을 약화시키고

입안에는 침이 가득하며

말도 못하고 보지도 못하며 (…)

극도로 우둔해지며 (…) 두통이 난다.

'재앙의 바람'이 희생자를 붙잡으면 '그 입은 피로 범벅이 된다'. 죽은 시체와 죽어가는 사람들이 곳곳에 널려 있었다.

이 문서들은 '이 도시에서 저 도시로 어둠을 실어 나른' 재앙의 바람이 자연재해는 아니었음을 분명히 하고 있다. 그것은 높은 신들의 신중한 결정에 따른 것이었다. 그것은 '아누가 명령한 거대한 바람, 엔릴의 마음속으로부터의 (결정)'에 의해 일어난 것이었다. 그리고 그것은 하나의 사건이 초래한 결과였다. '한 번의 산란, 하나의 번갯불로 태어난' 것이었고, 멀리 서쪽에서 일어난 사건에 의한 것이었다.

>그것은 산 한가운데로부터 나왔다.
>그것은 '냉혈의 평원'으로부터 나왔다. (…)
>쓰디쓴 신들의 독액처럼
>그것은 서쪽으로부터 왔다.

'재앙의 바람'의 원인이 시나이 반도 안과 그 부근에서 일어난 핵'폭발'이었음은 신들이 그 근원과 원인에 대해 알았다는 문서들의 주장으로도 분명해진다. **그 근원은 바람이고 원인은 폭발이었다.**

>재앙의 바람이 불길한 폭풍을 예고했다.
>재앙의 바람은 그 전조였다.
>힘센 자손들, 용맹한 아들들이
>전염병의 전달자였다.

비가 문서들의 작자는 바로 신들 자신이었는데, 그들은 무슨 일이 일어났는지에 대한 생생한 기록을 우리에게 남겼다. 닌우르타와 네르갈에 의해 그 '무시무시한 무기'가 하늘에서 발사되었다.

그것들은 무시무시한 빛을 발산하며

화염처럼 모든 것을 불태웠다.

그 결과로 폭풍이 '번갯불에서 생겨났다'. 그리고 '파멸을 불러온 짙은 구름'(방사능 '버섯구름')이 하늘로 솟아올랐다. 그 뒤에는 '일진광풍이 몰아치고 (…) 폭풍이 하늘을 불태웠다'. 잊을 수 없는 날이었다.

그날

하늘이 부서지고

지구가 두드려 맞은 때에

그 표면이 소용돌이로 씻겨 나갔다.

하늘이 컴컴해지고

그림자가 덮인 듯하던 때에

바로 그날 재앙의 바람이 생겨났다.

여러 문서들은 유독 소용돌이가 '신들이 오르내리는 곳'에서 일어난 폭발 때문이라고 말하고 있다. '죄악의 도시' 파괴보다는 우주공항 제거 때문이라는 것이다. 눈부신 섬광 속에서 방사능 버섯구름이 치솟은 것은 바로 그곳, '산 한가운데'에서였다. 그리고 지중해로부터 불어오는 탁월풍*이 유독 방사능 구름을 동쪽으로, 수메르 쪽으로 실어 나른 것도 거기서부터였다. 그렇게 해서 그것은 파괴가 아니라 소리 없는 절멸을 일으켰고, 방사능에 오염된 공기를 통해 모든 생명체에 죽음을 가져다준 것이다.

---

*어느 지역에서 어떤 시기나 계절에 따라 특정 방향에서부터 가장 자주 부는 바람. (옮긴이)

관련 문서들을 보면, '무시무시한 무기'의 사용에 반대하고 경고한 엔키 정도만이 예외가 될 수 있을 뿐, 여기에 개입된 신들 가운데 최종 결과와 같은 사태를 예견한 신은 아무도 없었음이 분명하다. 그들 대부분은 지구에서 태어났고, 그런 그들에게 니비루에서 일어난 핵전쟁 이야기는 '옛날 이야기'였다. 조금 자세히 알았을 아누는 어쩌면 오랫동안 감춰져 있던 이 무기가 거의 작동되지 않거나 전혀 작동되지 않을 것이라고 생각했을까? 니비루 출신인 엔릴과 닌우르타는 바람이 그래 봐야 방사능 구름을 사람이 살지 않는 사막, 지금의 아라비아(Arabia) 쪽으로 싣고 갈 것이라고 생각한 것일까? 만족할 만한 대답은 없다. 문서들은 그저 '높은 신들이 엄청난 폭풍에 새파랗게 질렸다'고만 적고 있다. 그러나 바람의 방향과 방사능 오염의 농도가 파악되자마자 바람의 진행 경로에 있는 주민들(신들과 사람들 모두)에게 필사적으로 도망치라는 경보가 내려졌음은 분명하다.

경보가 울리면서 수메르와 그 도시들을 덮친 공황과 공포, 혼란은 「우르 비가」, 「우르와 수메르 황폐화에 대한 비가」, 「니푸르 비가」, 「우루크 비가」 같은 일련의 비가 문서들에 생생하게 묘사되어 있다. 신들에 관한 한 대체로 '각자도생(各自圖生)'의 상황이었던 듯하다. 그들은 각자 다른 탈것을 동원해 비행기로, 또는 배편으로 바람의 진로에서 벗어났다. 사람들의 경우에는 신들이 도망치기 전에 경보를 전했다. 「우루크 비가」에 나오는 것처럼 사람들은 밤중에 '일어나라! 도망쳐라! 초원에 숨어라!' 하는 말을 들었다. '우루크의 충성스런 시민들은 공포감에 사로잡혀' 필사적으로 도망쳤다. 그러나 그들은 결국 '재앙의 바람'에 넘어졌다.

그러나 양상은 모든 곳에서 똑같지는 않았다. 수도 우르에서는 난나르/씬이 너무도 믿기 어려워 우르의 운명이 끝났음을 믿으려 하지 않았다. 재앙을 피하기 위해 그가 아버지 엔릴에게 한 심금을 울리는 긴 호소가 「우르 비가」(난나르의 아내 닌갈이 지은 것이다)에 실려 있다. 그러자 엔릴은 그 불가피성을 무뚝뚝하게 고백한다.

> 우르는 왕권을 허락받았다.
> 그러나 영원한 통치권을 받은 것은 아니다.

난나르와 닌갈은 불가피한 것을 받아들이고 싶지 않고 우르 사람들을 버리기에는 그들에게 너무도 헌신적이었던 탓에 그곳에 머무르기로 결심했다. '재앙의 바람'이 우르로 접근한 것은 낮이었다. 닌갈은 이렇게 썼다.

> 그날을 생각하면 나는 아직도 떨린다.
> 그러나 그날의 악취 때문에
> 우리는 도망치지 못했다.

심판의 날이 왔다.

> 우르에는 진한 슬픔이 배어들었다.
> 그러나 그 악취 때문에 우리는 도망치지 못했다.

부부 신은 그 악몽의 밤을 '개미 집'에서 지새웠다. 지구라트 내부 깊숙한 곳에 자리 잡은 지하실이었다. 아침이 되자 독을 머금은 바람은 '그 도시에서 떠나갔고', 닌갈은 난나르가 병에 걸렸음을 깨달았다. 그녀는 서둘러 옷을 걸치고 난나르를 그들이 사랑했던 도시 우르 밖으로 멀리 옮겼.
신들 가운데 적어도 또 한 명이 역시 '재앙의 바람'의 희생자가 되었다.

닌우르타의 아내 바우였다. 그녀는 라가쉬에 혼자 있었다. 남편 닌우르타가 우주공항을 파괴하는 일에 매달려 있었기 때문이다. 그녀는 사람들로부터 '바우 어머니'로 불릴 정도로 사랑을 받고 있었다. 그녀는 외과 의사 교육을 받았고, 그런 이유 때문에 떠날 결심을 할 수 없었다. 비가는 이렇게 적고 있다.

    그날
    폭풍이 바우 여사를 덮쳤다.
    그녀가 인간이라도 되는 듯이
    폭풍이 그녀를 덮쳤다.

그녀가 얼마나 심하게 병에 걸렸는지는 분명치 않지만, 이후의 수메르 기록들을 보면 그녀는 그 이후 얼마 못 산 듯하다.
훨씬 남쪽에 있던 엔키의 도시 에리두는 분명히 재앙의 바람의 진로 가장자리에 있었다. 「에리두 비가」를 보면 엔키의 아내 닌키는 그 도시를 떠나 멀리 엔키의 아프리카 영지로 날아갔다.

    높으신 귀부인 닌키는
    새처럼 날아 자신의 도시를 떠났다.

그러나 엔키 자신은 재앙의 바람의 진로에서 벗어날 정도만큼만 그 도시에서 벗어났다.

    에리두의 주인은

자신의 도시 바깥에 머물렀다. (…)

자신의 도시가 파멸하는 것을 보고

그는 피눈물을 흘렸다.

에리두의 시민 대다수가 그를 따라 안전한 거리의 들판에서 야영하면서 폭풍이 '에리두를 움켜쥐는' 것을 지켜보았다. 하루 하고도 한나절 동안이었다.

놀랍게도 나라의 주요 중심지들 가운데 가장 영향을 덜 받은 곳은 바빌론이었다. 그곳이 폭풍의 북쪽 가장자리 바깥에 위치해 있었기 때문이다. 경보가 울리자 마르둑은 아버지 엔키와 연락해 조언을 구했다. 바빌론의 시민들은 어떻게 해야 하는가, 하고 그는 물었다. 탈출할 수 있는 사람은 북쪽으로 가야 한다, 하고 엔키는 그에게 말했다. 그리고 로트와 그 가족들에게 소돔을 탈출하면서 뒤를 돌아보지 말라고 조언한 두 '천사들'과 마찬가지로 엔키도 마르둑과 그 추종자들에게 '뒤돌아서거나 돌아보지 말라'고 일러주었다. 탈출이 불가능할 경우 사람들은 지하 대피호를 확보해야 했다. 엔키의 조언은 '사람들을 지하실, 깜깜한 곳으로 보내라'는 것이었다. 이 조언을 따른 데다 바람의 방향도 도와주어 바빌론과 그 주민들은 해를 입지 않았다.

재앙의 바람이 지나가 멀리 사라진 뒤(그 자투리는 훨씬 동쪽의 자그로스(Zagros) 산맥에까지 도달했음이 밝혀졌다) 수메르는 황폐해지고 멸망했다.

폭풍이 도시를 텅 비게 만들고,

집들을 텅 비게 만들었다.

죽은 자는 그들이 죽은 자리에 그대로 버려져 매장되지 못했다.

    죽은 사람들은
    햇빛 아래 놓인 기름 덩어리처럼
    저절로 녹아 사라졌다.

목초지에서는 '크고 작은 소들을 보기가 어려워졌고, 모든 생명체가 사라졌다'. 양 우리는 '바람에 날아갔다'. 경작지는 줄어들었다.

    티그리스 강과 에우프라테스 강의 기슭에서는
    병든 잡초만이 자랐다.
    늪에서는 갈대가 썩어 악취가 났다.

    아무도 큰길에 다니지 않고,
    아무도 길을 묻지 않았다.

비탄에 젖은 시들은 애통해했다.

    오, 우르의 난나르 신전이여
    텅 빈 모습 비통하도다!
    오, 나라를 잃은 닌갈이여
    그대의 가슴은 물처럼 되었도다!

    도시는 이제 낯선 도시가 되었다.

이제 어찌 산단 말인가?

집은 눈물의 집이 되었다.

그래서 내 가슴은 물처럼 되었다.

우르와 그 신전들은

바람에 날아가 버렸다.

위대한 수메르 문명은 2,000년이 지나 바람과 함께 사라졌다.

최근 들어 고고학자들이 지질학자·기후학자 등 지구과학 전문가들과 함께 서기전 제3천년기 말 수메르아카드의 갑작스런 붕괴라는 수수께끼를 해결하기 위한 통합 연구에 나서고 있다.

그 선구적 연구로 여러 나라, 여러 학문 분야 출신의 일곱 과학자가 공동으로 진행한 연구가 있다. '기후 변화와 아카드 제국의 붕괴 : 사해에서 발견된 증거들'이라는 제목인데, 과학 저널《지질학 *Geology*》2000년 4월호에 발표되었다. 이들의 연구는 고대의 그 시기 먼지층에 대한 방사선학적·화학적 분석을 이용했으며, 시료는 근동의 여러 유적지, 그 가운데서도 주로 오만(Oman) 만 해저에서 얻은 것을 사용했다. 그들의 결론은 '사해에 인접한 지역에서 일어난' 특이한 기후 변화가 모래폭풍을 일으켰고, 그 먼지(특이한 대기 중의 광물질 먼지)는 탁월풍을 타고 남부 메소포타미아로 실려 가 페르시아 만 너머에까지 이르렀다는 것이었다. 【그림 36】바로 수메르의 재앙의 바람과 똑같은 진로였다! '낙진(落塵)'의 탄소 측정 결과이는 '지금으로부터 4,025년 전 무렵에 일어난 특이하고 극적인 사건' 때문이었다는 결론에 이르렀다. **다시 말해서 그것은 '서기전 2025년 무렵'이라는 얘기다. 바로 우리가 말한 서기전 2024년이다!**

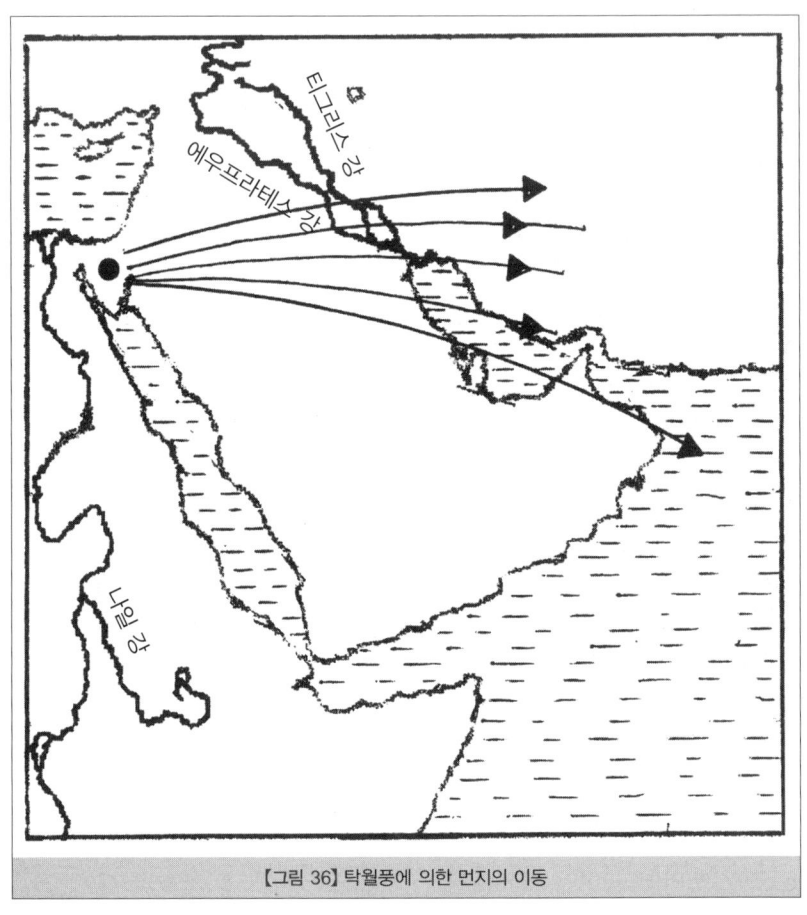

【그림 36】 탁월풍에 의한 먼지의 이동

    흥미롭게도, 그 연구에 참여한 과학자들은 그들의 보고서에서 '그 당시 사해의 수면이 갑자기 100미터나 떨어졌다'고 밝히고 있다. 그들은 이 부분을 설명하지 않은 채 넘어갔다. 그러나 틀림없이 사해 남쪽 해안에 구멍이 나서 물이 평원으로 쏟아져 들어갔다는 우리의 이야기가 당시 무슨 일이 일어났는가에 대한 설명이 될 것이다.

    과학 저널 《사이언스 Science》는 2001년 4월 27일자에서 전 세계의 고

㈎기후를 특집으로 다루었다. 이 특집은 메소포타미아에서 일어난 사건을 다룬 기사에서 이라크·쿠웨이트·시리아에서 나온 증거들을 언급하면서, 티그리스 강과 에우프라테스 강 사이의 '충적 평원이 광범위하게 버려졌던' 것은 '현재로부터 4,025년 전에 시작된' 모래폭풍 때문이었다고 밝혔다. 이 연구는 그 갑작스런 '기후 변화'의 원인에 대해서는 설명하지 않고 넘어갔지만, 그 시기에 대해서는 같은 연도를 제시했다. 서기 2001년으로부터 4025년 전이다.

현대 과학은 운명의 해가 서기전 2024년이었음을 확인하고 있다.

7
운명의 이름은 50가지

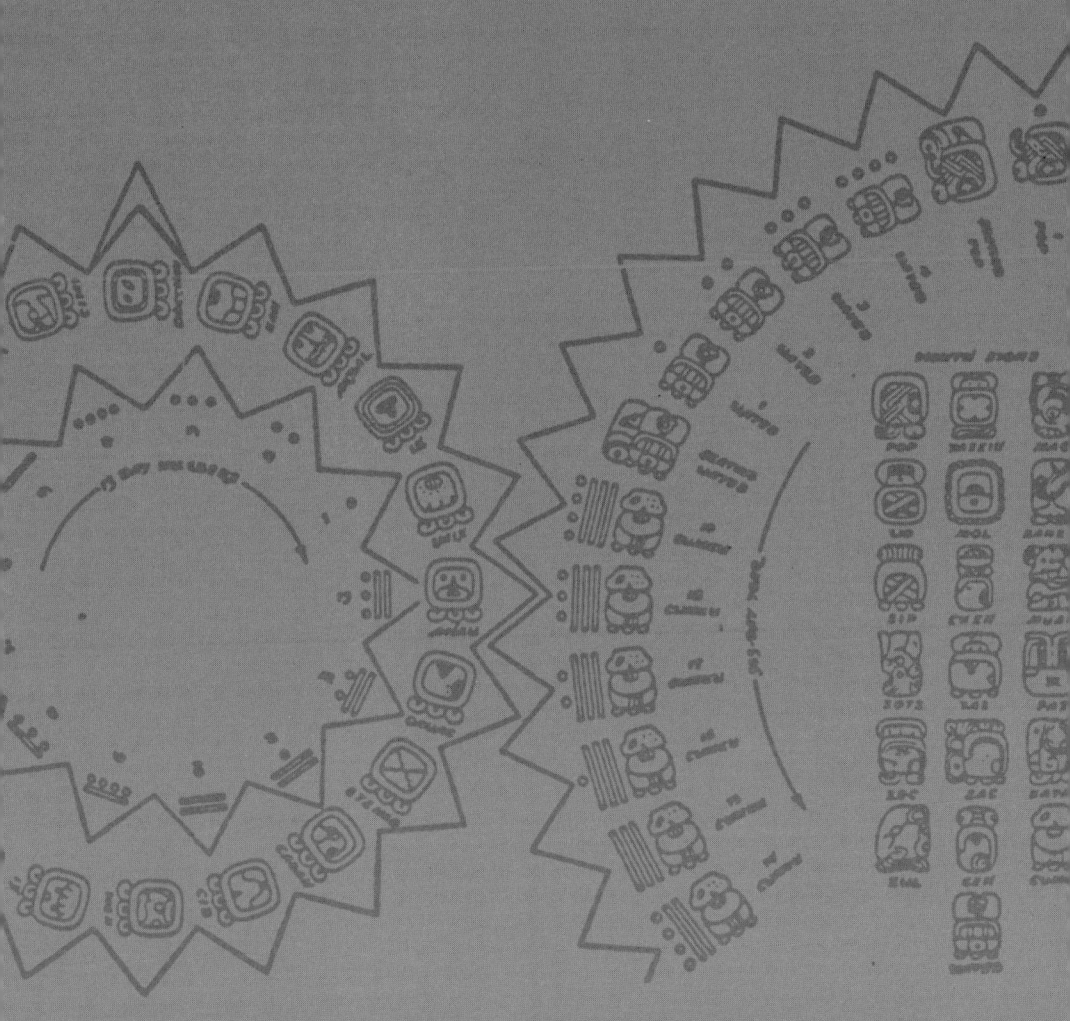

운명의 이름은 50가지

서기전 21세기 말의 핵무기 사용은 마르둑의 시대를 안내('쾅 하는 소리와 함께'라고 할 수 있을 것이다)해 왔다. 그것은 거의 모든 측면에서 '새로운 시대'(이 말을 오늘날과 같은 의미로 이해하더라도)였다. 그 최대의 역설은 그것이 인간으로 하여금 하늘을 쳐다보게 만들었지만 하늘의 신들은 지구로 내려오게 만들었다는 점이다. '새로운 시대'가 만들어낸 변화들은 오늘날까지도 우리에게 영향을 미치고 있다.

마르둑에게 '새로운 시대'는 잘못을 바로잡은 것이었고, 야망을 성취한 것이었고, 예언이 이루어진 것이었다. 이 때문에 수메르가 황폐화되고 신들이 탈출했으며 사람들이 떼죽음을 당하는 등 대가를 치렀지만, 그가 한 것은 아니었다. 오히려 희생자들은 운명에 저항하다가 벌을 받은 것이었다. 전대미문의 핵폭풍 '재앙의 바람'과 보이지 않는 손에 의해 선택적으로 인도된 듯한 그 진로는 **마르둑의 시대, 곧 양자리의 시대가 시작되었다**는 하늘의 선언을 확인했을 뿐이었다.

황소자리 시대로부터 양자리 시대로의 변화는 특히 마르둑의 고향인 이집트에서 축하되고 기념되었다. 덴데라 신전에 있는 것과 같은 하늘을 그린 천문학적 그림들은 양자리를 황도대 순환의 중심에 놓았다. 【그림 19 참조】 황도대 별자리 명단은 수메르에서처럼 황소자리로 시작되지 않고 양자리에서부터 시작된다. 【그림 37】 가장 인상적인 표현은 카르낙(Karnak) 대신전으로 가는 행진로 양옆에 줄지어 놓인 양 머리 스핑크스들이다. 【그림 38】 새로 들어선 중왕국 파라오들은 이들을 라/마르둑이 권좌에 오른 직후부터 건설하기 시작했다. 이 파라오들은 아몬/아멘을 기리는, 신의 이름을 딴 이름들을 가지고 있었다. 신전이나 왕 모두 아몬('보이지 않는 자')인 마르둑/라에게 바쳐진 것이기 때문이다. 이집트에서 사라진 마르둑은 메소포타미아의 바빌론을 자신의 '불후의 도시'로 선택했다.

마르둑과 나부 모두 핵 소용돌이에서 피해 없이 살아남았다. 네르갈/에르라가 직접 나부를 노렸지만 그는 지중해의 한 섬에 숨어들어 가서 위해를 모면했음이 분명하다. 후속 문서들은 메소포타미아에 있는, 그의 아버지의 도시 바빌론 부근에 위치한 보르시파(Borsippa)라는 새 도시가 숭배 중심지로 주어졌지만 나부는 계속해서 떠돌아다니면서 자신이 애지중지하던 서방 나라들로부터 숭배를 받았음을 전하고 있다. 나부가 서방 지역과 메소포타미아 모두에서 숭배되었음은 그를 기려 이름 붙인 성소들과 바빌론의 유명한 왕들이 지녔던 신의 이름을 딴 이름들로 입증되고 있다. 성소의 이름으로는 나중에 모세(Moseh)가 죽게 되는 장소인 요르단 강 부근의 니부(Nibu) 산이 있고, 왕의 이름으로는 나보폴아사르(Nabo-pol-assar)와 네부카드네자르(Nebu-chad-nezzar, 느부갓네살) 등 여러 사례가 있다. 그리고 앞서 이야기했듯이 그의 이름은 고대 근동 전역에서 '예언자' 및 예언과 동의어가 되었다.

그 결정적인 사건들이 벌어지고 있을 때 마르둑 자신은 하란의 지휘부

【그림 37】양자리가 맨 앞에 놓인 12궁 상징들

【그림 38】 카르낙의 행진로 옆의 양 머리 스핑크스들

에서 '언제까지 여기 있어야 되느냐?'고 묻고 있었음을 기억할 것이다. 그의 자서전적 문서「마르둑의 예언」에서 그는 **'메시아의 시대'의 도래**를 상상했다. 신들과 인간들이 그의 지배권을 인정하고, 전쟁 대신 평화가 오며, 풍요가 고난을 몰아내고, 자신이 고른 왕이 '바빌론을 최고로 만드는' 때다. 그때는 '에삭일(Esagil)' 신전이 그 이름의 의미대로 하늘을 향해 머리를 쳐들게 된다.

> 바빌론에서 한 왕이 나온다.
> 나의 도시 바빌론, 그 안에
> 하늘을 향해 솟은 나의 신전을 그가 짓는다.
> 산 같은 에삭일을 그는 새로 지을 것이다.
> 산 같은 에삭일을 위한 하늘과 지구의 초안을

그가 그릴 것이다.

'하늘의 문'이 열릴 것이고

나의 도시 바빌론에서 한 왕이 나온다.

그는 풍요롭게 살 것이다.

그는 나의 손을 잡고

행렬 속으로 나를 이끌 것이다. (…)

나의 도시와 나의 신전 에삭일로

나는 영원히 들어갈 것이다.

이 새 바벨탑은 첫 번째 것처럼 발사탑으로 의도된 것은 아니었다. 마르둑은 자신의 지배권이 이제 우주와의 물리적인 연결 수단의 장악으로뿐만이 아니라 '하늘의 징조'로부터도 나오는 것임을 인식하고 있었다. 황도대의 '하늘의 시간'으로부터, 천체 즉 하늘의 카카부(Kakkabu, 별)의 위치와 움직임으로부터 나오는 것이었다.

따라서 그는 미래의 에삭일을 통치자의 천문 관측소로 만들어 닌우르타의 에닌누와 토트가 세운 여러 개의 스톤헨지들을 대체하려고 했다. 마침내 완공된 에삭일은 상세하고 정밀한 설계에 따라 만들어진 지구라트였다. 【그림 39】그 높이와 일곱 개의 단의 간격, 그리고 그 방향 등은 그 머리가 **서기전 1960년** 무렵에 양자리의 중심 별 이쿠(Iku)를 똑바로 가리키도록 설계되었다.

핵 재앙과 그 의도하지 않았던 결과로 말미암아 당시가 천구상으로 누구의 시대냐 하는 논쟁은 갑작스레 끝이 났다. '하늘의 시간'은 이제 마르둑의 시대였다. 그러나 신들의 행성 니비루는 여전히 공전을 하며 '신들의 시간'을 똑딱거리고 있었고, 마르둑의 관심은 그쪽으로 옮겨갔다. 그의

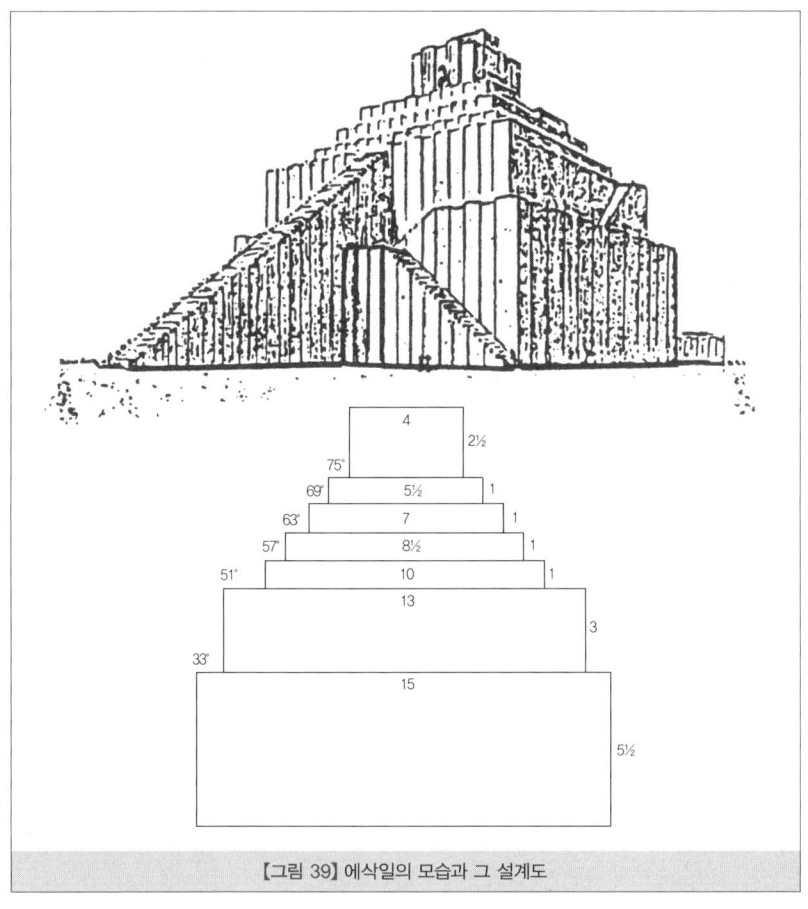

【그림 39】 에삭일의 모습과 그 설계도

'예언' 문서가 분명하게 밝히고 있듯이, 그는 이제 지구라트 기단에서 '**에삭일의 정통 행성**'을 찾는 천문학자 사제를 상상했다.

>   징조를 읽는 자들이 배치되어
>   그 가운데로 올라간다.
>   왼쪽과 오른쪽, 정반대쪽에

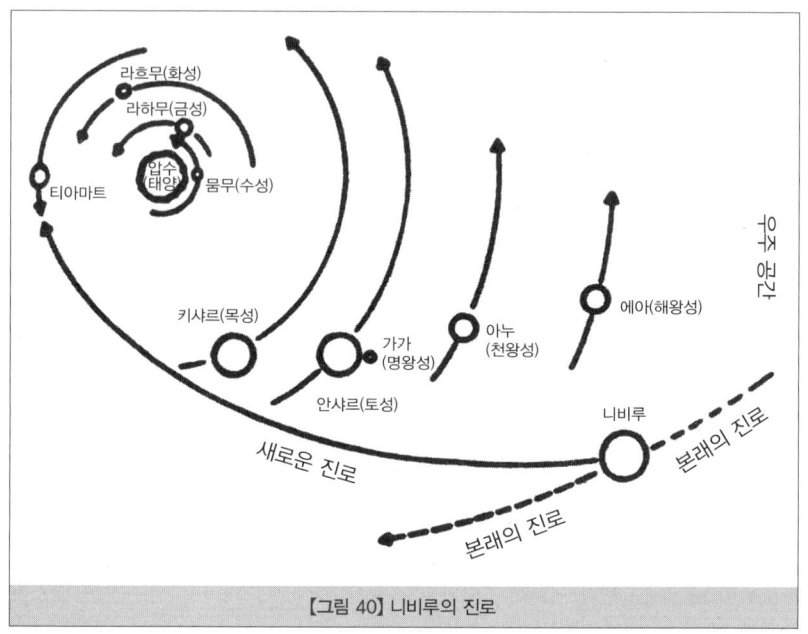

[그림 40] 니비루의 진로

그들은 따로따로 선다.
그리고 왕이 다가간다.
에삭일의 정통 카카부를
지평선 위에서 (그들은 관측한다.)

별 신앙이 탄생했다. 마르둑 신은 별이 되었다. 니비루 별(우리는 이를 행성이라 부른다)은 '마르둑'이 되었다. 신앙은 천문학이 되고, 천문학은 점성학이 되었다.

새로운 '별 신앙'에 맞추어 창조 서사시인 「에누마 엘리쉬 *Enuma Elish*」는 바빌로니아판으로 수정되었다. 마르둑을 천체 수준으로 끌어올리기 위해서다. 그는 그저 니비루 출신의 신이 아니라 **바로** 니비루였다. 아카드어(셈계의 모국어)의 한 방언인 바빌로니아어로 쓰인 이 글은 마르둑을 아눈나키의 고향 행성인 니비루와 동일시했고, 하늘의 에아 및 지구상의 에아에게 복수하기 위해 먼 우주에서 날아온 거대한 항성/행성에 '마르둑'이라는 이름을 붙였다. 【그림 40】이 글은 이렇게 '마르둑'을 지구상에서와 마찬가지로 하늘의 '주인'으로 만들었다. 그가 가야 할 길(하늘에서는 그의 궤도)은 모든 하늘의 신들(행성들) 가운데 가장 컸다. 【그림 1 참조】그런 의미에서 그는 지구상의 아눈나키 신들 가운데서 가장 위대한 신으로 운명 지워졌다.

수정된 창조 서사시는 신년 축제의 넷째 날 밤에 공개 낭송되었다. 서사시는 '하늘의 전쟁'에서 '괴물' 티아마트를 물리치고 지구를 탄생시킨 일과 태양계를 재편한 것 등이 모두 마르둑에 의해 이루어졌다고 말하고 있다. 【그림 41/42】본래의 수메르판에서는 이 모든 업적이 정교한 과학적 우주론의 일부로서 니비루 행성의 몫이었다. 그리고 새 수정본은 마르둑이 '인간을 솜씨 좋게 창조'했으며 책력을 발명하고 바빌론을 '지구의 배꼽'으로 선택했다고까지 썼다.

일 년 중 한 해의 가장 중요한 종교 행사인 신년 축제는 닛산(Nissan) 달 첫날에 시작되었다. 춘분날과 같은 날이다. 바빌론에서는 이를 아키티(Akiti) 축제라 불렀는데, 수메르에서 10일간 열리던 아키티('지구에 생명을 가져온') 축제를 발전시켜 12일간의 축제로 만든 것이다. 그것은 니비루와 아눈나키의 지구 도착 이야기(수메르) 및 마르둑의 일생 이야기(바빌론)를 재현하는 정교하게 짜인 의식과 규정된 의례에 따라 진행되었다. 그 이야기 가운데는 마르둑이 봉인된 무덤 속에서 죽어가도록 선고를 받았던 피라미드 전쟁의 에피소드와 그가 거기서 산 채로 구출되어 나온 그의 '부활', 추방되어 '보이지 않는 자'가 된 일, 그리고 최종적으로 승리를 거두

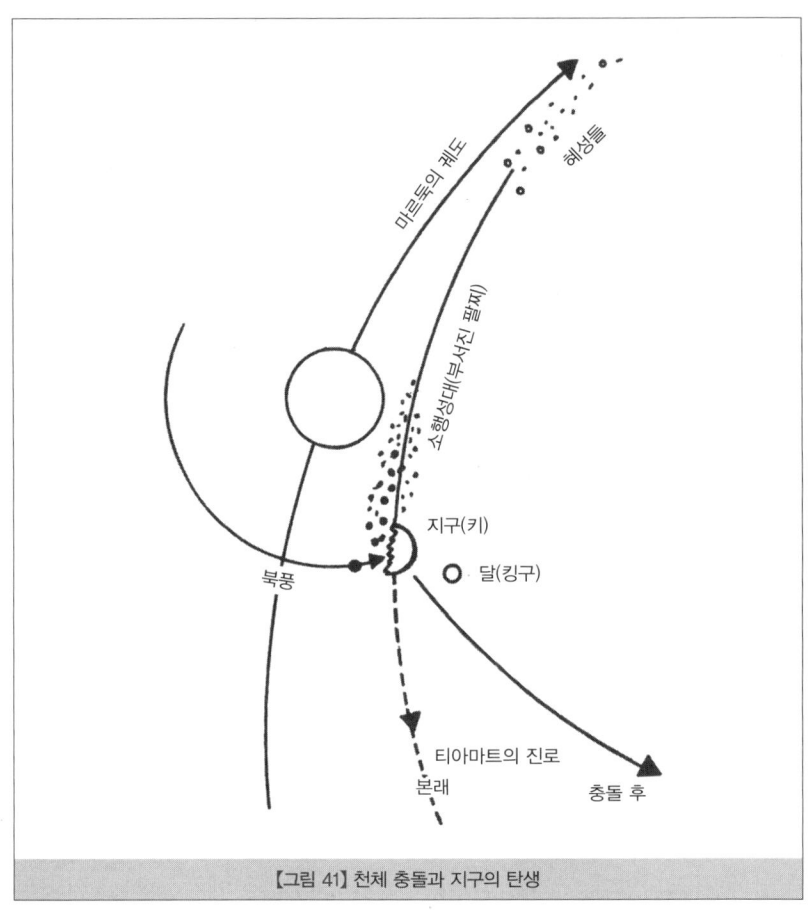

【그림 41】 천체 충돌과 지구의 탄생

어 '귀환'한 일 등이 다루어졌다. 행진과 왕래, 나타남과 사라짐, 그리고 심지어 배우들이 등장하는 수난극 등이 시각적으로, 그리고 생생하게 마르둑을 고난받는 신으로 사람들에게 각인시켰다. 지구에서 고난을 받았으나 하늘의 대응물을 통해 지배권을 얻음으로써 결국 승리한 신이었다. 이는 신약의 예수 이야기와 너무도 흡사해, 유럽의 학자들과 신학자들이 한 세기 전에 마르둑이 '원조(元祖) 예수'인지를 놓고 토론을 벌이기도 했다.

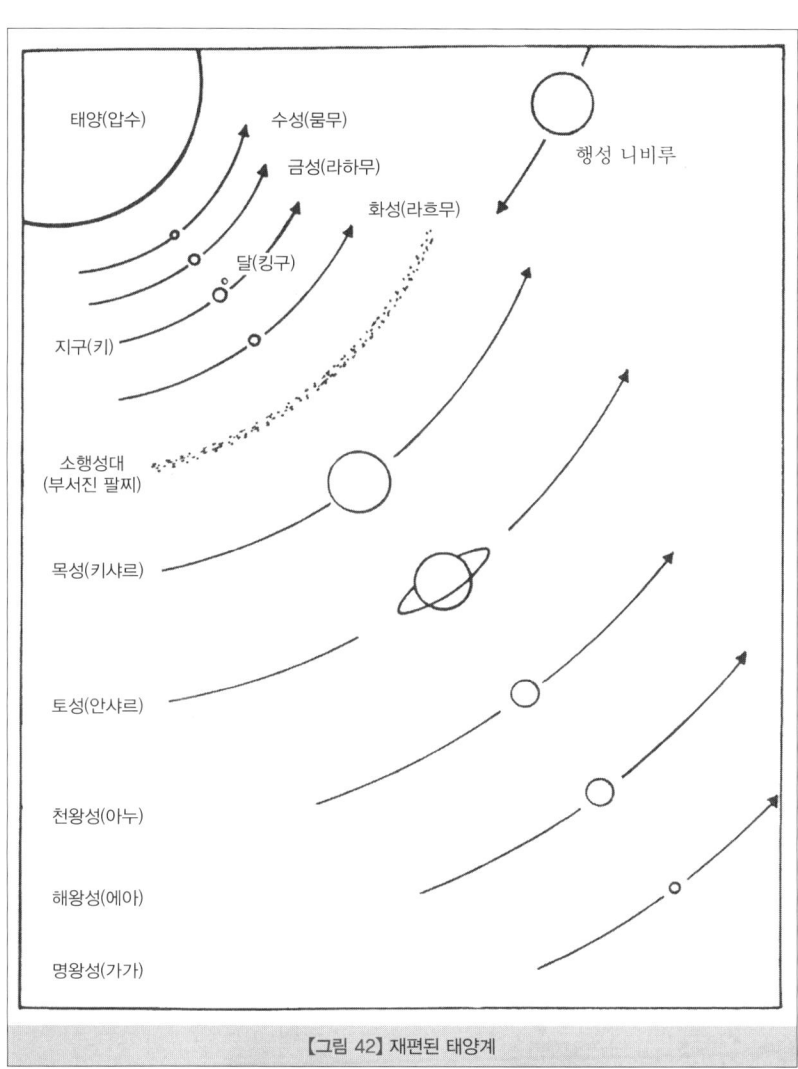

【그림 42】 재편된 태양계

【그림 43】하늘의 배를 타고 가는 신들의 모습

의식은 두 부분으로 구성되었다. 하나는 마르둑이 혼자 배를 타고 강을 건너 빗아키티(Bit Akiti, 아키티의 집)라는 건물로 가는 것이고, 다른 하나는 도시 안에서 일어나는 일이다. 첫 번째 부분은 틀림없이 마르둑이 먼 우주에 있던 고향 행성에서 태양계 내부로 들어온 하늘의 여행을 상징했다. 행성간 우주는 '하늘의 배'(우주선)를 타고 건너야 하는 태고의 '심해(深海)'였다는 관념에 맞추어 배를 타고 물 위를 여행하는 것이다. 이런 관념은 이집트 미술에서 시각적으로 표현된 바 있다. 하늘의 신들이 '하늘의 배'를 타고 하늘을 저어가고 있는 모습이 그려져 있다.【그림 43】

공식적인 축제가 시작되는 것은 마르둑이 외지의 외로운 빗아키티에서 성공적으로 귀환한 이후다. 이 공식적이고 즐거운 의식은 다른 신들이 부두에서 마르둑을 맞는 것으로 시작된다. 그리고 성스러운 행진에 왕과 사제들이 따르고, 더욱 많은 군중들이 참여한다. 이 행진과 그 노정에 대해서는 너무도 상세히 묘사되어 고대 바빌론을 발굴한 고고학자들을 안내했다. 점토판에 적힌 글들과 발굴 결과 나타난 그 도시의 지형을 종합한 결과 정해진 의식을 치르기 위해 성스러운 행진을 멈춘 곳은 일곱 군데인 것으로 나타났다. 이 장소들은 수메르어와 아카드어 이름을 함께 지니고 있으며, 수메르에서는 태양계 안에서 행한 아눈나키의 여행(명왕성에서 일곱 번째 별인 지구까지의)을, 바빌론에서는 마르둑 일생의 '고비들'을 상징했다. 그 고비들이란, '깨끗한 곳'에서 있었던 그의 성스러운 탄생, 타고난 권리인 통치권을 거부당한 일, 사형 선고를 받은 일, 대피라미드에 산 채로 묻힌 일, 거기서 구출되어 부활한 일, 추방되어 떠돌아다닌 일, 아누와 엔릴의 두 높은 신마저도 운명을 인정하고 그가 최고 권력자임을 선언한 일 등이다.

수메르의 원판 '창조 서사시'는 서판 여섯 개에 걸쳐 기록되어 있다(기독교 성서에 나오는 6일간의 창조에 상응한다). 구약에서 하느님은 일곱 번째 날에는 쉬면서 자신의 작품을 돌아보았다. 서사시의 바빌로니아 수정판은 마르둑에게 50가지 이름을 부여함으로써 그의 영광을 찬양하는 데 온 지면을 할애한 일곱 번째 서판을 추가해 마무리 지었다. 50가지 이름은 그때까지 엔릴이(그리고 닌우르타 역시) 차지하고 있던 서열 50등급을 마르둑이 이어받았음을 상징하는 것이었다.

전통적인 이름 마르둑('깨끗한 곳의 아들')을 필두로, 수메르어와 아카드어가 번갈아 등장하는 이 이름들은 '만물의 창조자'로부터 '하늘과 지구를 만든 신' 등 티아마트와 벌인 하늘의 전쟁 및 지구와 달의 창조와 관련된 이름들까지 다양한 별칭들이었다. 그는 '모든 신들 중 으뜸', '이기기와 아눈나키의 업무 배정자' 및 그들의 지휘자, '생명을 유지하는 신, (…) 죽은 자를 되살리는 신', '모든 나라의 주인', 자신이 만든 백성인 인류를 유지하도록 결정하고 자비를 베푸는 신, 비를 내려 풍성한 수확을 하게 하고 경작지를 나눠주며 신들과 인간 모두에게 '풍요를 가져다주는' '농업의 창시자'였다.

마지막으로 '하늘과 지구의 교차로를 장악하게 되는 자' 니비루라는 이름을 얻었다.

> 하늘에서 밝게 빛나는 **카카부** (…)
> '심연'을 쉼 없이 항해하는 자
> 그를 '교차로'라 부르자!
> 그가 하늘 속 별들의 운행을 유지하기를.
> 그가 하늘의 신들을 양처럼 이끌기를.

이 긴 문서는 결론적으로 이렇게 적고 있다.

> 높은 신들은 그에게 '50'의 칭호를 인정했다.
> 신들은 '50'이라는 이름의 신을 최고의 자리에 올렸다.

밤을 새워 일곱 서판을 다 읽고 난 뒤(아마도 그때쯤이면 새벽이었을 것이다) 의식을 진행하는 사제들은 다음과 같은 미리 정해진 선언을 한다.

> 50가지 이름이 기억되게 하소서. (…)
> 현자들과 학자들이 그것들에 대해 토론하게 하소서.
> 아버지가 그것들을 아들에게 암송해 주게 하소서.
> 양치기의 귀가 열리게 하소서.
> 그들이 신들의 '엔릴' 마르둑을 반기게 하소서.
> 그의 명령은 확고하고, 그의 지시는 불변이니
> 그가 말한 것은 어떤 신도 바꾸지 못합니다.

【그림 44】 멋진 옷을 차려 입은 마르둑

마르둑이 사람들 앞에 나타났을 때 그는 멋진 옷을 입고 있었다. 수메르아카드의 구세대 신들이 입던 소박한 양털 옷을 무색케 하는 옷이었다. 【그림 44】

마르둑은 이집트에서 사라진 신이 되었지만, 그곳에서 그에 대한 숭배와 인정은 오히려 빠르게 자리를 잡았다. 아카드의 50가지 이름을 모방한 여러 가지 이름들로 마르둑을 찬양하는 라-아몬 찬가 하나는 그를 '지평선에서 그를 보고 있는 신들의 주인'이며, '지구 전체를 만든' 하늘의 신이며, 또한 '인류를 창조하고 동물을 만들었으며 과일나무를 만들고 초목을 만들고 가축에게 생명을 준' 지구상의 신, '여섯 번째 날에 찬미되는' 신으로 찬양하고 있다. 메소포타미아 및 기독교 성서의 창조 설화와 유사한 점이 분명히 드러난다.

　이 신앙 표현들을 읽어보면 라/마르둑은 지구에서, 이집트에서 사라진 신이 되었다. 그의 주 거처가 다른 곳에 있었던 것이다. 긴 찬가 하나는 실제로 신들이 그의 승리를 축하한 곳으로 바빌론을 지목하고 있다(그러나 학자들은 여기서 언급된 곳이 메소포타미아의 바빌론이 아니라 이집트에 있는 같은 이름의 마을이라고 생각하고 있다). 하늘에서도 그는 사라진 신이 되었다. '그가 하늘 멀리 있었기 때문'이고, 그가 '**시야 밖**으로, (…) 하늘 꼭대기로' 갔기 때문이다. 날개 달린 원반(항상 옆에 뱀들이 함께 있는)은 이집트에 널리 퍼져 있는 상징인데, 이는 보통 태양원반으로 설명되어 왔다. '라가 태양이었기 때문이다.' 그러나 사실 그것은 고대 세계에 널리 퍼져 있던 니비루의 상징이었고, 멀리 사라져 보이지 않는 '별'이 된 것은 바로 니비루였다.【그림 45】

　라/마르둑은 이집트에서 물리적으로 사라졌기 때문에 그에 대한 '별 신앙'이 가장 분명한 형태로 표현된 것은 이집트에서였다. 거기서, 하늘에서 라/마르둑을 상징하는 **아텐**(Aten, '100만 년의 별')은 '보이지 않는 자'가 되었다. 그것이 '하늘 멀리' 있었기 때문이고, 그것이 '시야 밖으로' 갔기 때문이다.

　엔릴계 영지에서는 마르둑의 새로운 시대를 향한 전환이 그리 매끄럽지 않았다. 우선 유독한 바람이 휩쓸고 지나간 남부 메소포타미아와 서방 지역에서는 그 충격으로부터 회복하는 것이 급선무였다.

　기억하겠지만 수메르에 일어난 참화는 핵폭발 자체가 아니라 그에 이어 나타난 방사능 바람이었다. 사람과 가축이 사라져 도시가 비긴 했지만 물리적으로 파괴되지는 않았다. 물은 오염되었지만 두 개의 큰 강물이 흘

【그림 45】 여러 가지 모습을 한 날개 달린 원반들

러 오염은 곧 가셨다. 땅에는 유독한 방사능 물질이 침투해 회복에 더 많은 시간이 걸렸다. 그러나 그것 역시 시간이 지나면서 나아졌다. 이에 따라 황량한 땅에 점차 사람들이 다시 모여들고 재정착이 이루어졌다.

황폐해진 남부에서 첫 번째 행정 책임자로 기록에 남아 있는 사람은 북서쪽 멀리 에우프라테스 강변에 자리 잡은 도시 마리(Mari)의 통치자를 지낸 바 있는 사람이었다. 그는 '수메르의 자손이 아님'이 밝혀졌다. 이쉬비에르라(Ishibi-Erra)라는 그의 이름은 실제로 셈계의 이름이었다. 그는 이신(Isin)이라는 도시를 중심지로 삼고 거기서 다른 주요 도시들의 재건 작업을 감독했다. 그러나 그 과정은 느리고 어려웠으며 때로는 혼란스럽기도 했다. 그의 복구 노력은 역시 셈계의 이름을 가진 몇 명의 후계자들에게로 이어졌다. 이른바 '이신 왕조'다. 그들이 수메르의 경제 중심지 우르와 궁극적으로 그 지역의 전통적인 종교 중심지 니푸르를 재건하기까지는 모두 합쳐 한 세기 가까운 시간이 걸렸다. 그러나 그 무렵 순차적인 도시 재건 과정은 다른 인근 도시 지배자들의 도전을 만나, 이전의 수메르는 조각이 나고 분열된 상태로 남았다.

심지어 '재앙의 바람'의 직접 진로에서는 비껴서 있던 바빌론조차도 제국의 규모와 지위로 올라서기 위해서는 재건과 재정착이 필요했다. 그러나 바빌론은 상당한 기간 동안 마르둑의 예언이라는 후광을 입지 못했다. 한 세기 이상이 지나서야 학자들이 '바빌론 제1왕조'라 부르는 정식 왕조가 세워져 왕권을 장악했다(서기전 1900년 무렵). 그리고 다시 한 세기가 지나서야 예언에 나오는 위대한 왕권을 지닌 왕이 바빌론의 왕좌에 올랐다. 그의 이름은 함무라비(Hammurabi)였다. 그는 대체로 법전을 공포한 일로 알려져 있다. 학자들은 돌기둥에 새겨진 법전을 발견했고, 그것은 지금 파리 루브르(Louvre)박물관으로 옮겨져 있다.

그로부터 다시 두 세기가 더 지나서야 바빌론에 관한 마르둑의 예언적 비전이 실현될 수 있었다. 재난 이후 시기(일부 학자들은 우르 멸망 이후의 시기를 메소포타미아 역사에서의 '암흑시대'로 언급하기도 한다)에 관한 빈약한 증거들을 살펴보면, 마르둑은 다른 신들(심지어 그에게 맞섰던 신들까지도)에게 각자의 옛 숭배 중심지들을 재건하고 재정착시키는 일을 추진할 수 있도록 허락한 것으로 보인다. 그러나 신들이 그의 제안을 받아들였는지는 분명치 않다. 복구 및 재건 작업은 이쉬비에르라에 의해 우르에서 시작되었으나, 난나르/씬과 닌갈이 우르로 돌아왔다는 언급은 없다. 닌우르타가 가끔 수메르에 나타나고 특히 엘람 및 구티아로부터 온 군대의 주둔과 관련해 그런 사실이 언급되기는 하지만, 닌우르타나 그의 아내 바우가 그들의 소중한 도시 라가쉬로 돌아왔다는 기록은 없다. 이쉬비에르라와 그 후계자들의 종교 중심지 및 그 신전 재건 노력은 72년의 세월이 흐른 뒤 마침내 니푸르의 재건으로 절정을 이루었으나, 엔릴과 닌릴이 다시 그곳에 주거했다는 언급은 없다.

그들은 어디로 갔을까? 그 흥미로운 문제를 탐구하는 방법의 하나로, 이제는 최고 권력자이고 모든 아눈나키에게 명령을 내릴 수 있다고 주장하는 마르둑이 직접 그들을 위해 계획했던 일을 밝혀볼 필요가 있다.

이 시기의 문서나 다른 증거들을 보면 마르둑이 지배권을 차지했다고 해서 여러 신들을 믿는 다신교 체제가 막을 내린 것은 아니었다. 반대로 그의 지배권은 다신교의 지속을 필요로 했다. 다른 신들의 지배자가 되려면 다른 신들의 존재가 필요하기 때문이다. 그는 다른 신들의 특권을 그의 통제 아래 두는 한 그들이 있어도 무방했다. 한 바빌로니아 서판은 깨지지 않은 부분에서 이후 마르둑에게 귀속되는 신들의 상징을 다음과 같이 나열해 적고 있다.

닌우르타는 괭이질하는 마르둑
네르갈은 공격하는 마르둑
자바바(Zababa)는 싸우는 마르둑
엔릴은 통치와 조언을 하는 마르둑
씬은 밤을 밝히는 마르둑

샤마쉬는 재판을 하는 마르둑

아다드는 비를 내리는 마르둑

다른 신들은 그대로였다. 그들의 상징은 그대로였다. 그러나 그들은 이제 **마르둑**이 그들에게 부여한 마르둑의 상징을 갖게 되었다. 마르둑은 그들에 대한 숭배가 계속되도록 허용했다. 남부의 임시 지도자/관리자였던 이쉬비에르라('에르라의 사제', 곧 네르갈의 사제)는 그런 관용 정책을 확인해 준다. 그러나 마르둑이 기대했던 것은 다른 신들이 그가 그리던 바빌론에 와서 그와 함께 머무는 것이었다. 황금 새장에 갇힌 포로라고나 할 수 있을까.

마르둑은 자신의 자서전적 '예언'에서 다른 신들(적수를 포함해서)에 대한 자신의 의도를 분명하게 밝혔다. 그들은 바빌론의 성역으로 와서 그의 옆에서 사는 것이었다. 씬과 네르갈을 위한 신전과 부속 건물들(그들이 '보물과 재산을 지니고' 살게 될)은 특별히 언급되었다. 바빌론을 묘사한 문서들과 그곳에 대한 고고학적 발굴은 바빌론의 성역이 마르둑의 소원처럼 닌마·아다드·샤마쉬, 그리고 심지어 닌우르타를 위한 주거 겸 신전을 포함하고 있었음을 보여주었다.

함무라비 치하에서 바빌론이 마침내 제국의 권력을 쥐게 되었을 때 그 지구라트 신전은 정말로 하늘에 닿을 듯했다. 예언 속의 위대한 왕이 곧 권좌에 앉았다. 그러나 사제들로 가득 찬 이 성역에 다른 신들은 모여들지 않았다. '새로운 신앙'의 출현은 일어나지 않았다.

함무라비의 법전을 기록한 그의 돌기둥을 보면, 그는 법전을 다름 아닌 우투/샤마쉬로부터 받고 있음을 볼 수 있다. 【그림 46】 위에 인용한 목록에 따르면 재판의 신으로서 지닌 그의 특권은 이제 마르둑에게 속하게 되었

【그림 46】 우투로부터 법전을 받고 있는 함무라비

다. 그리고 돌기둥에 새겨진 전문을 보면 아누와, 아마도 그의 '통치 및 조언' 기능을 마르둑에게 내어준 것으로 보이는 **엔릴**은 마르둑이 자신의 자리를 신세진 신들이었음을 알려준다.

> 하늘에서 지구로 오신 신들의 주인
> 높으신 아누와
> 땅의 운명을 결정하는
> 하늘과 지구의 주인 엔릴은
> 엔키의 맏아들 마르둑이
> 모든 인간에 대해 엔릴의 역할을 하도록 결정했다.

마르둑의 시대가 시작되고 두 세기가 지난 뒤에도 엔릴계 신들에게 계속 권한이 주어졌음이 이렇게 인정되는 것은 실제 상황을 반영한 것이다. 그들은 물러난 채 마르둑의 성역으로 오지 않았다. 그들은 수메르에서 흩어져, 일부는 자신의 추종자들을 거느리고 지구 사방의 먼 나라들로 떠났다. 나머지는 부근에 남아 과거의 추종자들과 새로운 추종자들을 모으고 마르둑에게 새롭게 도전장을 내밀었다.

수메르를 더 이상 조국으로 보지 않는다는 생각은 핵 재앙 직전에 니푸르의 아브람에게 그의 이름을 '셈계 이름으로 바꾸어' 아브라함으로 하도록 하고(그의 아내 사라이는 사라로 하도록 했다) 카나안에 항구적인 거처를 마련하라는 신의 지시에서 분명하게 드러났다. 새로운 피난처가 필요했던 것은 아브라함과 그의 아내뿐만이 아니었다. 핵 재앙은 전례 없는 규모의 이주 파동을 불러일으켰다. 첫 번째 사람의 물결은 피해 지역으로부터 '벗어나는' 것이었다. 그 가장 중요한 양상이자 가장 오래 영향을 미쳤던 것이 수메르 유민들이 수메르를 떠나 흩어진 것이었다. 그다음의 이주 물결은 그 버려진 땅 '안으로' 이주하는 것이었다. 그들은 모든 방향으로부터 파도를 이루어 들어왔다.

그런 이주가 어떤 방향으로 이루어졌든, 2,000년에 걸친 수메르 문명의 과실들은 그 후 2,000년 동안 그들의 뒤를 이은 사람들에 의해 채용되었다. 사실 물리적 실체로서의 수메르는 멸망했지만 그 문명의 성과는 오늘날까지도 우리와 함께 있다. '열두 달'짜리 책력만 봐도 그렇고, 수메르의 60진법('기수 60') 체계를 보존하고 있는 '우리의 시계'를 봐도 그러하며, '바퀴'를 단 최신 장치(자동차)를 몰 때도 볼 수 있다.

수메르인들이 그들의 언어와 문자, 상징, 관습, 천체에 관한 지식, 신앙, 그리고 신들과 함께 널리 이산되었다는 증거는 여러 가지 형태를 띠고 나타난다. 하늘에서 온 신들의 집단에 기초한 종교, 신들 사이의 위계, 서로 다른 언어로 같은 의미를 나타내는 신들의 별칭, 신들의 고향 행성을 포함하는 천문학적 지식, 12궁으로 나뉘는 황도대, 사실상 동일한 창조설화, 학자들이 '신화'로 취급하는 신들과 반신반인들에 대한 기억들 등 일반적인 것들 외에도, 실제로 수메르인들이 거기 있었다는 사실 이외의 방법으로는 설명이 불가능한 놀라운 구체적 유사성도 수두룩하다. 그것은 닌우르타의 쌍독수리 상징이 유럽에 퍼진 일, 헝가리어·핀란드어·바스크어 등 세 유럽 언어들이 오직 수메르어와만 유사하다는 사실, 길가메쉬가 맨손으로 사나운 사자 두 마리와 싸우는 그림이 전 세계에(심지어 남아메리카까지도) 널리 퍼진 데서도 드러나고 있다.【그림 47/48】

극동에서는 중국·한국·일본의 문자와 수메르 쐐기문자 사이에 분명한 유사성이 보인다. 유사성은 문자에만 국한되지 않는다. 여러 비슷한 상형문자가 똑같이 발음되는 동시에 같은 의미를 지니고 있다. 일본에서는 문명을 일으킨 것이 아이누(Ainu)라는 수수께끼의 선주민족으로 생각되고 있다. 황족은 태양신의 자손인 반신반인의 혈통인 것으로 인식되고 있고, 새 왕의 즉위식 때는 왕이 홀로 태양 여신과 은밀히 밤을 보내는 절차가 있다. 이런 의식은 새로운 왕이 인안나/이쉬타르와 하룻밤을 보내는 고대 수메르의 신성결혼 의식을 섬뜩하리만치 빼닮은 것이다.

이전의 '사방'에서는 핵 재앙과 마르둑의 '새로운 시대'로 인해 촉발된 여러 민족들의 이주 물결이, 폭풍우가 친 뒤 물이 강과 개울을 흐르고 넘치는 것과 흡사하게, 이어지는 수백 년의 역사를 민족과 국가와 도시국가의 흥망으로 채웠다. 가깝고 먼 곳에서 텅 빈 수메르로 새로운 사람들이 들어왔다. 그들의 영역, 그들의 중심 무대가 남아 있는데, 이는 마땅히 '성서의 땅'이라 불릴 만하다. 사실 근대 고고학이 시작되기 전까지는 구약에

【그림 47】 닌우르타와 그의 상징인 쌍독수리

【그림 48】 맨손으로 사자와 싸우는 길가메쉬를 묘사한 그림들

언급된 것 외에는 그들에 대해서 거의 또는 전혀 알지 못했다. 구약은 그들 여러 민족들에 대한 기록을 제공했을 뿐만 아니라 그들의 '민족신들', 그리고 그 신들의 이름으로 벌어진 전쟁들에 대해서도 알려주었다.

그때에 이르러 히타이트 같은 민족들, 미탄니(Mitanni) 같은 국가들, 마리나 카르케미쉬(Carchemish)나 수사(Susa) 같은 왕도들 등 의문으로 가득 찼던 수수께끼의 존재들이 고고학에 의해 말 그대로 파헤쳐졌다. 그 유적지들에서 역사를 증언하는 공예품들뿐만 아니라 글이 새겨진 수천 개의 점토판들이 발견되어 그들의 존재와 함께 그들이 얼마나 수메르의 유산에 의존하고 있었는지를 밝혀주었다. 과학과 기술, 문학과 미술, 왕권과 성직에서 '원조(元祖)' 수메르가 이후 거의 모든 곳에서 일어난 문화 발전의 토대가 되었다. 천문학에서는 수메르의 용어와 공전 법칙, 행성 목록, 그리고 황도대의 개념 등이 그대로 이어졌다. 수메르의 쐐기문자는 그 이후로도 1,000년 동안이나 쓰였고, 그러고도 더 쓰였다. 수메르어가 연구되었고, 수메르의 어휘가 수집되었으며, 신들과 영웅들에 관한 서사설화가 복제되고 번역되었다. 그리고 여러 민족들의 다양한 언어들이 판독되자 그 신들은 결국 구세대 아눈나키 신 집단의 구성원들이었음이 밝혀졌다.

엔릴계 신들은 그러한 수메르의 지식과 신앙의 이식이 멀리 떨어진 땅에서 이루어질 때 직접 추종자들을 데리고 갔을까? 자료는 결론을 내기에 불충분하다. 그러나 역사적으로 분명한 것은 '새로운 시대'가 시작되고 200~300년 안에 바빌로니아 인근 지역에서는 은퇴하고 마르둑의 손님이 된 신들이 더욱 새로운 종류의 종교적 제휴에 나섰다는 사실이다. 그것은 '민족적 국가종교'였다. **마르둑은 50가지 신의 이름을 얻었는지도 모른다. 그러나 그것으로 그 이후 민족이 민족끼리 싸우고 '신(그들의 신)의 이름으로' 사람이 사람을 죽이는 일은 막지는 못했다.**

8
신의 이름으로

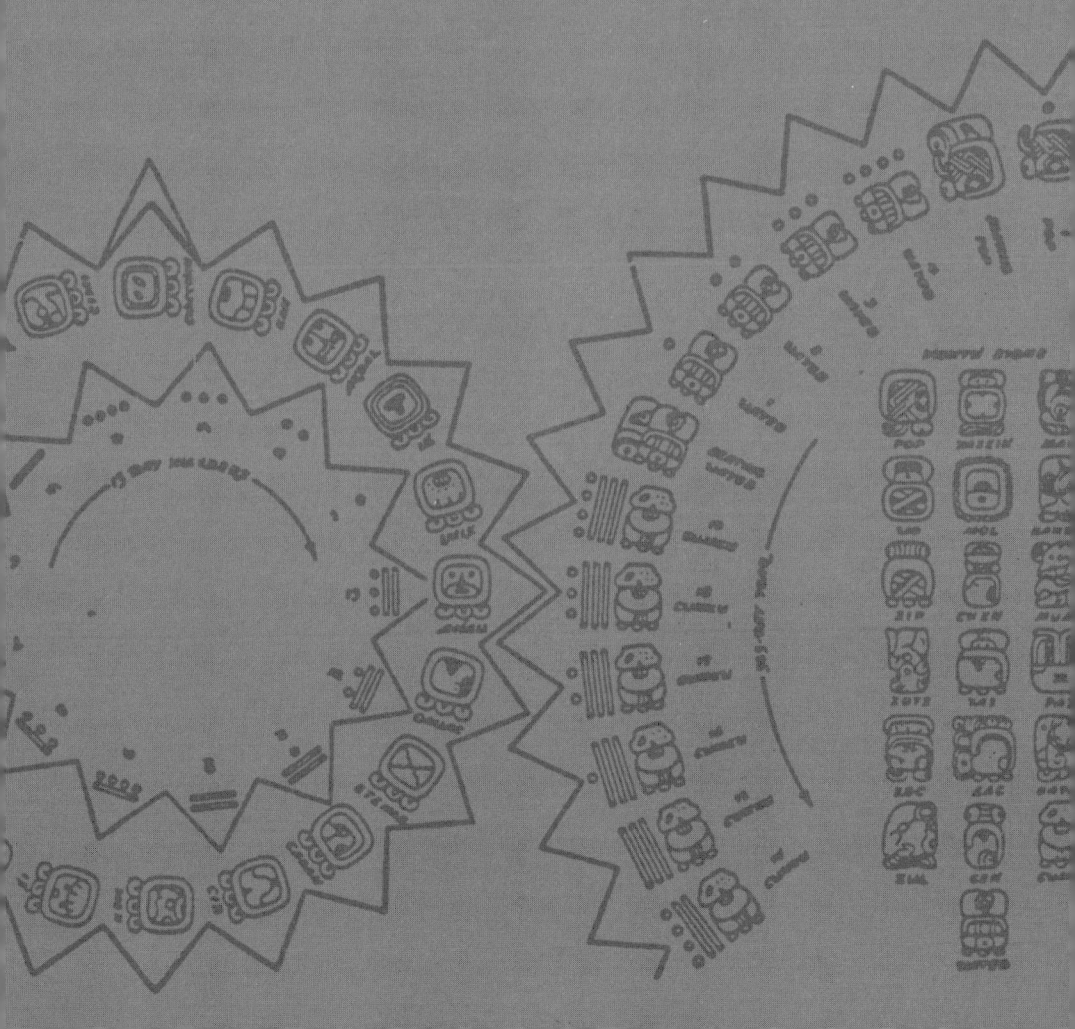

신의 이름으로

서기전 21세기의 '새로운 시대'에 부수해 나타난 예언과 메시아에 대한 열망이 오늘날 우리에게 낯익어 보인다면, 이어지는 몇 세기 동안의 함성 역시 낯설게 들리지는 않을 것이다. 서기전 제3천년기에는 인간의 군대를 동원해 신과 신이 싸움을 했지만, 서기전 제2천년기에는 '신의 이름으로' 인간과 인간이 싸움을 했다.

마르둑의 '새로운 시대'가 시작되고 불과 몇 세기 지나지 않아 그의 웅대한 예언이 쉽게 실현되지는 않을 것임이 드러났다. 중요한 것은, 저항이 주로 패주한 엔릴계 신들에게서가 아니라 사람들, 그 신들의 충실한 숭배자들로부터 왔다는 점이었다!

핵의 시련을 겪은 시대로부터 한 세기 이상이 지나서 바빌론(도시)이 바빌로니아(국가) 제1왕조로서 역사 무대에 등장했다. 그사이 남부 메소포타미아(옛 수메르)는 이신과 그 뒤에는 라르사에 도읍한 임시 지배자들의 손으로 재건되고 있었다. 리피트이쉬타르(Lipit-Ishtar)·우르닌우르타(Ur-Ninurta)·림신(Rim-Sin)·엔릴바니(Enlil-Bani) 같은 신의 이름을 딴 지배자의

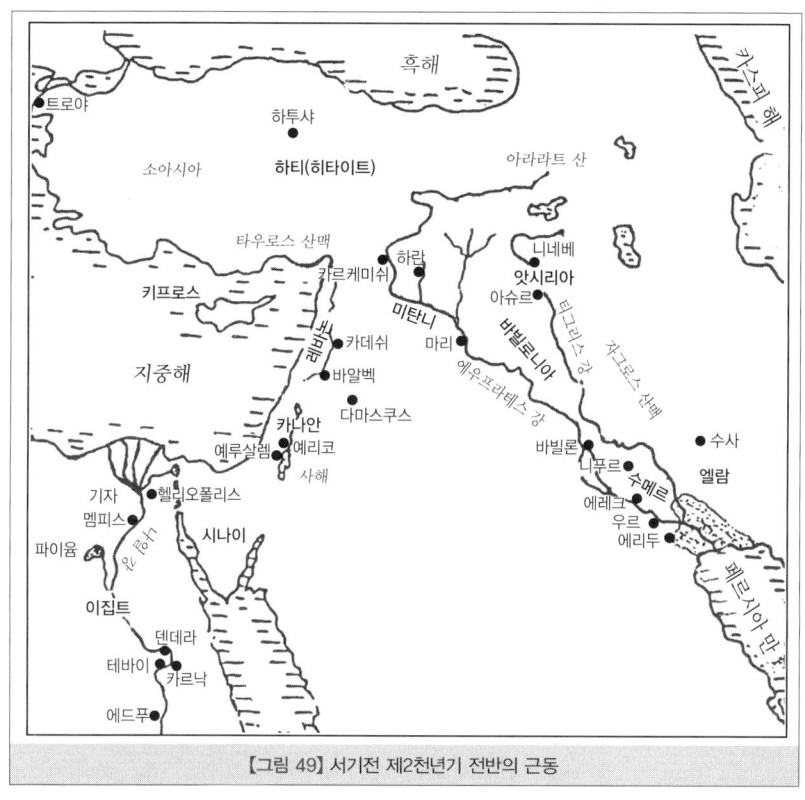

【그림 49】 서기전 제2천년기 전반의 근동

이름들은 엔릴계 신들에 대한 그들의 충성심을 뽐내고 있다. 그들이 쌓은 최고의 업적은 핵 재앙 이후 꼭 72년 만에 이루어진 니푸르 신전의 재건이었다. 그것은 그들의 충성심의 소재와 별자리 시간 계산에 대한 집착을 나타내는 또 하나의 징표였다.

이들 비(非)바빌로니아계 지배자들은 마리라는 도시국가 출신의, 셈계 언어를 사용하는 왕실의 자손들이었다. 서기전 제2천년기 전반의 민족국가들을 보여주는 지도에서 드러나듯이, 비(非)마르둑 국가들이 '광역 바빌론' 주위에 강력한 압박 세력을 형성하고 있었다. 【그림 49】 남동쪽과 동

【그림 50】 이쉬타르를 찬미하는 마리의 궁전 벽화

쪽의 엘람 및 구티아를 필두로 해서 북쪽에는 앗시리아와 하티가 있었고, 사슬의 서쪽 끝은 에우프라테스 강 중류에 자리 잡은 마리였다.

그 가운데 마리가 가장 '수메르적'이었다. 심지어 마리는 한 차례 수메르의 수도가 된 적도 있었다. 수메르의 주요 도시들이 돌아가면서 수도 기능을 맡은 가운데 열 번째였다. 그곳은 에우프라테스 강변의 고대 항구 도시로, 동쪽의 메소포타미아와 서쪽의 지중해 연안, 그리고 북서쪽의 아나톨리아(Anatolia) 사이에 위치한 사람과 물자와 문화의 주요 교차점이었다. 그 유물들에는 수메르 문학의 빼어난 실례가 담겨 있고, 그곳의 거대한 중앙궁은 놀라운 예술성을 지닌, 이쉬타르를 찬미하는 벽화로 장식되어 있다.【그림 50】(나는 『지구 연대기 여행 The Earth Chronicles Expeditions』에서 마리와 나의 마리 유적 방문에 관해 한 장을 할애해 다룬 바 있다.)

그 왕실 문서 보관소에 있는 수천 개의 점토판들은 마리의 재물과 다른 여러 도시국가들과의 국제적 연락망이 신흥 바빌론에 의해 처음에는 이용되고 나중에는 배반을 당한 과정을 보여주고 있다. 바빌론의 왕들은 처음에 마리 왕실을 통해 남부 메소포타미아의 복구를 이룬 뒤 친선하는 체하면서 느닷없이 마리를 적국으로 다루었다. **서기전 1760년에 바빌로니아 왕 함무라비는 마리와 그 신전과 왕궁을 공격하고 약탈하고 파괴했다.** 함무라비는 그것이 '마르둑의 강력한 권세를 통해' 이루어졌다고 자신의 연대기에서 떠벌였다.

마리가 멸망한 뒤 '바다 나라', 곧 '아래 바다'(페르시아 만)에 접해 있는 수메르의 습지대 족장들이 북쪽으로 침략을 감행해 때때로 신성한 도시 니푸르를 장악하기도 했다. 그러나 그러한 일들은 일시적인 점령일 뿐이었고, 함무라비는 마리를 정복함으로써 옛 수메르아카드에 대한 바빌론의 정치적·종교적 지배를 완성했음을 확신했다. 함무라비가 속한 왕조는 학자들이 바빌론 제1왕조로 부르는데, 그보다 한 세기 전에 시작되어 그 후손들로 이어진 뒤 두 세기 동안 더 이어졌다. 그 혼란기에 이는 상당한 성공이었다.

역사가들과 신학자들은 함무라비가 **서기전 1760년 자신을 '사방의 왕'으로 불러 '바빌론을 세계 지도 위에 올려놓고' 마르둑 특유의 '별 신앙'을 출범시켰다**는 데 의견을 같이하고 있다.

이렇게 바빌론의 정치적·군사적 지배권이 확립되자 이제는 종교적 지배를 주장하고 강화할 시기였다. 그 도시의 화려함은 구약에서 상찬된 바 있고 그 정원은 고대 세계의 경이 가운데 하나로 받아들여지고 있는데, 그곳의 성역(그 중앙에 에삭일 지구라트 신전이 있다)은 자체의 성벽과 경비병이 배치된 출입문으로 보호되었다. 그 안에는 종교 의식을 거행하기 위한 행진로가 만들어져 있었고, 다른 신들을 위한 신전들도 세워졌다(마르둑은 그들을 내키지 않는 손님으로 받아들일 심산이었다). 고고학자들은 바빌론을 발굴해 도시의 유적들뿐만 아니라 도시를 묘사하고 설계한 '건축 서판'

【그림 51】 바빌론의 성역과 그 중심에 있는 지구라트 신전

들도 발견했다. 건물 상당수는 나중 시기의 유적들이지만, 이 성역 중심지의 개념도는 마르둑의 거대한 중심 신전의 모습을 잘 보여주고 있다.
【그림 51】

'바티칸'이라는 표현이 어울릴 이 성역은 역시 상당히 많은 사제들로 가득 차 있었다. 그들의 종교적·의례적·행정적·정치적 업무들과 잡무들은 그들을 여러 가지로 조합하고 분류하고 임명한 일들에서 추출해 낼 수 있다.

위계의 맨 아래에는 서비스 요원 아발루(Abalu, '짐꾼')가 있었다. 그들은 신전을 청소하고 건물들 사이의 연락을 담당하며 다른 사제들이 필요로 하는 물건들과 도구들을 제공하며 일반 보급과 창고 요원으로 활동했다. 다만 털실만은 슈우루(Shu'uru) 사제가 전담했다. 무쉬쉬푸(Mushshipu)와 물릴루(Mulillu) 같은 전문 사제들은 정화 의식을 담당했다. 다만 뱀이 창궐하는 것을 다루기 위해서는 무쉴라후(Mushlahhu)가 필요했다. 숙련공인 우만누(Umannu)는 솜씨 좋은 종교용품들이 만들어지는 작업장에서 일했다. 잡부(Zabbu)는 음식을 준비하는 여성 사제들과 주방장·요리사 무리였다. 다른 여사제들은 장례식에서 전문 곡쟁이 노릇을 했다. 이들 바카테(Bakate)는 서러운 눈물을 흘리는 방법을 알고 있었다. 그리고 샹구(Shangu, 그냥 '사제'라는 뜻)가 있어 사원의 전체적인 업무를 감독하고, 의식이 매끄럽게 진행되도록 하며, 봉헌물을 받아들이고 관리했다. 이들은 또한 신들의 옷을 담당했고, 그런 유의 일들이 그들의 몫이었다.

주인인 신들을 직접 모시는 '집사' 역할은 특별히 선발된 소규모 엘리트 그룹의 사제들이 맡았다. 물로 정화하는 의식을 담당한(신을 씻기는 영광을 누리는 것이었다) 라마쿠(Ramaqu)가 있었고, 니사쿠(Nisaku)는 사용한 물을 버리는 일을 맡았다. 특수한 향유를 정교하게 혼합한 '거룩한 기름'으로 신에 대한 임명 의식을 담당하는 것은 전문가들이었다. 먼저 아바라쿠(Abaraku)가 연고를 혼합하고 파쉬슈(Pashishu)가 기름을 바른다(여신일 경우 사제들은 모두 거세한 자들이다). 그러고는 성가대 등 다른 모든 사제들이 참여한다. 나루(Naru)는 노래를 부르고, 랄라루(Lallaru)는 성악가 겸 연주가이며, 무나부(Munabu)의 전문 분야는 비가(悲歌)다. 각각의 무리에는 라부(Rabu)라는 우두머리가 있어 책임을 맡았다.

마르둑이 상상 속에서 그렸던 것처럼 에삭일 지구라트 신전이 하늘을 향해 우뚝 서자 그 주된 기능은 일상적으로 하늘을 관찰하는 것이었다. 그리고 실제로 신전 사제들 가운데 가장 중요한 부류는 하늘을 관찰하고 항성 및 행성의 움직임을 추적하며 행성의 합(合)과 식(蝕) 같은 특별한 현상을 기록하고 하늘이 계시를 내렸는지를 판단하는(그리고 그런 일이 있을 경우 그것이 무엇을 예고하는지를 해석하는) 사제들이었다.

뭉뚱그려 마쉬마슈(Mashmashu)로 불린 천문 담당 사제들은 여러 전문 분야로 나뉘어 있었다. 예를 들어 칼루(Kalu) 사제는 황소자리만 전문적으로 관찰했다. 매일매일의 상세한 천체 관측 기록을 관리하고 그 정보를 분석 사제단에 전달하는 것은 라가루(Lagaru)의 임무였다. 사제의 최고위층인 이들 분석 사제단에는 계시 전문가 아쉬푸(Ashippu), '징조를 읽을 수 있는' 마후(Mahhu), '미스터리와 신들의 신호를 알 수 있는' 바루(Baru, '진실을 말하는 자')가 포함되어 있었다. 자키쿠(Zaqiqu)라는 특수한 사제는 신의 말을 왕에게 전하는 일을 맡고 있었다. 그리고 이들 천문-점성 담당 사제들의 우두머리는 '대사제' 우리갈루(Urigallu)였다. 그는 신성한 사람이고 마법사이고 의사였으며, 그의 흰 예복은 옷단에 정교하게 색깔을 대어 만들었다.

그런 관측과 그 의미에 관한 연속적인 일련의 서판 70여 개가 발견되어 앞 구절을 따라 「에누마 아누 엔릴 *Enuma Anu Enlil*」로 이름 붙여졌다. 이 서판들로 인해 수메르 천문학으로부터의 변천과 어떤 현상이 무엇을 의미하는지를 규정한 신탁 문구의 존재가 밝혀졌다. 곧 한 무리의 예언자와 해몽가, 점쟁이 같은 사람들이 이 위계에 끼어들었으나, 이들은 왕을 모시는 것이었지 신을 모시는 것이 아니었다. 곧 천체 관측은 왕과 나라를 위해 조짐을 살피는 점성술로 격하되었다. 전쟁과 평화, 전복, 장수(長壽)와 죽음, 풍요와 전염병, 신의 축복과 신의 분노 등을 예언하는 것이었다. 그러나 처음에는 천체 관측이 순전히 천문학적인 것이었고 신(마르둑)의 최대 관심사였으며, 왕과 백성들에게는 부수적인 관심사일 뿐이었다.

칼루 사제가 엔릴의 황소자리에서 어떤 상서롭지 못한 현상이 나타나는지만을 전문적으로 관찰한 것은 우연이 아니었다. 관측소로서 에삭일의 주목적이 하늘을 별자리별로 관측하고 '하늘의 시간'을 주시하는 것이었기 때문이다. 핵폭풍 이전의 중요한 사건들이 72년 주기로 일어났고 그 뒤에도 계속 그러했다는 사실(앞에서 다룬 바 있다)은 세차 운동 1도 이동에 72년이 걸리는 별자리 시계가 계속 관측되고 주목을 받았다는 것을 시사

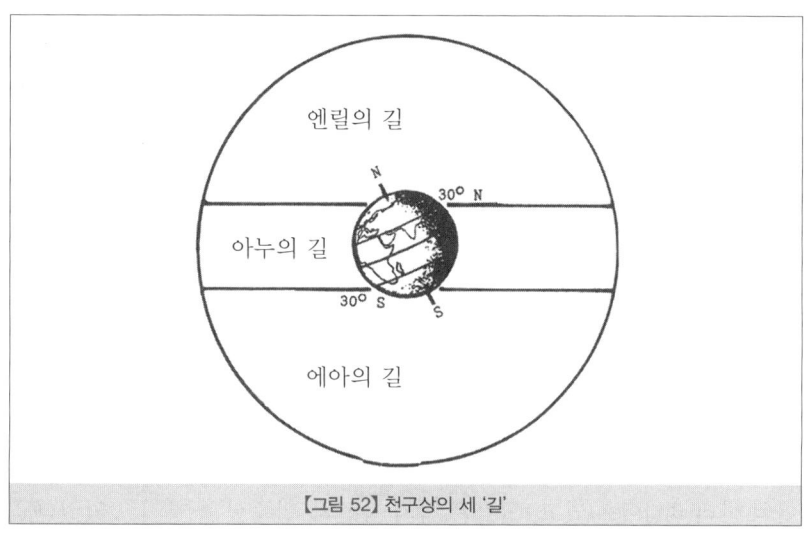

【그림 52】 천구상의 세 '길'

한다.

바빌론의 모든 천문학(그리고 점성술) 문서들을 보면 바빌론의 천문 담당 사제들은 하늘을 세 개의 '길' 또는 통로로 나눈 수메르의 구분을 유지했음을 알 수 있다. 이 세 '길'은 각기 천구의 60도씩을 차지하고 있었는데, 북쪽 하늘이 '엔릴의 길'이었고 남쪽 하늘은 '에아의 길', 가운데 띠 부분은 '아누의 길'이었다. 【그림 52】 황도대 별자리들이 위치하고 있는 곳은 '에아의 길'이었고, '지구가 하늘과 만나는' 지평선이 그곳에 있었다.

아마도 마르둑이 '하늘의 시간', 즉 별자리 시계에 따라 지배권을 얻었기 때문에 그의 천문 담당 사제들은 끊임없이 지평선, 곧 수메르어로 안우르(Anur, '하늘의 바닥')에서 하늘을 관측했을 것이다. 수메르어로 안파(Anpa, '하늘 꼭대기'), 곧 천정(天頂)을 관측할 이유는 없었다. '별' 마르둑, 곧 니비루가 그때는 멀리 가서 보이지 않았기 때문이다.

그러나 공전하고 있는 행성은 지금은 보이지 않더라도 돌아오게 되어 있었다. 마르둑의 '별 신앙'의 이집트판은 '마르둑이 니비루'라는 주제와 같은 내용을 드러내면서 이 신의 별 내지 별의 신이 아텐으로 '재출현'할 때가 오리라는 것을 그 충실한 신도들에게 공개적으로 약속했다.

마르둑의 '별 신앙'이 지닌 이런 측면(궁극적인 '귀환')은 바로 바빌론의 엔릴계 적수들에 대한 직접적인 도전이었고, 갈등의 초점을 메시아에 대한 새로운 열망으로 옮겨놓았다.

수메르 이후 구세계 무대에 등장한 배우 가운데 넷이 제국의 지위로 성장해 역사에 깊은 흔적을 남겼다. 그 넷은 이집트와 바빌로니아, 앗시리아와 하티(히타이트)였고, 그들은 각기 자신의 '민족신'을 가지고 있었다.

앞의 두 나라는 엔키-마르둑-나부 진영에 속했다. 나머지 둘은 엔릴·닌우르타·아다드의 보호를 받았다. 그들의 민족신은 라아몬과 벨/마르둑, 아슈르(Ashur, 앗수르)와 타르훈(Tarhun)/테슙(Teshub)이었고, 그 신들의 이름으로 끊임없고 지루하며 잔인한 전쟁들이 벌어졌다. 역사가들은 이 전쟁들이 자원·영토·빈곤·탐욕 등 전쟁을 일으키는 통상적인 이유로 일어났다고 설명할 것이다. 그러나 그 전쟁과 군사 원정들을 상세히 전하고 있는 왕실 연대기들은 그것들을 한 신이 찬양을 받고 반대편 신은 모욕을 당하는 '종교 전쟁'으로 그리고 있다. 어떻든 어렴풋한 '귀환' 기대는 그 전쟁들을 '특정한 장소를 목표로' 하는 '땅 싸움'으로 변모시켰다.

그 모든 나라의 왕실 연대기들에 따르면 그 전쟁들은 '우리 신의 명령에 따라' 어떤 나라 왕이 일으켰고, 원정은 이러저러한 신의 '계시에 따라' 이루어졌으며, 승리는 으레 그 신이 주신 맞설 수 없는 무기나 다른 직접적인 지원에 의해 거둘 수 있었다. 한 이집트 왕은 자신의 전쟁을 기록하면서 '라께서 증오하는 이 적들을 향해' 진군하도록 자신에게 지시한 것은

'나를 사랑하시는 라, 나를 후원하시는 아몬'이었다고 썼다. 한 앗시리아 왕은 어떤 적국 왕을 무찌른 일을 기록하면서 자신이 그 도시 신전에서 그 도시 신들의 형상을 '우리 신들의 형상으로' 바꾸어놓고 '그들이 앞으로 그 나라의 신들이 될 것임을 선포했다'고 으스댔다.

이 전쟁들의 종교적 양상(그리고 목표의 의도적 선택)을 드러내 주는 분명한 사례는 구약에서 찾아볼 수 있다. 「열왕기(列王記) 하」 18~19장에는 앗시리아 왕 센나케리브(Sennacherib, 산헤립)의 군대가 예루살렘을 점령한 일이 묘사되어 있다. 앗시리아 사령관은 예루살렘을 포위해 차단한 뒤 도시 방어군의 항복을 받아내기 위해 심리전을 펼쳤다. 그는 도시 성벽 위에 있는 모든 사람들이 들을 수 있도록 히브리어로, 앗시리아 왕의 말을 그들에게 외쳤다. 너희 신 야훼가 너희를 보호해 줄 것이라는 너희 지도자들의 말에 속지 말라는 것이다.

> "(…) 여러 민족의 신들 가운데서 어느 신이
> 아슈르 왕의 손에서 자기 나라를 구원한 일이 있느냐?
> 하마트(Hamath, 하맛)와 아르파드(Arpad, 아르밧)의 신들은 어디에 있느냐?
> 세파르바임(Sepharvaim, 스발와임)과 헤나(Hena)와 아바(Avva, 아와)의 신들은 어디에 있느냐?
> 사마리아(Samaria) 땅의 신들은 어디에 있느냐?
> 이 모든 나라의 신들 가운데서 누가
> 내 손에서 자기 나라를 구원한 일이 있느냐?
> 그러면 야훼가 내 손에서 예루살렘을 구원해 내겠느냐?"
>
> _「열왕기 하」 18:33~35

(역사 기록을 보면 야훼는 했다.)

이 종교 전쟁들은 무엇을 놓고 싸운 것일까? 이 전쟁들과 그들이 싸운 명분이었던 민족신들은 이 다툼의 핵심에 수메르인들이 두르안키('하늘-지구 연결고리')라고 부른 것이 있었음을 깨닫지 못하면 도대체 이해가 되지 않는다. 고대 문서들은 '지구가 하늘로부터 분리된', 곧 그들을 연결하는 우주공항이 파괴된 대참사에 대해 반복적으로 이야기하고 있다. 핵 참사 이후에 피할 수 없는 질문은 바로 이것이다. **누가(어느 신과 나라가) 이제 지구상에서 하늘과의 연결을 장악한 유일한 존재라고 주장할 수 있느냐다.**

신들에게 시나이 반도에 있던 우주공항이 파괴된 것은 대체가 필요한 시설의 물질적인 손실이었다. 그러나 인류에게 미친 충격(정신적·종교적 충격)을 상상할 수 있을까? **갑작스럽게도 숭배되던 하늘과 지구의 신들이 하늘로부터 단절되었다.**

이제 시나이의 우주공항이 사라지자 구세계에는 오직 세 개의 우주 관련 시설만이 남게 되었다. 삼나무 산지의 '착륙장'과 니푸르 대신 들어선 대홍수 이후의 비행통제센터, 착륙회랑의 기준이 되는 이집트의 대피라미드였다. 우주공항이 파괴되었더라도 그 다른 시설들은 여전히 하늘과 관련된 유용한 기능을 수행하고 그럼으로써 종교적인 중요성을 지니고 있었을까?

우리는 어느 정도 답을 안다. 세 시설이 여전히 지구상에 버티고 서서 인류에게는 수수께끼를 던지고 있고 신들에게는 위쪽 하늘을 향하고 있었기 때문이다.

셋 중 가장 친숙한 것이 기자에 있는 대피라미드와 그 짝이다.【그림 53】 그 규모와 기하학적 정밀성, 복잡한 내부, 천체와의 정렬, 그리고 그 밖의

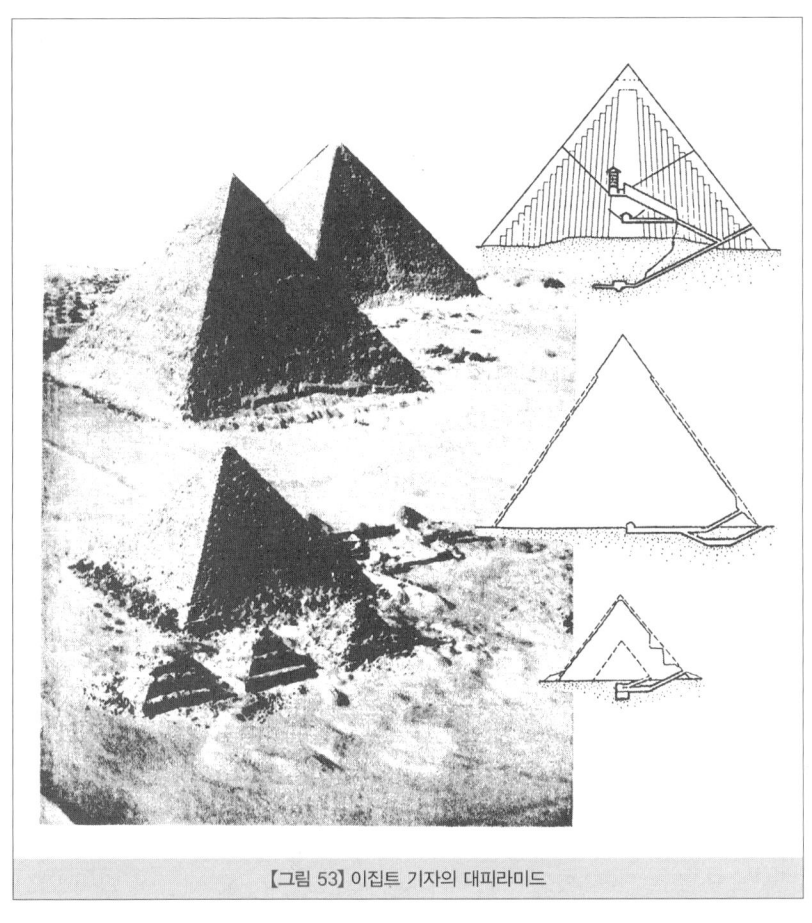

【그림 53】 이집트 기자의 대피라미드

놀라운 모습들은 그 피라미드를 쿠푸(Khufu)/케옵스(Cheops)라는 이름의 파라오가 건설했다는 데 오랫동안 의문을 던지게 했다. 그가 건설했다는 것은 오로지 그 피라미드 안에서 그의 이름에 해당하는 상형문자가 발견되었다는 사실 하나로 떠받쳐지고 있다. 『틸문, 그리고 하늘에 이르는 계단』에서 나는 그 표시가 근대에 위조된 것이라는 증거를 제시한 바 있다. 그리고 그 책과 다른 책들에서 풍부한 문헌 및 사진 증거들을 제시하면서

【그림 54】 로켓 우주선이 그려진 페니키아의 동전

아눈나키가 어떻게, 그리고 왜 그 피라미드들을 설계하고 건설했는지를 설명했다. 신들의 전쟁 와중에 방사 유도 설비를 상실했지만 대피라미드와 그 짝은 여전히 착륙회랑의 물리적 표지 노릇을 했다. 우주공항이 사라졌기 때문에 그것들은 그저 사라진 '과거'에 대한 무언의 목격자로 남았다. 그것들이 과거에 신성한 종교적 대상이었다는 흔적은 전혀 없었다.

삼나무 숲의 '착륙장'은 다른 기록을 갖고 있다. 핵 재앙이 있기 거의 1,000년 전에 그곳에 갔던 길가메쉬는 거기서 로켓 우주선이 발사되는 것을 보았다. 그리고 지중해 해안에 있는 인근 도시 게발(Gebal, 뷔블로스 Byblos)의 페니키아인들은 동전에, 완전히 같은 장소의 담으로 둘러싸인 특수한 기단 위에 설치되어 있는 로켓 우주선을 그려놓았다. 【그림 54】 핵사고가 일어난 지 거의 1,000년 뒤의 일이었다. 그렇다면 우주공항이 있을 때나 나중에는 없어졌을 때에도 **착륙장은 계속 가동되고 있었던 것이다.**

그곳, 레바논의 바알벡(Ba'albek, '바알의 계곡')은 고대에 돌을 깐 거대한 기단(약 50만 제곱미터)으로 이루어져 있었다. 그 북동쪽 구석에는 거대한 돌 구조물이 하늘을 향해 서 있었다. 그 서쪽 벽은 한 개의 무게가 600~900 톤이나 되는 거대한 돌 토막을 네모 반듯하게 잘라 특별히 지구상에서 가장 무거운 돌 토막들로 쌓았다. 그 가운데 세 개는 무게가 각기 무려 1,100톤이나 나가 트릴리톤(Trilithon)으로 알려져 있다. 【그림 55】 이 거대한 돌 토막들에 관한 놀라운 사실은, 그것들이 계곡으로부터 3킬로미터 떨어진 곳에서 채석되었다는 사실이다. 그곳에는 채석이 다 끝나지 않은 그런 돌 토막 하나가 아직도 땅에 삐죽 나와 있다. 【그림 56】

그리스인들은 이곳을 알렉산드로스(Alexandros) 시대 이래로 헬리오폴리스(Heliopolis, '태양신의 도시')로 숭배했다. 로마인들은 그곳에 가장 큰 유피테르(Jupiter) 신전을 지었다. 동로마 제국은 이를 거대한 교회로 개조했다. 그 뒤를 이은 이슬람교도들은 그곳에 모스크를 지었다. 오늘날 마론(Maron)파 기독교도들은 이곳을 '거인들의 시대'의 유적으로 숭배하고 있다. (이 장소 및 유적들에 대한 탐방과 그곳이 발사탑으로 기능한 방식에 대해서는 『지구 연대기 여행』에 설명되어 있다.)

오늘날까지 가장 신성하고 성역화된 곳은 비행통제센터로 쓰였던 곳인 우르샬렘(Ur-Shalem, '전지전능한 하느님의 도시'), 곧 **예루살렘**(Jerusalem) 이다. 그곳에도 역시 바알벡에서와 마찬가지로, 그러나 축소된 규모로 거대한 돌 기단이 바위와 깎은 돌 위에 세워져 있다. 그곳의 **서쪽 성벽**에도 '각기' 무게가 600톤 나가는 **거대한 돌 토막 세 개**가 들어 있다. 【그림 57】 솔로몬(Solomon) 왕은 이미 있던 그 기단 위에 야훼 신전을 지었고, 그 신전의 지성소(至聖所)에는 '언약궤(言約櫃)'가 지하실 위에 있는 신성한 바위 위에 놓여 있다. 바알벡에 사상 최대의 유피테르 신전을 지었던 로마인들은 예루살렘에도 야훼 신전 대신 유피테르 신전을 건설할 계획을 세웠다.

【그림 55】 거대한 돌 토막으로 쌓은 벽

【그림 56】 채석 도중 방치된 거대한 돌 토막

그 '신전 언덕'에는 이슬람교도들이 지은 '바위 돔'이 떡 버티고 서 있다. 【그림 58】 금박을 입힌 그 돔은 본래 바알벡의 이슬람교 사당에 얹혀 있던 것이었다. 그 두 우주 관련 시설들 사이의 연결이 잊히지 않았다는 증거다.

핵 재앙 이후의 어려운 시기에 마르둑의 밥일리, 곧 그의 '신들의 관문'이 과거의 '하늘–지구 연결고리' 시설들을 대체할 수 있었을까? 마르둑의 새로운 '별 신앙'이 당황한 대중에게 해답을 줄 수 있었을까?

고대의 해답 찾기는 우리 자신의 시대까지 계속 이어져 온 듯하다.

바빌론의 가장 끈질긴 적수는 앗시리아인들이었다. 그들이 살던 지역은 티그리스 강 상류 지역이었는데, 수메르 시대에 수바르투(Subartu)라 불렸고 수메르아카드의 가장 북쪽 판도였다. 그들은 언어 및 민족적 기원으로 볼 때 아카드의 사르곤과 가까운 것으로 보인다. 그래서 앗시리아가 왕국이 되고 제국의 권력을 잡았을 때 그 가장 유명한 왕들 가운데 샤르루킨, 곧 사르곤이라는 이름을 쓴 왕들이 있었다.

지난 두 세기 동안의 고고학적 발견에서 수집한 이 모든 것은 구약(「창세기」 10장)의 간단한 언급을 확인한다. 거기에는 앗시리아인들을 셈의 후손 가운데 나열했으며, 앗시리아의 수도 니네베(Nineveh, 니느웨)와 다른 주요 도시들이 쉬네아르(수메르)'에서 나왔다'(그 곁가지다, 그 연장이다)고 말하고 있다. 그들의 신들은 수메르의 신들이었다. 그들의 신들은 수메르아카드의 아눈나키였다. 그리고 앗시리아 왕과 고위 관리들이 신의 이름을 따서 이름을 지었던 것은 아슈르·엔릴·닌우르타·씬·아다드·샤마쉬 등 신들에 대한 그들의 숭배를 드러내고 있다. 이들을 위한 신전과 함께 역시 널리 숭배된 인안나/이쉬타르 여신을 위한 신전도 있었다. 그녀가

【그림 57】예루살렘의 성벽

【그림 58】이슬람교도들의 '바위 돔'

헬멧을 쓴 우주비행사의 모습으로 등장하는 잘 알려진 그림 하나가 아슈르(도시)에 있는 그녀의 신전에서 발견되었다. 【그림 59】

그 이후의 역사 기록을 보면 마르둑의 바빌론에 군사력을 동원해 처음 반기를 든 것은 북쪽의 앗시리아인들이었다. 기록에 남은 첫 번째 앗시리아 왕 일루슈마(Ilushuma)는 서기전 1900년 무렵 티그리스 강을 따라 남쪽으로 죽 내려가 엘람 국경까지의 군사 원정을 성공적으로 이끌었다. 그의 새김글을 보면 그의 목표는 '우르와 니푸르를 해방'하는 것이었다. 그리고 그는 얼마 동안 두 도시를 마르둑의 손아귀에서 빼냈다.

그것은 앗시리아와 바빌로니아의 첫 번째 싸움일 뿐이었고, 두 나라의 갈등은 1,000년 이상 계속되어 두 나라가 멸망할 때까지 이어졌다. 그 싸움들에서 침략자는 늘 앗시리아 왕들이었다. 앗시리아인들과 바빌로니아인들은 서로 이웃해 있고 같은 아카드어를 썼으며 모두 수메르의 유산을 물려받았지만 단 한 가지 중요한 차이점으로 구분될 수 있었다. 바로 민족신이었다.

앗시리아는 '아슈르 신의 나라'라는 뜻으로 그냥 '아슈르'라고도 했다. 그 민족신의 이름을 딴 것이다. 그 왕과 백성들은 중요한 것이 이 종교적 측면이라고 생각했다. 그 첫 수도 역시 '아슈르의 도시' 또는 간단하게 '아슈르'로 불렸다. 이 이름은 '보는 자' 또는 '보이는 자'라는 의미다. 아슈르 신에 대한 찬가와 기도문 및 기타 문서들이 수도 없이 많지만, 그가 수메르아카드 신들 가운데 누구에 해당하는지는 분명치 않다. 신 명부에서 그는 엔릴에 해당한다. 다른 자료들에는 종종 그가 엔릴의 아들이자 상속자인 닌우르타인 듯이 나온다. 그러나 배우자가 나열되거나 언급될 때면 그 배우자는 언제나 닌릴로 불렸기 때문에 앗시리아의 '아슈르'는 엔릴이라는 결론을 내리게 된다.

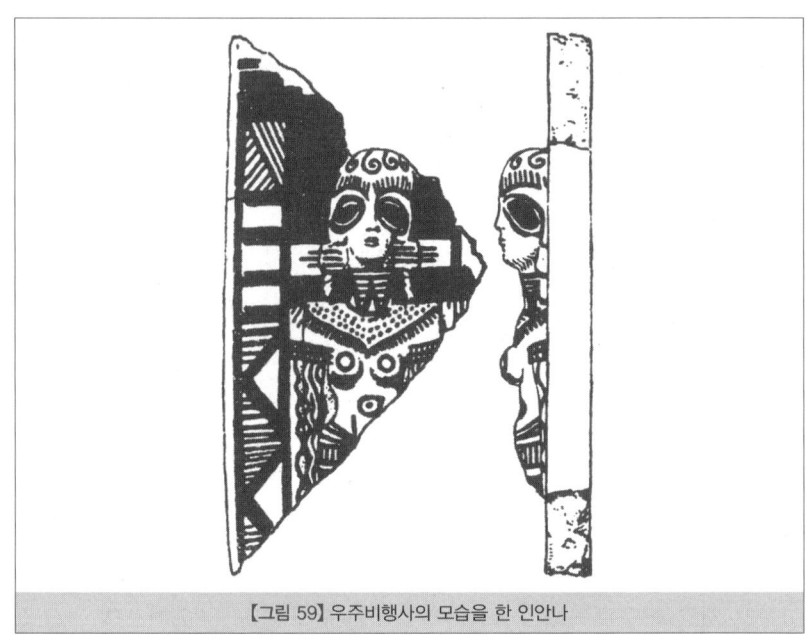
【그림 59】 우주비행사의 모습을 한 인안나

앗시리아의 역사 기록은 다른 여러 나라와 그 민족신들에 대한 정복과 침략 이야기로 점철되어 있다. 수도 없는 그들의 군사 원정은 매우 광범위했고, 당연히 '신의 이름으로', 그들의 신인 아슈르의 이름으로 수행되었다. 앗시리아 왕들의 군사 원정 기록은 언제나 '위대한 주인이신 나의 신 아슈르의 명령을 받들어'로 시작한다. 그러나 바빌론과 벌인 전쟁에 이르면 앗시리아 침공에서 놀라운 부분은 그 핵심 목표다. **그저 바빌론의 세력을 격퇴하는 것이 아니라 마르둑을 바빌론에 있는 그의 신전에서 실질적으로, 물리적으로 몰아내는 것이었다!**

그러나 바빌론을 점령하고 마르둑을 포로로 잡는 공훈은 앗시리아인들이 아니라 그들의 북쪽 이웃 히타이트인들이 처음으로 이루어냈다.

서기전 1900년 무렵에 히타이트인들은 북중부 아나톨리아, 곧 오늘날의 터키에서 퍼져 나와 군사 강국을 만들었고 마르둑의 바빌론에 대항하는 엔릴계 민족국가 네트워크에 합류했다. 그들은 비교적 짧은 기간에 제국의 위상을 차지하고 남쪽으로 영토를 확장해 기독교 성서에서 이야기하는 카나안 대부분을 손아귀에 넣었다.

히타이트와 그 도시들, 기록들, 언어와 역사에 대한 고고학적 발견은 이제까지 구약을 통해서만 알려졌던 민족과 도시들의 존재에 대해 생명력을 불어넣고 그것을 입증하는 놀랍고도 흥미로운 이야기다. 히타이트인들은 구약에 계속해서 언급되지만, 이교도 신들의 숭배자들에 합당한 경멸이나 조소는 찾아볼 수 없다. 히브리 족장들의 설화와 역사가 전개되는 여러 나라에서 그들의 존재가 언급된다. 그들은 하란에서 아브라함의 이웃이었다. 그리고 아브라함은 예루살렘 남쪽 헤브론의 히타이트인 지주에게서 묘지로 쓸 마크펠라(Machpelah, 막벨라)의 동굴을 샀다. 예루살렘에서 다비드(David, 다윗) 왕이 탐냈던 바트셰바(Bathsheba, 밧세바/바쎄바)는 자신의 군대에 속한 히타이트인 장교의 아내였다. 다비드가 모리야(Moriya, 모리아) 산에 있는 신전 제단을 산 것은 그곳을 밀 타작마당으로 쓰고 있던 히타이트인 농부로부터였다. 솔로몬 왕은 히타이트 군주들에게서 수레 끄는 말을 샀고, 그 딸들 가운데 하나와 결혼했다.

구약은 히타이트인들이 혈통 상으로, 그리고 역사적으로 서부 아시아 민족들에 속한다고 보았다. 현대 학자들은 그들이 다른 곳, 아마도 캅카스(Kavkaz) 산맥 너머에서 소아시아로 이주해 왔다고 생각한다. 해독된 그들의 언어는 한쪽으로 그리스어에서 다른 한쪽으로 산스크리트어에 이르는 인도유럽어족에 속하는 것으로 밝혀져, 그들은 비(非)셈계 '인도유럽인'으로 생각되고 있다. 그러나 정착 후 그들은 자기네 고유의 문자에 수메르의 쐐기문자를 더했고, 그들의 언어생활에서 수메르어로부터 온 '차용어'를 썼으며, 수메르의 '신화'와 서사시를 공부하고 베꼈으며, '12신' 개념을 포함해 수메르의 신들을 받아들였다. 사실 이른 시기에 니비루에서 일어난 신들의 이야기와 니비루에서 지구로 온 이야기들 가운데 일부는 히타이트판에서만 발견되고 있다. 히타이트 신들은 틀림없이 수메르 신들이며, 유물과 옥새 등이 나올 때는 꼭 니비루의 상징인 날개 달린 원반 상징이 함께 나온다. 【그림 45 참조】 이 신들은 히타이트 문서들에서도 때때로 수메르어 또는 아카드어 이름으로 불리기도 한다. 아누·엔릴·에아·닌우르타·인안나/이쉬타르·우투/샤마쉬가 거듭 언급되는 것을 볼 수 있다. 다른 경우에 신들은 히타이트 이름으로 불린다. 신들의 우두머리는 히타이트의 민족신 타르훈/테슙('바람을 일으키는 자', '폭풍의 신')이다. 그는 다름 아닌 엔릴의 막내아들 이쉬쿠르(Ishkur)/아다드다. 그에 대한 그림을 보면 그는 벼락을 무기로 손에 들고 있고, 언제나 자기 아버지의 별자리 상징인 황소 위에 서 있다. 【그림 60】

기독교 성서에 나오는 히타이트인들의 세력 확대와 군사력에 대한 언급들은 히타이트 유적지와 다른 나라들의 기록을 통한 고고학적 발견에 의해 확인되고 있다. 중요한 것은 히타이트의 남쪽 판도 안에 '착륙장'(오늘날의 바알벡)과 대홍수 이후의 비행통제센터(예루살렘) 등 두 개의 우주 관련 시설이 들어 있다는 점이다. 이 때문에 엔릴 진영의 히타이트인들이 머나먼 라/마르둑의 나라 이집트 코앞에까지 간 것이다. 따라서 양 진영은 군사적 충돌에 대처하기 위해 필요한 일은 뭐든지 했다. 실제로 양 진영 간의 싸움 가운데는 고대 세계에서 '신의 이름으로' 전개한 가장 유명한 싸움들도 포함되어 있었다.

그러나 히타이트인들은 이집트를 침공하는 대신에 놀라운 일을 벌였다. 히타이트 군은 서기전 1595년에 처음으로(아마도) 군사 원정에서 말이

【그림 60】 폭풍의 신 타르훈(테슙) 또는 이쉬쿠르

끄는 전차를 동원해 전혀 예상치 못한 상태에서 에우프라테스 강을 밀고 내려가 바빌론을 점령하고 **마르둑을 포로로 잡았다.**

그 시대에 관한 보다 상세한 기록들과 사건들이 더 밝혀져야 한다고 생각되겠지만, 알려진 것만으로도 히타이트 침략군은 바빌론을 점령해 지배하려고는 생각지 않았음을 알 수 있다. 그들은 도시의 방어망을 뚫고 그 성역에 들어가 마르둑을 사로잡은 뒤 곧바로 철수했다. 마르둑은 해치지 않고 다만 하나(Hana)라는 도시에서 감시 아래 두었음이 분명하다. 아직 발굴되지 않은 이 도시는 에우프라테스 강을 끼고 있는 테르카(Terka) 지역에 있는 도시다.

마르둑이 굴욕적으로 바빌론에서 쫓겨난 기간은 24년이었다. 500년 전 마르둑이 하란에 추방되었던 기간과 정확히 일치한다. 얼마간의 혼란과 무질서의 시기가 지난 뒤 카시트(Kassite) 왕조라는 이름의 왕실에 소속된 왕들이 바빌론을 장악하고 마르둑의 사당을 복구했으며, '마르둑의 손을 잡고' 그를 바빌론으로 귀환시켰다. 그러나 역사가들은 히타이트인들의 바빌론 유린이 찬란했던 바빌론 제1왕조의 종말인 동시에 구바빌로니아 시대의 종말이기도 한 것으로 보고 있다.

히타이트인들의 갑작스런 바빌론 침공과 마르둑의 일시 제거는 풀리지 않는 역사적·정치적·종교적 미스터리로 남아 있다. 이 급습의 의도가 그저 마르둑을 당황케 하고 그 세력을 위축시키기 위한(그의 자존심을 뭉개고 그 추종자들을 혼란에 빠뜨리기 위한) 것이었을까, 아니면 그 뒤에 보다 원대한 목적(또는 원인)이 있었던 것일까?

마르둑이 흔히 말하는 '자충수'를 두었다고 할 수 있을까?

9
약속의 땅

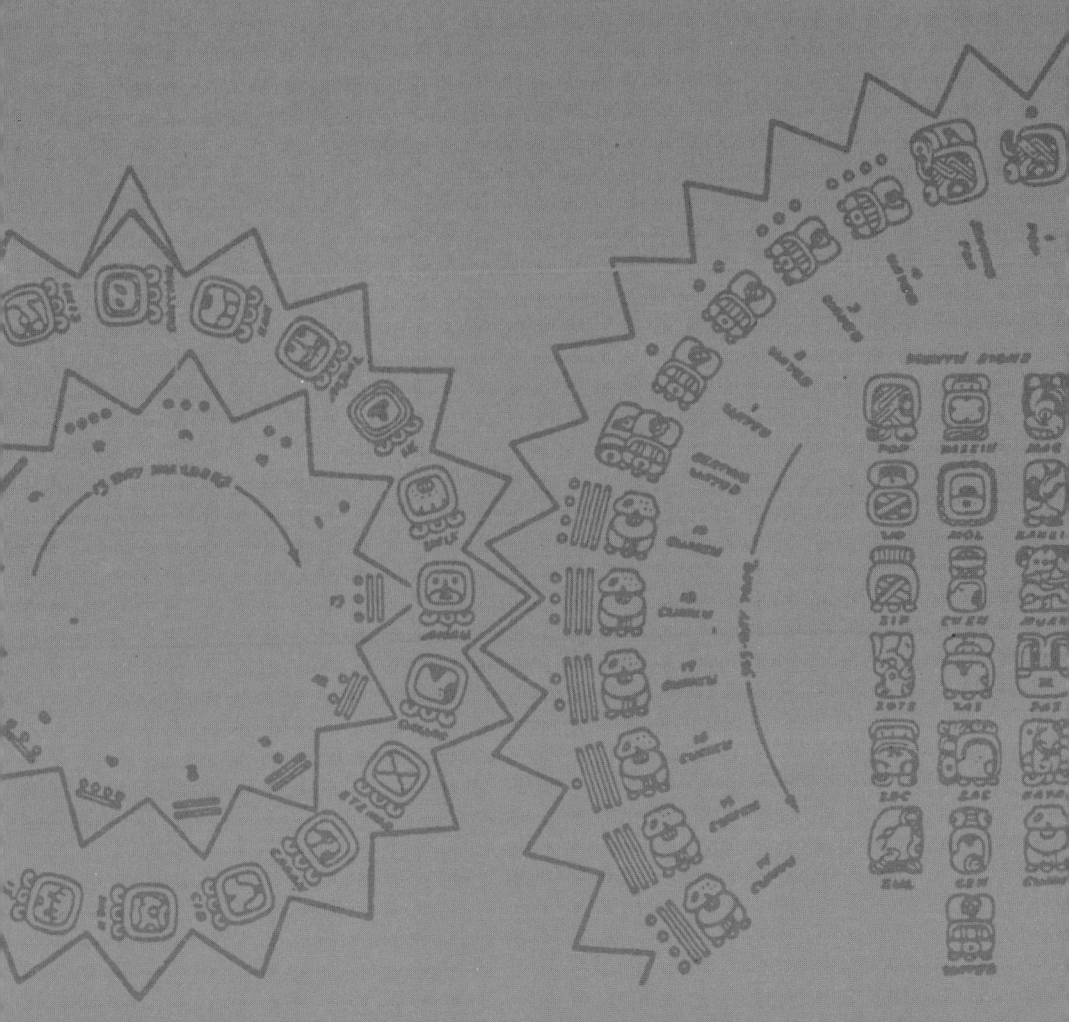

약속의 땅

바빌론에서 마르둑을 체포하고 제거한 일은 국제정치적인 파급효과를 가져와, 이후 수백 년 동안 무게중심을 메소포타미아에서 서쪽, 지중해 연안의 나라들로 옮겨놓았다. 종교적으로 말하자면 그것은 구조지진*에 해당하는 것이었다. 이 한 방으로 모든 신들이 자신의 보호 아래 모여들 것이라던 마르둑의 거창한 기대와 그의 추종자들 사이에 퍼져 있던 메시아에 대한 열망은 한 모금의 담배 연기처럼 사라져버렸다.

하지만 국제정치적으로나 종교적으로 가장 큰 영향은 세 개의 산 이야기로 집약될 수 있을 것이다. '약속의 땅'을 둘러싸고 있는 시나이(Sinai) 산과 모리야 산, 레바논(Lebanon) 산 등 세 개의 산 말이다.

바빌론에서의 이 전대미문의 사건 이후 일어난 모든 일들 가운데 중심적이고 가장 지속적이었던 것이 이스라엘인들의 이집트 집단 탈출이었다. 그때까지 신들에게만 맡겨졌던 곳들이 처음으로 인간에게 맡겨진 때

---

*조산 운동이나 단층 같은 구조 운동에 의해 일어나는 지진을 말하며, 화산성 지진과 대비된다. (옮긴이)

에 일어난 일이었다.

히타이트인들이 마르둑을 잡아 가지고 바빌론에서 철수한 뒤 정치적인 혼란과 종교적인 당혹감이 뒤따랐다. 어떻게 이런 일이 일어날 수 있을까? 왜 이런 일이 일어났을까? 나쁜 일이 사람들에게 일어나면 그들은 신들이 노했다고 말하곤 했다. 그러나 나쁜 일이 신들에게, 마르둑에게 일어나는 것은 뭐란 말인가? **최고신보다 더 높은 신이 있다는 말일까?**

바빌론에서는 마르둑이 결국 풀려나 돌아오게 된 것으로 문제가 해결된 게 아니었다. 사실 그것은 문제를 더 복잡하게 만들었다. 포로가 되던 마르둑 신을 다시 바빌론으로 맞아들인 카시트인들은 바빌로니아인이 아닌 이방인이었기 때문이다. 그들은 바빌론을 '카르두니아쉬(Karduniash)'라고 불렀고, 부르나부리아쉬(Burnaburiash)나 카라인다쉬(Karaindash) 같은 이름을 가지고 있었다. 그러나 그들 자체 또는 그들의 본래 언어에 대해서는 더 이상 알려진 게 없었다. 그들이 어디서 왔고 또 어떻게 해서 그 왕들이 **서기전 1660년** 무렵에 함무라비 왕조에 이어 들어서서 **서기전 1560년**부터 **서기전 1160년**까지 바빌론을 지배했는지는 오늘날까지도 분명하게 밝혀지지 않았다.

현대 학자들은 마르둑의 굴욕 이후의 시기를 바빌로니아 역사의 '암흑시대'라고 말한다. 그에 따른 혼란 때문이기도 하지만 주로 그 시기 이후 바빌로니아의 문서 기록이 거의 없기 때문이다. 카시트인들은 언어와 쐐기문자 등 수메르아카드 문화에 재빨리 자신들을 동화시켰지만, 수메르에 있었던 꼼꼼한 문서 관리자나 이전 바빌로니아의 왕실 연대기 작가 같은 것이 없었다. 실제로 얼마 되지 않는 카시트 왕들의 왕실 기록들도 대부분 바빌론이 아닌 이집트에서 발견되었다. 엘아마르나(El-Amarna) 왕실 서간 보관소의 점토판들이다. 놀랍게도 이 점토판들에서 카시트 왕들은 이집트 파라오들을 '나의 형제'라고 부르고 있다.

　이런 표현은 비유적일지라도 동이 닿지 않는 것은 아니다. 이집트는 바빌론과 똑같이 라/마르둑을 숭배하고 있었고, 바빌론과 마찬가지로 '암흑시대'를 겪었기 때문이다. 이집트의 암흑시대는 학자들이 제2중간기라 부르는 시기로, 중왕국이 멸망한 서기전 1780년 무렵에 시작되어 **서기전 1560년** 무렵까지 지속되었다. 바빌로니아에서와 마찬가지로 여기서도 '힉소스(Hyksos)'로 알려진 외국의 왕들이 지배했음이 주목된다. 여기서도 또한 그들이 누구이고 어디서 왔으며 어떻게 해서 그들의 왕조가 200년 이상 이집트를 지배할 수 있었는지가 분명치 않다.

　이 제2중간기의 연대는(그 여러 모호한 측면과 함께) 바빌론이 함무라비의 승전(서기전 1760년)이라는 전성기로부터 내리막길을 걸어 바빌론에서 마르둑이 잡혀가고 그에 대한 숭배가 재개(서기전 1560년 무렵)된 시기와 일치한다. 이는 우연의 일치가 아니다. 마르둑의 주요 영지들에서 같은 시기에 비슷한 사건이 펼쳐진 것은 마르둑이 '자충수'를 두었기 때문이었다. 그의 지배권 요구를 정당화시키던 바로 그것이 이제 그가 파멸한 원인이 된 것이다.

　그 '자충수'는 마르둑이 이전에 했던 주장이었다. 하늘에서 양자리의 시대, 곧 자신의 시대가 왔기 때문에 지구에서도 그가 지배하는 시대가 되었다는 논리였다. 그러나 별자리 시계는 계속 똑딱거리며 움직여 양자리 시대가 어느덧 지나가고 있었다. 그 착잡한 시기의 물리적 증거가 아직도 남아 있어, 고대 상이집트의 수도였던 테바이에서 볼 수 있다.

　기자의 대피라미드 외에 고대 이집트의 가장 인상적이고 웅장한 유물은 남부 이집트(상이집트)의 카르낙과 룩소르(Luxor)에 있는 거대한 신전들이다. 그리스인들이 이곳을 테바이라 불렀지만, 고대 이집트인들은 '아몬의 도시'라 불렀다. 이 신전들이 그 사라진 신에게 바쳐진 것들이었기 때문이다. 그 벽과 오벨리스크[方尖塔]·탑문(塔門)·돌기둥 등에 새겨진 상형문자와 그림들은 아몬 신을 찬양하고, 신전들을 짓고 증축하고 확장한 (그리고 계속해서 보수한) 파라오들을 칭송하는 것이었다. 【그림 61】줄지어 늘어선 양 머리 스핑크스들에 의해 양자리 시대의 도래를 선언했던 것도 바로 테바이였다. 【그림 38 참조】그리고 신전의 배치 자체가 이집트의 라·아몬/마르둑 추종자들의 말 못할 고민을 드러내고 있는 곳도 바로 그곳이었다.

한번은 한 무리의 팬들과 함께 이 유적지를 방문하고 있었는데, 내가 신전 한가운데 서서 교통순경처럼 팔을 흔들었다. 놀란 구경꾼들이 의문스러워했다.

"이 친구 뭐야?"

그러나 나는 내 일행에게, 여러 대에 걸친 파라오들이 건설한 테바이 신전들이 계속 방향을 바꾸었다는 사실을 설명하려 했던 것이다. 【그림 62】1890년대에 이런 건축학적인 측면에 처음으로 주목하고 고(古)천문학이라는 학문 영역을 개척한 사람이 바로 노먼 로키어(Norman Lockyer, 1836~1920)였다.

예루살렘에 솔로몬이 지은 신전처럼(그리고 로마 바티칸의 옛 성베드로성당처럼) 춘분점에 맞추어 지은 신전들은 영원히 동쪽을 향하고 서서 해마다 방향을 바꿀 필요 없이 매년 춘분날 일출을 맞는다. 【그림 63】그러나 이집트 테바이에 있는 신전들이나 중국 베이징(北京)의 천단(天壇)처럼 극점(極點)에 맞추어 지은 신전들은 세차 운동 때문에 주기적으로 방향을 새로 잡아야 한다. 하짓날 해가 뜨는 지점이 수백 년에 걸쳐 아주 조금씩 변하는 것이다. 이는 로키어가 스톤헨지에서 발견한 사실로 설명될 수 있다.

【그림 61】 테바이 신전의 돌기둥에 새겨진 상형문자와 그림들

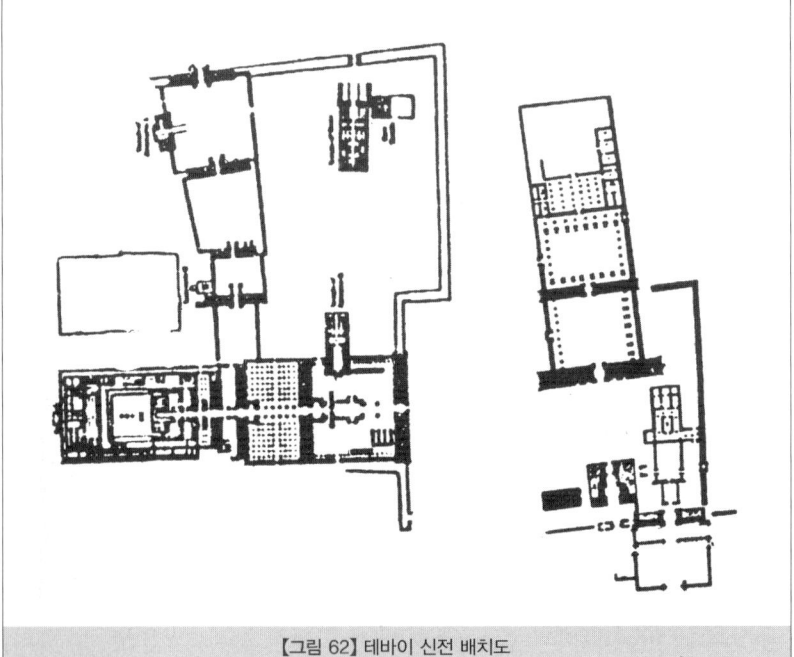

【그림 62】 테바이 신전 배치도

【그림 6 참조】라/마르둑의 추종자들이 그를 찬양하기 위해 건설한 바로 그 신전들은 신과 그의 시대의 영속성에 관해 하늘이 변덕스러움을 보여주고 있다.

마르둑 자신은 그가 이전 천년기에 자신의 시대가 왔다고 선포하면서 별자리 시계에 관해 잘 알고 있었고, '마르둑이 곧 니비루'라는 '별 신앙'을 도입함으로써 신앙의 초점을 옮기려 했다. 그러나 그가 체포되고 굴욕을 당한 일은 이제 이 사라진 하늘의 신에 대한 의구심을 불러일으켰다. '마르둑의 시대가 언제까지 지속될까?' 하는 질문은 '마르둑이 하늘에서 사라진 니비루라면 그것은 언제 다시 자신을 드러낼까(재출현할까/**귀환할까**)?' 하는 질문으로 바뀌었다.

전개되는 사건들이 보여주는 것처럼, 종교적·국제정치적 초점은 서기전 제2천년기 중반에 구약에서 **카나안**이라 부른 땅덩어리로 옮겨졌다. **니비루의 귀환**이 종교적 초점으로 떠오르기 시작한 탓에 **우주 관련 시설들** 역시 뜨거운 초점으로 떠올랐고, 그곳은 지도상으로 바로 '착륙장'과 이전의 비행통제센터가 자리 잡고 있던 '카나안'이었다.

역사가들은 이어지는 사건들을 민족국가의 흥망과 제국 간의 충돌이라는 말로 표현하고 있다. **서기전 1460년** 무렵에 잊혔던 엘람 왕국과 바빌로니아 동쪽 및 남동쪽에 있는, 나중에 페르시아(Persia)로 알려지게 되는 안샨(Anshan) 왕국이 합쳐져 강력한 새 국가를 형성했다. 수도는 기독교 성서에 슈샨(Shushan, 수산)으로 나오는 수사였고, 민족신인 닌우르타를 샤르일라니(Shar Ilani, '신들의 주인')로 받들었다. 새롭게 고개를 쳐든 이 민족국가는 바빌론과 마르둑의 지배를 끝장내는 데 결정적인 역할을 했다.

거의 같은 시기에, 한때 마리가 지배했던 에우프라테스 강 유역에 강력한 새 나라가 나타난 것은 아마도 우연이 아닐 것이다. 거기서 기독교 성

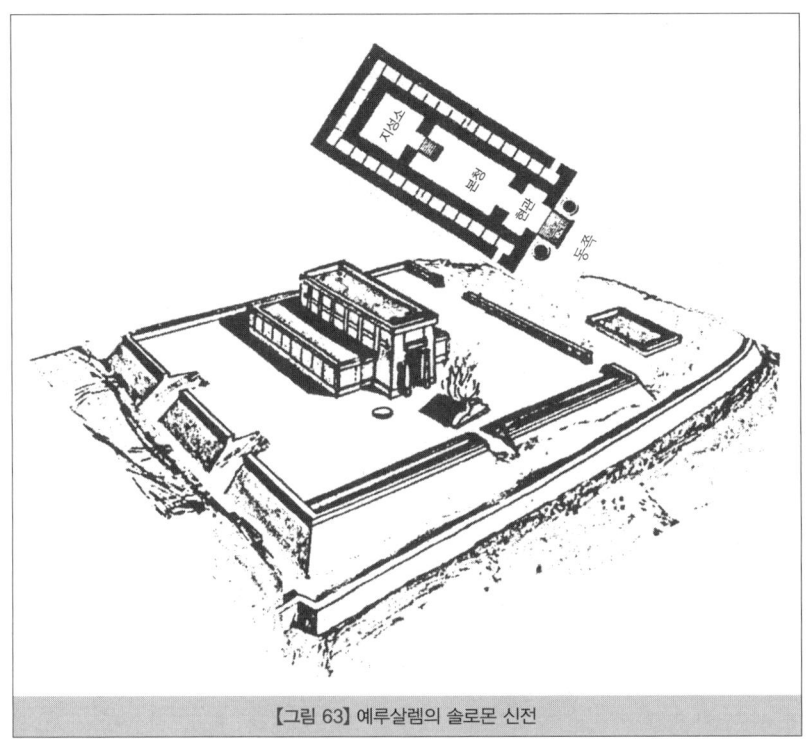

【그림 63】 예루살렘의 솔로몬 신전

서에 나오는 호리(Hori)인들, 곧 학자들이 후르리(Hurri)인으로 부르는 사람들이 미탄니('아누의 무기')라고 부르는 강력한 국가를 세웠다. 이들은 지금의 시리아 및 레바논 땅을 점령하고 이집트에 대해 국제정치적·종교적으로 도전 자세를 취했다. 이런 도전은 매우 거센 역풍을 불러와, 역사가들이 '이집트의 나폴레옹'이라 부르는 이집트 파라오 투트모세(Thutmose) 3세의 침략을 당했다.

이 모든 일들과 뒤얽혀 있는 것이 **이스라엘인들의 이집트 집단 탈출**이다. 그것은 이 시기의 중대 사건이었다. 무엇보다도 인류의 종교적·사회적·도덕적 규범에 미친 지속적인(오늘날까지도 계속되는) 영향과 예루살렘

의 중심적 역할 때문이다. 그 시점은 우연이 아니었다. 그 모든 사건 전개
는 **니비루의 귀환이 일어날 때 누가 우주 관련 시설들을 통제하는가** 하는
문제와 연관되어 있기 때문이다.

앞에서 이미 보았듯이 아브라함은 그저 우연히 히브리 족장이 된 것이
아니라 중요한 국제적 사건의 참가자로 선택된 것이었다. 그리고 그가 우
리를 데려간 장소들(우르·하란·이집트·카나안·예루살렘·시나이 반도·소
돔·고모라)은 고대의 신들과 인간들에 관한 전반적인 이야기에 나오는 중
요한 곳들이었다. 유대인들이 유월절(逾越節) 기간에 회상하고 기념하는
이스라엘인들의 이집트 집단 탈출 역시 당시 고대 국가들에서 전개되었
던 사건들에 꼭 필요한 부분이었다. 구약 스스로도 이 탈출 사건을 단순히
'이스라엘인들의' 이야기로 다루는 대신, 이를 명백히 이집트 역사와 당시
의 국제적 사건이라는 맥락에 위치시키고 있다.

구약은 그 두 번째 권 「출애굽기」에서 이스라엘인들의 이집트 탈출 이야
기를 시작하면서, 서기전 1833년 야콥(Jacob, 야곱)의 아들 요세프(Joseph,
요셉)가 있던 이집트로 그의 다른 아들 열한 명이 이주하면서 이스라엘인
들이 이집트에 살기 시작했음을 독자들에게 상기시키고 있다(야콥은 천사
의 말에 따라 이름을 '이스라엘'로 바꾼다). 요세프가 어떻게 해서 가족과 떨
어지게 되었고, 노예 신분에서 총리 자리에 올랐으며, 그가 어떻게 이집
트를 대기근으로부터 구했는지는 구약의 「창세기」 마지막 장들에 나와 있
다. 그리고 요세프가 어떻게 이집트를 구했고 오늘날까지 남아 있는 그
증거는 무엇인지에 관한 나의 견해는 『지구 연대기 여행』에 밝혀놓은 바
있다.

구약은 이스라엘인들이 언제부터, 어떻게 해서 이집트에서 살기 시작

했는지 독자들에게 상기시킨 뒤, 그런 사실은 이집트 탈출 시대에는 이미 지나가 버렸고 잊혀버렸음을 분명히 했다.

> 요세프와 그의 형제 모두와
> 그의 세대 사람들은 모두 가버렸다.
> _「출애굽기」1:6

그들뿐만 아니라 그 시대와 관련이 있던 이집트 왕들의 왕조조차도 오래전에 없어져버렸다. 새로운 왕조가 권좌에 올랐다.

> 요세프를 알지 못하는 새 왕이
> 권좌에 올라 이집트를 다스렸다.
> _「출애굽기」1:8

구약은 이집트에서의 정권 변화를 정확하게 묘사하고 있다. 멤피스에 수도를 둔 중왕국 왕조가 멸망하고 제2중간기의 혼란을 거쳐 테바이 군주들이 신왕국 왕조를 개창한 것이다. 정말로 완전히 새로운 왕이 들어서 이집트를 다스렸다. 새로운 왕조에 새로운 수도였고, '그들은 요세프를 알지 못했다'.

이스라엘인들이 이집트의 생존에 공헌했음을 잊은 새 파라오는 이제 그들의 존재가 위험스럽게 느껴졌다. 그는 이스라엘인들에 대한 일련의 억압 조치를 취했다. 그 가운데 하나가 모든 이스라엘 남자아이를 죽이는 것이었다. 그가 밝힌 이유는 이러했다.

그리고 그는 자기 백성들에게 말했다.

"자, 이 민족 곧 이스라엘의 자손들이 우리보다 많고 강하다.
우리가 슬기롭게 대처해 그들의 인구가 늘지 않게 해야 한다.
전쟁이 나면 그들은 적국 편을 들어
우리에게 칼끝을 겨누고 이 나라를 떠날 것이다."

_「출애굽기」1:9~10

성서학자들은 당초부터 파라오가 두려워한 민족 곧 '이스라엘의 자손들'이 이집트에 체재하고 있는 이스라엘인들이었다고 생각했다. 그러나 이는 구약에 제시된 숫자나 거기에 표현된 내용과도 맞지 않는다. 「출애굽기」는 벽두에, 이집트에 있던 요세프에게 합류하기 위해 온 야콥과 그 아들들(그들은 각기 자기 자식들을 데리고 왔다)을 나열한 뒤 이렇게 말하고 있다.

야콥의 혈통을 타고난 사람은 모두 해서
이미 이집트에 가 있던 요세프를 빼고 70명이었다.

_「출애굽기」1:5

(야콥과 요세프까지 합쳐 모두 72명이었다는 것은 생각해 볼 만한 흥미로운 세부 정보다.) '체류'는 400년 동안 계속되었고, 구약에 따르면 이집트를 떠난 이스라엘인의 총수는 60만 명이었다. 이 정도의 집단을 '우리보다 많고 강하다'고 할 파라오는 없을 것이다. (이 파라오와 모세를 자신의 아들로 키운 '파라오의 딸'의 신원에 관해서는 『신과의 만남 *Divine Encounters*』을 참고하라.)
이야기의 표현은 파라오의 두려움에 대해, 전쟁이 나면 이스라엘인들이 '적국 편을 들어 우리에게 칼끝을 겨누고 **이 나라를 떠날 것**'이라고 했다. 그것은 이집트 내부의 '제5열'에 대한 두려움이 아니고 이집트의 곤궁한 '이스라엘의 자손들'이 그들과 관련이 있는 적국에 가담하기 위해 떠나는 것에 대한 두려움이었다. 이집트인들이 보기에 그들은 모두 '이스라엘의 자손들'이었다. 그러나 이집트 왕은 어떤 다른 '이스라엘의 자손들'의 나라와 어떤 전쟁에 대해 말하고 있는 것일까?

그 고대의 전쟁 양측에서 나온 왕실 기록의 고고학적 발견과 그 내용의 일치 덕분에 우리는 이제 신왕국 파라오들이 **미탄니**와 지루한 전쟁을 벌이고 있었음을 알게 되었다. **서기전 1560년** 무렵 파라오 아흐모세(Ahmose)로부터 시작해서 아멘호텝(Amenhotep) 1세와 투트모세 1세 및 2세를 거쳐 투트모세 3세 때인 **서기전 1460년**에 이집트 군은 카나안으로 쳐들어가 북쪽으로 미탄니를 향해 진군했다. 이 전투들에 관한 이집트 연대기들에는 최종 목표로 하부르 강 유역에 있는 나하린(Naharin)이 자주 언급된다. 구약은 이곳을 아람나하라임(Aram-Naharayim, '두 강의 서쪽 땅')으로 불렀고, 그 중심 도시가 하란이었다!

구약을 본 사람들은 기억하겠지만, 아브라함의 동생 나호르는 아브라함이 카나안을 향해 떠날 때 그곳에 남았다. 아브라함의 아들 이사악의 신부 레베카(Rebecca, 리브가)가 온 곳도 바로 그곳이었다. 그녀는 사실 나호르의 손녀딸이었다. 그리고 이사악의 아들 야콥('이스라엘'로 개명했다)이 신부를 구하러 간 곳도 하란이었다. 그는 결국 사촌들, 즉 그의 어머니 레베카의 오라비인 라반(Laban)의 두 딸 레아(Le'ah) 및 라켈(Rachel, 라헬)과 결혼한다.

이집트에 있던 '이스라엘(야콥)의 자손들'과 나하린/나하라임에 남아 있던 사람들과의 이런 직접적인 가족 간의 유대는 「출애굽기」 앞부분에 두드러지게 그려졌다. 야콥과 함께 이집트로 간 그의 아들들의 명단에는 요세프의 유일한 동복동생이었던 막내 벤야민(Ben-Yamin/Benjamin, 베냐민)이 포함되어 있다. 요세프와 벤야민은 야콥과 라켈 사이에서 낳은 아들들이었고, 나머지는 야콥과 레아 또는 다른 두 첩과의 사이에서 낳은 아들들이었다. 우리는 이제 미탄니의 서판들을 통해 하부르 강 유역에서 가장 중요한 종족이 **벤야민족**으로 불렸음을 알고 있다! 요세프의 동복동생의 이름은 이렇게 미탄니의 종족명이었던 것이다. 그렇다면 이집트인들이 이집트에 있는 '이스라엘의 자손들'과 미탄니의 '이스라엘의 자손들'을 '우리보다 많고 강한' 하나의 연합국가로 생각했던 것도 무리는 아니다.

그것은 이집트인들이 신경을 쓰고 있던 전쟁이었고, 그것이 이집트 군대가 우려하고 있던 이유였다. 이집트에 있는 소수의 이스라엘인들은 그냥 머물러 있다면 문제가 아니었고, 그들이 '이 나라를 떠나' 이집트 북쪽 땅을 점령한다면 위협이 되는 것이었다. 사실 이스라엘인들을 떠나지 못하게 '막는' 것은 전개되는 탈출 드라마의 중심 주제였던 것으로 보인다. 모세는 지배자인 파라오에게 '우리 민족을 보내달라'고 거듭 호소했고, 파라오는 열 가지 신의 처벌이 잇달아 가해지는데도 청을 들어주기를 거듭 거부했다. 왜 그랬을까? **그럴듯한 대답을 찾기 위해 우리는 전개되는 드라마에 우주와의 연결 문제를 끼워 넣어볼 필요가 있다.**

이집트인들은 북쪽으로 침공해 들어갈 때 '해안길'을 따라 행군하며 시나이 반도를 통과했다. 나중에 로마인들이 '바다의 길(Via Maris)'이라 부른 이 길은 실제로 반도 본토에 들어가지 않고 지중해 연안을 따라 신들의 제4구역을 통과할 수 있게 해주는 통로였다. 카나안을 통과해 북쪽으로 진군한 이집트인들은 거듭 레바논의 삼나무 산지에 이르고 카데쉬(Kadesh, '신성한 곳')에서 전투를 했다. 우리가 생각하기에 이 전투들은 신성한 두 우주 관련 시설들을 장악하기 위한 것이었다. 카나안에 있는 과거의 비행 통제센터(예루살렘)와 레바논의 '착륙장'이었다. 예를 들어 파라오 투트모세 3세는 자신의 전쟁 연대기에서 '이아우르사(Ia-ur-sa)'라는 이름으로 예루살렘을 언급했다. 그는 그곳이 **'지구 바깥쪽 끝으로 가는 곳'**, 곧 '지구의 배꼽'이라 해서 주둔했다. 그는 더 북쪽으로 이어진 진군을 묘사하면서 카데쉬와 나하린에서 벌어진 전투를 기록하고 삼나무 산지를 점령할 것이라는 사실을 이야기했다. 그곳은 **'하늘을 향한 기둥을 떠받치는' '신들의 땅의 산'**이었다. 이런 표현은 틀림없이 우주와 관련된 속성을 통해 그가 '위대한 신, 나의 아버지 라/아몬을 위해' 점령했다고 주장하는 두 곳을 나타내고 있다.

그러면 집단 탈출의 목적은? 기독교 성서에 나오는 하느님 자신의 말에 따르면 아브라함·이사악·야곱에게 한 맹약을 지키기 위해서다. 그들의 후손에게 '영원한 유산'을 준다는 약속이었다(「출애굽기」 6:4~8).

- 이집트 천에서 큰 강 에우프라테스 강까지(「창세기」 15:18)
- 카나안 땅 전체(「창세기」 17:8)
- 서부 산악 (…) 카나안과 레바논 땅(「신명기」 1:7)
- 사막에서부터 레바논까지, 에우프라테스 강에서부터 서쪽 바다까지 (「신명기」 11:24)

심지어 '아나킴(아눈나키)의 자손이 아직도 사는'(「신명기」 9:2) '하늘에 닿을 듯이 요새화된 곳'(「신명기」 9:1)까지 포함되었다.

아브라함에게 했던 약속은 이스라엘인들의 첫 기착지 하르하엘로힘(Har Ha-Elohim, '엘로힘/신들의 산')에서 수정되었다. 그리고 다른 두 우주 관련 기지들을 보유하고 지배하는 임무가 주어졌다. 그 두 곳은 「시편」 48:3 등 구약에서 거듭 연결시키고 있는 예루살렘의 하르코드쉬(Har Kodshi, '나의 비밀의 산'), 곧 지온(Zion, 시온) 산과 레바논의 끝에 있는 하르자폰(Har Zaphon, '북쪽의 비밀의 산')이었다.

'약속의 땅'은 분명히 두 우주 관련 시설들을 모두 포함하고 있다. 열두 부족에게 그곳을 분배할 때 예루살렘 지역은 벤야민과 유다(Judah) 부족에게 주어졌고, 지금 레바논이 된 지역은 아세르(Asher, 아셀) 부족에게 주어졌다. 모세는 죽기 전에 여러 부족들에게 작별의 말을 하면서 아세르 부족에게 북쪽의 우주 관련 시설이 그들의 땅에 있음을 상기시켰다. 다른 부족들과는 달리 그들은 '**구름을 탄 하느님이 하늘로 오르는 것**'(「신명기」33:26)을 보게 될 것이라고 모세는 말했다. 영토 배분 문제를 떠나서, **모세의 말은 그곳이 장래에 하늘로 오르는 일에 쓰일 것임을 비추고 있다.**

분명히, 그리고 단연코 이스라엘의 자손들은 남아 있는 아눈나키의 두 우주 관련 시설을 관리하는 자로 예정되어 있었던 것이다. 그 일을 위해 선택된 민족과 한 이 약속은 **시나이 산**에서 기록상 최대의 신의 현현(顯現)이 일어났을 때 수정되었다.

신의 현현이 거기서 일어난 것은 분명 우연이 아니었다. 하느님이 모세를 불러 그에게 탈출 임무를 주었던 집단 탈출 이야기의 맨 처음부터 시나이 반도에 있는 그곳은 중심 무대 노릇을 했다. 「출애굽기」에는 이 일이 '엘로힘의 산'(3:1)에서 일어난 것으로 되어 있다. 아눈나키와 연관이 있는 산이다. 탈출 경로는 신이 정했고, 이스라엘 군중들은 '낮에는 구름 기둥, 밤에는 불기둥'으로 길을 안내받았다. 【그림 64】 이스라엘의 자손들은 '야훼의 지시에 따라 시나이 광야를 여행했다'고 구약은 분명히 쓰고 있다. 여행 셋째 달에 그들은 '산 맞은편에 도착해 장막을 쳤다'. 그리고 그로부

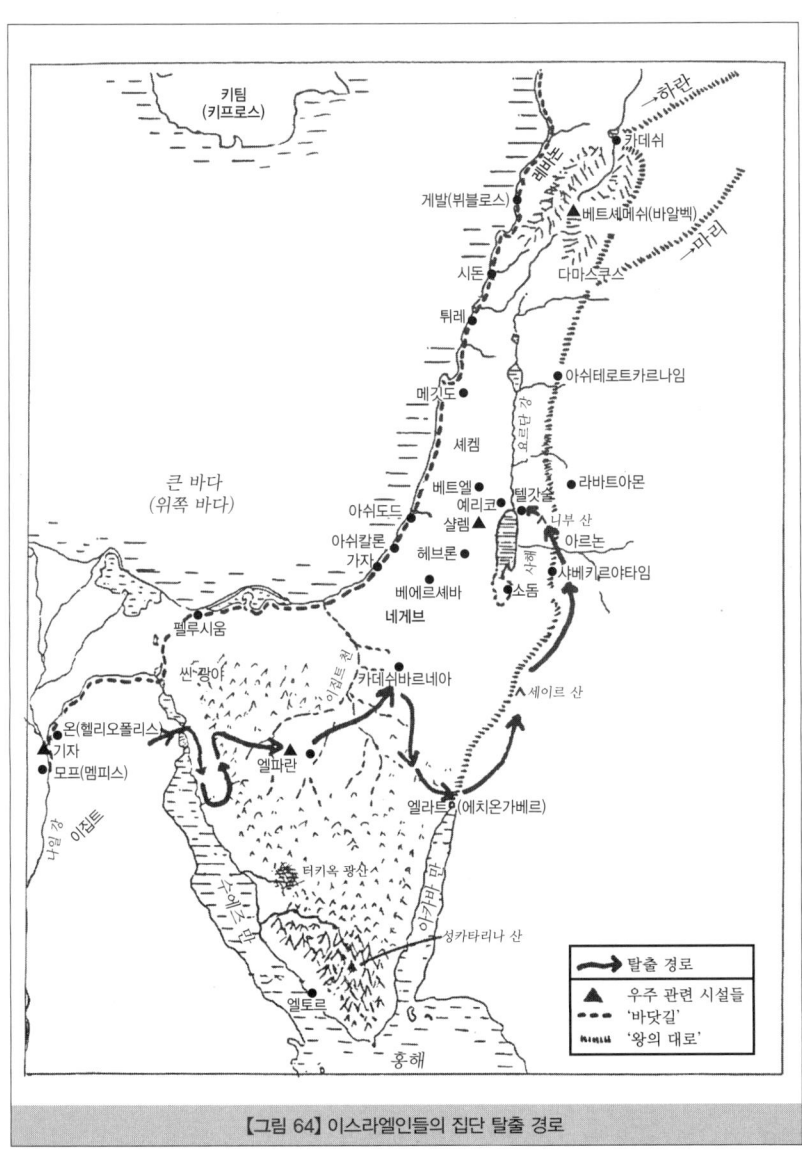

【그림 64】 이스라엘인들의 집단 탈출 경로

터 사흘 뒤 카보드(Kavod)를 탄 야훼가 '모든 사람이 보는 가운데 시나이 산 위에 내려왔다'.

그곳은 길가메쉬가 로켓 우주선이 오르고 내리는 곳에 도착해 '마슈(Mashu) 산'이라고 부른 곳과 같은 곳이었다. 그곳은 이집트 파라오들이 '수백만 년의 행성'에 있는 신들에게로 가는 내세 여행을 떠나던 '하늘로 가는 두 개의 문'이 있는 바로 그 산이었다. 그곳은 과거의 우주공항이 있던 산이었다. 그리고 남아 있는 두 우주 관련 시설의 관리자로 선택된 민족과의 언약이 수정된 곳도 바로 그곳이었다.

모세가 죽은 뒤 이스라엘인들이 요르단 강을 건널 준비를 할 때 그들의 새 지도자 요슈아(Joshua, 여호수아)는 약속의 땅의 새로운 경계를 고쳐 받았다. 두 우주 관련 시설이 포함된 새 경계는 레바논을 분명하게 포함시켰다. 기독교 성서의 하느님은 요슈아에게 이렇게 말했다.

"(…) 너와 온 민족, 곧 이스라엘의 자손들은
이제 일어나 이 요르단 강을 건너
내가 그들에게 주는 땅으로 가라.
내가 모세에게 말한 대로
너희가 발을 내딛는 모든 곳을 너희에게 준다.
사막에서부터 레바논까지,
큰 강인 에우프라테스 강에서부터
히타이트인들의 나라를 지나
해가 지는 큰 바다까지,
그것이 너희의 영토가 될 것이다."

_「요슈아」1:2~4

　구약의 땅에서 일어나는 이 수많은 정치적·군사적·종교적 소동, 그리고 과거와 미래에 대한 열쇠 노릇을 하고 있는 구약 바로 그 안에서, 기독교 성서의 하느님이 약속의 땅에 관해서 끼워 넣은 경고를 지적해 낼 수가 있다. 남쪽의 황야에서부터 북쪽의 레바논 산맥까지, 동쪽의 에우프라테스 강에서부터 서쪽의 지중해까지에 이르는 영토가 요슈아에게 다시 확인되었다. 하느님의 말에 따르면 이것이 '약속된' 영토였다. 그러나 실질적으로 땅을 분배받으려면 '점령'에 의해 그곳을 얻어내야 했다. 근세의 탐험가들에 의한 '깃발 꽂기'와 비슷하게, 이스라엘인들은 그들이 실제로 발을 들여놓은, 곧 '발을 내딛는' 땅을 점령하고 소유할 수 있었다. 따라서 하느님은 이스라엘인들에게 늑장을 부리거나 지체하지 말고 요르단 강을 건너, 용감하고 조직적으로 약속의 땅에 정착하라고 명령했다.
　그러나 요슈아의 지휘 아래 열두 부족이 카나안 정복과 정착을 시도했지만 오직 요르단 강 동쪽 일부 지역만을 점령할 수 있었다. 요르단 강 서쪽 땅은 전혀 점령하거나 그곳에 정착하지 못했다. 그러나 관심을 두 우주 관련 시설에 한정한다면 이야기는 전혀 다르다. 예루살렘은 「요슈아」(12:10, 18:28)에 특별히 나열될 만큼 벤야민 부족이 확실하게 장악하고 있었다. 그러나 북쪽으로 행군해서 레바논의 착륙장을 손에 넣었는지는 의문스럽다. 기독교 성서는 뒤에 이곳을 언급하면서 '자폰(사본, '신비한 북쪽 지역')의 투구'라고 불렀다. 이 지역 주민인 카나안계 페니키아(Phoenicia)인들도 그렇게 불렀다. (카나안의 서사시들은 이곳을 엔릴의 막내아들인 아다드 신의 성소로 간주하고 있다.)
　몇 차례 일어난 기적의 도움으로 가능했던 요르단 강 도하는 '예리코

(Jericho, 여리고/예리고) 건너편'에서 이루어졌다. 요르단 강 서쪽의 성곽도시 예리코가 이스라엘인들의 첫 번째 목표였다. 기독교 성서의 예리코 성벽 붕괴와 그 점령 이야기에는 수메르(히브리어로 쉰아르)에 대한 언급이 나온다. 전리품을 챙기지 말라는 명령이 내려졌지만 이스라엘인 하나가 유혹을 이기지 못하고 '귀한 쉰아르의 옷을 챙겼다'.

예리코와 그 남쪽에 있는 마을 아이(Ai)를 점령함으로써 이스라엘인들은 가장 중요하고 인접한 목표 예루살렘으로 가는 길을 열었다. 그곳은 비행통제소가 있던 곳이었다. 아브라함 및 그 자손들의 임무와 그들에 대한 하느님의 언약은 언제나 그곳을 중심으로 한 일들이었다. 하느님이 모세에게 이야기한 것처럼, **하느님의 지상 거처가 자리 잡을 곳은 바로 예루살렘**이었다. 이제 약속과 예언이 실현될 수 있게 되었다.

예루살렘 방면의 도시들과 그곳을 둘러싸고 있는 고개 마을들을 점령하는 것은 엄청난 도전이었음이 드러났다. 무엇보다도 그 도시들 가운데 몇몇, 특히 헤브론에는 '아나킴의 자손들', 곧 아눈나키의 후손들이 살고 있었기 때문이다. 기억나겠지만 예루살렘은 600여 년 전 시나이 반도의 우주공항이 없어질 때 비행통제센터의 기능을 상실했다. 그러나 구약에 따르면 그곳에 주둔해 있던 아눈나키의 자손들은 여전히 카나안의 그 지역에 살고 있었다. 그리고 이스라엘인의 진격을 막기 위해 다른 네 도시의 왕들과 동맹을 결성한 것은 바로 '예루살렘 왕 아도니제데크(Adoni-Zedek, 아도니세덱)'였다.

예루살렘 바로 북쪽 아얄론(Ayalon) 골짜기에 있는 기베온(Gibe'on, 기브온)에서 있었던 그 뒤의 전투는 특이한 날에 벌어졌다. 바로 **지구가 멈춰 선 날**이었다. 그날 상당한 시간 동안 '태양이 멈추고 달이 멈춰 서서'(「요슈아」 10:10~14) 이스라엘인들이 그 결정적인 전투에서 승리할 수 있도록 했다. (밤이 스무 시간 더 지속된, 같은 일이지만 반대의 현상이 지구 반대편 아메리카 대륙에서 일어났다. 이 문제는 『엘도라도, 혹은 사라진 신의 왕국들 The Lost Realms』에서 다룬 바 있다.) 그렇다면 기독교 성서의 관점에서 하느님 스스로가 예루살렘은 이스라엘인들 손에 쥐여주겠다고 보장한 셈이다.

다비드는 왕위에 오른 직후 하느님으로부터 모리야 산의 꼭대기에 있는 제단을 청소하고 야훼 신전을 위해 성역화하라는 명령을 받았다. 그리고 솔로몬이 그곳에 신전을 지은 뒤로 예루살렘-모리야 산-신전 언덕은 특별히 신성한 곳이 되었다. 주요 교차로에 있는 도시도 아니고 물길에서도 멀리 떨어져 있으며 천연자원도 없는 예루살렘이 왜 고대로부터 갈망의 대상이 되고 신성시되었으며 남다른 도시, 즉 '지구의 배꼽'으로 간주되었는지에 대한 다른 설명은 정말로 없다.

「요슈아」 12장에 나오는 종합적인 점령 도시 명단에서 예루살렘은 예리코와 아이에 이어 이스라엘인들의 손에 확실하게 장악된 세 번째 도시로 거명되고 있다. 그러나 북쪽의 우주 관련 장소에 대해서는 이야기가 다르다.

레바논의 삼나무 산지는 두 줄기로 달린다. 서쪽의 레바논 산맥과 동쪽의 레바논 동부 산맥이다. 그 사이가 협곡성 골짜기 베카(Beqaa, '갈라진 틈')다. 그곳은 카나안인들의 시대 이후 '신의 계곡' 곧 바알베카(Ba'al Bekka)로 알려졌고, 동쪽 산맥의 끝, 계곡에 면한 곳에 있던 이 착륙장 부지의 현재 이름인 바알벡이 거기서 나왔다. 「요슈아」에는 '북쪽 산'의 왕들이 정복된 것으로 나열되어 있다. '레바논 계곡에 있는' 바알가드(Ba'al Gad)라는 곳도 정복된 곳의 명단에 들어 있다. 그러나 '레바논 계곡에 있는' 바알가드가 그저 바알베카의 다른 이름일 뿐이었는지는 분명치 않다. 「사사기(士師記)」에는 나프탈리(Naphtali, 납달리) 종족이 '베트셰메쉬(Beth-Shemesh, 벳세

메스, 태양신 '샤마쉬의 주거') 주민들을 쫓아내지 못했다'(1:33)고 나와 있다. 그리고 나중에 그리스인들이 이곳을 헬리오폴리스(Heliopolis, '태양의 도시') 라 부른 것도 이와 관련이 있을 것이다. (나중에 다비드 왕과 솔로몬 왕 치세에 영토가 확장되어 베트셰메쉬까지 포함되기는 했지만, 그것은 일시적인 일일 뿐이었다.)

북쪽 우주 관련 지역에서 이스라엘인들이 지배권을 잡는 데 원천적으로 실패하자 다른 사람들의 '접근'이 가능해졌다. 이스라엘인들의 집단 탈출로부터 150년 뒤에 이집트인들은 그 '접근' 가능한 착륙장을 점령하려고 했으나 히타이트 군대의 저항에 부딪쳤다. 이 전투를 전하는 서사시가 카르낙 신전들의 벽에 글과 그림으로 묘사되어 있다. 【그림 65】 카데쉬 전투로 알려진 이 싸움은 이집트의 패배로 끝났지만, 전쟁으로 양측이 모두 피폐해져 착륙장 지역은 튀레(Tyre, 두로/띠로)·시돈(Sidon)·뷔블로스(기독교 성서의 게발) 등 현지의 페니키아 왕들의 지배하에 남았다. (그곳을 '신들의 장소'나 '에덴의 주거'라 부른 선지자 에제키엘(Ezekiel, 에스겔)과 아모스(Amos) 는 그곳이 페니키아인들의 관할하에 있었음을 인식했다.)

서기전 제1천년기의 페니키아 왕들은 이 지역의 중요성과 목적을 잘 알고 있었다. 뷔블로스에서 출토된 페니키아 동전 위의 그림이 그 증거다. 【그림 54 참조】 선지자 에제키엘은 튀레의 왕이 엘로힘의 그 신성한 곳에 갔었다 해서 자신이 신이 되었다고 건방지게 믿고 있다며 그를 꾸짖었다.

> 너는 신성한 산에 갔었고
> 신처럼 불타는 돌들 안에서 활동했다. (…)
> 그리고 너는 오만해져서
> "나는 신이며 **엘로힘**의 지역에 갔었다"고 말한다.

【그림 65】 카르낙 신전 벽에 묘사된 카데쉬 전투 모습

그러나 너는 인간일 뿐이고 신이 아니다.

_「에제키엘」 28:14/2

'고국'인 하란 근처 하부르 강변에 추방되어 있던 선지자 에제키엘이 신의 환상과 하늘의 마차, 곧 '비행접시'를 본 것은 바로 그때였다. 그러나 그 이야기는 나중으로 미루겠다. 여기서는 **두 우주 관련 지역들 가운데 예루살렘만이 야훼 추종자들에 의해 장악되어 있었음**을 기억해 두는 것이 중요하다.

토라(Torah, '가르침')로 알려진 구약의 첫 다섯 편은 창조와 아담·노아에서부터 족장들과 요세프까지를 「창세기」에서 다루고 있다. 「출애굽기」·「레위기」·「민수기」·「신명기」 등 나머지 네 편은 한편으로 이스라엘인들의 이집트 집단 탈출을 이야기하고 다른 한편으로 야훼의 새로운 종교의 규칙·규정을 나열하고 있다. 새로운, '성직자적' 생활방식이 포함된 새 종교가 선포되었음은 매우 분명해졌다.

> "(…) 너희는 너희가 살던
> 이집트에서 하던 대로 하지 말고
> 이제 내가 데려갈 땅
> 카나안의 관습대로도 하지 마라.
> 너희는 그들처럼 행동하거나
> 그들의 법을 따르지 마라. (…)"
>
> _「레위기」 18:3

'너희는 내 앞에서 다른 어떤 신도 섬기지 말라'는 말로 신앙의 기초를 확립하고 십계명만으로 도덕적·윤리적 규범을 제시한 뒤 상세한 음식물 규정과 종교 의식에 관한 규정, 의학 지식, 영농 지침, 건축 방법, 가정과 성행위 규제, 재산법과 형법 같은 것들이 줄줄이 이어진다. 이 이야기들은 사실상 모든 학문 분야에 대한 지식과 금속 및 직물에 대한 전문 지식, 법 체계와 사회적 이슈에 대한 인식, 나라와 역사와 풍습과 신 및 다른 민족들에 대한 폭넓은 이해를 드러내고 있다. 심지어 수비학(數祕學)에 대한 애호까지 들어 있다.

이스라엘의 열두 부족이나 일 년 열두 달 등에서 보이는 '열둘'이라는 주제는 매우 분명하다. '일곱'에 대한 애호 역시 분명해서, 축제와 의례 분야에서 가장 두드러진다. 1주일을 7일로 정하고 7일째를 사바트(Sabbath, 안식일)로 신성시했다. '40'은 특별한 숫자다. 모세가 시나이 산에서 40일 밤낮을 보냈고, 이스라엘인들은 시나이 광야에서 40년을 떠돌아야 했다. 이 숫자들은 수메르의 설화에서도 친숙한 숫자들이다. 태양계의 열두 식구와 니푸르의 열두 달 책력이 있고, 7은 지구와 지구의 사령관인 엔릴을 상징하는 숫자다(지구는 아눈나키가 밖에서 태양계 안쪽으로 들어오면서 순서를 매긴 결과다). 40은 에아/엔키의 숫자 서열이다.

'50'이라는 숫자도 나타난다. 독자들도 알다시피 50은 '민감한' 측면을 지닌 숫자였다. 그것은 엔릴의 본래 서열 숫자였고, 법정 승계권자인 닌우르타의 대리 서열 숫자였다. 그리고 더욱 중요한 것은, 이스라엘인들의 이집트 탈출 시대에 그것은 마르둑과 그의 50개 이름에 대한 상징으로 인식되었다는 것이다. 따라서 '50'에 특별한 중요성이 부여되었다는 또 한 가지 사실을 발견하면서 여기에 더욱 관심을 가지지 않을 수 없는 것이다. **그것은 새로운 시간 단위를 만드는 데 쓰였다. 50년 주기의 '요벨(Yovel, 희년禧年)'이 그것이다.**

니푸르 책력이 축제나 기타 이스라엘인들의 종교 의식 준수에 기준이 되는 책력으로 분명하게 채택되었는데, 50번째 해에 관해서는 특별한 규정이 지시되어 있었다. 거기에는 '요벨의 해'라는 특별한 이름이 주어졌다.

거룩한 요벨의 해
그것이 너희에게 주어질 것이다.

「레위기」25:10

그런 해에는 전례 없는 해방이 일어난다. 계산은 신년 속죄일을 따짐으로써 이루어진다. 일곱 해의 일곱 곱, 마흔아홉 번이다. 그리고 그 뒤의 속죄일, 50번째 해에 '양뿔' 나팔 소리가 온 나라에 울려 퍼지게 되고 그 땅과 거기에 사는 모든 사람들에게 해방이 선언된다. 사람들은 가족의 품으로 돌아가야 한다. 재산은 원래 주인에게 돌려줘야 한다. 모든 땅과 집은 되찾아 원상회복을 할 수 있다. 노예들(그들은 언제나 고용된 조력자로 취급되어야 한다)은 해방되어야 하고, 땅도 그해는 묶임으로써 자유가 주어져야 한다.

'해방의 해'라는 개념이 신선하고 특이한 것처럼, 50을 책력 단위로 선택한 것도 뜻밖이다(우리는 편의적인 시간 단위로 100을 택해 한 세기로 삼고 있다). '희년'으로 번역되는 구약의 '요벨'은 '양'을 의미한다. 따라서 선포된 것은 **'양의 해'**라고 할 수 있으며, 이는 50년마다 반복되고 '양뿔' 나팔을 울림으로써 선포된다. 새로운 시간 단위로 50을 택한 것과 그 이름은 어쩔 수 없는 질문을 제기한다. 거기에 마르둑과 그의 양자리 시대와 관련된 비밀스런 측면이 있었을까?

이스라엘인들은 양자리 시대와 50의 서열을 가진 자와 관련해 어떤 중요하고 신성한 사건이 일어날 때, 곧 '모든 것이 새로운 시작으로 돌아오는 때'까지 '50년'을 세라는 이야기를 들은 것일까?

그 기독교 성서 구절들에서는 분명한 대답이 제시되지 않고 있지만, 실마리를 찾아 세계의 반대편에서 쓰였던 중요하고도 매우 비슷한 연 단위를 추적해 보지 않을 수 없다. 그것은 50은 아니고 52다. 이는 메소아메리카의 신 켓살코와틀의 비밀 숫자다. 아스테카(Azteca)와 마야(Maya) 전승에 따르면 그는 메소아메리카인들이 쓰는 세 개의 책력을 비롯한 그들의 문명을 주었다. 『엘도라도, 혹은 사라진 신의 왕국들』에서 우리는 켓살코와틀이 이집트 신 토트였음을 밝힌 바 있는데, 그의 비밀 숫자가 52였다. 52는 책력에 기초한 숫자다. 태양력의 주 7일 시스템에서 1년 52주를 나타내기 때문이다.

메소아메리카의 세 가지 책력 가운데 가장 오래된 것이 '만년력(Long

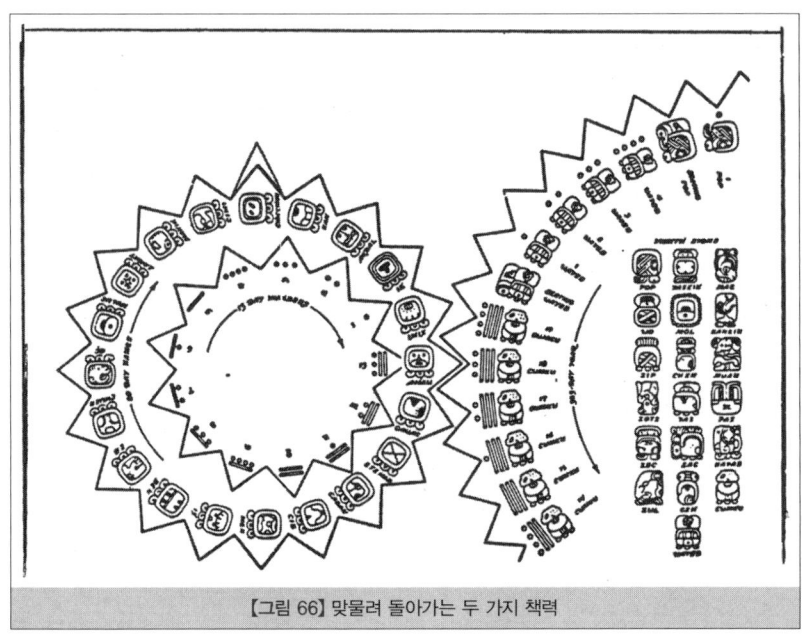

【그림 66】 맞물려 돌아가는 두 가지 책력

Count)'이다. 그것은 학자들이 서기전 3113년 8월 13일로 밝혀낸 '시작일' 로부터의 날짜 수를 센다. 이 연속적이고 한 줄로 늘어선 책력과 함께 두 가지의 순환 책력이 있다. 하나는 하압(Haab)이라는 것으로, 1년 365일의 태양력이다. 1년을 20일씩 18개월로 나누고 연말에 특별한 날 5일을 추가한다. 또 하나는 촐킨(Tzolkin)으로, 20일 단위가 13번 도는 260일만으로 이루어진 '신의 책력'이었다. 그리고 이 두 순환 책력은 두 바퀴처럼 맞물려 돌아가 52년의 '신성 주기'를 만들어낸다. 【그림 66】 52년이 되면 이 두 책력은 공통의 출발점으로 되돌아와 처음부터 다시 시작하게 되는 것이다.

이 52년 '묶음'은 가장 중요한 시간 단위였다. 그것이 켓살코와틀의 약속과 연결되어 있었기 때문이다. 메소아메리카 일부 지역에서는 그가 이 '신성한 해'에 돌아온다고 믿었다. 그래서 메소아메리카 사람들은 52년마다 약속된 켓살코와틀의 귀환을 기대하며 산 위에 모여들곤 했다. 그러한 '신성한 해' 가운데 하나인 서기 1519년, 흰 얼굴에 수염이 난 에스파냐인 에르난 코르테스(Hernán Cortés)가 멕시코의 유카탄(Yucatán) 반도에 상륙해 아스테카 왕 목테수마(Moctezuma)로부터 환영을 받았다. 그가 돌아온 신이라 생각한 것이었지만, 우리가 알다시피 그것은 값비싼 실수였다.

메소아메리카에서 이 '묶음 연도'는 약속된 '귀환의 해'를 세어나가는 구실을 했다. 그렇다면 이런 의문이 생긴다. **'요벨 연도'도 비슷한 목적에 쓰이도록 구상된 것이었을까?**

그 해답을 찾아보다가 우리는 일직선의 52년 시간 단위를 72년의 황도대 순환 주기(1도 이동에 필요한 시간)와 맞물리면 3,600년(50×72=3,600)이 나온다는 사실을 발견했다. 그것은 니비루의 (계산상) 공전 주기였다.

요벨 책력과 별자리 책력을 니비루의 공전과 연결시킴으로써 기독교 성서의 하느님은 이렇게 말하고 있는 것은 아닐까?

"너희가 약속의 땅으로 들어갈 때 귀환에 대한 카운트다운을 시작하라."

2,000년쯤 전 메시아 열풍이 거세게 불던 시기에 요벨이 미래를 예언하는 신이 내린 시간 단위로 인식되었다. 맞물린 시간의 수레바퀴가 언제 귀환을 선포할 것인지를 계산하는 도구로서 말이다. 그러한 인식이 가장 중요한 외경 가운데 하나인 「요벨의 책」이라는 문서의 바탕에 깔려 있다.

「요벨의 책」은 지금은 후대의 그리스어 번역본으로만 볼 수 있지만, 본래는 히브리어로 쓰였다. 사해문서에서 발견된 단편들이 확인하고 있는 대로다. 그것은 초기 외경 문서들과 신성한 전통들에 근거해서 「창세기」와 「출애굽기」의 일부를 다시 쓰고 있다. '요벨의 시간 단위'에 근거한 책력에 따른 것이다. 모든 학자들이 동의하듯이 그것은 로마가 예루살렘을 점령했던 시기에 일어난 메시아 열망의 산물이었으며, 그 목적은 언제 메시아가 올 것인가, 곧 **종말의 날**이 언제 발생할 것인가를 예언하는 수단을 제공하는 것이었다.

그것은 우리가 시작한 바로 그 일이었다.

10
지평선의 십자가

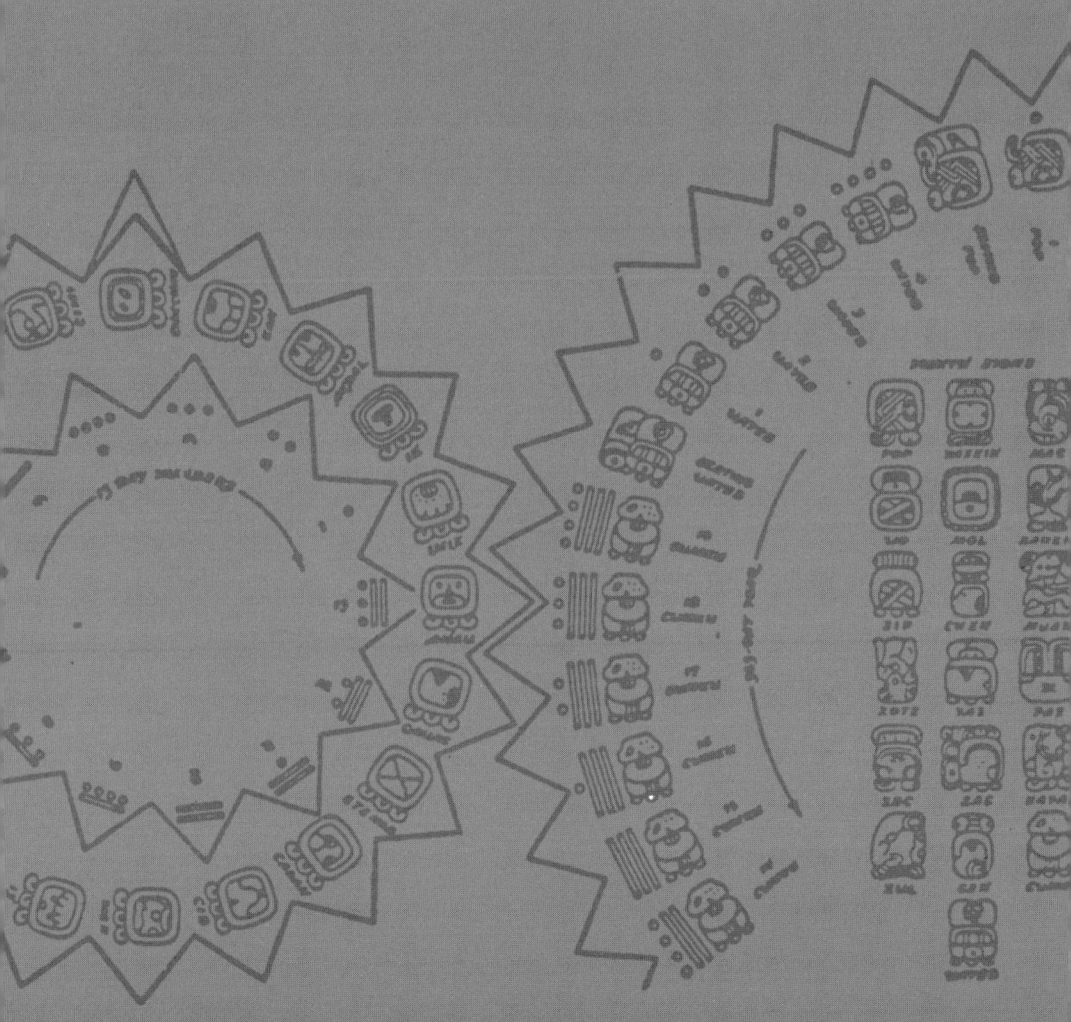

지평선의 십자가

 이스라엘인들의 이집트 집단 탈출 이후 약 60년 동안에 이집트에서는 매우 특이한 종교상의 발전이 이루어졌다. 일부 학자들은 그 발전을, 아마도 시나이 산의 계시에 영향받은 듯한 일신교를 채택하기 위한 시도로 보기도 한다. 그들이 염두에 둔 것은 아멘호텝(간혹 아메노피스(Amenophis)로 표기하기도 한다) 4세의 치세였다. 테바이와 그 신전을 남긴 아멘호텝은 아몬 숭배를 포기하고 '아텐'을 유일 창조신으로 선포했다.

 앞으로 보게 되겠지만 그것은 일신교의 흉내가 아니라 예상되는 귀환에 대한 또 다른 전조였다. '십자가 행성'의 귀환, 곧 가시권 진입이다.

 아멘호텝 파라오는 자신이 선택한 새로운 이름 아켄아텐(Akhen-Aten, '아텐의 종/숭배자')으로 더 잘 알려졌고, 그가 건설한 새 수도이자 종교 중심지 아켓아텐(Akhet-Aten, '지평선의 아텐')은 그 유적지(거기서 고대의 왕실 국제 왕복 문서 보관소가 발견되었다)의 요즘 이름 텔엘아마르나(Tell el-Amarna)로 더 잘 알려졌다.

 이집트의 유명한 18왕조의 후예인 아켄아텐은 서기전 1379년부터 1362

년까지 재위했고, 그의 종교 혁명은 이어지지 않았다. 테바이의 아몬 사제들이 저항 세력을 이끌었다. 아마도 그들이 이전의 권력과 부를 누리던 자리를 빼앗겼기 때문이었을 것이다. 그러나 그 반대는 순수하게 종교적 배경에서 나온 것이었을 수도 물론 있다. 아켄아텐의 후계자들이 신의 이름을 따서 짓는 자기네 이름에 라/아몬을 다시 집어넣기 시작했기 때문이다. 그 가운데 가장 유명한 사람이 투트앙크아멘(Tut-Ankh-Amen, 투탕카멘)이다. 그러나 아켄아텐이 사라지자마자 새로운 수도와 그 신전들, 그 궁전들이 허물어지고 조직적으로 파괴되었다. 그렇지만 고고학자들이 발견해 낸 유적들은 아켄아텐과 그의 종교에 대해 충분히 알려주고 있다.

아텐 숭배가 일종의 일신교(유일한 우주 창조자에 대한 숭배)라는 관념은 발견된 아텐에 대한 찬가들에 주로 기인한 것이다. 찬가에는 이런 구절들이 있다.

오, 하나뿐인 신이여,
당신 같은 분은 다시없습니다. (…)
세상은 당신의 손에 의해 태어났습니다.

이집트의 관습에서 뚜렷하게 일탈해 이 신을 사람 모습으로 조각하는 일이 엄격하게 금지되었다는 사실은 야훼가 십계명에서 숭배를 위한 어떤 '조각상'도 만들지 말라고 한 것과 매우 비슷하게 들린다. 게다가 아텐 찬가의 어떤 부분들은 기독교 성서의 「시편」 구절의 복사판인 것처럼도 보인다.

오, 살아 계신 아텐이여,

당신의 업적이 얼마나 많은지요!

인간은 그것을 볼 수 없습니다.

오, 하나뿐인 신이여, 당신 외에 다른 분은 없습니다!

당신은 홀로 계시는 동안

당신의 바람대로 땅을 만드셨습니다.

저명한 이집트학자 제임스 브레스티드(James H. Breasted, 1865~1935)는 『양심의 시초 The Dawn of Conscience』에서 위의 구절을 「시편」 구절과 비교하고 있다.

오, 하느님, 당신의 업적이 얼마나 많은지요!

당신의 지혜로 그 모든 것을 만드셨습니다.

지구는 당신의 보물들로 가득합니다.

_「시편」 104:24

그러나 이 유사성은 이 둘(이집트의 찬가와 기독교 성서의 「시편」)이 서로 베꼈기 때문이 아니라 수메르의 '창조 서사시'에 나오는 같은 하늘의 신(니비루)을 이야기하고 있기 때문이다. 그 신은 하늘을 만들고 지구를 창조했으며 지구에 '생명의 씨앗'을 나누어주었다.

고대 이집트에 관한 거의 모든 책들은 아켄아텐이 중심적인 숭배물로 만들었던 '아텐' 원반이 자비로운 태양을 나타낸 것이라고 설명하고 있다. 그렇다면 이상한 일이 하나 있다. 아켄아텐은 이집트의 신전 건축이 남동-북서 축으로 방향을 잡는 것에서 분명하게 일탈해 그의 아텐 신전을 동-서 축으로 방향을 잡은 것이다. 그리고 서쪽을 향하고 있어, 일출 시

태양을 '외면'하고 있다. 그가 태양이 뜨는 곳과 '반대편' 방향에서 천체의 재출현을 예상하고 있었다면 그것은 태양일 수가 없다.

   찬가들을 찬찬히 읽어보면 아켄아텐의 '별 신'은 '사라진 자' 아몬으로서의 라가 아니고 다른 종류의 라였다. 그는 이런 하늘의 신이었다.

     태곳적부터 존재했고 (…)
     스스로 새로워지는 존재다.

   그때 그는 온갖 찬양 속에 **다시 나타나며**, '멀리 갔다가 다시 돌아오는' 하늘의 신이었다. 매일매일을 생각하면 이 말들은 정말로 태양에 적용될 수 있다. 그러나 장기간에 걸친 것으로 보면 이 표현은 오직 니비루로서의 라에만 합당한 것이다. 찬가들은 그것이 '하늘 멀리' 있기 때문에, '시야 밖으로, 하늘 꼭대기로' 갔기 때문에 보이지 않게 되었다고 말한다. 그리고 이제 그것은 온갖 찬양 속에 돌아오고 있다고 아켄아텐은 선언했다. 아텐의 찬가들은 그 재출현과 그 귀환을 예언했다.

     하늘의 시야 끝에 아름답게 (…)
     반짝거리고 아름답고 강한 (…)

   '모두에게 평화와 자비를 가져다주는 시대'를 예고하고 있는 것이다. 이 말들은 태양과는 아무런 관계가 없는 분명한 메시아 열망을 드러내고 있다.

   '아텐은 태양'이라는 설명을 뒷받침하기 위해 여러 가지 아켄아텐 그림들이 제시되었다. 이 그림들은 그와 그의 아내가 빛을 내뿜는 별로부터 축복을 받는, 또는 그런 별을 향해 기도를 하는 모습을 보여준다. 【그림 67】 대부분의 이집트학자들은 그것이 태양이라고 말한다. 찬가들은 아텐을 라의 발현이라고 말하고 있는데, 라가 태양이라고 생각하는 이집트학자들은 이것이 아텐 역시 태양을 나타낸다는 의미라고 받아들이고 있다. 그러나 라가 마르둑이었고 하늘의 마르둑이 니비루였다면 아텐 역시 니비루를 나타내는 것이지 태양을 나타내는 것이 아니다. 추가 증거는 하늘의 지도다. 관 뚜껑에 그려지기도 했던 하늘의 지도는 열두 개의 황도대 별자리들과 빛을 내뿜는 태양, 그리고 다른 태양계 식구들을 분명하게 보여주고 있다. 【그림 68】 그러나 라의 행성, 곧 '수백만 년의 행성'은 특별한 행성으로 '태양 너머의 커다란 별개의 하늘 범선'에 따로 그려져 있다. 거기에는 '신'에 해당하는 상형문자가 쓰여 있다. 아켄아텐의 '아텐'이다.

그렇다면 아켄아텐이 공식 종교 노선에서 혁신(아니, 오히려 탈선이라고 해야겠다)한 것은 어떤 부분인가? 그가 저지른 '잘못'의 한가운데에 720년 전에 일어났던 것과 똑같은 '시점'에 관한 해묵은 논쟁이 있다. 그때 문제는 마르둑/라에게 통치권이 주어지는 시대가 왔는가, 하늘에서 양자리의 시대가 시작되었는가 하는 것이었다. 아켄아텐은 논점을 '하늘의 시간'(별자리 시계)에서 '신의 시간'(니비루의 공전 시간)으로 바꾸어 질문을 바꿔버렸다. **언제 '사라진' 하늘의 신이 다시 나타나** '하늘의 시야에 멋지게' 모습을 드러낼 것인가?

라/아몬의 사제들이 보기에 그의 가장 큰 이단적 행위는 벤벤(Ben-Ben)을 기리는 특별한 기념물을 건립했다는 사실이었다. 벤벤은 라가 하늘에서 지구로 올 때 이용한 탈것이라 해서 오래전에 숭배되었던 것이다. 【그림 69】 우리 생각에 그것은 그가 아텐과 관련해 기대했던 것이 그 행성과 신들의 단순한 재출현 또는 귀환이 아니라 또 하나의 도착, **그 신들의 새로**

【그림 67】 빛을 내뿜는 별과 아켄아텐 부부

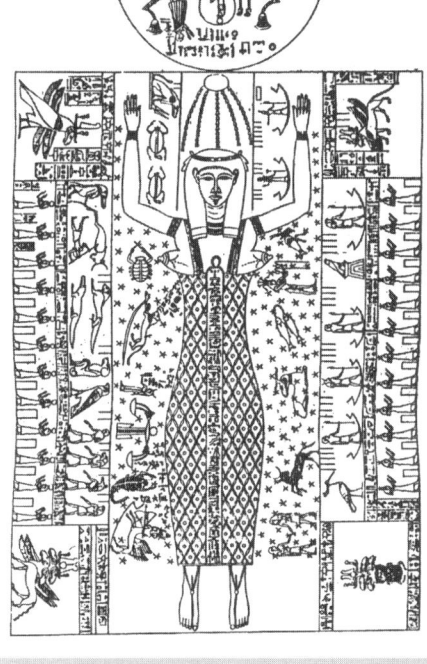

【그림 68】 관 뚜껑에 그려진 하늘의 지도

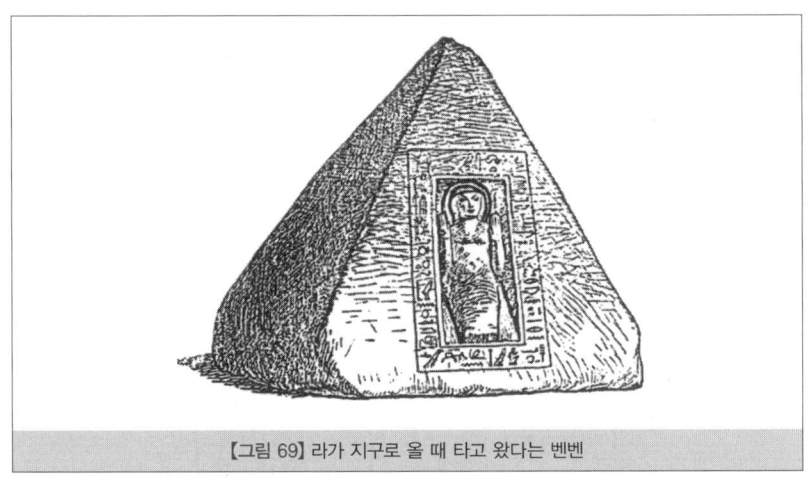
【그림 69】 라가 지구로 올 때 타고 왔다는 벤벤

운 도래였음을 보여주고 있는 것이다!

결론적으로 이것이 그 혁신, 즉 아켄아텐이 도입한 차이였다. 기성 사제 집단을 무시하고, 그리고 틀림없이 그들의 생각을 너무 앞질러서 그는 새로운 메시아의 시대가 도래했음을 선언했다. 이런 이단론에 아텐의 귀환에 대한 아켄아텐의 선언과 함께 개인적인 주장을 끼워 넣음으로써 사태는 더욱 악화되었다. 아켄아텐은 갈수록 더 자신이 **예언자인 신의 아들이며, '신의 몸에서 나온' 존재이며**, 자신을 통해서만 신의 계획이 계시된다고 주장했다.

당신의 아들 아켄아텐 이외에
당신을 아는 자는 없습니다.
당신은 당신의 계획에 따라 그를 현명하게 만들었습니다.

그리고 이것 역시 테바이의 아몬 사제들에게는 받아들일 수 없는 것이었다. 아켄아텐이 사라지자마자(어떻게 사라졌는지는 불확실하다) 그들은 사라진 신 아몬 숭배를 복원했고, 아켄아텐이 일으켰던 모든 것을 내던지고 파괴해 버렸다.

요벨('양의 해')을 도입하게 한 이집트에서 있었던 아텐 에피소드가 하늘의 '별 신'의 귀환에 대한 열망을 확산하는 자극제였음은 양에 대한 기독교 성서의 또 하나의 언급, 즉 **귀환 카운트다운**에 대한 또 하나의 고백으로 분명해진다.

그것은 「출애굽기」 끝 부분에 나오는 특이한 사건에 관한 기록이다. 그것은 혼란스런 측면들이 많은 이야기이고, 신이 보여준 다가올 일들에 대한 환상으로 끝나는 이야기다.

구약은 동물의 내장을 검사하고 신령에게 묻고 예언을 하고 주술을 걸고 요술을 부리고 점을 치는 등으로 미래를 알아보려는 것은 '야훼가 혐오하는' 것임을 거듭 선언한다. 다른 민족들이 하는 무당굿으로, 이스라엘인들이 피해야 할 것들이었다. 구약은 또한 야훼 자신의 말이라면서 꿈과 계시와 환상은 신과 의사소통을 하는 정당한 방법이라고 주장했다. 「민수기」가 이스라엘인이 아닌 선지자이자 계시 전달자 이야기를 하기 위해 세 개의 긴 챕터(22~24장)를 선뜻(!) 할애한 이유를 설명해 주는 것도 그런 구분이었다. 그의 이름은 빌람(Bil'am)이었고, 발라암(Balaam, 발람)으로 표기되기도 했다.

이 부분에 그려진 사건들은 이스라엘인들(구약의 '이스라엘의 자손들')이 시나이 반도를 떠나 사해 동쪽으로 가서 북쪽으로 진군하고 있을 때 일어났다. 그들이 사해와 요르단 강 동쪽 땅을 차지하고 있는 작은 왕국들을 만나게 되자 모세는 왕들에게 평화롭게 통과할 수 있도록 해줄 것을 요청했다. 그 제안은 대부분 거절당했다. 그들이 평화롭게 통과하는 것을 거부했던 암몬(Ammon)인들을 방금 물리친 이스라엘인들은 이제 '예리코 건너편 요르단 강변의 모압(Mo'ab) 평원에 진을 치고' 모압 왕의 그 지역 통과 허락을 기다리고 있었다.

모압 왕은 지포르(Zippor, 십볼/시뽈)의 아들 발라크(Balak, 발락)였는데, '떼거리'를 통과시키고 싶지 않았지만 그들과 싸우기도 겁이 났던 그는 기발한 생각을 했다. 그는 사람을 보내 국제적으로 유명한 선지자인 베오르(Be'or, 브올)의 아들 발라암을 불러오게 했다. 그러고는 그에게 '나를 위해 이 사람들에게 저주를 내려' 그들을 물리쳐 쫓아낼 수 있게 해달라고 청했다.

발라암은 몇 차례 간청을 받고는 그 일을 받아들였다. 처음에는 에우프라테스 강(?) 근처 어딘가에 있는 그의 집에서, 그리고 모압으로 가는 도중에 하느님의 천사, 곧 히브리어로 말라크(Malach, 글자 그대로 '밀사'의 뜻)가 나타나 일에 끼어들었다. 그는 어떤 때는 보이고 어떤 때는 보이지 않았다. 천사는 발라암이 신에게서 내려오는 계시만을 말해야 한다는 것을 알아들었음을 확인한 뒤에야 발라암으로 하여금 그 일을 받아들이도록 허락했다. 이상스럽게도 발라암은 처음에 모압 왕의 특사에게, 그리고 이어 모압 왕 자신에게 이 조건을 거듭 이야기하면서 야훼를 '나의 하느님'으로 불렀다.

그리고 계시를 위한 몇 개의 장치가 마련되었다. 왕은 발라암을 데리고 이스라엘인들의 진영 전체를 볼 수 있는 산꼭대기로 올라갔고, 발라암의 지시에 따라 일곱 개의 제단을 세우고 일곱 마리의 수송아지 및 일곱 마리의 숫양을 희생으로 바친 뒤 계시를 기다렸다. 그러나 발라암의 입에서는 이스라엘인들에 대한 비난의 말 대신 칭찬의 말이 흘러나왔다.

그러나 고집스런 모압 왕은 발라암을 데리고 다른 산으로 올라갔다. 그곳에서는 이스라엘인들 진영의 끝 부분만이 보였고, 같은 절차가 다시금 진행되었다. 그러나 이번에도 발라암의 계시는 이스라엘인들을 저주하기는커녕 축복했다. 그는 이렇게 말했다.

> 나는 그들이
> 벌어진 양의 뿔을 든 신에게 보호를 받으며
> 이집트에서 나오는 것을 보았다.

그들은 왕권을 차지하도록 되어 있는 민족, 사자처럼 일어나게 될 민족이라는 것이었다.

왕은 다시 한 번 시도해 보기로 하고 발라암을 사막이 바라다보이는 산꼭대기로 데리고 갔다. 이스라엘인들의 진영이 보이지 않는 산이었다. '거기서는 신들이 당신으로 하여금 저주를 내릴 수 있도록 할 것'이라고 그는 말했다. 일곱 개의 제단이 다시 세워지고 일곱 마리의 수송아지와 일곱 마리의 숫양이 희생으로 바쳐졌다. 그러나 발라암은 이제 인간의 눈으로가 아니라 '신의 환상에서' 이스라엘인들 및 그들의 미래를 보았다. 그는 두 번째로 이 민족이 이집트에서 나올 때 벌어진 양의 뿔을 든 신에 의해 보호되고 있는 모습을 보았고, 이스라엘을 '사자처럼 일어설' 민족으로 그렸다.

모압 왕이 항의하자 발라암은 금·은을 아무리 준다 해도 자신은 하느님이 하라고 한 말밖에는 할 수 없다고 설명했다. 그러자 실망한 왕은 포기하고 발라암을 가도록 했다. 그러나 이제는 발라암이 왕에게 공짜 조언을 해주었다. 그는 왕에게 미래의 모습을 이야기해 주겠다고 말했다.

지평선의 십자가 **243**

이 민족과 당신의 백성들에게

종말의 날에 닥칠 일들을.

_「민수기」 24:14

그러고는 그것을 한 '별'에 연관시킴으로써 미래에 대한 신의 환상을 묘사해 나갔다.

보인다, 지금의 모습은 아니지만.

눈에 보인다, 가까이에 있는 모습은 아니지만.

야콥의 별 하나가 나온다.

이스라엘 출신의 왕 하나가 즉위한다.

모압 지역을 그가 부술 것이다.

세트의 자손들 모두를 그가 뒤흔들 것이다.

_「민수기」 24:17

그리고 발라암은 에돔(Edom, 이두매)인·아말레크(Amalek, 아말렉)인·켄(Ken, 겐)인과 다른 카나안 민족들에게로 눈을 돌려 그들에게 계시를 선포한다. 야콥의 진노에서 살아남은 사람들은 앗시리아의 수중에 떨어질 것이다. 그리고 앗시리아의 차례가 되어 영원히 멸망할 것이다. 그리고 발라암은 계시를 마쳤다.

발라암은 일어나서 자기 집으로 돌아가고

발라크도 제 갈 곳으로 갔다.

_「민수기」 24:25

이 발라암 이야기는 당연히 성서학자들과 신학자들의 토론과 논쟁 주제가 되었지만, 아직도 당혹스럽고 해결되지 않은 문제로 남아 있다. 이 문서는 신적인 존재에 관해 '엘로힘'(복수의 '신들')과 유일신인 야훼를 손쉽게 넘나들며 언급한다. 그것은 이스라엘인들을 이집트에서 데리고 나온 하느님에게 물리적 형상을 씌움으로써 구약의 가장 기본적인 금기를 정면으로 어기고, 그 하느님을 '벌어진 뿔을 가진 양'의 모습으로 그림으로써 그 위반을 더욱 가중시킨다. 그 모습은 바로 이집트인들이 아몬을 묘사한 방식이었다! 【그림 70】 점치는 일과 요술 같은 것들을 금지한 구약에서 직업적인 예언자를 인정하는 태도를 보이는 것은 이 전체 이야기가 원래 이스라엘인들의 것이 아니었지만 구약에서 상당한 지면을 할애해 끼워 넣었다는 느낌을 강화시켜 주며, 따라서 이 사건과 그 속에 담긴 메시지는 이스라엘인들의 '약속의 땅' 점유에 중대한 전조로 생각되었음이 틀림없다.

문서는 발라암이 에우프라테스 강 상류 어딘가에 살던 아람인이었음을 시사한다. 그가 예언한 계시는 야콥의 자손들이 맞이할 운명에서부터 여러 민족들 사이에서의 이스라엘인들의 위치와 그러한 다른 민족들의 장래에 대한 계시까지 확장되고 있다. 심지어 멀리 떨어진 데다 당시 태어나지도 않았던 앗시리아 제국까지도 들어 있다. 이렇게 이 계시는 당시의 이스라엘인이라는 범위를 벗어난 더 넓은 범위의 예상을 나타낸 것이었다. **구약은 이 이야기를 끼워 넣음으로써 이스라엘인들의 운명을 인류 전반에 대한 예상과 연결시켰다.**

발라암 이야기는 그러한 예상이 두 개의 통로를 통해 전해졌음을 보여준다. 하나는 황도대 순환이고, 다른 하나는 '돌아오는 별'의 궤도였다.

황도대에 대한 언급은 이스라엘인들의 이집트 집단 탈출 시기에 양자

【그림 70】 이집트인들이 묘사한 아몬의 모습

리(그리고 그 신!)에 관한 것이 가장 많았고, 선지자 발라암이 미래를 그려 보이면서 계시적이고 예언적으로 변화해 갔다. 여기서 황도대 별자리들인 황소자리와 양자리('일곱 차례 희생으로 바칠 수송아지와 숫양들'), 그리고 사자자리('왕의 나팔이 이스라엘에 들릴 때')를 연상시키고 있다(「민수기」 23장). 또한 발라암 문서는 먼 미래를 그려 보이면서 '**종말의 날에**'라는 중요한 표현을 써서 이 예언적 계시가 적용되는 시기를 나타냈다(「민수기」 24:14).

이 말은 이들 이스라엘의 범위를 벗어난 예언들을 야콥의 후손들의 운명과 곧바로 연결시킨다. 야콥 스스로가 죽을 때 자손들을 모아놓고 그들의 미래에 대한 계시를 들려주면서 그가 사용한 말이기 때문이다. 그는 이렇게 말했다.

> 모두들 모여라.
> **종말의 날**에 너희에게 무슨 일이 닥칠지
> 내가 너희에게 이야기하겠다.
>
> _「창세기」49:1

많은 사람들은 미래의 이스라엘 열두 부족들에게 개별적으로 들려준 이 계시가 황도대 열두 별자리와 연관된 것으로 생각했다.

그러면 발라암이 노골적으로 이야기한 '야콥의 별'은 무엇일까?

기독교 성서에 대한 학자들의 토론에서 그것은 보통 기껏해야 천문학적 맥락보다는 점성술적 차원에서 이야기되고 있고, 더욱 흔하게는 '야콥의 별'에 대한 언급이 순전히 비유적인 것이라 간주해 버리는 경향이 있다. 그러나 이 언급이 정말로 자신의 궤도를 돌고 있는 어떤 '별', 아직 보이지는 않지만 예언적으로 나타난 행성이라면 어떻겠는가?

발라암이 아켄아텐처럼 니비루의 귀환, 니비루의 재출현을 이야기하고 있는 것이라면? 그러한 귀환은 수천 년에 한 번씩 일어나는 특이한 사건, 신들과 인간들의 문제에 있어 가장 중대한 분기점임을 반복적으로 알렸던 사건이라는 점을 인식해야 한다.

이것은 단순히 표현상의 문제가 아니다. 실제로, 전개되는 사건들은 점점 더 매우 중대한 사건들이 다가오고 있음을 시사한다. 이집트 집단 탈출 이야기와 발라암 이야기, 이집트의 아켄아텐 이야기 등에서 우리가 발견했던 '돌아오는 행성'에 대한 한 세기 정도의 몰두와 예언들 속에서, 바빌론 자신은 그러한 광범위한 열망의 증거들을 내놓기 시작했다. 그리고 가장 분명한 실마리는 **십자가 상징**이었다.

바빌론에서 이 시기는 카시트 왕조 시기에 해당하고, 이에 관해서는 이미 언급한 바 있다. 그들의 바빌론 지배 자체에 관해서는 남아 있는 자료가 별로 없고, 앞서 이야기했듯이 그 왕들은 왕실 기록을 보존하는 데 서툴렀다. 그러나 그들은 정황을 알려주는 그림들을 남겼고, 점토판 위에 국제간 왕복 편지도 남겼다.

아켄아텐의 수도 아켓아텐 유적지는 지금 이집트의 텔엘아마르나로 알려져 있는데, 여기서 유명한 '엘아마르나 서판들'이 발견되었다. 380개의 점토판 가운데 세 개를 제외한 점토판들은 모두 당시의 국제 외교 언어였던 아카드어로 새겨졌다. 일부 서판은 이집트 궁정에서 보내온 왕실 편지의 사본이지만, 대부분은 외국 왕들로부터 받은 원본 편지들이었다.

이 보관소는 아켄아텐의 왕실 외교 문서 보관소였고, 서판들은 대부분이 그가 바빌론 왕들로부터 받은 편지들이었다!

아켄아텐은 그 편지 왕래를 통해 바빌론의 상대자들에게 새로 발견한 자신의 아텐 신앙을 이야기해 준 것일까? 우리는 정말 모른다. 우리가 볼 수 있는 것은 바빌로니아 왕들이 아켄아텐에게 보낸 편지들뿐이고, 거기에는 아켄아텐이 자신에게 보내진 금의 무게가 모자라고 그의 특사들이 이집트로 오는 도중 그것을 빼돌렸다는 불평이나, 그가 자신의 건강을 챙기지 못했다는 이야기 따위만이 들어 있기 때문이다. 그러나 빈번한 특사 또는 기타 사절들의 교환과 심지어 청혼도 있었고 바빌로니아 왕이 이집트 왕을 '형제'라고 부른 사실로부터 바빌론의 지배층이 이집트의 종교 상황에 대해 잘 알고 있었으리라는 결론을 내릴 수 있다. 그리고 바빌론이이 '돌아오는 별로서의 라' 소동이 무엇인지 생각해 보았다면 그들은 그것이 '돌아오는 행성으로서의 마르둑', **공전 궤도를 따라 돌아오는 니비루**에 대한 언급임을 알았을 것이다.

메소포타미아에서는 이집트에 비해 천체 관측의 전통이 훨씬 오래되었고 더 발전했기 때문에 바빌론의 왕실 천문학자들이 이집트의 도움 없이, 그리고 심지어 이집트인들보다 먼저 니비루의 귀환과 관련한 결론을 내렸을 가능성이 당연히 있다. 따라서 바빌론의 카시트인 왕들이 여러 가지 방법으로 자기네 종교의 근본적인 변화를 알리기 시작한 것이 서기전 13세기였던 것이다.

서기전 1260년에 새로운 왕이 바빌론의 왕위에 올라 카다쉬만엔릴(Kadashman-Enlil)이라는 이름을 썼다. 놀랍게도 엔릴을 숭배하는 이름이다. 그리고 그것은 일시적인 움직임이 아니었다. 다음 세기에 그의 뒤를 이은 카시트인 왕들은 엔릴뿐만이 아니라 아다드를 숭배하는 이름들까지 가지고 있었다. 신들의 화해에 대한 열망을 시사하는 놀라운 움직임이었다. 어떤 비상한 일이 기대되고 있었다는 데 대한 또 다른 증거로 쿠두르루(kudurru, '둥글게 한 돌')라 불리는 기념비를 들 수 있다. 그것은 당초 경계 표지로 세워진 것이었다. 국경 조약(또는 영지 할양) 내용과 이를 뒷받침하기 위한 서약을 적은 문서 부분을 지닌 쿠두르루는 하늘의 신들의 상징으로 신성화되었다. 신의 별자리 상징(열두 개가 모두 있다)이 빈번하게 묘사되었다. 【그림 71】 그들 위의 궤도를 돌고 있는 것은 태양·달·니비루의 문양이었다. 또 다른 그림에서는 니비루가 지구(일곱 번째 행성) 및 달과 함께 보이고 있다(그리고 닌마의 상징인 탯줄 칼도 보인다). 【그림 72】

【그림 71】 신들의 별자리 상징이 새겨진 쿠두르루 기념비

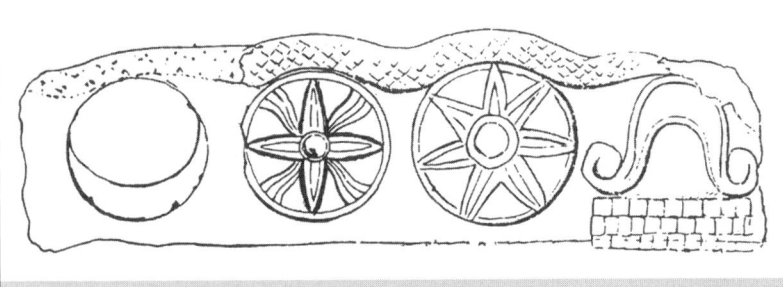

【그림 72】 달·니비루·지구(왼쪽부터)와 탯줄 칼 문양

중요한 것은 니비루가 이제 더 이상 날개 달린 원반 상징으로 그려지지 않고 있다는 점이다. 그 대신 새로운 방식, 즉 **빛을 내뿜는 십자가**의 행성으로 그려진다. '먼 옛날' 수메르인들이 '교차로의 행성'이 될 찰나의 빛을 내뿜는 행성으로 그렸던 것과 일치한다.

오래 관찰되지 않던 니비루를 빛을 내뿜는 십자가 상징으로 나타내는 방식은 더욱 일반화되기 시작했고, 바빌론의 카시트인 왕들은 곧 이 상징을 그냥 **십자가 상징**으로 단순화해 그들의 옥새에서 날개 달린 원반 상징 대신 썼다. 【그림 73】 이 십자가 상징은 훨씬 후대의 그리스도교 '몰타 십자가'와 비슷한 모습인데, 고대 조각품을 연구하는 사람들 사이에서는 '카시트 십자가'로 알려져 있다. 또 다른 그림이 보여주는 것처럼 이 십자가 상징은 **분명히 태양과는 다른 행성**에 해당하는 것이었고, 그것은 초승달 및 화성에 해당하는 여섯 뿔의 별 상징과 함께 **별개로 그려지고** 있다. 【그림 74】

서기전 제1천년기가 시작되면서 니비루의 십자가 상징은 바빌로니아에서 인근 나라들의 도장 디자인으로 확산되었다. 카시트의 종교 및 문학 자료가 없기 때문에 어떤 메시아 열망이 이런 표현상의 변화를 가져왔는지는 추측의 영역을 벗어나지 못한다. 그것이 무엇이었든, 그것은 앗시리아·엘람 등 엔릴계 국가들의 바빌론 공격과 마르둑의 주도권에 대한 그들의 반대 강도를 높였다. 그 공격으로 인해 십자가 상징이 결국 앗시리아 본토에서 채택되는 일이 늦추어졌다(늦추어졌을 뿐, 그것을 막지는 못했다). 왕실 기념물들에서 나타나는 것처럼, 앗시리아 왕들은 눈에 잘 띄도록 가슴의 심장 근처에 십자가를 달았다. 【그림 75】 오늘날 독실한 가톨릭 신자들이 다는 방식이다. 종교적으로, 그리고 천문학적으로 그것은 가장 중요한 행위였다. 그것이 널리 퍼진 표현 방식이었음은 이집트에서도 역시 신

【그림 73】 십자가로 단순화된 니비루의 상징들

【그림 74】 화성·태양·달과 별개로 그려진 십자가 상징

왕(神王)이 앗시리아 왕들처럼 가슴에 십자가 상징을 달고 있는 그림이 발견되었다는 사실로 짐작할 수 있다. 【그림 76】

바빌론과 앗시리아 등지에서 니비루의 문양으로 '십자가 상징'을 채택한 것은 뜻밖의 혁신이 아니었다. 이 상징은 이전에도, 수메르인들과 아카드인들에 의해 사용되었다. '창조 서사시'는 이렇게 말하고 있다.

> 니비루,
> '교차로'가 그 이름이 되게 하소서!

그리고 이에 따라 그 상징(십자가)은 수메르 조각에서 니비루를 표시하기 위해 사용되었다. 그러나 이때는 **그것이 언제나 니비루가 '가시권으로 돌아오는 것'**을 의미했다.

'창조 서사시' 「에누마 엘리쉬」는 티아마트와 벌인 '천체 전쟁' 후에 '침략자'가 태양을 크게 돌아 전투 현장으로 돌아갔다고 분명히 밝히고 있다. 티아마트는 우리 태양계의 다른 식구 행성들과 마찬가지로 황도라는 평면으로 태양을 돌고 있었기 때문에 '침략자'는 하늘에서 그 장소로 돌아올 수밖에 없었다. 그리고 그렇게 되니 '침략자'가 궤도를 돌면서 매번 **황도면과 교차**되는 지점이 바로 그곳이었다. 이를 설명하는 간단한 방법은 유명한 핼리(Hally) 혜성의 공전 궤도를 보여주는 것이다. 【그림 77】 핼리 혜성의 궤도는 니비루의 궤도와 비슷하지만 규모를 상당히 축소한 형태다. 그 기울어진 궤도는 태양에 접근하면서 남쪽으로부터, 황도면 아래로부터 천왕성 부근으로 접근한다. 황도면 위로 구부러진 궤적을 그린 뒤 태양 근처에서 방향을 바꾸고 토성·목성·화성에 '인사'를 한다. 그러고는 아래를

【그림 75】 앗시리아 왕의 가슴에 달린 십자가   【그림 76】 가슴에 십자가를 달고 있는 이집트의 통치자

향해 니비루가 티아마트와 '천체 전쟁'을 벌인 장소, 곧 교차점(**X** 표시를 한 곳) 가까이에서 황도면을 건넌 뒤 사라진다. 그러고는 정해진 궤도가 지시하는 대로 다시 돌아오게 된다.

하늘에서, 그리고 시간상으로 그 지점이 **교차점**이다. 「에누마 엘리쉬」는 아눈나키의 행성이 **십자가 행성**이 되는 것이 바로 이때라고 말한다.

> 니비루 행성
> 그것이 하늘과 지구의 십자로를 차지한다. (…)
> 니비루 행성

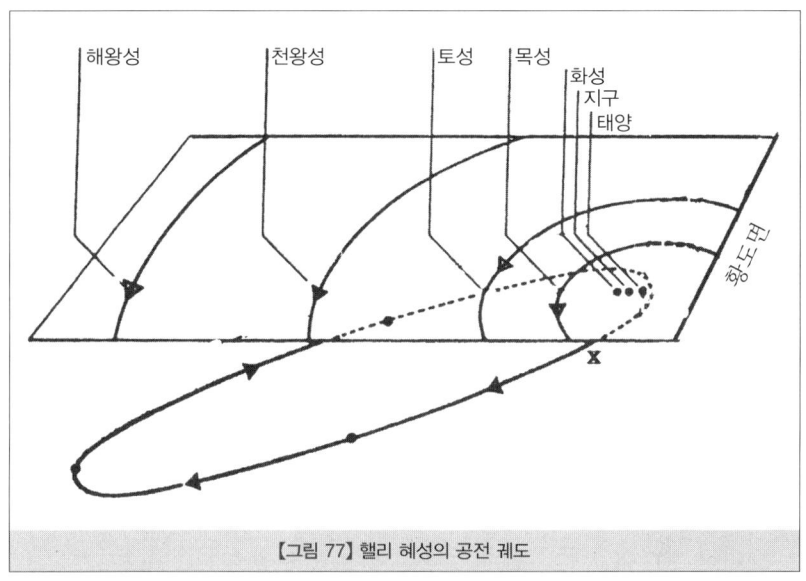

【그림 77】 핼리 혜성의 공전 궤도

그것이 가운데 자리에 위치한다. (…)

니비루 행성

그것은 지칠 줄 모르고

티아마트의 한가운데를 통과한다.

'교차점'이 그의 이름이 되리라!

인류의 옛 이야기 가운데 중요한 사건들을 다루고 있는 수메르 문서들은 이 '아눈나키의 행성'의 주기적 출현에 관해 구체적으로 언급하고 있다. 그것은 대략 3,600년 주기로 나타나며, 항상 지구와 인류 역사의 결정적인 변곡점이었다. 그런 시기에 이 행성은 니비루로 불렸고, 그 상징 문양은 (심지어 수메르 초기에도) 십자가였다.

그 기록은 대홍수 사건으로 시작된다. 대홍수를 다루고 있는 몇몇 문서

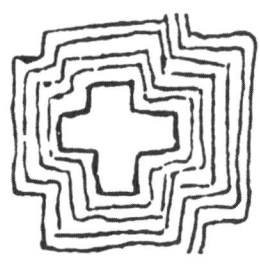

【그림 78】 대홍수 시기에 나타난 니비루를 상징한 그림

들은 이 분수령적인 대재앙을 사자자리 시대(서기전 10900년 무렵) 하늘의 신 니비루가 출현한 것과 연결시키고 있다. '깊은 바다의 물을 측정한 것은 사자자리 시대였다'고 한 문서는 말한다. 다른 문서들은 대홍수 시기에 니비루가 빛을 뿜는 별로 나타났음을 묘사하고 그에 걸맞은 그림을 그렸다.【그림 78】

　　홍수가 났다고 그들이 외칠 때
　　그것은 니비루 신이었다. (…)
　　공포의 **빛나는 왕관**을 쓴 신이 괴로워한다.
　　날마다 사자 안에서 **그가 불탄다.**

　이 행성은 서기전 제8천년기 중반 인류에게 농업과 축산이 주어졌을 때 돌아오고 재출현해서 다시 '니비루'가 되었다. 농업의 시작을 묘사한 원통인장에 그려진 그림들은 '십자가 상징'을 이용해 니비루가 지구 상공에 나타났음을 보여주고 있다.【그림 79】
　마지막으로, 그리고 수메르인들에게는 가장 인상적으로, 이 행성은 황

【그림 79】 농경 그림 속에 나타난 니비루의 상징 십자가

소자리 시대인 서기전 4000년 무렵 아누와 안투가 공식 방문차 지구에 왔을 때 다시 한 번 볼 수 있었다. 나중에 수천 년 동안 우루크로 알려진 도시가 그들을 기리기 위해 건설되었고, 지구라트가 세워졌으며, 그 꼭대기에서 밤에 하늘이 어두워진 뒤 그 행성이 지평선에서 떠오르는 모습을 볼 수 있었다. 니비루가 시야에 들어오자 함성이 올랐다.

　　창조자의 모습이 떠올랐다!

　그리고 모든 참석자들이 '아누 신의 행성'을 찬양하는 찬가를 부르기 시작했다.

　황소자리 시대가 시작될 무렵 니비루가 나타난 것은 반일출 때, 곧 동이 트기 시작했지만 지평선에서 아직 별을 볼 수 있을 만큼 어두운 때에 배경 별자리가 황소자리였음을 의미한다. 그러나 빠르게 움직이는 니비루는 태양을 돌 때 하늘에서 곡선 궤도를 그리며 곧 다시 내려가 행성 평면('황도') 너머로 교차점을 자르고 지나간다. 여기서 이 횡단은 사자자리를 배경으로 관찰된다. 원통인장과 천문학 서판 등에 그려진 몇몇 그림들

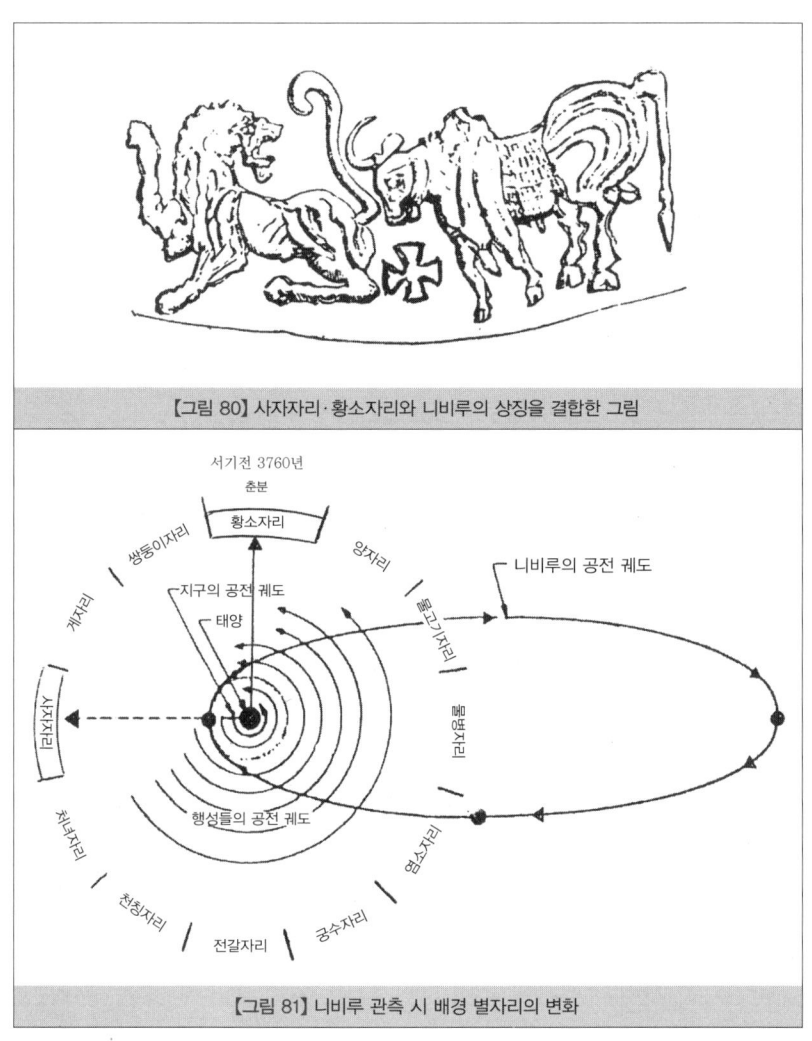

【그림 80】 사자자리·황소자리와 니비루의 상징을 결합한 그림

【그림 81】 니비루 관측 시 배경 별자리의 변화

은 지구가 황소자리 시대일 때 니비루가 도착한 것과 그 횡단이 사자자리에서 관측된 것을 나타내기 위해 십자가 상징을 사용하고 있다.【그림 80/81】

따라서 '날개 달린 원반' 상징에서 '십자가 표시'로의 변화는 새로운 것

이 아니었다. 그것은 이전 시기에 '하늘의 주인'을 그린 방식으로 되돌아 간 것이었다. 그러나 이는 그 행성이 그 거대한 궤도에서 황도를 횡단해 '니비루'가 되었을 때만이었다.

    과거에 그랬듯이 새로운 '십자가 표시'의 표현은 재출현과 시야 재진입, '귀환'을 의미하는 것이었다.

11
주님의 날

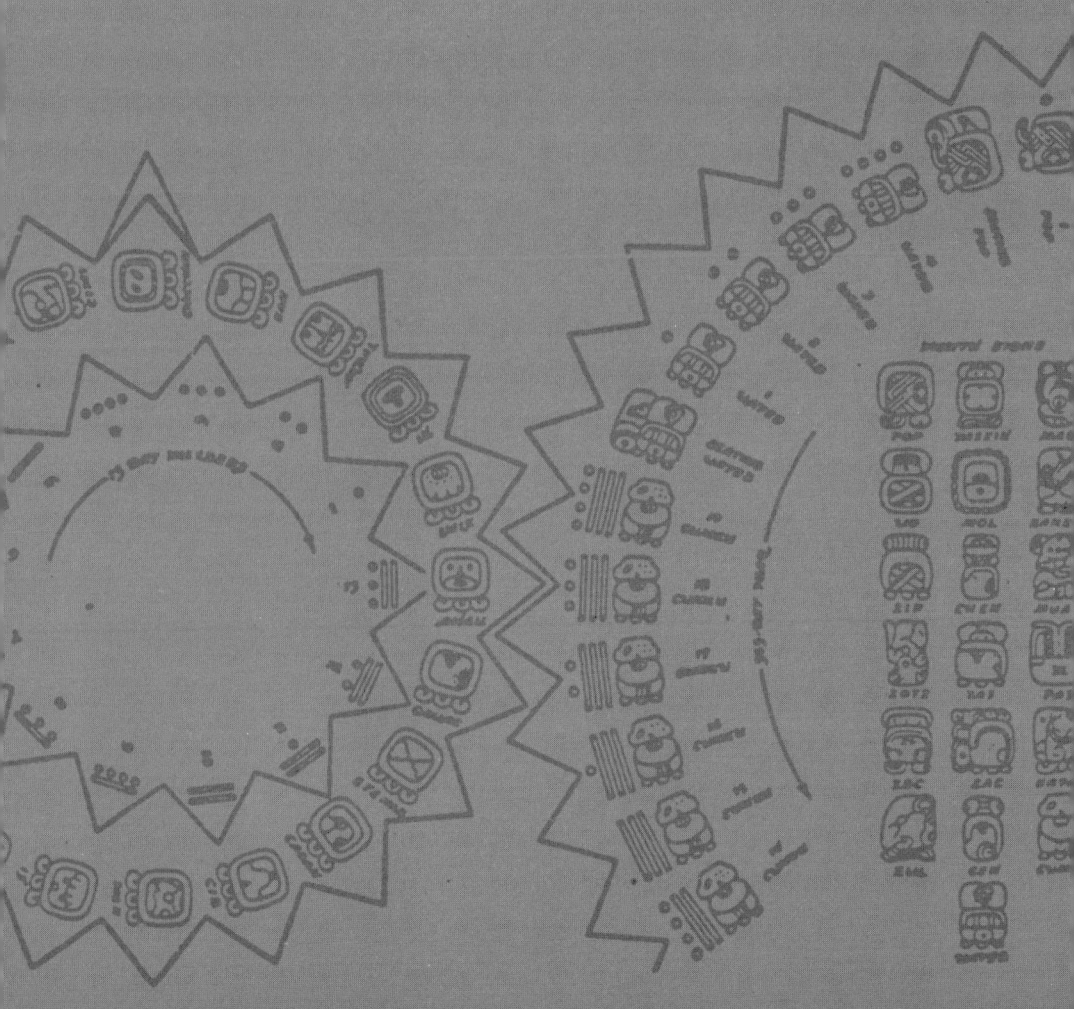

주님의 날

서기전 제1천년기가 시작될 때 '십자가 표시'의 출현은 귀환의 전조였다. 그리고 예루살렘의 야훼 신전이 그 신성한 장소를 영원히 역사적 사건 전개와 인류의 메시아 열망에 연결시켰다. 이 시기와 장소는 우연이 아니었다. 귀환이 임박함에 따라 과거의 비행통제센터에 신전을 건립하지 않을 수 없었던 것이다.

바빌로니아·앗시리아·이집트 등 동시대의 강력하고 정복적인 제국주의 국가들에 비해 히브리 왕국은 어린아이에 불과했다. 바빌론·니네베·테바이처럼 성역과 지구라트, 신전, 행진로, 화려한 성문, 거대한 왕궁, 공중(空中)정원, 신성한 연못, 강나루 등을 갖춘 그 수도들의 웅대함에 비해 예루살렘은 급조한 성벽에 물 공급도 보장되지 않은 작은 도시였다. 그러나 수천 년 뒤 우리 마음속에 남아 있고 일간지 표제에 오르는 것은 살아 있는 도시 예루살렘이다. 반면 웅장했던 다른 나라의 수도들은 먼지로 변하고 무너진 폐허가 되어버렸다.

그 차이는 어디서 비롯된 것일까? 예루살렘에 세워진 야훼 신전, 그리고 결과적으로 실현된 계시를 이야기한 그 예언자들이다. 그래서 사람들은 그들의 예언이 아직도 미래에 대한 열쇠를 쥐고 있다고 믿는다.

히브리인들이 예루살렘과, 그리고 특히 모리야 산과 연결된 것은 아브라함의 시대로 거슬러 올라간다. 아브라함은 '왕들의 전쟁' 동안에 우주공항을 보호하는 그의 임무를 완수했을 때 아브라함은 '최고신의 사제'였던 이르샬렘(Ir-Shalem, 예루살렘) 왕 말키제덱(Malkizedek, 멜기세덱)에게서 인사를 받는다. 거기서 아브라함은 축복을 받고 '최고신이며 하늘과 지구의 주인'에게서 약속을 받았다. 아브라함은 다시 거기서 믿음을 시험받고 하느님으로부터 언약을 받았다. 그러나 신전이 건립될 합당한 시기와 환경이 이루어지기까지는 1,000년이 걸렸다.

구약은 예루살렘 신전이 독특한 것이라고 주장했다. 그리고 또 사실이 그러했다. 거기에는 수메르 니푸르의 두르안키가 과거에 가지고 있었던 '하늘-지구 연결고리'를 가지고 있는 것으로 생각되었다.

> 그리고 그 일이 일어났다.
> 이스라엘의 자손들이 이집트에서 나온 지
> 480년 되는 해,
> 솔로몬이 왕이 된 지 4년째 되는 해
> 두 번째 달에,
> 솔로몬이 하느님의 집을 짓기 시작했다.
> ―「열왕기 상」 6:1

이렇게 구약은 「열왕기」에 솔로몬 왕에 의해 예루살렘에서 야훼 신전이 건축되기 시작했음을 기록하면서 우리에게 그 사건의 정확한 날짜를 제공해 주고 있다. 그것은 결정적이고 단호한 조치였으며, 그 결과물은 아직도 우리와 함께 있다. 그리고 **그 시기는 바빌론과 앗시리아가 '십자가 표시'를 귀환의 전조로서 채택한 때였음을 지적해 둘 필요가 있다.**

예루살렘 신전에 관한 극적인 이야기는 솔로몬이 아니라 그의 아버지인 다비드 왕으로부터 시작된다. 그리고 그가 어떻게 해서 이스라엘의 왕위에 오를 수 있었는지 하는 것은 신의 계획을 드러내는 이야기다. **과거를 되살림으로써 미래를 준비하는 것**이었다.

40년을 통치한 다비드 왕의 유산 가운데는 북쪽으로 다마스쿠스에까지 이르는(그리고 '착륙장'까지 포함하는!) 엄청나게 확장된 영토와 수많은 멋진 시편들, 그리고 야훼 신전의 기초 작업 등이 있었다. 세 신의 밀사가 다비드 왕을 세우고 역사에서 그의 위치를 확립하는 데 핵심적인 역할을 했다. 구약은 그들이 '선지자 사무엘(Samuel), 예언자 나탄(Nathan, 나단), 선견자 가드(Gad, 갓)'라고 꼽고 있다. 언약궤의 관리 사제였던 사무엘은 하느님으로부터 명령을 받고 '예세(Jesse, 이새)의 아들인 젊은 다비드를 양치기에서 이스라엘의 목자로 이끌어냈다'. 그리고 사무엘은 '기름이 가득 찬 뿔을 가져다가 **그에게 기름을 부어** 이스라엘을 다스리도록 했다'.

아버지의 양을 치던 젊은 다비드를 이스라엘의 목자로 선택한 것은 두 배로 상징적이다. 그것은 수메르의 황금시대로 거슬러 올라가는 것이기 때문이다. 그 왕들은 루갈('위대한 사람')로 불렸지만, 귀한 칭호 엔시('정통성 있는 목자')를 얻으려고 애썼다. 앞으로 보게 되겠지만 그것은 다비드와 신전이 수메르의 과거와 연결되는 일의 시작일 뿐이었다.

다비드는 예루살렘 남쪽 헤브론에서 통치를 시작했고, 그것 역시 역사적 상징성으로 가득 찬 선택이었다. 헤브론의 이전 이름은 기독교 성서에서 거듭 지적하는 대로 키르야트아르바(Kiryat-Arba, 기럇아르바, '아르바의 성곽도시')였다. 그러면 아르바는 누구인가?

> 그는 '아나킴' 가운데서 나온 '위대한 사람'이었다.
> ―「요슈아」 14:15

'위대한 사람'과 아눈나키는 수메르어 '루갈'과 '아눈나키'를 히브리어로 번역한 기독교 성서의 두 용어다. 구약은 「민수기」의 구절들로부터 시작해 「요슈아」, 「사사기」, 「역대」 등을 통해 헤브론이 '네필림으로 생각되는 아나킴'의 자손들이 사는 중심지였다고 써서, 그들을 인간의 딸들과 결혼한 「창세기」 6장의 네필림들과 연결시키고 있다. 헤브론에는 이스라엘인들의 이집트 집단 탈출 시기에도 여전히 아르바의 세 아들들이 살고 있었고, 요슈아를 대신해 그 도시를 점령하고 그들을 멸망시킨 것은 예포네(Jephoneh, 여분네)의 아들 칼레브(Caleb, 갈렙)였다. **다비드는 헤브론의 왕이 되는 것을 선택함으로써 자신의 왕위를 수메르 전승의 아눈나키와 연결되는 왕들을 직접 이은 것으로 만들었다.**

그는 헤브론에서 7년간 통치한 뒤 수도를 예루살렘으로 옮겼다. 그의 왕궁('다비드의 도시')은 지온(시온) 산에 세워졌다. 아눈나키가 세운 기단이 있던 모리야 산의 바로 남쪽이며 그 산과는 작은 계곡으로 분리되어 있는 산이다.【그림 82】그는 두 산 사이의 간격을 좁히기 위해 밀로(Miloh, '충전물')를 건설했다. 기단 위에 야훼 신전을 건설하기 위한 첫 단계였다. 그러나 그가 모리야 산에 세우도록 허락받은 것은 제단이 전부였다. 하느님은 나탄을 통해, 다비드는 수많은 전쟁을 통해 피를 흘렸기 때문에 그가 아니라 그의 아들 솔로몬이 신전을 짓게 될 것이라고 말했다.

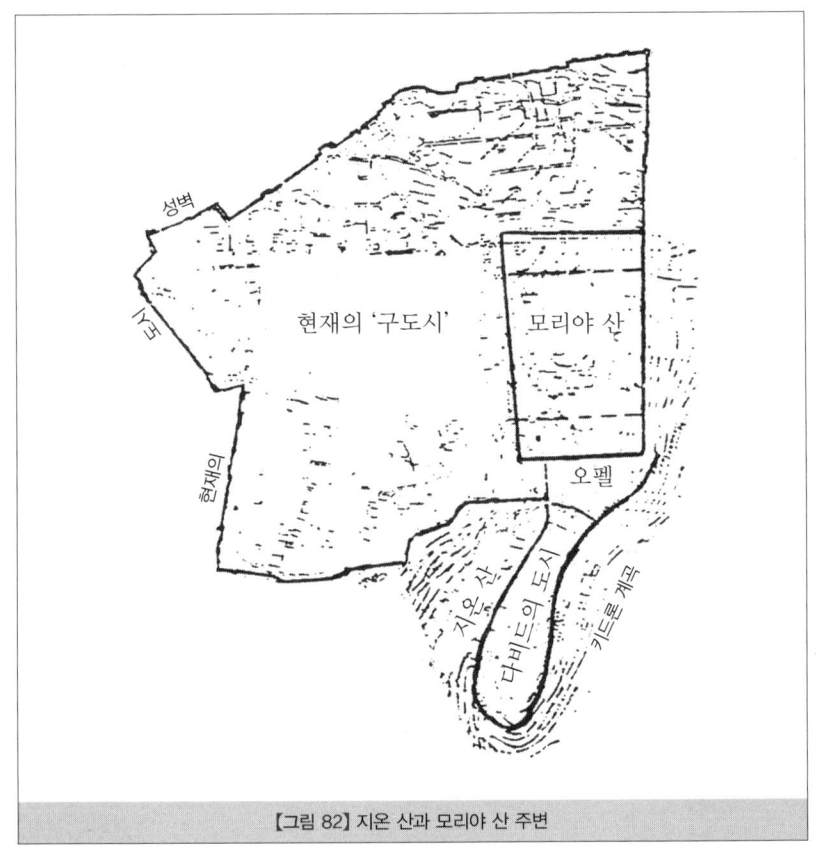

【그림 82】 지온 산과 모리야 산 주변

예언자의 전갈을 듣고 망연자실한 다비드는 언약궤(그것은 여전히 이동천막 안에 모셔져 있었다) 앞으로 가서 '야훼 앞에 앉았다'. 하느님의 결정을 받아들인 그는 하느님에 대한 자신의 열렬한 충성심에 대한 한 가지 보상을 청했다. 신전을 건설하고 영원한 축복을 받는 것은 정말로 다비드 왕가가 될 것이라는 확신 내지 표지였다. 바로 그날 밤, 그는 모세가 하느님과 대화를 했던 그 언약궤 앞에 앉아 신의 표지를 받았다. 앞으로 세워질 신전의 타브니트(Tavnit, **축척 모형**)를 받은 것이다!

그날 밤 다비드 왕과 그의 신전 계획에 관해 일어났던 일이 수메르 왕 구데아의 〈환상특급〉 이야기와 똑같다는 사실이 아니라면 이 이야기의 진실성을 무시해 버릴 수도 있을 것이다. 구데아는 1,000년 이상 전에 비슷하게 꿈속의 환상을 통해 닌우르타 신으로부터 라가쉬의 신전 건설을 위한 건축 설계도가 그려진 서판과 벽돌 틀을 받았던 것이다.

다비드 왕은 죽음의 날이 다가오자 각 부족의 우두머리들과 군 사령관들, 사제들, 왕궁의 관리들 등 이스라엘의 모든 지도자들을 예루살렘으로 불러 모은 뒤 그들에게 야훼의 약속을 이야기했다. 그는 모인 모든 사람이 보는 가운데 '신전과 그 모든 부분들과 방들에 대한 타브니트, (…) 그가 신령으로부터 받은 타브니트'를 자신의 아들 솔로몬에게 건네주었다. 그뿐만이 아니었다. 다비드는 또한 '타브니트의 모든 것을 이해할 수 있도록 야훼께서 직접 써서 내게 주신 모든 것'을 솔로몬에게 넘겨주었다. 신이 쓴 관련 지침서 뭉치였다(「역대 상」 28장).

히브리어 '타브니트'는 제임스 왕 영역본에는 '모형(pattern)'으로 번역되었지만 보다 최근의 번역본들에서는 '설계도(plan)'로 번역되고 있어, 다비드가 받은 것이 일종의 건축 도면이었음을 시사하고 있다. 그러나 '설계도'에 해당하는 히브리어는 토크니트(Tokhnit)다. 반면에 타브니트는 '건축하다, 건설하다, 세우다'를 뜻하는 동사에서 나온 말이다. 따라서 다비드가 받아 자신의 아들 솔로몬에게 건네준 것은 '건축 모형'이다. 오늘날의 용어로 축척 모형이다. (고대 근동 각처의 고고학적 발견 가운데는 실제로 전차와 마차, 배, 작업장, 그리고 심지어 다층으로 된 사당에 대한 축척 모형들이 발굴된 바 있다.)

기독교 성서의 「열왕기」와 「역대」는 그 신전에 대한 정확한 치수와 분명한 건물 세부, 그리고 그 건물 설계도를 제시하고 있다. 그 중심축은 동–

서 방향으로 잡아 춘분을 향해 정렬된 '영원한 신전'이 되도록 하고 있다. 신전은 히브리어로 울람(Ulam)이라고 하는 전면부, 수메르어 에갈(Egal, 큰 주거지)에서 유래해 히브리어로 헤칼(Hekhal)인 큰 중앙 홀, 언약궤가 놓여 있는 지성소 등 세 부분으로 이루어져 수메르의 신전 설계를 채택하고 있다. 【그림 63 참조】 가장 안쪽은 드비르(Dvir, '말하는 자')로 불렸다. 하느님이 모세에게 이야기한 것이 언약궤를 통해서였기 때문이다.

전통적으로 60진법의 '기수(基數) 60' 개념을 표현하기 위해 건설되었던 수메르 지구라트에서와 마찬가지로 솔로몬의 신전 역시 그 건축에서 60을 채용했다. 중심 부분인 중앙 홀은 길이가 60큐빗(약 30미터), 폭이 20큐빗(60÷3), 높이가 120큐빗(60×2)이었다. 지성소는 가로-세로 20큐빗이었다. 언약궤와 그 위의 금으로 만든 두 케룹(Cherub)이 딱 들어갈 수 있는 크기였다('그들의 날개가 닿았다'). 전승과 문헌 증거, 그리고 고고학적 연구를 보면 궤는 아브라함이 자기 아들 이사악을 희생으로 바치려 했던 바로 그 특별한 돌 위에 놓였던 것 같다. 히브리어로 그 돌을 에벤 샤티야(Even Shatiyah)라 하는데, '초석(礎石)'이라는 뜻이다. 그리고 유대 전승에 따르면 그곳에서 세상이 재창조될 것이라고 한다. 지금은 '바위의 돔'이 그것을 덮어 둘러싸고 있다. 【그림 83】 (이 신성한 바위와 그 수수께끼의 동굴, 비밀 지하 통로에 관한 자세한 이야기가 『지구 연대기 여행』에 실려 있다.)

비록 하늘 높이 치솟은 지구라트에 비하면 엄청난 덩치라고 할 수는 없었지만, 이 신전은 완성되자 정말로 컸다. 그것은 또한 근동 지역의 다른 당대 신전 어느 것과도 달랐다. 기단 위에 그 신전을 세우는 데는 철이나 철제 도구를 전혀 쓰지 않았다(그리고 신전을 사용할 때도 철은 전혀 쓰이지 않았고 모든 도구는 동이나 청동 제품이었다). 그리고 **건물은 안쪽에 금으로 상감을 했다.** 심지어 설치된 황금 판자에 친 못까지도 금으로 만들어졌

【그림 83】 '바위의 돔' 안에 있는 '초석'의 모습

다. 사용된 금의 양은 어마어마했다.

> 지성소에는 600탈렌트(달란트)가 들었고
> 못으로 50세켈(세겔)이 들었다.
>
> _「역대 하」3:8~9

그래서 솔로몬은 오피르(Ophir, 오빌)에서 금을 실어 오기 위해 특별 선단을 준비했다(오피르는 남동 아프리카에 있었던 곳으로 생각된다).
구약은 그곳에 철로 만든 것의 사용을 금지했다거나 신전 안의 모든 것을 금으로 상감하도록 한 것에 대해 아무런 설명도 달지 않았다. 그저 철은 그 금속의 특성 때문에 피했고, 금은 가장 좋은 전기 전도체이기 때문에 쓰였다고 추측해 볼 수 있을 뿐이다.

중요한 점은 그렇게 사당 내부를 금으로 상감한 것이 지구 반대쪽에서 두 사례가 발견되었다는 점이다. 하나는 페루의 잉카(Inca) 수도 코스코(Qusqu, 쿠스코)의 대신전이다. 그곳은 남아메리카의 주신 위라코차(Wiraqucha, 비라코차)가 모셔진 곳이다. 그곳은 코리칸차(Quri Kancha, '황금 울안')로 불렸다. 그 지성소가 완전히 금으로 상감되어 있었기 때문이다. 다른 하나는 볼리비아 티티카카(Titicaca) 호반의 푸마풍쿠(Puma-Punku)다. 유명한 티와나쿠(Tiwanaku) 유적 인근이다. 이 유적은 방 같은 네 개의 석조 건물로 이루어져 있다. 그 벽과 바닥과 천정은 하나의 거대한 돌 토막을 깎아 만든 것이었다. 그 사방 담은 내부가 완전히 황금 판으로 덮여 있었고, 그 판들은 황금 못으로 고정되어 있었다. 나는 『엘도라도, 혹은 사라진 신의 왕국들』에서 이 유적지를(그리고 그곳들이 에스파냐인들에 의해 어떻게 약탈되었는지를) 설명한 뒤 푸마풍쿠가 아누 및 안투의 서기전 4000년 무렵 지구 방문 때 그들의 숙소로 건설되었다고 주장한 바 있다.

구약에 따르면 이 거대한 사업을 위해서는 수만 명의 일꾼이 7년을 일해야 했다. 그러면 이 '하느님의 집'의 목적은 무엇인가? 모든 것이 준비되자 사제들에 의해 언약궤가 위풍당당하게 옮겨져 지성소 안에 안치되었다. 궤가 내려지고 지성소와 큰 방을 분리하는 장막이 쳐졌다.

'하느님의 집'은 구름으로 가득 차고
사제들은 서 있을 수가 없었다.

「열왕기 상」 8:10~11, 「역대 하」 5:13~14

그리고 솔로몬이 감사 기도를 올렸다.

> 구름 속에 사시기를 택하신 주님
> 제가 당신을 위해 장엄한 집을 지었습니다.
> 당신께서 영원히 사실 곳입니다. (…)
> 당신이 가장 높은 하늘에 들어가실 수 없어도
> 하늘에 있는 당신의 자리에서 우리의 애원을 들어주소서.
> 　　　　　　　　　　_「열왕기 상」 8:12~28, 「역대 하」 6:1~19

> 그리고 그날 밤 야훼께서 솔로몬에게 나타나
> 그에게 말씀하셨다.
> "내가 네 기도를 들었다.
> 나는 이곳을 나를 위한 숭배의 장소로 선택했다. (…)
> 하늘에서 나는 내 백성의 기도를 듣고
> 그들의 죄를 용서할 것이다. (…)
> 이제 나는 나의 '셈(Shem)'을 위해 이 집을 선택해 정화하고
> 영원히 거기 머물 것이다."
> 　　　　　　　　　　　　　　　　_「역대 하」 7:12~16

이 '셈'이라는 말은 여기서나 「창세기」 6장 앞 구절들 같은 이전 용례에서도 보통 '이름'으로 번역된다. 나의 첫 책 『수메르, 혹은 신들의 고향』으로 거슬러 올라가자면 나는 이 용어가 본래, 그리고 적정한 문맥에서 이집트인들이 '하늘의 배'라 부르고 수메르인들이 신들의 무(Mu, '하늘의 배')라 부른 것에 해당한다고 말한 바 있다. 따라서 돌 기단 위에 세워지고 그 신

성한 바위 위에 언약궤를 안치한 예루살렘 신전은 지구에서 하늘의 신과 연결하는 역할을 하도록 되어 있었다. 그 신과 연락을 하고 그 신의 '하늘의 배'가 착륙하는 곳이었다!

신전 어느 곳에도 입상(立像)이나 우상, 조각된 형상이 전혀 없다. 그 안에 있는 유일한 물건은 신성한 언약궤다.

> 그 궤 안에는 아무것도 없었고
> 다만 시나이에서 모세가 받은 돌판 두 개가 있을 뿐이었다.
> 「열왕기 상」 8:9, 「역대 하」 5:10

니푸르에 있던 엔릴의 신전에서부터 바빌론에 있던 마르둑의 신전에 이르는 메소포타미아의 지구라트 신전들과 달리 이 신전은 신이 살고 먹고 자고 목욕하는 주거 장소가 아니었다. **그곳은 '숭배의 집', 신과 만나는 곳이었다. 그것은 구름 속에 사는 신이 나타나는 장소로서의 신전이었다.**

그림 하나가 수천 마디의 말에 맞먹는다는 이야기가 있다. 관련된 글이 별로 없고 그림들이 많은 경우 그것은 틀림없는 진실이다.

예루살렘 신전이 완성되고 '구름 속에 사는 분'에게 바쳐질 그 무렵에 신성문자(신들의 그림)가 일반화되고 허용된 지역에서 그런 문자에 중대한 변화가 일어났다. 가장 먼저, 그리고 가장 중요한 것이 앗시리아였다. 이런 문자들은 아슈르 신을 '구름에 사는 자'로 분명하게 보여준다. 얼굴이 다 나타나거나 손만 보이기도 하고, 종종 활을 든 모습으로 그려진다. 【그림 84】 이 그림을 보면 대홍수 직후 신의 신호였던 구약의 '구름 속의 무지개' 이야기가 연상된다.

【그림 84】 아슈르 신을 그린 신성문자

한 세기 정도 뒤에 앗시리아의 그림들은 '구름 속의 신'의 새로운 변형을 보여준다. '날개 달린 원반을 탄 신'으로 분류되는 이 그림들은 날개 달린 원반 문양 안에 있는 신을 분명하게 보여주고 있다. 신만 나타나기도 하고, 지구(일곱 개의 점) 및 달(초승달 모양)과 함께 나오기도 한다. 【그림 85a/b】 날개 달린 원반은 니비루를 나타낸 것이기 때문에 여기 나오는 신은 '니비루와 함께 도착하는' 신이어야 했다. 그렇다면 틀림없이 **이 그림들은 니비루라는 행성뿐만 아니라 거기 사는 신들**(아마도 아누가 직접 이끄는)의 도착이 가까워지고 있다는 데 대한 기대를 드러내고 있다.

'십자가 부호'로 시작된 이러한 문자들과 상징들의 변화는 '귀환' 예상으로 인해 초래된 보다 뿌리 깊은 기대와 근본적인 변화, 그리고 광범위한 준비를 반영한 것이었다. 그러나 그 기대와 준비는 바빌론이 다르고 앗시

【그림 85a】 날개 달린 원반 문양 안에 있는 신

【그림 85b】 일곱 개의 점 및 초승달 모양과 함께 나오는 신들

리아가 달랐다. 한쪽에서는 메시아 열망이 이미 그곳에 있는 신(들)에 초점이 맞추어진 반면에, 다른 쪽에서는 그 열망이 돌아오려 하고 다시 나타나려 하는 신(들)과 연관되어 있었다.

바빌론에서는 그 열망이 주로 종교적이었다. 마르둑이 그 아들 나부를 통해 메시아로 부활하는 것이었다. **서기전 960년** 무렵에 신성한 아키투(Akitu) 의식 재개를 위한 엄청난 노력이 기울여져, 지구의 창조와 하늘(태양계)의 재편, 그리고 인간 창조가 마르둑의 작품이었다는 수정판 「에누마 엘리쉬」가 공개적으로 낭송되었다. 나부가 바빌론 바로 남쪽 보르시파에 있는 그의 사당으로부터 와서 의식에서 결정적인 역할을 한 것이 부활의 필수적인 부분이었다. 이에 따라 서기전 900년에서 서기전 730년 사이에 통치했던 바빌로니아 왕들은 마르둑과 관련된 이름과, 그리고 상당히 많은 경우 나부와 관련된 이름을 다시 갖기 시작했다.

앗시리아에서 일어난 변화는 국제정치와 더욱 관련이 있었다. 역사가들은 이 시기(서기전 960년 무렵)를 신(新)앗시리아 제국 시대의 시작으로 생각한다. 기념물들과 왕궁 벽의 새김글들도 있지만 이 시기 앗시리아에 관한 주(主)정보원은 그 왕들의 연대기다. 거기에는 그 왕들의 행적이 연도순으로 기록되어 있다. 이에 따르면 그들의 주된 관심은 '정복'이었다. 그 왕들은 전례 없는 강도로 잇달아 군사 원정에 나섰다. 옛 수메르-아카드의 지배권을 차지하기 위해서만이 아니라 '귀환'에 필수적이라고 생각되는 것, '우주 관련 지역의 통제권'을 차지하기 위해서였다.

이것이 군사 원정의 목적이었음은 그들이 목표로 삼았던 곳뿐만 아니라 서기전 8~9세기 앗시리아 왕궁 벽의 거대한 돌 부조를 통해서도 분명하게 확인할 수 있다(그 부조들은 세계 유수의 몇몇 박물관들에 소장되어 있다). 일부 원통인장 같은 데서는 왕과 고위 사제가 날개 달린 케룹(아눈나키 '우주비행사')들과 함께 생명나무 옆에서 날개 달린 원반을 타고 오는 신을 영접하고 있는 모습을 보여준다. **【그림 86a/b】 신의 도착이 분명하게 예상되고 있었던 것이다!**

역사가들은 신앗시리아 시기의 시작을 티글라트필레세르(Tiglath-Pileser) 2세가 니네베에서 즉위한 앗시리아 새 왕조의 성립과 연결시키고 있다.

【그림 86a/b】날개 달린 원반을 타고 오는 신을 영접하는 모습

국내 통치의 강화와 국외에서의 정복·파괴·합병이라는 패턴은 그의 뒤를 이어 앗시리아의 왕위에 오른 그의 아들 및 손자에 의해 이루어졌다. 흥미롭게도 그들의 첫 번째 목표는 하부르 강 유역과 그 지역의 중요한 교역 및 종교 중심지 하란이었다.

그 후계자들은 그곳을 점령했다. 후계자들은 거기서 시작했다. 종종 이전의 영광스러웠던 왕들과 같은 이름을 가졌던(그래서 1세, 2세, 3세 같은 숫자로 그들을 구분한다) 후계 왕들은 앗시리아의 지배력을 모든 방향으로 확산했다. 그러나 특히 강조된 곳은 라바안(La-ba-an), 곧 레바논의 해안 도시들과 산악지대였다. **서기전 860년** 무렵에 가슴에 십자가 상징을 단 아슈르나시르팔(Ashurnasirpal) 2세는 튀레·시돈·게발(뷔블로스) 등 페니키아 해안 도시들을 점령하고 삼나무 산과 그곳의 성지인 아눈나키의 옛 착륙장에 올랐음을 자랑했다. 【그림 75 참조】

그의 아들이자 후계자인 샬만에세르(Shalmaneser) 3세는 그곳에 기념비를 세웠음을 기록하고 있는데, 그곳의 이름을 비트아디니(Bit Adini)라고 했다. 이 이름은 문자적으로 '에덴 주거지'를 의미한다. 그리고 기독교 성서의 선지자들도 그 이름으로 알고 있었다. 선지자 에제키엘은 튀레 왕이 자신을 신으로 생각했다며 비난했다. 왕은 그 성소에 가서 '불 뿜는 돌을 타고 이동'했다 해서 그렇게 생각한 것이었다. 그리고 선지자 아모스는 돌아올 **주님의 날**에 대해 이야기하면서 그곳을 열거했다.

예상할 수 있는 일이지만, 앗시리아인들은 거기서 관심을 다른 우주 관련 지역으로 돌렸다. 솔로몬이 죽은 뒤 그의 왕국은 싸움을 벌인 후계자들에 의해 예루살렘을 수도로 하는 남쪽의 유대(Judea)와 열 부족을 거느린 북쪽의 '이스라엘(Israel)'로 쪼개졌다. 샬만에세르 3세는 가장 잘 알려진 그의 기념비 '검은 오벨리스크'에서 이스라엘 왕 예후(Jehu)로부터 공물을 받은 사실을 기록하고 있다. 거기에는 니비루의 날개 달린 원반 문양이 눈에 띄는 그림이 있는데, 예후가 무릎을 꿇고 절을 하는 모습이 그려져 있다. 【그림 87】 구약과 앗시리아 연대기는 모두 그 뒤에 티글라트필레세르 3세(서기전 744~727)가 이스라엘에 침입해 그 땅 대부분을 잠식하고 그 지배층

【그림 87】샬만에세르에게 절을 하며 공물을 바치는 예후

일부를 추방했음을 기록하고 있다. 그리고 서기전 722년에 그의 아들 샬만에세르 5세가 이스라엘의 남은 지역을 침략해 그 모든 국민을 추방하고 외국인들로 대신 채웠다. 열 부족은 사라졌고, 그들의 행방은 영원한 수수께끼로 남았다. (샬만에세르가 이스라엘에서 돌아온 뒤 그가 왜 그리고 어떻게 벌을 받고 티글라트필레세르의 또 다른 아들에 의해 갑자기 왕좌에서 밀려났는지 역시 풀리지 않는 수수께끼다.)

이미 착륙장을 점령한 앗시리아인들은 이제 마지막 전리품 예루살렘의 문턱에 섰다. 그러나 그들은 또다시 마지막 공격을 하지 못했다. 구약은 이 모든 것이 야훼의 뜻이라는 식으로 설명했다. 앗시리아 문서들을 조사해 보면 그들이 이스라엘 및 유대에서 했던 일과 그 시기가 그들이 바빌론 및 마르둑에 대해서 했던 일과 그 시기와 일치함을 알 수 있다.

앗시리아인들은 레바논의 우주 관련 지역 점령 이후(그러나 예루살렘을 향한 원정을 떠나기 전이다) 마르둑과 화해하기 위한 전례 없는 조치를 취했다. 서기전 729년에 티글라트필레세르 3세는 바빌론으로 들어가 그 성역에 들어간 뒤 '마르둑의 손을 잡았다'. 그것은 종교적·외교적으로 대단히 중요한 제스처였다. 마르둑의 사제들은 마르둑 신과 성찬을 함께하도록 티글라트필레세르를 초청함으로써 화해를 인정했다. 그 이후 티글라트필레세르의 아들 사르곤 2세는 남쪽으로 진군해 옛 수메르아카드 지역으로 들어갔고, 니푸르를 점령한 뒤 돌아서서 바빌론으로 들어갔다. 서기전 710년에 그는 자기 아버지와 마찬가지로 '마르둑의 손을 잡았다'. 신년 축하 의식에서였다.

남은 우주 관련 지역을 점령하는 임무는 사르곤의 후계자 센나케리브에게로 넘어갔다. 헤제키아(Hezekiah, 히스기야/히즈키야) 왕 시절인 서기전 704년의 예루살렘 공격은 센나케리브의 연대기와 구약에 모두 상세하게 기록되었다. 그러나 센나케리브가 그의 새김글에서 유대 지방 도시들을 성공적으로 점령한 일만을 이야기하고 있는 데 반해, 구약은 강력한 앗시리아 군대가 예루살렘을 포위 공격하다가 야훼의 뜻에 의해 기적적으로 물러간 이야기를 상세하게 전하고 있다.

예루살렘을 포위하고 그 백성들을 볼모로 잡은 앗시리아인들은 심리전을 전개했다. 도시 성벽 방어자들의 사기를 떨어뜨리는 말들을 크게 외치고 마침내 야훼까지 욕했다. 충격을 받은 헤제키아 왕은 슬픔을 못 이겨 옷을 찢고 신전에 들어가 '케룹들 위에 머무시는 모든 민족의 유일한 신, 이스라엘의 하느님 야훼'에게 도와달라고 기도했다. 이에 대한 응답으로 예언자 이사야(Isaiah)가 왕에게 하느님의 계시를 전했다. 앗시리아 왕은 도시에 들어오지 못하고 실패한 채 고국으로 돌아갈 것이며, 거기서 암살당할 것이라는 얘기였다.

> 그리고 그날 밤의 일이었다.
> 야훼의 천사가 앞으로 나아가
> 앗시리아인의 진영을 쳐서
> 18만 5,000명을 죽였다.
> 그리고 동이 트니, 이럴 수가!
> 그들은 모두 주검이 되어 있었다.
> 그래서 앗시리아 왕 센나케리브가 그곳을 떠나
> 그가 사는 니네베로 돌아갔다.
>
> _「열왕기 하」 19:35~36

기독교 성서의 화자는 독자들에게 모든 예언이 실현되었음을 깨닫도록 확실히 하기 위해 이렇게 계속한다.

> 그리고 센나케리브가 길을 떠나
> 니네베로 돌아갔다.
> 그리고 그가 자기의 신전에서
> 그의 신에게 예배를 드리고 있을 때의 일이었다. (…)
> 아드라멜레크(Adramelech, 아드람멜렉)와 샤레체르(Sharezzer, 사레셀)가
> 그를 칼로 쳐 죽이고
> 아라라트 땅으로 도망쳤다.
> 그의 아들 에사르핫돈(Esarhaddon, 에살핫돈/에살하똔)이
> 대신 왕이 되었다.
>
> _「열왕기 하」 19:36~37

이 기독교 성서의 뒷이야기는 놀랍게도 정확한 기록이다. 센나케리브는 정말로 서기전 681년에 그 자신의 아들에 의해 살해되었다. 이스라엘이나 유대를 공격한 앗시리아 왕이 두 번째로, 돌아오자마자 곧바로 죽었다.

예언(아직 일어나지 않은 일을 미리 말하는 것)은 본래 예언자에게서 기대할 수 있는 것이지만, 구약의 예언은 그 이상이었다. 우리가「레위기」에서 분명하게 이해했듯이 예언자는 '마술사나, 마법사나, 주술사나, 귀신을 호리거나 보는 자나, 점쟁이나, 죽은 자에게 요술을 부리는'(이 목록은 이웃 나라들의 다양한 점쟁이들에 대한 매우 포괄적인 나열이다) 자가 되어서는 안 되었다. '나비'(대변자)로서 그들이 해야 할 임무는 왕들과 국민들에게 야훼 자신의 말을 전달하는 것이었다. 그리고 헤제키아의 기도에서 분명히 드러나듯이, 이스라엘의 자손들은 하느님의 선택된 민족이었고 하느님은 '**모든 민족의** 유일한 신'이었다.

구약은 모세 이래의 예언자들에 대해 이야기하고 있지만 그들 가운데 15명만이 구약에 자신의 책을 갖고 있다. 그들 가운데 이사야·예레미야(Jeremiah)·에제키엘이 세 명의 '어른'이고 나머지 열두 명은 '꼬마들'이다. 예언자의 시대는 **서기전 760년** 무렵 유대의 아모스와 서기전 750년 무렵 이스라엘의 호세아(Hoseah)로부터 시작해 서기전 450년 무렵의 말라키(Malachi, 말라기)로 끝난다. '귀환'에 대한 기대가 형성되면서 국제정치적·종교적·실제적 사건들이 얽혀 기독교 성서에 나오는 '예언'의 토대 노릇을 한 것이다.

기독교 성서의 예언자들은 '신앙의 수호자' 노릇을 했고, 자기네 왕들과 백성들의 도덕적·윤리적 나침반이었다. 그들은 또한 먼 나라의 상황과 다른 나라 수도의 궁정 음모, 어느 신이 어느 곳에서 숭배되고 있는지에 관한 대단히 정확한 지식과 역사·지리·교역로·정벌에 관한 놀라운 지식을 지녀 세계 무대에서 관측가 겸 예측가로도 활동하고 있었다. **거기서 그들은 그런 현재에 대한 인식을 과거에 대한 지식 및 미래에 대한 예언과 결합시켰다.**

히브리 예언자들에게 야훼는 최고신 '엘엘리온(El Elyon)'이었을 뿐 아니라 신 중의 신 '엘엘로힘(El Elohim)'이었고, 모든 민족, 지구 전체, 우주의 '공통신'이었다. 그는 비록 하늘 끝에 살았지만 자신의 피조물인 지구와 그곳에 사는 사람들을 챙겼다. 일어난 모든 일들은 그의 뜻에 따른 것이었고, 그의 뜻은 그의 심부름꾼에 의해 수행되었다. 그것은 천사가 될 수도 있고, 왕이 될 수도 있고, 나라가 될 수도 있었다. 예언자들은 미리 결정된 숙명과 자유의지가 개입되는 운명을 구분하는 수메르인들의 생각을 채용해, 미래는 모두 미리 계획되어 있어 예언할 수 있지만 그리로 가는 과정에서 일들이 바뀔 수 있다고 믿었다. 예를 들어 앗시리아는 때로 하느님의 '천벌의 매'로 불려 그것으로 다른 나라들을 징계했지만, 앗시리아가 쓸데없이 포악하거나 도를 넘는 행동을 하면 앗시리아 자체도 이제 징계의 대상이 되었다.

예언자들은 현재의 사건들뿐만 아니라 미래에 관해서도 이중적인 메시지를 전하고 있었던 듯하다. 예를 들어 이사야는 인류에 대해 모든 민족(이스라엘까지 포함해서)이 심판을 받고 징계되는 '천벌의 날'을 예상해야 한다고 예언하면서도, 늑대가 양과 함께 살고 인간이 칼을 녹여 쟁기를 만들고 지온(시온)이 모든 민족의 빛이 되는 목가적인 시대를 내다보고 있다.

이 모순은 오랫동안 성서학자들과 신학자들을 당혹케 했다. 그러나 예언자들의 말들을 자세히 살펴보면 놀라운 발견을 할 수 있다. '심판의 날'은 **주님의 날**로 이야기되었고, 메시아의 시대는 **종말의 날**에 예상되었다. 그리고 이 둘은 동의어도 아니었고 동시에 일어나는 것으로 예언된 것도 아니었다. 그들은 두 개의 별개 사건으로 각기 다른 시기에 일어나야 하는 것이었다.

앞의 '주님의 날', 하느님의 심판의 날은 이제 막 일어나려 하고 있다.

박애의 시대를 안내하는 또 하나는 아직 오지 않고, 미래의 어느 시기가 될 것이다.

예루살렘에서 나온 이야기들은 신들과 인간들의 미래에, 니비루의 공전이라는 '신의 시간'과 황도대의 '하늘의 시간' 중 어떤 시간 주기가 적용되어야 하느냐에 관한 니네베와 바빌론에서의 논쟁을 되풀이한 것일까? 의문의 여지 없이 서기전 8세기가 끝나면서 세 나라 수도에서는 두 시간 주기가 동일한 것이 아님이 분명해졌다. 그러나 **예루살렘에서는 기독교 성서의 예언자들이 다가오는 '주님의 날'을 이야기하면서 사실은 '니비루의 귀환'을 이야기하고 있었다.**

구약은 「창세기」 첫 장에서 수메르의 '창조 서사시'의 축약판을 언급한 이후로 줄곧 니비루의 존재와 그것이 주기적으로 지구 근처로 귀환함을 인정하고 있었고, 그것을 야훼가 '공통신'이라는 또 하나의(이 경우에는 하늘의) 표시로 다루었다. 「시편」과 「욥기」는 '하늘 꼭대기에서 순회를 계획하는' 사라진 하늘의 신에 대해 이야기하고 있다. 그들은 이 하늘의 신이 처음 나타난 일을 회상한다. 그가 티아마트(구약에서는 테홈(Tehom)이라 부르고 '오만한 자'라는 뜻의 라하브(Rahab) 또는 라바흐(Rabah)라는 별명이 붙었다)와 충돌해 그것을 부수고 하늘과 '두드려 만든 팔찌'(소행성대)를 만들고

'지구를 허공에 매단' 일이다. 그들은 또한 하늘의 신이 대홍수를 일으켰던 때도 회상한다.

니비루의 도착과 그 거대한 공전 궤도를 만들게 되는 천체 충돌은 장엄한 「시편」 19편에서 이렇게 칭송되고 있다.

> 하늘은 주님의 영광을 드러내고
> '두드려 만든 팔찌'는 그의 솜씨를 알려준다. (…)
> 그는 신랑이 되어 닫집에서 나오고
> 운동선수처럼 즐거워하며 제 길을 달린다.
> 그는 하늘 끝에서 나오고
> 궤도는 다시 그 끝으로 돌아간다.
>
> _「시편」 19:1~6

대홍수의 시기에 이 하늘의 주인이 다음번에 돌아올 때 무슨 일이 일어날지에 대한 전조로 생각되었던 것이 그 주인의 접근이었다.

> 나는 주님의 업적을 상기하고
> 태곳적 당신의 기적을 기억하겠습니다. (…)
> 오, 주님, 물이 당신의 뜻을 알고 소용돌이쳤습니다.
> 당신의 번개가 튀어 나가고
> 불꽃이 세상을 태웠습니다.
> 당신의 천둥소리가 쾅쾅 울리고
> 지구는 이리저리 흔들렸습니다.
>
> _「시편」 77:5, 16~18

예언자들은 이 옛날에 일어났던 일들이 앞으로 일어날 일들을 알려준다고 생각했다. 그들이 예상한 '주님의 날'은, 예언자 요엘(Joel)을 인용하면 이런 날이었다.

> 지구가 흔들릴 것이다.
> 해와 달이 어두워지고
> 별들이 빛나기를 멈출 것이다. (…)
> 엄청나고 무시무시한 날이다.

예언자들은 약 300년에 걸쳐 이스라엘과 모든 민족들에게 야훼의 말을 전했다. 글을 남긴 열다섯 예언자들 가운데 가장 먼저 나온 것은 아모스였다. 그는 **서기전 760년** 무렵부터 하느님의 대변자('나비') 일을 시작했다. 그의 예언은 세 시기(국면)에 걸친 것이었다. 그는 가까운 장래에 앗시리아의 침공이 있으리라는 것과 '심판의 날'이 다가오고 있다는 것, 그리고 평화와 풍요의 '종말'을 예언했다. '자신의 비밀을 예언자에게 계시하시는 주 야훼'의 이름으로 이야기하는 아모스는 '주님의 날'을 이런 날이라고 묘사했다.

> 해가 정오에 지고
> 지구가 한낮에 어두워진다.

그는 '자기네 신들의 행성과 항성'을 숭배하는 사람들에게 이야기하면서 다가오는 날을 대홍수 때의 일들과 비교한다.

낮이 밤처럼 어두워지고

바닷물이 땅 위로 쏟아졌다.

그리고 아모스는 그런 숭배자들에게 과장된 질문으로 경고한다.

'주님의 날'을 기다리는 너희에게 재앙이 떨어진다!

도대체 어째서 그것이 너희들에게 좋겠느냐?

주님의 날은 어둠뿐이요 빛이라곤 없다.

「아모스」5:18

반세기 뒤에 예언자 이사야는 '주님의 날' 예언을 특정한 지리적 장소인 '약속된 시간의 산', '북쪽 비탈'에 있는 곳과 연결시키고 그곳을 오르려는 왕에게 이렇게 말했다.

보라, 가차없는 분노와 천벌로

'주님의 날'이 온다.

땅을 폐허로 만들고

그 위에 사는 죄인들을 쓸어버린다.

「이사야」13:9

그는 또한 '주님이 거센 파도를 동반하는 파괴의 폭풍우로 오신 때'를 상기시키며, 일어나려는 일을 대홍수와 비교한다. 그리고 다가오는 그날을 지구에 영향을 줄 천체 현상으로 묘사한다.

하늘의 별들과 그 별자리들은

빛을 내지 못한다.

해가 떠도 컴컴할 것이고

달도 그 빛을 내지 못한다. (…)

하늘이 흔들릴 것이고

지구도 그 자리에서 흔들릴 것이다.

그날은 만물의 주님께서 **횡단하시게 되는**

그의 천벌의 날이다.

_「이사야」 13:10~13

이 예언에서 가장 눈에 띄는 것은 '주님의 날'을 '만물의 주님께서 **횡단하시게 되는**' 때와 동일시한다는 것이다(여기서 만물의 주님이란 하늘의 주인, 행성의 주인이다). 이는 「에누마 엘리쉬」에서 티아마트와 싸운 침입자가 어떻게 해서 니비루로 불리게 되었는지를 묘사하면서 썼던 바로 그 말이다.

횡단이 그 이름이 될 것이다!

이사야에 이어 예언자 호세아 역시 '주님의 날'을 하늘과 지구가 각기 서로에게 '반응'하는 날로 예견했다. 천체 현상이 지구에서 동조 작용을 일으키는 날이다.

이 예언들을 시대순으로 검토해 나가다 보면 서기전 7세기에 예언 전달이 더욱 급박해지고 더욱 분명해지는 것을 발견할 수 있다. '주님의 날'은 이스라엘을 포함한 모든 민족들에 대한 '심판의 날'이 될 것이지만, 주로 앗시리아가 한 일과 바빌론이 할 일에 대한 심판이었다. 그리고 **그날은 다 가오고 있고, 그날은 멀지 않았다**는 것이었다.

> 위대한 '주님의 날'이 다가오고 있다.
> 그날은 가까이에 있다!
> 주님의 날의 소리가 매우 급박하다.
> 그날은 천벌의 날이다.
> 재난과 고통의 날이다.
> 참화와 절멸의 날이다.
> 암흑과 깊은 어두움의 날이다.
> 구름과 짙은 안개의 날이다.
>
> _「제파냐」1:14~15

서기전 600년 직전에 예언자 하바쿡(Habakkuk, 하박국/하바꾹)은 **'몇 년 내에 오실 하느님'**, 천벌 대신 자비를 보여주실 하느님에게 기도를 했다. 하바쿡은 올 것으로 예상되는 하늘의 주인을 **빛을 내뿜는 행성**으로 묘사했다. 니비루가 수메르-아카드에서 그려진 바로 그 방식이다. 하바쿡은 그것이 남쪽 하늘에서 나타날 것이라고 말했다.

> 주님은 남쪽에서 오실 것이다. (…)
> 하늘은 그의 후광으로 뒤덮이고
> 지구는 그의 빛으로 가득 찬다.
> 그의 광선이 앞으로 빛나고
> 거기에 그의 힘이 숨겨져 있다.

'말'이 그에 앞서 나오고

불꽃이 아래에서 발산된다.

그는 멈추어 지구를 측정한다.

그가 보이자 나라들이 떤다.

_「하바쿡」3:3~6

예언자들의 절박성은 서기전 6세기가 시작되자 더욱 커졌다. 예언자 요엘과 예언자 오바댜(Obadiah, 오바디야)는 각기 이렇게 말했다.

'주님의 날'이 눈앞에 있다!

'주님의 날'이 가까이 다가왔다!

서기전 570년 무렵에 예언자 에제키엘은 다음과 같은 신의 긴급 전갈을 받았다.

"사람의 아들아, 예언해 말하라.

'주 하느님이 이렇게 말씀하셨다.

그날에 대해 울부짖고 애통해 하라.

그날이 가까이 왔다.

주님의 날이 가까이 왔다. (…)'"

_「에제키엘」3:3~6

에제키엘은 그때 예루살렘에서 떠나 있었다. 다른 유대 지도자들과 함께 바빌로니아 왕 네부카드네자르에 의해 추방된 것이었다. 에제키엘이 예언을 하고 유명한 하늘의 마차 환상을 보았던 추방 장소는 하부르 강변의 **하란** 지역이었다.

그 장소는 우연한 곳이 아니었다. **'주님의 날'의**(그리고 앗시리아 및 바빌론의) **마지막 이야기는 아브라함의 여행이 시작된 곳에서 상연되도록 되어 있었기 때문이다.**

12
한낮의 어둠

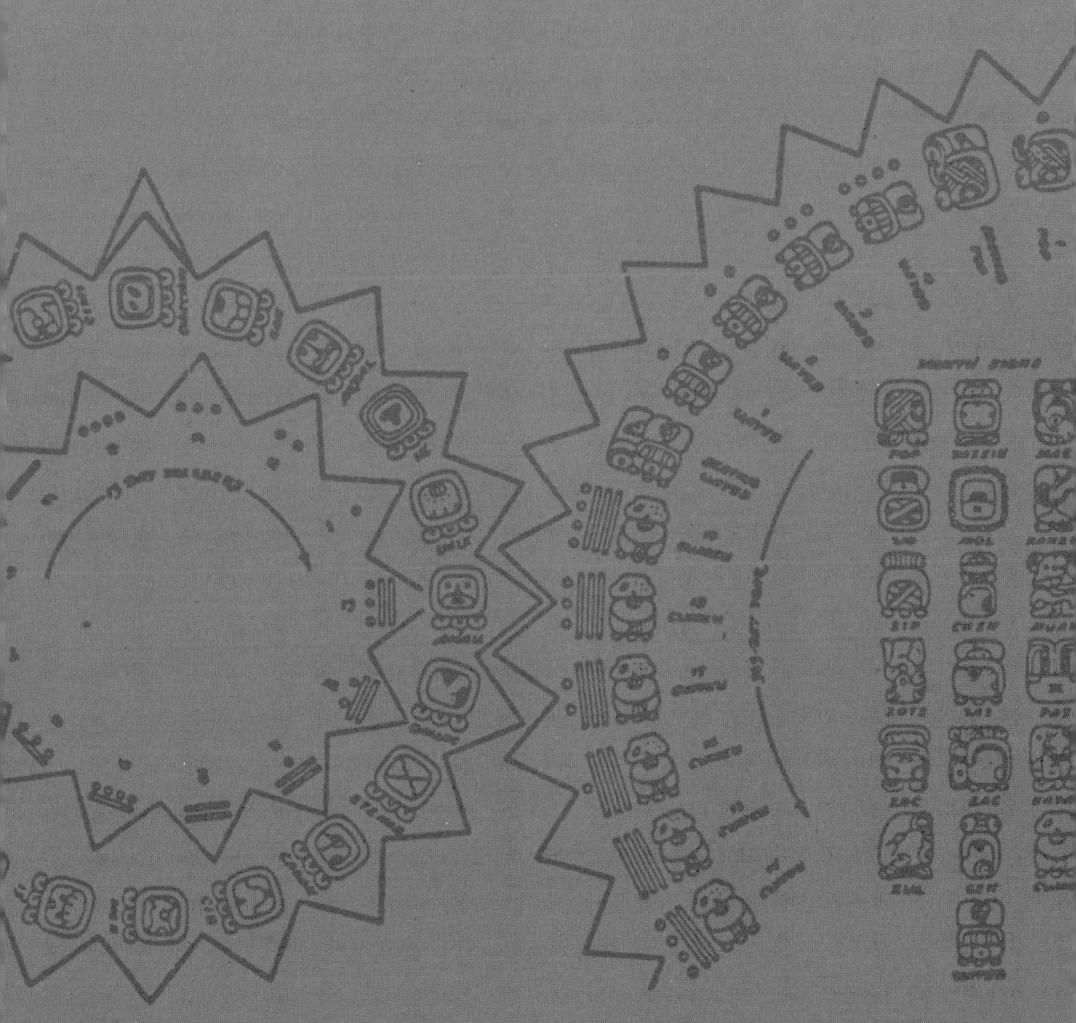

한낮의 어둠

히브리 예언자들이 '한낮의 어둠'을 예견하고 있었다면, '다른 민족들'은 니비루의 '귀환'을 기다리면서 무엇을 예상하고 있었을까?

그들이 글로 써놓은 기록들과 새겨놓은 조각상들로 미루어 판단하자면 그들은 신들의 갈등이 해결되고 인류에게 은혜의 시대가 오며 신이 출현하는 엄청난 시대가 되리라고 기대했다. **앞으로 보게 되겠지만 그들은 대단히 경악스러운 일을 만나게 되어 있었다.**

이 커다란 사건이 예견되면서, 니네베와 바빌론에서 하늘을 관찰하는 고위 사제들이 동원되어 천체 현상을 기록하고 그 징조를 해석했다. 그 현상들은 꼼꼼하게 기록된 뒤 왕들에게 보고되었다. 고고학자들은 왕실 및 신전 도서관 유적지에서 그러한 기록과 보고가 담긴 서판들을 찾아냈다. 많은 경우 그것들은 주제별 또는 관찰된 행성별로 정리되어 있었다. 「에누마 아누 엔릴」이라는 이름의 서판 모음이 유명한데, 거기에는 70개 정도의 서판이 한데 묶여 있다(고대에 묶은 것이다). 거기에는 하늘의 '아누의 길'과 '엔릴의 길'로 나누어 행성·항성·별자리에 대한 관찰 결과를 기록하

고 있다. 남위 30도에서부터 북쪽의 천정(天頂)까지의 하늘을 포괄하고 있는 것이다. 【그림 52 참조】

처음에는 이 현상들을 수메르 시대의 천문 기록과 비교함으로써 관측들을 해석했다. 이 관찰 기록들은 아카드어(바빌론과 앗시리아의 언어)로 쓰였지만 수메르의 용어와 수학을 폭넓게 사용했으며 때로는 이전 시대 수메르 서판에서 번역한 서기의 메모까지 들어 있었다. 그러한 서판들은 '천문학자들의 안내서' 노릇을 해서, 어떤 현상이 어떤 의미의 계시인지를 과거의 경험을 통해 그들에게 말해 주었다.

> 달이 계산된 시각에 나타나지 않으면
> 강한 도시가 침공을 받을 것이다.

> 혜성이 태양의 진로에 도달하면
> 들판의 강물이 줄어들고
> 소동이 두 차례 일어날 것이다.

> 목성이 금성과 만나면
> 땅에서 사람들이 기도한 것을 신들이 들어줄 것이다.

시간이 갈수록 기록은 점점 더 계시 담당 사제 개인의 해석이 붙은 관측이 되어갔다.

> 밤에 토성이 달 근처로 왔다.
> 토성은 태양의 행성이다.

그 의미는 이렇다.

그것은 왕에게 이롭다.

눈에 띄는 변화 가운데 하나가 일식·월식에 대해 특별한 관심을 기울인 일이다. 지금 대영박물관에 있는 한 서판은 컴퓨터 같은 자릿수를 동원해 월식을 50년 전에 예측하고 있다.

현대의 연구들은 시국 관련 천문학이라는 새로운 조류로의 변화가 서기전 8세기에 일어났다고 결론지었다. 바빌론과 앗시리아에서 소동과 왕실 변동의 기간이 지난 뒤 두 나라의 운명이 강력한 새 왕들의 손에 쥐여졌을 때다. 앗시리아에서는 티글라트필레세르 3세(서기전 745~727)였고, 바빌로니아에서는 나부낫사르(Nabunassar, 서기전 747~734)였다.

나부낫사르('나부가 보호하는 자')는 이미 고대에 천문학 분야에서 혁신가이자 강자로 환영을 받았다. 그가 처음 한 일 중 하나는 고대 수메르에서 태양신 샤마쉬의 '숭배 중심지'였던 시파르의 샤마쉬 신전을 보수하고 재건하는 것이었다. 그는 또한 바빌론에 새 관측소를 세우고, 니푸르의 유산이었던 책력을 개정했으며, 왕에게 천체 현상과 그 의미에 대해 일일 보고를 하도록 했다. 그 이후에 일어난 사건들을 밝혀주는 많은 천문학 자료들이 나타나게 된 것은 주로 그 조치들 덕분이었다.

티글라트필레세르 3세 역시, 자신의 방식대로였지만 활동적이었다. 그의 연대기는 끊임없는 군사 원정을 묘사하고, 도시 점령과 지역 왕 및 귀족들에 대한 잔인한 처형, 대대적인 추방 등을 자랑하고 있다. 그와 그 후계자들인 샬만에세르 5세 및 사르곤 2세가 이스라엘을 멸망시키고 그 국민들(사라진 열 부족)을 추방하는 과정에서 어떤 일을 했는지에 대해서, 그리고 센나케리브의 예루살렘 점령 시도에 대해서는 앞에서 이야기한 바 있다. 고향에 더욱 가까이 간 그 앗시리아 왕들은 '마르둑의 손을 잡음으로써' 바빌로니아를 병합하는 데 골몰했다. 그다음 앗시리아 왕인 에사르핫돈(서기전 680~669)은 '아슈르와 마르둑 모두에게서 지혜를 받았다'고 선포하고, 마르둑과 나부의 이름으로 맹세를 했으며, 바빌론의 에삭일 신전을 재건하기 시작했다.

역사책에서 에사르핫돈은 주로 그의 성공적인 이집트 침공(서기전 675~669)으로 기억된다. 현재까지 확인한 바로는 그 침공의 목적은 '카나안에 간섭하고' 예루살렘을 지배하기 위한 이집트인들의 기도를 중지시키는 것이었다. 그 이후에 일어난 사건들로 보아 중요한 것은 에사르핫돈이 선택한 침공로였다. 그는 최단 경로인 남동쪽으로 가는 대신 상당한 거리를 돌아 북쪽의 **하란**으로 갔다. 에사르핫돈은 그곳에 있는 씬 신의 옛 신전에서 원정 출발에 대한 그 신의 축복을 빌었다. 참모의 도움을 받으며 신들의 '신성한 전령'인 누스쿠(Nusku)를 거느린 씬은 그 원정을 승인해 주었다.

그러나 에사르핫돈은 남쪽으로 방향을 돌려 지중해 동쪽 나라들을 맹렬히 휩쓸고 이집트에 도착했다. 중요한 것은 그가, 센나케리브가 점령하는 데 실패한 목표물 예루살렘을 우회했다는 점이다. 역시 중요한 것은 그 이집트 침공과 예루살렘 우회를(그리고 앗시리아의 최종적 운명도) 수십 년 전에 이사야가 예언했다는 점이다(「이사야」 10:24~32).

국제정치적으로 분주했던 에사르핫돈이었지만 당시의 천문학적 필요에 대해서도 게을리하지 않았다. 그는 샤마쉬 및 아다드 신의 지도에 따라 앗시리아의 숭배 중심지인 아슈르에 관측소인 '지혜의 집'을 세웠고, 그의 기념비에 니비루를 포함하는 태양계의 열두 식구 모두를 그렸다.【그림 88】더욱 광대한 성역의 입구에는 니비루에 있는 아누의 관문을 모방해 세

【그림 88】 에사르핫돈 기념비에 그려진 태양계 천체들의 상징

【그림 89】 아슈르 신성 구역 입구의 거대한 문

운(원통인장의 표현에 따르면) 거대한 문이 세워졌다.【그림 89】이는 앗시리아에서 '귀환'에 대한 기대가 어떤 것이었는지에 대한 실마리다.

이 모든 종교적-정치적 움직임들은 앗시리아인들이 신과 관련된 것이라면 '만전을 기했다'는 것을 말해주고 있다. 그리고 이렇게 앗시리아는 서기전 7세기에는 신들의 행성의 예견된 '귀환'에 대한 준비를 갖추고 있었다. 발견된 문서들(그 가운데는 천문학 책임자들이 왕에게 보낸 편지들도 있다)은 목가적이고 유토피아적인 시대에 대한 예견을 드러내고 있다.

> 니비루가 극점에 이를 때 (…)
> 여러 나라들은 안정되어 있을 것이다.
> 다투던 왕들은 평화를 찾을 것이다.
> 신들은 기도를 받고
> 탄원을 들을 것이다.
>
> '하늘의 왕' 행성이
> 더욱 밝아질 때에
> 홍수가 일어나고 비가 내릴 것이다.
>
> 니비루가 근지점에 올 때
> 신들이 평화를 줄 것이다.
> 문제는 일소될 것이다.
> 복잡한 일들은 풀릴 것이다.

분명히 예상은 어떤 행성에 관한 것이었다. 나타나고, 하늘에 뜨고, 점점 밝아지고, 근지점에 도달하고, 교차로에 도달해 니비루(십자가 행성)가 되는 행성이다. 그리고 관문과 다른 건축물들이 시사하는 것처럼, 돌아오는 행성과 함께 **아누의 이전 지구 방문이 반복되리라는 기대가 있었다.** 그 행성의 출현에 대비해 하늘을 관찰하는 일은 이제 천문 담당 사제의 책임이었다. 그러나 드넓은 하늘에서 관찰해야 할 그들은 어디에 있는가? 그리고 그 행성이 아직도 먼 하늘에 있다면 그들은 어떻게 그 행성을 알아볼 수 있겠는가?

다음 앗시리아 왕 아슈르바니팔(Ashurbanipal, 오스납발/오스나빨, 서기전 668~630)이 해답을 찾아냈다.

역사가들은 아슈르바니팔이 앗시리아 왕들 가운데서 가장 학식이 높았다고 생각하고 있다. 그는 아카드어 이외에 수메르어 등 다른 언어들도 배웠으며 그가 심지어 '대홍수 이전에 쓰인 글자들'도 읽을 수 있다고 주장했기 때문이다. 그는 이런 자랑도 했다.

> 하늘과 지구의 비밀 표시들을 배웠고 (…)
> 점술의 대가들과 함께 하늘을 연구했다.

일부 현대 연구자들은 또한 그가 '첫 번째 고고학자'였다고 생각한다. 그의 시대에 이미 옛날 것이 되어버린 니푸르·우루크·시파르 같은 옛 수메르 유적지에서 출토된 서판들을 그가 체계적으로 수집했기 때문이다. 그는 또 앗시리아인들이 침략한 나라의 수도들에서 그러한 서판들을 정리하고 약탈해 오기 위해 전문가 팀을 파견하기도 했다. 이 서판들은 여러 집단의 서기들이 이전 수천 년 동안 전해 내려온 것들 가운데서 선택된 문서들을 연구하고 번역하고 복제하는 유명한 도서관에 모였다. (이스탄불의 고대근동박물관에는 그러한 서판들이 본래의 선반에 말끔하게 정리된 채 진열되어 있는데, 각 선반 맨 앞에는 그 선반에 들어 있는 모든 문서들을 열거하고 있는 '목록 서판'이 있다.)

축적된 서판들의 주제는 광범위하지만, 발견된 것들로 보면 천체 정보에 특별한 관심을 기울였음을 알 수 있다. 순수하게 천문학적인 문서들 가운데 '**벨(Bel)의 날**'이라는 이름이 붙은 시리즈에 속하는 서판들도 있다. '벨의 날'은 바로 '**주님의 날**'이다! 게다가 신들의 오고 감과 관련된 서사 설화와 역사는 중요한 것으로 간주되었다. 특히 그것이 니비루의 진로를 밝혀주는 것이라면 더욱 그러했다. 쳐들어온 행성 하나가 어떻게 태양계에 끼어들어 와 니비루가 되었는지를 이야기하는 창조 서사시 「에누마 엘리쉬」는 복제되고 번역되고 또 재복제되었다. 대홍수를 다룬 「아트라하시스 서사시」나 「길가메쉬 서사시」 같은 작품들도 마찬가지였다. 이들은 모두 정당하게 왕실 도서관이 축적한 지식의 일부가 되었을 것으로 보이는데, **이들은 모두 과거에 니비루가 출현했던 경우를 다루고 있다.** 그다음 접근에 대해서도 마찬가지였다.

번역이 되고 아마도 틀림없이 꼼꼼히 연구되었을 순수하게 천문학적인 문서들 가운데는 니비루의 도착을 관찰하고 그것이 나타났을 때 그것을 알아보기 위한 지침도 있었다. 수메르의 본래 용어를 포함하고 있는 한 바빌로니아 문서는 이렇게 말한다.

> 마르둑 신의 행성이
> 나타날 때는 슐파에(Shulpae),
> 30도 떠오르면 사그메니그(Sagmenig),

하늘의 중간에 위치하면 니비루가 된다.

처음 이름 '슐파에'로 불린 행성은 목성인 듯하다(그러나 토성일 수도 있다). 다음 행성의 이름 '사그메니그'는 그저 목성의 변형일 수 있으나, 어떤 사람들은 수성으로 생각한다.* 비슷한 니푸르 출토 문서에는 수메르어 행성 이름이 우문파웃두(Umunpauddu)와 사그메가르(Sagmegar)로 나오는데, 이는 니비루의 도착이 토성에 의해 '알려지고' 30도 떠오른 뒤에 목성에 접근할 것임을 시사하고 있다. 다른 문서들(예컨대 K-3124로 알려진 서판 같은 것)은 '행성 마르둑'이 슐파에와 사그메가르(나는 이들이 토성과 목성이라고 생각한다)를 지난 뒤 '태양으로 들어가고'(즉 태양에 가장 가까운 근지점에 도달하고) '니비루가 될' 것이라고 말한다.

다른 문서들은 니비루의 진로와 그 출현 시기에 관해 분명한 실마리를

---

*발견된 이 방대한 천문학 자료들은 이미 19세기와 20세기 초에 학문적 거장들이 시간과 관심과 끈기를 쏟아 부은 대상이 되었고, 그들은 명석하게도 '앗시리아학'을 천문학 지식과 결합시켰다. '지구 연대기'의 맨 첫 번째 책 『수메르, 혹은 신들의 고향』에서는 프란츠 쿠글러(Franz Kugler), 에른스트 바이드너(Ernst Weidner), 에리히 에벨링(Erich Ebeling), 헤르만 힐프레히트(Herman Hilprecht), 알프레드 예레미아스(Alfred Jeremias), 모리스 자스트로(Morris Jastrow), 알베르트 쇼트(Albert Schott), 시어필러스 핀치스 같은 사람들의 저작과 연구 성과들을 소개하고 이용했다.

그들의 작업은 같은 카카부(kakkabu, 행성과 항성과 별자리를 포함하는 모든 천체)가 한 가지 이상의 이름을 가질 수 있기 때문에 복잡해졌다. 나는 또한 바로 그때 거기서 그들 작업의 가장 기본적인 잘못을 지적했다. 그들 모두는 수메르인들과 다른 고대인들이 토성 너머의 행성들에 대해 알 도리가 없었다고('육안으로는') 생각한 것이다. 그 결과 어떤 행성이 '일곱 개의 알려진 카카부'(태양·달·수성·금성·화성·목성·토성)에 대한 인정된 이름 이외의 것으로 불리기만 하면 그것은 그저 '알려진 일곱' 가운데 하나의 또 다른 이름으로 간주되었다.

그 그릇된 입장의 최대 희생자가 니비루였다. 니비루나 그에 해당하는 바빌로니아 명칭인 '행성 마르둑'이 나열될 때마다 그것은 목성이나 화성이나 (어떤 극단적인 견해에서는) 심지어 수성의 다른 이름으로 간주되었다. 놀랍게도 현대의 주류 천문학자들은 그 '오직 일곱' 가정에 계속 기반을 두고 작업하고 있다. 수메르인들이 우리 태양계의 진짜 형태와 구성에 대해 알고 있었음을 보여주는 많은 반대 증거들이 있음에도 말이다. 『에누마 엘리쉬』의 외행성 거명을 비롯해서 태양을 중심으로 태양계 열두 식구 전체가 그려진 4,500년 된 그림(베를린박물관의 원통인장 VA/243), 앗시리아 및 바빌로니아 기념비의 열두 행성 상징 그림 같은 것들이다.【그림 90】

【그림 90】베를린박물관의 원통인장 VA/243에 새겨진 그림

제공한다.

    목성 역(驛)으로부터
    그 행성이 서쪽을 향해 지나간다.

    목성 역으로부터
    그 행성이 내뿜는 빛의 강도를 높이고
    황도대 게자리에서 니비루가 될 것이다.

    위대한 행성
    그것이 나타날 때는 검붉은 색
    그 행성이 니비루에 설 때
    하늘을 절반으로 나눈다.

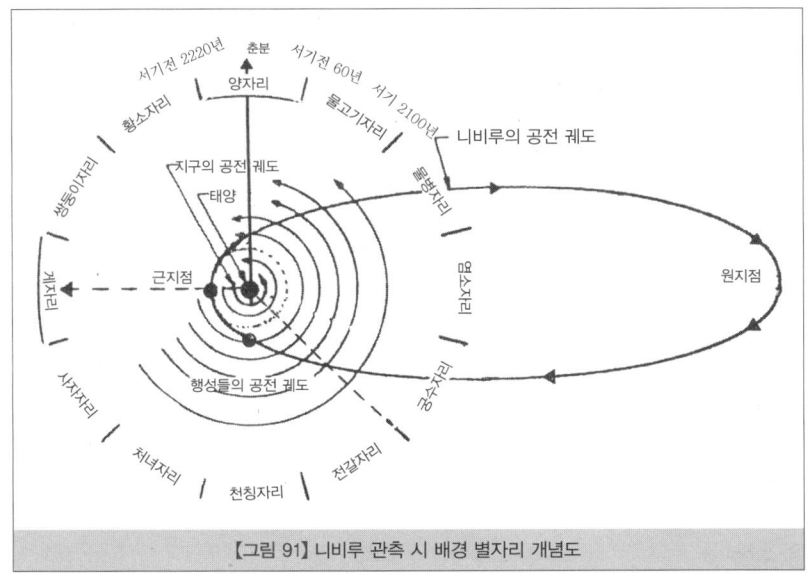

【그림 91】 니비루 관측 시 배경 별자리 개념도

아슈르바니팔 시대 이후의 천문학 문서들은 모두 이 행성이 태양계 끝에서 나타나 떠오르고 그것이 목성(또는 심지어 그 이전인 토성)에 도달했을 때 볼 수 있게 되며, 그런 뒤에 황도를 향해 구부러져 내려간다고 말하고 있다. 이 행성은 태양에(따라서 지구와도) 가장 가까운 근지점에 있을 때(교차점에서) **'게자리에서'** '니비루'가 된다. 개략도(정확한 축척도는 아니다)가 보여주듯이, 그것은 춘분날의 일출이 양자리에서 이루어질 때만 일어날 수 있다. 【그림 91】

이 '하늘의 주인'의 공전 궤도와 그 재출현에 대한 이런 실마리들은 때로 하늘의 지도로서 별자리를 이용하고 있으며, 기독교 성서에서도 역시 찾아볼 수 있어 그런 지식이 여러 나라에서 접할 수 있는 것이었음을 드러내준다.

목성에서 당신의 얼굴이 보일 것입니다.

_「시편」17편

주님이 남쪽에서 올 것이다. (…)
그의 찬란한 광채가 등대처럼 비칠 것이다.

_「하바쿡」2장

그가 홀로 하늘을 펼치고
가장 깊은 곳을 밟는다.
그가 북두칠성과 시리우스·오리온,
그리고 남쪽 별자리들에 도달한다.

_「욥기」9:8~9

(하늘의 주인이) 양자리와 황소자리에 미소를 보내고
그가 황소자리에서 궁수자리로 옮겨간다.

_「아모스」5:9

 이 구절들은 가장 높은 하늘에서 나타나 '시계 방향으로' 공전하며(천문학자들은 이를 '역행'이라고 한다) 남쪽 별자리들을 거쳐 도착하는 한 행성을 묘사했다. 그것은 핼리 혜성의 궤도와 비슷하지만 훨씬 규모가 큰 것이다.【그림 77 참조】
 아슈르바니팔의 기대에 관한 분명한 실마리는 서기전 4000년 무렵에 지구를 공식 방문한 아누와 안투 영접 의식에 관한 수메르어 문서를 꼼꼼히 번역한 일이었다. 그들의 우루크 체재를 다룬 부분에서 묘사된 바에 따르면 관측자 하나가 밤에 '탑의 맨 꼭대기 층'에 배치되어 행성들이 하나하나 나타나는 것을 관측하고 통보했으며, 마침내 '하늘의 위대한 아누의 행성'이 시야에 들어오자 모든 신들이 모여 두 신 부부를 영접했으며 〈하늘에서 밝게 빛나는 아누 신의 행성에게〉라는 작품을 낭송하고 〈창조자의 형상이 떠올랐다〉를 노래했다. 이 긴 문서들은 그러고 나서 공식적인 식사와 숙소로의 이동, 이튿날의 행진 같은 것들을 묘사했다.

합리적인 결론은 아슈르바니팔이 (a) 천문 담당 사제가 돌아오는 니비루를 시야에 들어오자마자 발견할 수 있도록 하는 길잡이를 제공하고 (b) 다음에 해야 할 절차에 관해 왕에게 알려줄 수 있는 모든 이전 문서들을 수집하고 대조하고 번역하고 연구하는 일에 매달렸다는 것이다. 이 행성을 '하늘의 왕의 행성'이라 부른 것은 왕실의 기대에 대한 중요한 실마리다. '생명나무' 위에 떠 있는 '날개 달린 원반에 탄 신들을 영접하고 있는' 앗시리아 왕들을 그린 왕궁 벽들의 거대한 돌을새김 그림도 마찬가지였다.【그림 86 참조】

이 행성이 나타나자마자 가능한 한 가장 빨리 그 소식을 입수하는 것은 중요한 일이었다. **거기에 그려진 고위급 신(바로 아누?)의 도착에 대한 적절한 환영식을 할 수 있도록 준비를 해야 하고**, 그렇게 함으로써 장수를 (어쩌면 영원한 생명까지도) 선물로 받을 수 있기 때문이다.

그러나 그럴 운명은 아니었다.

아슈르바니팔이 죽은 뒤 곧 앗시리아 제국 곳곳에서 반란이 일어났다. 그의 아들은 이집트·바빌로니아·엘람에 대한 통제력을 상실했다. 먼 곳에서 온 낯선 사람들이 앗시리아 제국 변경에 나타났다. 북쪽에서는 '유목민들'이, 동쪽에서는 메디아(Media)인들이 들어왔다. 각지에서 지역의 왕들이 통제권을 장악하고 독립을 선언했다. 당시 및 이후의 사건들과 관련해 특히 중요했던 것은 바빌론이 앗시리아와 두 왕의 통치로 '분할'된 것이었다. 서기전 626년 신년 축제의 일환으로, 이름으로 보아 나부 신의 아들이라고 주장했던 듯한 바빌로니아의 장군 나부폴앗사르(Nabupolassar, '나부가 그의 아들을 보호한다')가 독립한 한쪽 바빌로니아의 왕위에 올랐다. 한 서판은 그의 즉위식의 시작을 이렇게 묘사했다.

> 그 땅의 군주들이 모였다.
> 그들은 나부폴앗사르를 축복했다.
> 그들은 손을 펴고 그를 왕으로 선언했다.
> 마르둑은 신들의 모임에서
> 나부폴앗사르에게 '권력의 표준'을 주었다.

앗시리아의 가혹한 지배에 대한 원한이 너무 컸기 때문에 바빌론의 나부폴앗사르는 곧 앗시리아에 대한 군사 행동에 나설 동맹자들을 얻었다. 중요한 동맹자는 페르시아의 전신인 신흥국 메디아였다. 그들은 앗시리아의 침략과 가혹한 통치를 겪었다. 바빌로니아 군대는 남쪽으로부터 앗시리아로 진군하고 메디아는 동쪽에서 공격했다. 그리고 서기전 614년(히브리 예언자들이 예언했던 대로다!) 앗시리아의 종교 중심지 아슈르를 점령하고 불태웠다. 왕도 니네베는 그다음 차례였다. **서기전 612년에 대(大)앗시리아는 난장판이 되었다.** '첫 번째 고고학자'의 나라 앗시리아는 그 스스로 고고학 유적지들의 땅이 되었다.

어떻게 그런 일이 바로 '아슈르 신의 나라'라는 이름을 가진 나라에서 일어날 수 있었을까? 당시 유일한 설명은 신들이 그 나라에 대한 보호를 철회했다는 것이었다. 앞으로 보겠지만 사실 거기에는 더 많은 일이 있었다. 그 신들은 그 나라에서, 그리고 지구에서 철수했던 것이다.

그리고 '귀환' 이야기의 마지막이자 가장 놀라운 부분이 전개되기 시작했다. 거기서 **하란**이 핵심적인 역할을 하게 되어 있었다.

앗시리아 멸망 이후의 놀라운 연속적 사건들은 앗시리아 왕족들이 **하란**으로 탈출한 일로부터 시작된다. 망명자들은 거기서 씬 신의 보호를 구하면서 앗시리아 패잔병들을 규합한 뒤 망명한 왕족 가운데 하나를 '앗시리아 왕'으로 선언했다. 그러나 옛날부터 하란의 주인이었던 그 신은 응답하지 않았다. **서기전 610년에 바빌로니아 군대는 하란을 점령해 앗시리아의 실낱같은 희망을 끝장내 버렸다.**

수메르아카드 유산의 후계자 외투를 두고 벌어진 경쟁은 끝났다. 그것은 이제 신의 축복 속에서 바빌론에 있는 왕에게만 입혀졌다. 바빌론이 다시 한때 신성한 '수메르아카드'였던 땅을 지배했다. 그래서 그 시기 이후의 많은 문서들은 나부폴앗사르에게 '아카드 왕'이라는 칭호를 부여하고 있다. 그는 그 권위를 활용해 천체 관측을 니푸르와 우루크 등 과거의 수메르 도시들로 확대했고, 그 이후의 중요한 시기의 관측 문서 일부가 그런 도시들에서 나왔다.

숙명적인 바로 그해 서기전 610년에(앞으로 보겠지만 놀라운 사건들이 일어나는 기억할 만한 해다) 소생한 이집트에서도 네카우(Nekau)라는 이름의 독단적인 강자가 왕위에 올랐다. 바로 한 해 뒤에 가장 풀리지 않는 축에 속하는(역사가들에게 그렇다는 말이다) 국제정치적 움직임들이 일어났다. 바빌로니아인들과 같은 편에 서서 앗시리아의 지배에 맞섰던 이집트인들이 이집트에서 나와 북쪽으로 돌격해, 바빌로니아인들이 자기네 땅이라고 생각하던 영토들과 성지들을 침략했다. 이집트인들은 북쪽으로 멀리

카르케미쉬까지 진군함으로써 하란의 코앞에까지 진출했다. 또한 레바논과 유대에 있는 두 개의 우주 관련 지역도 이집트인의 수중에 들어갔다.

놀란 바빌로니아인들은 그 상태를 그대로 두려 하지 않았다. 나이가 든 나부폴앗사르는 그 중요한 지역들을 수복하는 일을 자신의 아들 네부카드네자르에게 맡겼다. 네부카드네자르는 이미 전쟁터에서 용맹을 떨치고 있었다. 바빌로니아인들은 서기전 605년 6월 카르케미쉬에서 이집트군을 격파하고 '나부와 마르둑이 원했던 레바논의 신성한 숲'을 해방했으며, 도망치는 이집트인들을 멀리 시나이 반도까지 추격했다. 네부카드네자르는 바빌론으로부터 그의 아버지가 죽었다는 전갈을 듣고서야 추격을 멈추었다. 그는 급히 돌아와 그해 바빌론 왕임을 선포했다.

역사가들은 이집트인들의 갑작스런 침공과 바빌로니아인들의 거센 반격을 설명해 낼 수 없었다. 우리가 보기에는 이 사건들의 핵심에 '귀환'에 대한 기대가 있었음이 분명하다. 실제로 그해 서기전 605년에는 '귀환'이 박두했거나 심지어 늦었다고까지 생각되었던 듯하다. 예언자 하바쿡이 예루살렘에서 야훼의 이름으로 예언을 시작한 것이 바로 그해였기 때문이다.

섬뜩할 정도로 바빌론과 다른 민족들의 미래를 예언하면서 하바쿡은 야훼에게 '주님의 날'(바빌론을 포함한 모든 민족들에 대한 심판의 날)이 언제 올 것인지를 묻고, 야훼는 그에 답해 이렇게 말한다.

"너는 이 예언을 기록하라.
서판에 분명하게 설명해서
금방 이해할 수 있게 하라.
거기에 있는 장면은 정해진 시간이 있기 때문이다.

결국 그것은 틀림없이 온다!

늦어지더라도 기다려라.

틀림없이 올 것이기 때문이다.

정해진 시간에서 늦어지지 않을 것이기 때문이다. (…)"

_「하바쿡」 2:2~3

(앞으로 보겠지만 이 '정해진 시간'은 그로부터 정확하게 50년 뒤였다.)

네부카드네자르의 치세 43년(서기전 605~562)은 '신바빌로니아' 제국이 군림한 시기였고, 단호한 행동과 신속한 조처로 특징 지워진 시기였다. 꾸물거릴 시간이 없었기 때문이다. 임박한 '귀환'은 이제 바빌론의 전리품이었다!

바빌론에서는 예상된 '귀환'을 준비하기 위해 대규모의 보수 및 건설 작업이 신속하게 추진되었다. 초점은 성역이었다. 이제 간단히 벨(Bel)/바알(Ba'al), 즉 '주님'으로 불린 마르둑의 에삭일 신전이 보수되고 재건축되었고, 그곳의 7층짜리 지구라트가 그 꼭대기에서 별이 총총한 하늘을 살필 준비를 갖추었다. 【그림 92】 서기전 4000년 무렵 아무가 방문했을 때 우루크에서 했던 것과 똑같은 일이었다. 거대한 새 문을 통해 성역으로 가는 새로운 행진로도 건설되었다. 그 벽들은 꼭대기부터 바닥까지 멋지게 윤을 낸 벽돌로 장식되고 뒤덮여 오늘날까지도 경탄을 자아내고 있다. 현대의 그 유적지 발굴자들은 행진로와 문을 함께 베를린의 근동박물관에 옮겨 설치해 놓았던 것이다. 마르둑의 영원한 도시 바빌론은 그렇게 '귀환'을 맞을 준비를 마쳤다. 네부카드네자르는 그의 새김글에서 이렇게 썼다.

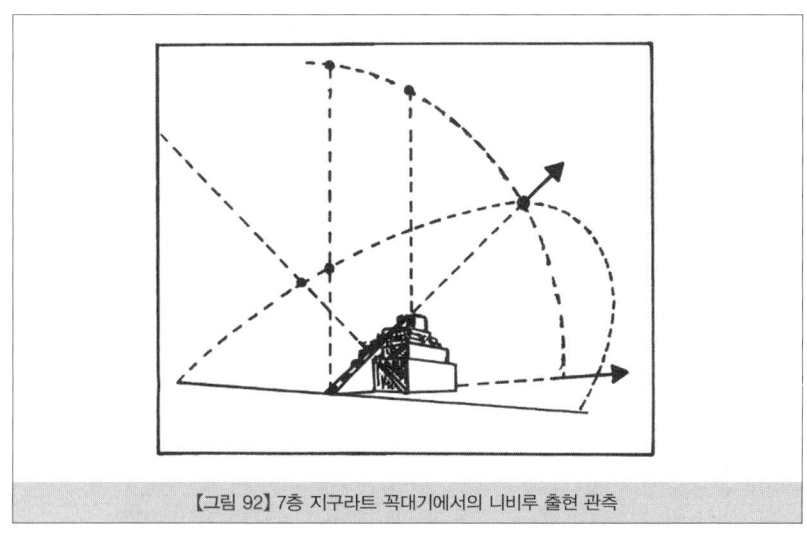

【그림 92】 7층 지구라트 꼭대기에서의 니비루 출현 관측

나는 바빌론 시를
모든 나라와 모든 주거지 가운데 최고로 만들었다.
나는 그 이름을 모든 신의 도시들 가운데서
가장 찬양을 받도록 격상시켰다.

예상은 날개 달린 원반을 타고 도착한 신들이 레바논의 착륙장으로 내려온 뒤 놀라운 새 행진로와 인상적인 문을 통해 바빌론으로 들어감으로써 '귀환'을 완성하는 것이었던 듯하다. 【그림 93】이 문은 '이쉬타르'(일명 인안나)라는 이름이었는데, 그녀는 우루크에 살던 '아누의 연인'이었다. 이는 그녀의 '귀환'을 기대하고 있었다는 또 하나의 실마리다.

이와 함께 기대된 것이 바빌론의 '지구의 배꼽' 역할이다. 대홍수 이전에 니푸르가 맡았던 두르안키('하늘-지구 연결고리')의 지위를 이어받는 것이다. 이것이 이제 바빌론의 기능임은 지구라트의 맨 아래 기단에 에테멘

【그림 93】 바빌론의 '행진로'에 설치되었던 이쉬타르 문

안키(Etemenanki, '하늘-지구의 토대 신전')라는 수메르어 이름을 붙인 데서 드러난다. 이는 바빌론이 새로운 '지구의 배꼽' 역할을 하고 있음을 강조한 것이며, 바빌로니아의 '세계지도'에 분명하게 그 기능이 묘사되어 있다.【그림 9 참조】이는 지구와 하늘의 연결고리 역할을 하는 예루살렘과 그 '초석'에 대한 묘사를 흉내 낸 말이다!

그러나 네부카드네자르가 이렇게 생각했다면 바빌론이 대홍수 이후의

기존 우주 연결고리인 예루살렘을 대체해야 했다.

예루살렘은 니푸르가 대홍수 이전에 맡았던 비행통제센터 구실을 이어받아 다른 우주 관련 장소들에 대한 동심원의 중심에 위치해 있었다. 【그림 3 참조】예언자 에제키엘은 예루살렘을 '지구의 배꼽'으로 부르고, 하느님이 직접 예루살렘을 골라 이 역할을 부여했다고 밝혔다.

주 야훼께서 이렇게 말씀하셨다.
"이곳이 예루살렘이다.
내가 그곳을 여러 민족들 한가운데 두고
모든 나라들이
그 도시 주위를 둘러싸게 했다. (…)"

_「에제키엘」5:5

네부카드네자르는 바빌론으로 그 역할을 빼앗아 오기로 결심하고 서기전 598년 자신의 군대를 이끌고 예루살렘이라는 이 잡기 어려운 전리품을 향해 진격해서 그곳을 점령했다. 예언자 예레미야가 경고했듯이 이번에는 네부카드네자르가 예루살렘 백성들에게 하느님의 분노를 집행했다. 그들이 하늘의 신들을 숭배했기 때문이다.

바알, 태양과 달, 그리고 별자리들(…)

_「열왕기 하」23:5

이 명단은 마르둑을 하나의 천체로 분명하게 지적하고 있다!
네부카드네자르는 3년에 걸친 포위 공격으로 예루살렘 사람들을 굶주리게 한 끝에 겨우 예루살렘의 항복을 받아내고 유대 왕 예호야킨(Jehoyachin, 여호야긴)을 포로로 잡아 바빌론으로 돌아갔다. 유대의 귀족들과 지식인들(그 가운데 예언자 에제키엘도 있었다), 그리고 수천 명의 군인들과 기술자들도 함께 추방되었다. 그들은 자기네 조상들의 고향인 하란 근처 하부르 강변에 살도록 조치되었다.

도시 자체와 신전은 이때는 온전히 보존되었다. 그러나 11년 뒤인 서기 전 587년에 바빌로니아인들이 군대를 몰고 돌아왔다. 구약에 따르면 바빌로니아인들은 이번에는 자신들의 의지대로 행동해 솔로몬이 세운 신전에 불을 질렀다. 네부카드네자르는 '나의 신 나부와 마르둑'의 명령을 수행해 그들을 기쁘게 했다는 통상적인 말 이외에는 아무런 설명도 붙이지 않았다. 그러나 우리가 곧 밝히듯이 진짜 이유는 단순한 것이었다. 야훼가 그곳을 떠나 사라졌다는 믿음이었다.

신전 파괴는 충격적이고 사악한 행동이어서, 이전에 예언자들에게 야훼의 '천벌의 매'로 인식되었던 바빌론과 그 왕이 그 파괴 때문에 가혹한 처벌을 받게 된다. '우리 하느님 야훼의 복수, **그의 신전 파괴에 대한 복수**'(『예레미야』 50:28)로 바빌론이 벌을 받을 것이라고 예언자 예레미야는 선포했다. 예레미야는 강력한 바빌론이 북쪽에서 온 침략자들에 의해 멸망할 것이라고 예언했으며(수십 년 뒤에 실현된 일이다), 또한 네부카드네자르가 의지했던 신들의 운명에 대해서도 선언했다.

"여러 민족들에게 공표하고 선포하라.
봉화를 올리고 전해서 숨기지 말라.
바빌론이 점령되었다고 하라!
벨이 힘이 빠지고 **마르둑**이 어려움에 빠졌다고 하라! (…)"

「예레미야」50:2

네부카드네자르 당자에 대한 신의 처벌은 신성모독에 걸맞은 것이었다. 전승 자료들에 따르면 네부카드네자르는 코를 통해 뇌로 들어간 벌레 때문에 미쳐서 서기전 562년 심한 고통 속에 죽었다.

네부카드네자르나 그의 후손들인 세 후계자들(그들은 살해되거나 다른 방식으로 가차 없이 처리되었다) 가운데 어느 누구도 바빌론 문에서 아누의 도착을 볼 수 있을 정도로 살지는 못했다. 사실은 **니비루가 돌아왔음에도 불구하고 아누가 바빌론에 도착하는 일은 일어나지 않았다.**
바로 그 시기 이후의 천문학 서판들은 니비루, 일명 '마르둑의 행성'을 실제로 관측했음을 기록하고 있는 것이 사실이다. 일부는 예언 형태로 기록되었다. 예를 들어 K-8688로 등록된 서판은 금성이 니비루 '앞에' 보이면(즉 먼저 떠오르면) 흉년이 들 것이고, 금성이 니비루 '뒤에' 있으면(즉 나중에 떠오르면) '나라에 풍년이 들 것'이라고 왕에게 보고하고 있다. 우리에게 대단히 흥미로운 것은 우루크에서 발견된 한 무더기의 '바빌로니아 말기' 서판들이다. 이 서판들은 데이터를 열두 달의 황도대 칸에 배열하고 문서와 함께 그림을 그려 넣었다. 이 가운데 VA-7851 서판에는 마르둑의 행성이 한쪽의 양자리 상징 및 다른 쪽의 일곱으로 표현된 지구 상징 사이에 나타나고, 행성 안에 마르둑이 그려져 있다. 【그림 94】또 하나의 사례는 VAT-7847 서판이다. 이 서판은 양자리에서 실제로 관측한 것을 '위대한 주 마르둑의 문이 열린 날'이라고 적었다. 니비루가 시야에 나타나고 다시 더 이동해 물병자리에서 보이면서 들어간('주 마르둑의 날') 때다.

또 하나의 서판 무리(이번에는 원형이다)는 행성 '마르둑'이 남쪽 하늘에

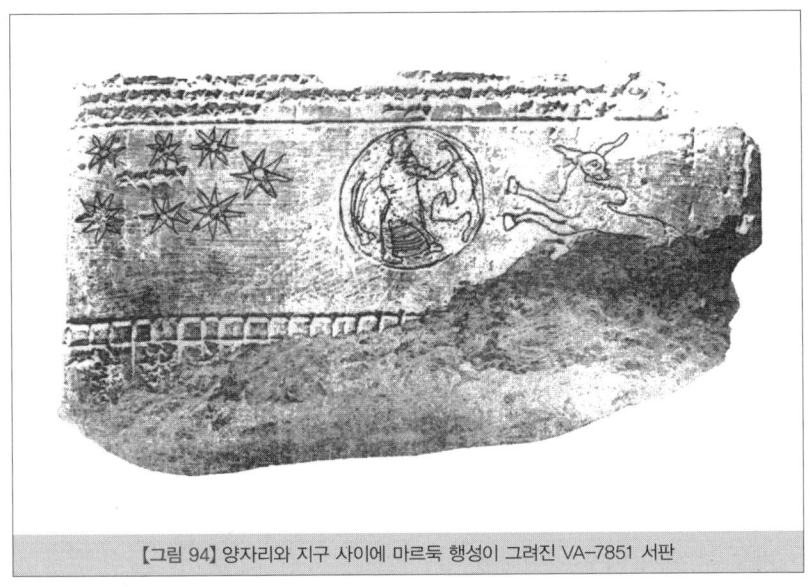

【그림 94】 양자리와 지구 사이에 마르둑 행성이 그려진 VA-7851 서판

서 나타나 하늘의 중앙 대역에서 재빨리 '니비루'가 되었음을 더욱 분명하게 보여준다. 수메르의 천문학 신조로 '발전적 뒷걸음질'을 했음을 드러내는 이 서판은 천구를 세 개의 '길'로 나누었다(북쪽은 엔릴의 길, 남쪽은 에아의 길, 가운데는 아누의 길이었다). 그리고 그 세 개의 '길'에, 발견된 조각들에 나타나는 것처럼 열두 개의 황도궁 및 책력상의 구분이 포개어졌다. 【그림 95】 설명 문구는 이 원형 서판 뒷면에 쓰여 있다.

서기 1900년에 핀치스는 영국 런던의 왕립아시아학회에서 연설하면서 자신이 완전한 천문의(天文儀, astrolabe, '별을 관측하는 기구')를 철합(綴合)하는 데 성공했다고 발표해 센세이션을 일으켰다. 핀치스는 이 서판을 천문의라고 불렀다. 그는 이것이 세 개의 동심원으로 나뉘고 다시 파이처럼 열두 부분으로 나뉘어 결과적으로 전체가 서른여섯 쪽으로 나뉜 원반임을 보여주었다. 서른여섯 부분 각각에는 이름이 쓰여 있고, 그 아래 작은

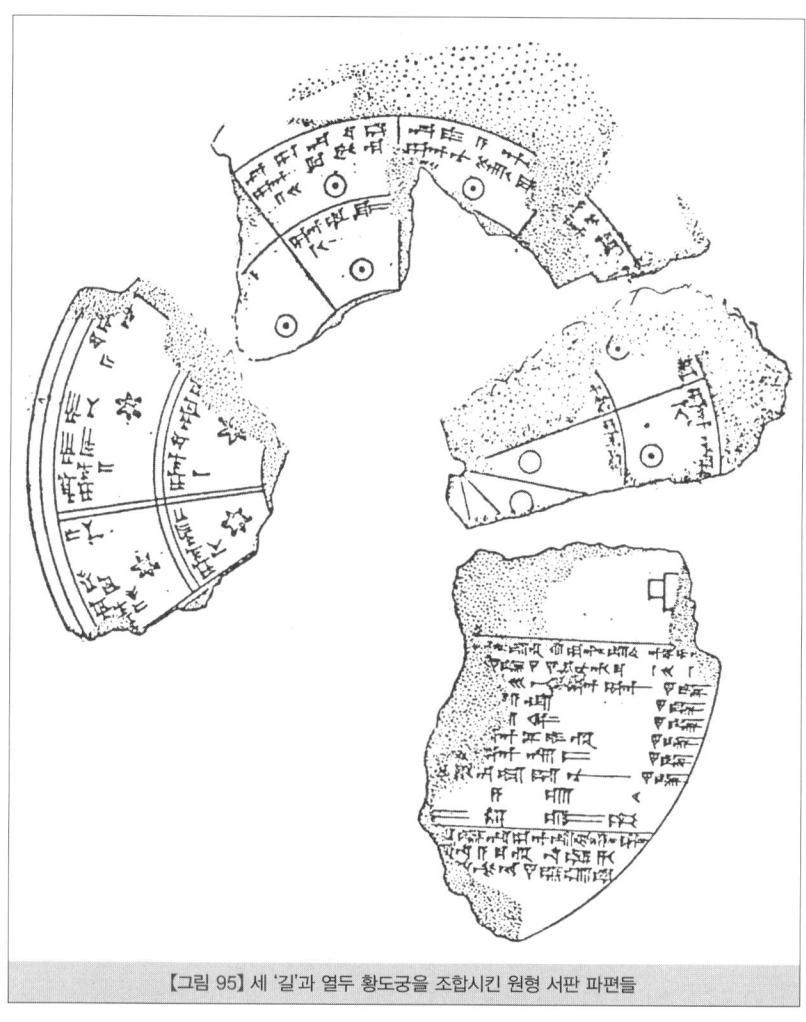

【그림 95】 세 '길'과 열두 황도궁을 조합시킨 원형 서판 파편들

원이 있어 그것이 천체임을 표시했으며, 숫자가 씌어 있었다. 각 부분에는 또한 한 달의 이름들이 쓰여 있어서 핀치스는 거기에 1부터 12까지의 숫자를 매겼다. 첫 달은 닛산(Nissan)이었다. 【그림 96】

 이 강연은 합당한 센세이션을 일으켰다. 엔릴·아누·에아(엔키)의 세

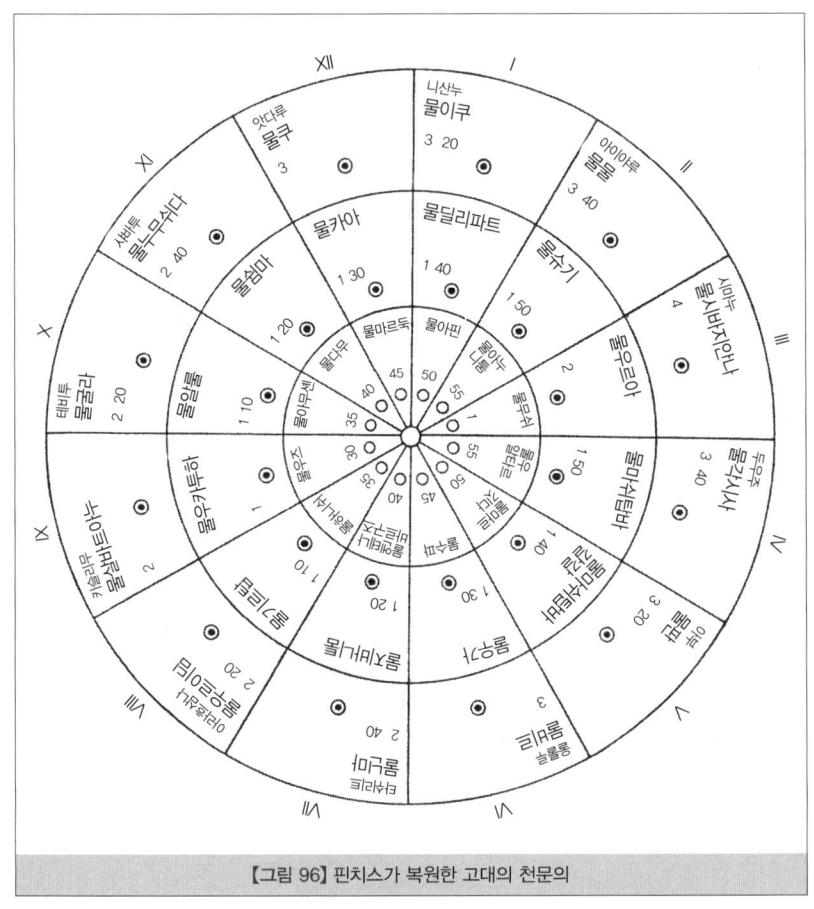

【그림 96】 핀치스가 복원한 고대의 천문의

'길'로 나뉜 이 바빌로니아 천구도는 어느 행성·항성·별자리가 그해 각 달에 어디서 관측되었는지를 보여주고 있었기 때문이다. 어느 것이 어느 천체인지를 확정하는 문제(그 바탕에는 '토성 너머에는 아무것도 없다'는 관념 문제가 도사리고 있다)와 숫자들의 의미에 대한 논쟁은 아직도 끝나지 않았다. 또한 이 천문의가 어느 해에 만들어졌느냐 하는 연대 문제와, 그것이 이전 서판의 복사본이라면 여기에 나타난 시기는 무엇을 의미하느냐 하는 문제도 해결되지 않았다. 연대 문제에 대한 견해는 서기전 12세기 이전부터 서기전 3세기까지에 걸쳐 있다. 그러나 가장 많은 지지를 받고 있는 견해는 이 천문의가 네부카드네자르 또는 그의 후계자 나부나이드(Nabuna'id, 나보니두스) 시대의 것이라는 주장이다.

핀치스가 발표한 천문의는 이후 논쟁에서 'P'로 지칭되었으나 나중에 '천문의 A'로 고쳐 명명되었다. 또 다른 천문의가 철합되어 '천문의 B'로 알려졌기 때문이다.

두 천문의는 얼핏 보면 똑같아 보이지만 차이가 있다. 그리고 우리가 분석한 바에 따르면 가장 큰 차이는 'B'에서는 '물네베루 d-마르둑(mul Neberu d-Marduk, 마르둑 신의 행성 니비루)'이라는 행성이 중앙 황도대 '아누의 길'에서 나타났는데, 【그림 97】 'A'에서는 '물마르둑(mul Marduk, 마르둑의 행성)'이라는 행성이 북쪽 하늘 '엔릴의 길'에서 나타났다는 점이다. 【그림 98】

이 이름과 위치의 변화는 이 두 천문의가 '움직이는 행성'(바빌로니아인들이 불렀던 대로는 '마르둑')을 묘사한 것이라면 전적으로 옳다. 그 행성은 'A'에 나타난 대로 북쪽 하늘 높은 곳에서 시야에 들어왔다가 꺾어져 내려와 황도대를 건넌다. 그것은 'B'에 나타난 대로 '아누의 길'에서 황도대를 건널 때 니비루('횡단')가 된다. 이 두 천문의의 2단계 기록은 우리가 내내 주장해 온 것을 정확하게 묘사하고 있다!

원형의 그림이 있는 KAV-218로 알려진 문서(B·C 단락)는 마르둑/니비루의 정체에 대한 눈곱만 한 의혹의 여지도 말끔히 날려버린다.

아다르(Adar) (달)
행성 마르둑이 아누의 길에 나타났다.

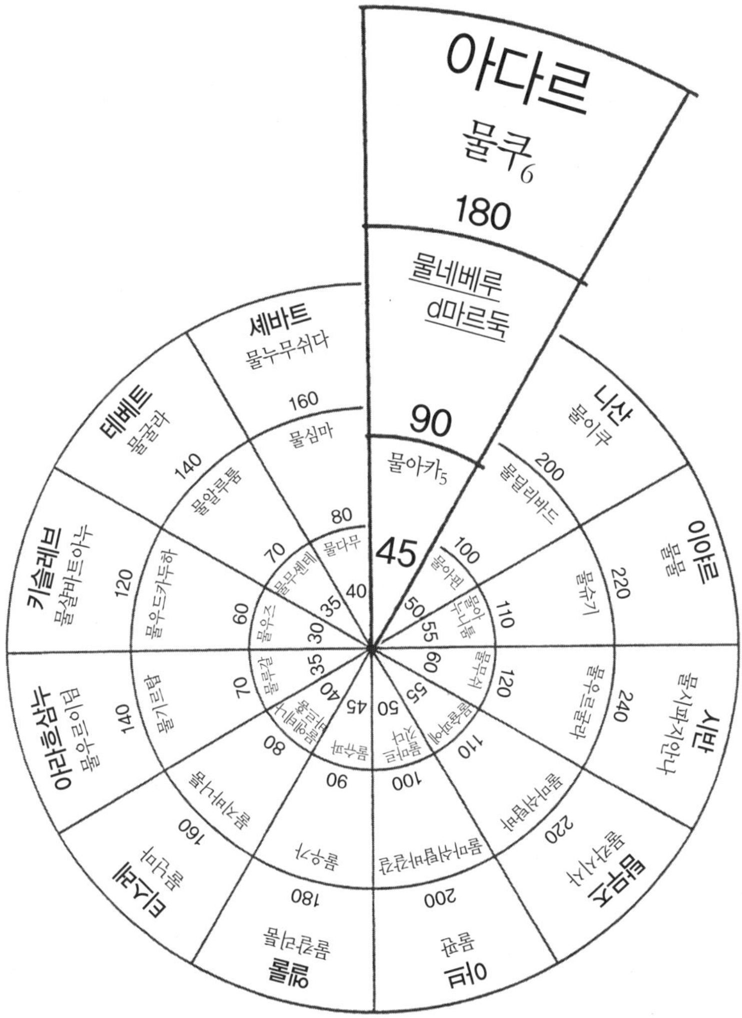

【그림 97】 마르둑의 행성이 아누의 길에서 나타났다고 한 '천문의 B'

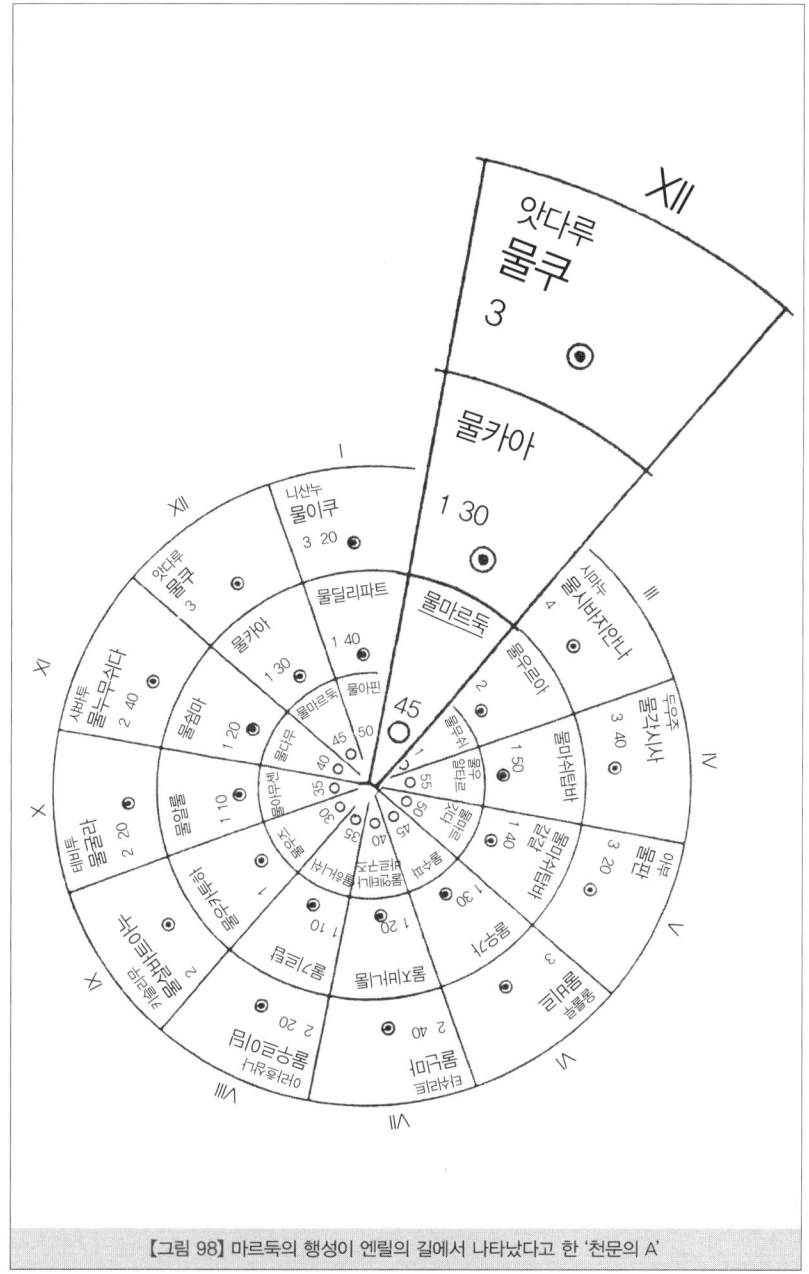

【그림 98】 마르둑의 행성이 엔릴의 길에서 나타났다고 한 '천문의 A'

한낮의 어둠 **319**

> 밤의 신들이 자기 일을 마친 뒤
>
> 이 찬란한 **카카부**는 남쪽에서 떠올라
>
> 하늘을 나눈다.
>
> 이 **카카부**는 니비루=마르둑 신이다.

우리는 이 모든 '바빌로니아 말기' 서판들의 관측이 서기전 610년 이전에 이루어졌을 수 없음을 확신하는 동시에(그 이유는 곧 밝히겠다), 그것이 서기전 555년 이후에 일어났을 수 없음도 확신할 수 있다. 그해에 나부나이드라는 사람이 바빌로니아의 마지막 왕으로 즉위했기 때문이다. 그는 자신의 정통성을 주장하면서 그의 왕권이 하늘로부터 승인을 받았다고 했다.

> 하늘 높이 뜬 마르둑의 행성이
>
> 내 이름을 불렀다.

이런 주장을 하면서 그는 밤에 '위대한 별과 달'을 환상에서 보았다고 말했다. 행성의 태양 주위 공전에 관한 케플러의 공식에 따르면 메소포타미아에서 마르둑/니비루를 볼 수 있었던 전체 기간은 몇 해 되지 않았다. 따라서 나부나이드가 그것을 볼 수 있었다고 주장함으로써 이 행성은 서기전 555년 직전의 어느 해에 돌아온 것이 된다.

그러면 '귀환'의 정확한 시기는 언제였을까? 수수께끼를 푸는 일과 관련된 또 하나의 측면이 있다. 바로 '주님의 날'의 '한낮의 어둠', 즉 일식 예언이다. 그리고 그런 일식이 서기전 556년에 실제로 일어났다!

일식은 월식보다는 드물지만 희귀한 일은 아니다. 일식은 달이 태양과 지구 사이의 어떤 궤도를 지나다가 일시적으로 태양을 가리는 것이다. 일식 가운데 아주 일부만이 개기일식이다. 완전히 어두워진 순간의 범위와 시간 및 경로는 지날 때마다 다르다. 태양·지구·달의 궤도 삼중주가 늘 변하기 때문이고, 여기에 지구의 자전과 그 축의 기울기 변화도 영향을 미친다.

일식이 희귀하기는 하지만 메소포타미아의 천문학 유산에는 아탈루 샴쉬(atalu shamshi)라 부른 이 현상에 대한 지식이 들어 있다. 문서에 언급된 것을 보면 단순히 이 현상 자체뿐만 아니라 그것이 달과 연관된 것이라는 사실도 축적된 고대 지식의 일부였음을 알 수 있다. 실제로 개기일식의 경로가 앗시리아 상공을 지나간 경우는 서기전 762년에 있었다. 그다음에는 서기전 584년에 있었는데, 이때는 지중해 연안 전 지역과 그리스 상공에서 개기일식이 나타났다. **그리고 바로 서기전 556년 '예상치 못한 시간에' 특이한 일식이 일어났다.** 그것이 예측할 수 있는 달의 움직임 때문이 아니었다면 **혹시 니비루가 아주 가까이 지나갔기 때문에 일어난 것은 아닐까?**

'아누가 주님의 행성이었을 때'라는 이름의 연속물에 속하는 천문학 서판들 가운데 하나(VACh-샤마쉬/RM-2, 38)는 일식을 다루고 있는데, 관측된 현상을 이렇게 적고 있다(19~20행).【그림 99】

처음에 둥그런 태양이

예상치 못한 시간에

어두워져서

거대한 행성의 광채를 막아섰다.

(그달) 30일에

일식이 일어났다.

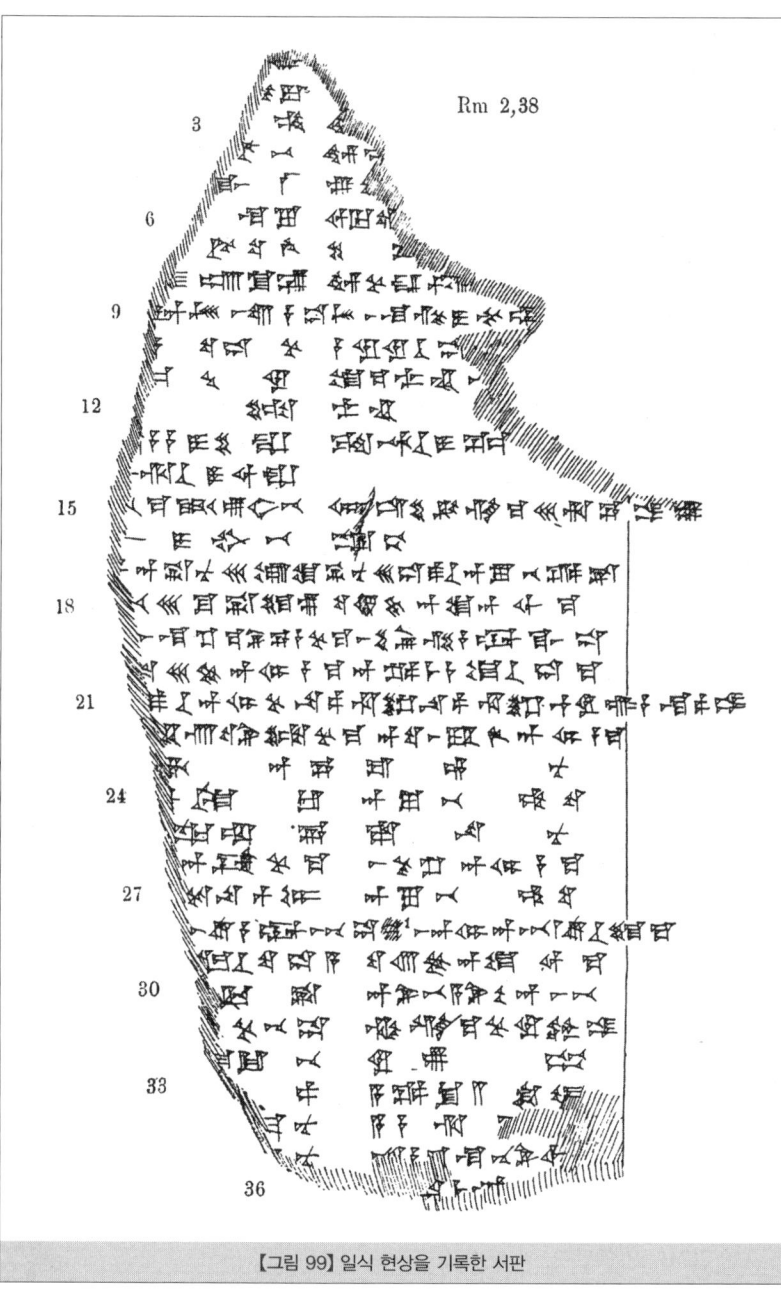

【그림 99】 일식 현상을 기록한 서판

어두워진 태양이 '거대한 행성의 광채를 막아섰다'는 것은 정확하게 무슨 뜻일까? 그 서판 자체에서는 그 일식이 일어난 시기를 알 수 없지만, 위에서 굵은 글자로 표시한 이 특별한 표현은 **예상치 못한 특이한 일식이 어떻든 니비루**(거대하고 찬란한 행성)**가 돌아옴으로 인해 일어났음을 강력히 시사한다**고 우리는 생각한다. 그러나 직접적인 원인이 그 행성 자체였는지 아니면 그것이 달에 '내뿜은' 영향력(중력 또는 자력의 끌어당김?) 때문이었는지는 문서들에 설명되어 있지 않다.

어떻든 천문상으로 서기전 556년 5월 19일에 해당하는 날에 대규모 개기일식이 일어났다는 것은 역사적 사실이다. 미 항공우주국(NASA) 고다드(Goddard)우주비행센터가 만든 지도【그림 100】에 나타나는 것처럼 이 일식은 넓은 지역에서 나타난 대규모 일식이었으며, **개기일식이 일어난 대역이 정확하게 하란 지역 상공을 지나갔다**는 사실이 특이한 양상 가운데 하나였다!

이 마지막 사실은 우리의 결론과 관련해 가장 중요하다. 그리고 그 숙명적인 기간에 고대 세계에서는 더욱 그러했다. '그 직후'인 서기전 555년에 나부나이드가 바빌론이 아닌 하란에서 바빌로니아 왕임을 선포했기 때문이다. 그는 바빌론의 마지막 왕이었다. 예레미야가 예언했듯이 바빌론은 그를 마지막으로 앗시리아가 맞았던 운명을 이어받았다.

예언된 '한낮의 어둠'이 찾아온 것은 서기전 556년이었다. 니비루가 돌아온 것은 바로 그때였다. 그것이 예언된 '주님의 날'이었다.

그리고 그 행성의 '귀환'이 일어났지만 아누를 비롯한 기대했던 신들은 아무도 나타나지 않았다. 오히려 그 반대 현상이 나타났다. 신들이, 아눈나키 신들이 지구를 버리고 떠나갔던 것이다.

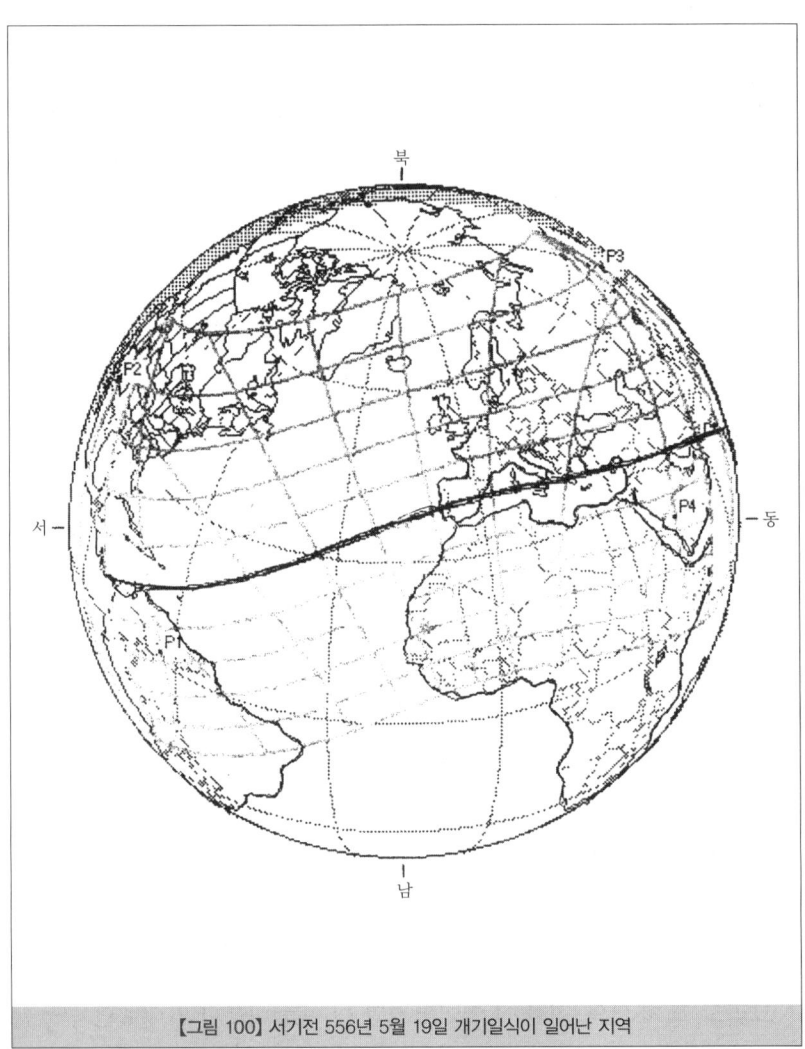

【그림 100】 서기전 556년 5월 19일 개기일식이 일어난 지역

13
신들이 지구를 떠나던 날

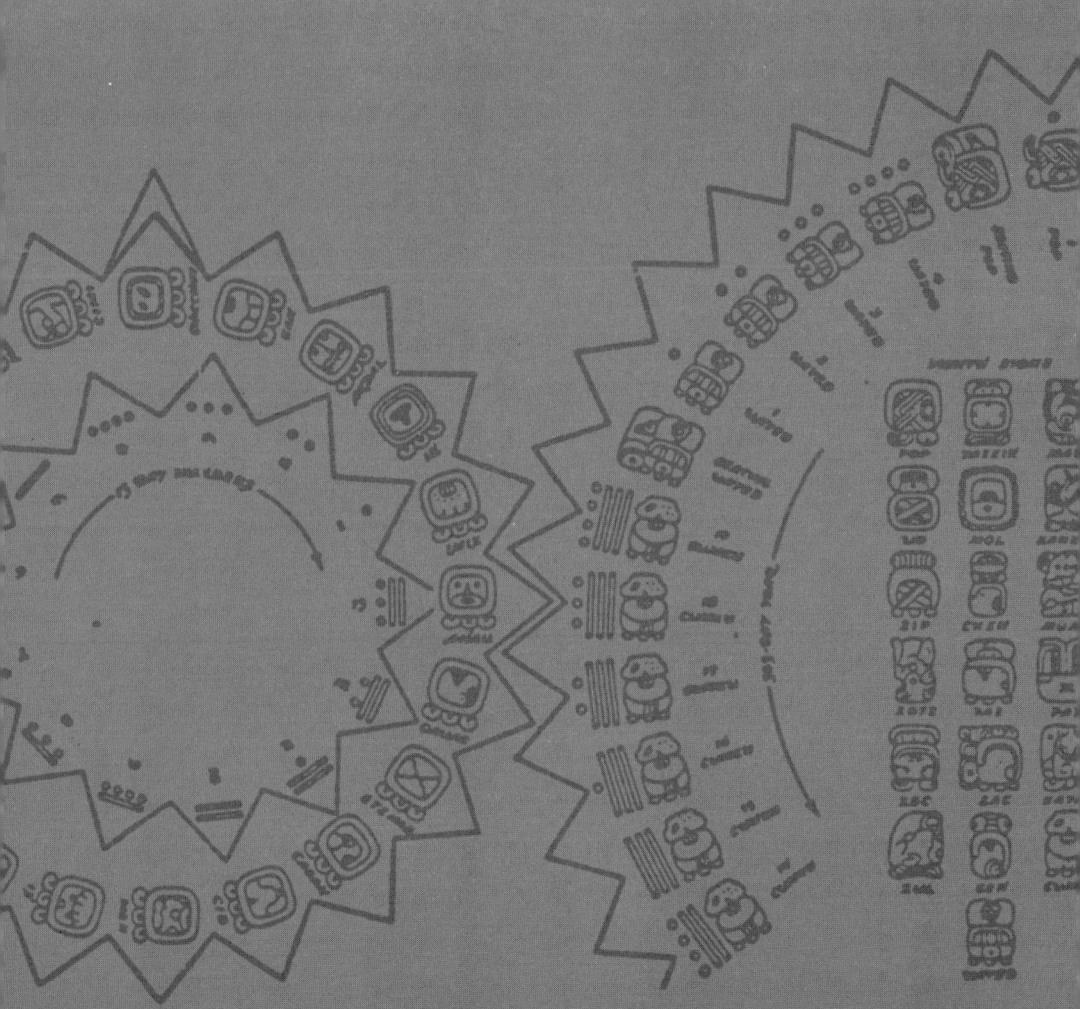

신들이 지구를 떠나던 날

아눈나키 신들이 지구를 떠난 것은 신의 나타남과 놀라운 사건들, 신들의 불안, 인간의 곤경 등으로 가득 찬 드라마틱한 사건이었다.

놀랍게도 그들이 떠난 것은 추측이나 추론이 아니다. 그것은 자세히 기록된 사실이다. 우리는 그 증거를 근동에서뿐만 아니라 아메리카 대륙에서도 얻을 수 있다. 그리고 고대에 신들이 지구에서 떠난 사실에 대한 가장 직접적이고 틀림없이 가장 드라마틱한 기록은 **하란**에서 출토되었다. 그 증언은 소문을 바탕으로 한 것이 아니다. 그것은 **목격담들**이고, 그 가운데는 예언자 에제키엘의 것도 있다. 이 보고들은 구약에 기록되었고, 돌기둥에도 새겨졌다. 바빌론의 마지막 왕의 즉위로 이어지는 기적적인 사건들을 다루고 있는 문서들이다.

오늘날의 하란(정말로 그 도시는 아직 그곳에 있고, 나도 가보았다)은 동부 터키, 시리아 국경에서 불과 몇 킬로미터 떨어진 곳에 있는 조용한 마을이다. 도시는 이슬람 시대에 쌓은 무너진 성벽으로 둘러싸여 있고, 주민들은 벌집 모양의 토막에서 산다. 야콥이 라켈을 만났던 유서 깊은 샘이 도시 외곽 목초지 가운데 아직도 있는데, 그 샘물은 인간이 상상할 수 있는 가장 순수하고 차가운 샘물이다.

그러나 옛날에 하란은 흥청거리는 상업·문화·종교·정치의 중심지였다. 그래서 예루살렘에서 추방된 다른 사람들과 함께 이 지역에서 살았던 예언자 에제키엘조차도 그 상업적인 명성을 기억하고 있다.

> 청색 옷과 자수 제품들,
> 수많은 옷들,
> 끈으로 묶고 삼나무로 만들 것들(…)
>
> ─「에제키엘」27:24

그곳은 수메르 시대부터 '우르 밖의 우르'로서 '달의 신' 난나르/씬의 숭배 중심지 노릇을 했던 도시였다. 아브라함의 가족은 그의 아버지 테라가 처음에는 니푸르에서, 그다음엔 우르에서, 그리고 마지막으로 하란에 있는 난나르/씬 신전에서 계시 담당 사제인 티르후로 일했기 때문에 결국 그곳에 살게 되었다. 방사능 '재앙의 바람'으로 인해 수메르가 멸망한 뒤 난나르와 그의 아내 닌갈은 하란에 집과 지휘소를 마련했다.

아카드어로 '수엔(Suen)' 또는 줄여서 '씬(Sin)'이라 부르는 난나르는 엔릴의 법적 승계권을 가진 맏아들은 아니었다(그 자리는 닌우르타의 차지였다). 그러나 엔릴과 그의 아내 닌릴의 맏아들이자 지구에서 낳은 첫 아들이었다. 신들과 인간들은 난나르/씬과 그의 아내를 매우 흠모했다. 수메르의 전성기에 그들을 기린 찬가들이나, 수메르 전반 또는 특히 우르의 황폐화를 슬퍼하는 비가들을 보면 이 부부 신에 대한 사람들의 대단한 사랑과 존경심이 드러나 있다. 몇 세기 뒤에 에사르핫돈이 나이 든('참모들에게 의존하고 있던') 씬에게 이집트 침공에 대해 상의하러 갔던 일이나 탈출한 앗시리아 왕족들이 하란에 마지막 근거지를 만든 일은 난나르/씬과 하란이 마지막까지 계속해서 중요한 역할을 했음을 보여준다.

에훌훌(Ehulhul, '두 배로 즐거운 집')이라는 이 도시의 거대한 난나르/씬 신전 유적지에서 고고학자들은 네 개의 돌기둥을 발견했다. 이 신전의 중앙 기도실 네 구석에 서 있던 것이었다. 이 돌기둥의 새김글에 따르면 이 가운데 둘은 신전 고위 여사제 앗다구피(Adda-Guppi)가 세웠고, 둘은 그녀의 아들인 바빌론의 마지막 왕 나부나이드가 세웠다고 한다.

앗다구피는 분명한 역사 인식을 가진 훈련받은 신전 관리자로서, 그녀의 새김글에 자신이 목격한 놀라운 사건들이 일어난 정확한 시기를 알려주고 있다. 당시의 통상적인 방식대로 알려진 왕들의 재위 연도와 연결시킨 그 연도는 현대 학자들에 의해 확인되었다. 그녀는 서기전 649년에 태어나 몇 명의 앗시리아 및 바빌론 왕들 시대를 살았고, 104세의 고령에 죽었음이 이를 통해 밝혀졌다.

그녀가 일련의 놀라운 사건들 가운데 첫 번째 것에 관해 그녀의 기념비에 쓴 것은 이러한 내용이다.

> 바빌론 왕 나부폴앗사르 재위 16년째 해에
> 신들의 주인 씬이
> 그의 도시 및 신전 때문에 화가 나서
> **하늘로 올라가 버렸다.**
> 그리고 그 도시 및 거기 사는 주민들은 멸망했다.

나부폴앗사르 재위 16년째 해는 서기전 610년이었다. 독자들도 기억하겠지만 이해는 바빌로니아 군대가 앗시리아 왕실과 군대 지스러기를 몰아내어 하란을 점령했고, 다시 일어선 이집트가 우주 관련 지역들을 점령하기로 결심한 기억할 만한 해였다. 화가 난 씬이 그 도시에 대한 보호를 철회하고 보따리를 싸서 '**하늘로 올라가 버린**' 것이 그때였다고 앗다구피는 기록하고 있다!

점령된 도시에 뒤이어 일어난 일이 '그리고 그 도시 및 거기 사는 주민들은 멸망했다'는 말 속에 정확하게 요약되어 있다. 다른 유민들은 모두 달아났지만 앗다구피는 그대로 남았다. 그녀는 '매일, 하루도 빠짐없이, 낮이고 밤이고, 몇 달 몇 년 동안' 허물어진 신전에서 기도를 했다. 그녀는 슬픔에 젖었다.

> (그녀는) 고급 모직 옷을 버리고
> 보석을 던져버리고
> 금이나 은 장신구를 달지 않고
> 향수나 향내 나는 기름도 쓰지 않았다.

앗다구피는 자신이 버려진 신전에 떠도는 유령 같았다고 적고 있다.

> 나는 찢어진 옷을 입고 있었다.
> 나는 소리 없이 왔다갔다했다.

그리고 그 적막한 성소에서 앗다구피는 한때 씬이 입었던 예복을 발견했다. 낙담한 여사제에게 그 발견은 신에게서 온 계시였다. 갑자기 신이 물리적 현신을 보인 것이다. 그녀는 그 신성한 예복에서 눈을 떼지도 못하고 손을 댈 엄두도 내지 못한 채 겨우 '그 끝자락만 잡고 있었다'. 그 신이 자신의 이야기를 들으러 그 자리에 나타나기라도 한 것처럼, 그녀는 꿇어 앉아 '기원과 존경의 의미를 담아' 맹세를 했다.

> "당신이 당신의 도시로 돌아오신다면
> 모든 검은머리 백성들은
> 신이신 당신을 숭배할 것입니다!"

'검은머리 백성'이라는 말은 수메르인들이 자신들을 표현한 말이었다. 그런데 수메르로부터 1,500년이나 뒤에 고위 여사제가 이 말을 사용했다는 것은 더없이 중요한 일이다. 그녀는 신에게, 그가 다시 돌아온다면 '지난날'과 같은 통치권을 회복할 수 있고 다시 복구된 수메르아카드를 지배하는 신이 될 것이라고 말하고 있었다. 그것을 이루기 위해 앗다구피는 자신의 신에게 한 가지 거래를 제안했다. 그가 돌아오고 그의 신성한 힘을 그녀의 아들 나부나이드를 바빌로니아와 앗시리아 영토 전역을 통치하는 제국의 다음 왕으로 만드는 데 사용한다면, 나부나이드는 하란에는 물론이고 우르에도 씬의 신전을 재건하고 씬에 대한 숭배를 모든 검은머리 백성들의 나라에서 국가종교로 선포할 것이라고 했다!

앗다구피는 그 신의 예복 끝자락을 잡고 날이면 날마다 기도를 올렸다. 그러던 어느 날 그 신이 그녀의 꿈에 나타나 그녀의 제안을 받아들였다. 달의 신은 그 생각을 마음에 들어 했다고 앗다구피는 썼다.

> 하늘과 지구의 신들의 지배자이신 씬께서는
> 내 착한 행동을 보시고

나를 바라보며 미소 지으셨다.

그분은 나의 기도를 들으셨다.

그분은 나의 맹세를 받아들이셨다.

그분의 가슴속에 있던 분노는 가라앉았다.

그분이 즐거워하셨던 신의 거처

하란에 있던 그의 신전 에훌훌에서

그분은 만족을 하셨다.

그리고 그분은 마음을 바꾸셨다.

앗다구피는 그 신이 거래를 받아들였다고 썼다.

신들의 지배자이신 씬께서는

나의 말들을 승인하셨다.

내 배로 낳은 나의 외아들 나부나이드를

그분께서 왕으로 지명하셨다.

수메르아카드의 왕이다.

이집트 국경에서부터 모든 나라를,

위쪽 바다부터 아래 바다까지를

그분은 내 아들의 손에 맡기셨다.

양쪽은 모두 약속을 지켰다. 앗다구피는 자신의 새김글 마지막 부분에서 '그것이 실현되는 것을 내가 직접 보았다'고 썼다. 씬은 '스스로 내게 한 이야기를 지켜' 서기전 555년에 나부나이드를 바빌로니아 왕으로 즉위케 했다. 그리고 나부나이드는 하란에 에훌훌 신전을 재건하겠다는 자기 어머니의 맹세를 지켜 '그 건설을 마쳤다'. 그는 씬과 아카드어로는 니칼(Nikkal)인 닌갈 숭배를 다시 시작했고 '잊힌 의식들을 모두 다시 만들었다'.

그 뒤에 커다란 기적이, 오랫동안 보지 못했던 사건이 일어났다. 이 사건은 나부나이드의 두 돌기둥에 기록되어 있는데, 거기에는 그가 이상한 지팡이를 짚고 니비루·지구·달을 나타내는 천체 상징들 앞에 서 있다. 【그림 101】

> 이는 씬의 큰 기적이다.
> 아득한 옛날로부터
> 신들과 여신들이
> 이 땅에서 만들지 못했던 일이다.
> 아득한 옛날로부터
> 지구의 사람들이
> 서판에 쓰인 것을 보지도, 발견하지도 못했던 일이다.
> 신들과 여신들의 지배자이신 씬이
> **하늘에 살고 계신 그가**
> **하늘에서 내려오셨다.**
> 바빌론의 왕 나부나이드가 환히 보고 있는 가운데.

이 새김글이 밝힌 바에 따르면 씬은 혼자 돌아온 것이 아니었다. 문서들에 따르면 그는 행진 의식 속에서, 재건된 에훌훌 신전으로 들어갔다. 그와 함께한 것은 그의 아내 닌갈/니칼과 보좌관인 '신의 전령' 누스쿠였다.

씬이 '하늘에서' 기적적으로 돌아온 일은 여러 가지 문제를 제기한다.

【그림 101】 니비루·지구·달의 상징이 그려진 나부나이드의 돌기둥

 첫 번째 문제는 그가 '하늘의' 어디에서 50~60년 동안 머물렀느냐 하는 점일 것이다. 그러한 문제들에 대한 해답은 고대의 증거들을 현대 과학기술의 성과들과 결합함으로써 얻을 수 있다. 그러나 그 문제를 다루기에 앞서 '떠남'의 모든 양상들을 검토해 보는 것이 중요하다. '화가 나서' 지구를 떠나 '하늘로 올라간' 것은 씬 혼자만이 아니었기 때문이다.
 앗다구피와 나부나이드가 묘사한 특이한 하늘로의 왕래는 그들이 하란에 있을 때 일어났다. 하란은 또 다른 목격자가 바로 그때 그 지역에 있었기 때문에 중요한 지점이다. 바로 예언자 에제키엘이다. 그 역시 이 문제에 대해 많은 이야기를 했다.
 예루살렘의 야훼 사제였던 에제키엘은 서기전 598년 네부카드네자르의 예루살렘 1차 공격 이후 예호야킨 왕과 함께 추방되었던 귀족 및 기술자 집단의 일원이었다. 그들은 강제로 메소포타미아 북부로 옮겨져 하부르 강 유역에 정착했다. 하란에 있던 그들의 조상들 고향에서 얼마 떨어지지 않은 곳이었다. 에제키엘의 유명한 하늘 마차 환상이 일어난 곳이 바로 그곳이었다. 훈련받은 사제였던 그도 역시 장소와 시기를 기록했다. 그것은 추방된 지 5년째 되던 해(서기전 594/593년) 네 번째 달 다섯 번째 날의 일이었다. 에제키엘은 그의 예언 서두에서 이렇게 말한다.

> 내가 유배된 사람들과 함께 케바르(Khebar, 그발) 강가에 있을 때
> 하늘이 열리고 나는 **엘로힘**의 환상을 보았다.
> _「에제키엘」1:1

그가 본 것은 회오리바람 속에서 나타나 빛을 번쩍이며 광채에 둘러싸여 있는 신의 마차였다. 그것은 위나 아래, 그리고 옆으로도 갈 수 있었다.

> (그 안에는) 왕좌 같은 곳에
> 사람 같은 모습을 한 자가 있었다.
> _「에제키엘」1:5

그리고 에제키엘은 자신을 '사람의 아들'이라 부르고 예언의 임무를 준 목소리를 들었다.

이 예언서의 첫 구절은 보통 '**하느님**의 환상'으로 번역된다. '엘로힘'이라는 말은 복수형인데 전통적으로 단수형인 '하느님'으로 번역되었다. 심지어 다음과 같이 구약에서 분명하게 복수형으로 취급하고 있는 경우에

도 마찬가지다.

> 그리고 **엘로힘**이 말했다.
> "**우리**가 생각한 대로 **우리**의 모습을 본떠서
> **우리**가 인간을 만들자. (…)"
>
> _「창세기」1:26

내 책의 독자들은 알겠지만 기독교 성서의 아담 이야기는 훨씬 상세한 수메르의 창조 문서들을 번역한 것이고, 거기서는 유전공학을 사용해 인간을 '만든' 것이 엔키가 이끄는 아눈나키 팀이었다고 한다. 우리가 여러 차례 밝혔듯이 엘로힘이라는 말은 아눈나키를 말하는 것이고, **에제키엘이 보고한 것은 그가 아눈나키 우주선을 만났다는 것이다.** 하란 부근에서 말이다.

에제키엘이 본 우주선은 그가 첫 장과 그 이후에도 하느님의 카보드('무거운 것')로 묘사하고 있다. 「출애굽기」에서 시나이 산에 내렸던 신의 탈것을 지칭하는 데 쓰였던 것과 완전히 똑같은 용어다. 에제키엘의 이 우주선 묘사는 여러 세대에 걸쳐 학자들과 미술가들에게 영감을 주었고, 그 결과로 나온 묘사들은 우리의 비행기 기술이 진보함에 따라 시대마다 달라졌다. 고대 문서들은 우주선과 비행기를 모두 언급하고 있을 뿐 아니라, 비행기를 보유하고 지구 상공을 날아다닌 신들 가운데 엔릴·엔키·닌우르타·마르둑·토트·씬·샤마쉬·이쉬타르 등을 가장 유명한 신들로 거명하며 묘사하고 있다. 호루스와 세트, 닌우르타와 안주처럼 공중전을 벌인 경우도 나와 있다(인도유럽계 신들도 마찬가지다). 신들의 '우주선'에 대한 여러 가지 문헌 묘사와 그림들 가운데서 에제키엘의 회오리바람 환상에

【그림 102】 요르단 유적지에서 발견된 우주선 그림

가장 잘 부합하는 것이 요르단의 한 유적지(그곳에서 예언자 엘리야(Elijah)가 하늘로 들어 올려졌다)에 그려진 '회오리바람 마차'인 듯하다.【그림 102】 그것은 헬리콥터처럼 그저 제대로 된 우주선이 머물고 있는 곳까지 연결하는 왕복선 노릇만 한 듯하다.

에제키엘의 임무는 유배된 자기 동포들에게 불의와 증오에 빠진 모든 민족들을 향한 '심판의 날'이 다가오고 있음을 예언하고 경고하는 것이었다. 그리고 1년 뒤에 같은 '사람의 모습을 한 자'가 다시 나타나 손을 내밀어 그를 붙잡고 예루살렘까지 옮겨놓아 거기서 예언을 하도록 했다. 기억하겠지만 그 도시는 포위 공격으로 굶주림을 겪었고, 굴욕적인 패배를 당했으며, 무자비한 약탈을 당했다. 바빌로니아인들이 그곳을 점령하고 왕과 모든 귀족들을 추방했다. 그곳에 도착한 에제키엘은 법질서와 종교 의식이 완전히 무너진 장면을 보았다. 무슨 일이 있었는지 어리둥절해하고 있던 그는 유민들이 앉아서 슬퍼하고 애통해하는 것을 보았다.

야훼께서 더 이상 우리를 돌보지 않으신다.

야훼께서 지구를 떠나셨다!

― 「에제키엘」 8:12, 9:9

우리가 보기에 이것이 바로 네부카드네자르가 예루살렘을 다시 공격하고 야훼 신전을 파괴할 마음을 먹었던 이유였다. 그것은 앗다구피가 하란에서 외쳤던 것과 사실상 똑같은 절규였다.

> 신들의 주인 씬이
> 그의 도시 및 신전 때문에 화가 나서
> 하늘로 올라가 버렸다.
> 그리고 그 도시 및 거기 사는 주민들은 멸망했다.

북부 메소포타미아에서 일어난 사건들이 어떻게, 그리고 왜 먼 유대에서 야훼 역시 지구를 떠날 생각을 하도록 했는지 의문이 들 수도 있다. 그러나 하느님과 신들이 떠났다는 말이 도처에서 나오는 것은 분명하다. 실제로 앞서 우리가 일식과 관련해 언급했던 VAT-7847 서판은 200년 동안 지속된 대재앙에 관한 예언 부분에서 이렇게 말하고 있다.

> 고함을 지르면 신들은 날아서
> 여러 나라에서 떠날 것이다.
> 그들은 사람들과 연을 끊을 것이다.
> 사람들은 신들의 처소를 폐허로 방치할 것이다.
> 자비와 행복은 사라질 것이다.
> 화가 난 엔릴은 하늘로 올라갈 것이다.

학자들은 '아카드 예언' 범주에 드는 다른 몇몇 문서들과 마찬가지로 이 문서 역시 '사후 예언'으로 생각하고 있다. 이미 일어난 사건들을 다른 미래의 사건들을 예언하는 근거로 사용한 문서라는 것이다. 그것이야 어쨌든, 신들의 집단 이동이 상당히 광범위했다는 기록이 있다. '엔릴을 필두로' 화가 난 신들이 그들의 나라를 떠났고, 화가 나 떠난 것은 씬 혼자만이 아니었다.

또 하나의 문서가 있다. 학자들이 '신앗시리아 출토 예언'에 속하는 것으로 분류하고 있지만 서두 부분을 보면 마르둑 숭배자(바빌로니아의?)가 원작자인 듯하다. 그 전문을 보자.

>신들의 엔릴 마르둑이 화가 났다.
>그의 마음이 분노로 끓어올랐다.
>그는 그 땅과 사람들을 흩어버릴 고약한 계획을 세웠다.
>그의 화난 마음은 땅을 부수고 사람들을 괴멸시키기로 결심했다.
>독한 저주가 그의 입에서 튀어나왔다.
>하늘의 조화가 무너졌음을 시사하는 불길한 조짐들이
>하늘과 지구에서 한꺼번에 쏟아지기 시작했다.
>엔릴·아누·에아의 길에 있는 행성들이 위치를 벗어나고
>반복해서 이상한 조짐들을 노출했다.
>풍요의 강 아라흐투(Arahtu)가 사나운 강물로 변했다.
>대홍수와 같은 거센 물결과 격렬한 파도가
>도시와 그 안의 집과 성소를 뒤덮어 폐허로 만들었다.
>**남녀 신들이 두려워 자기네 사당을 버리고**
>**새처럼 날아올라 하늘로 올라갔다.**

이 모든 문서들에 공통되는 것은 (a) 신들이 사람들에게 화가 났고 (b) 신들이 '새처럼 날아올랐으며' (c) 그들이 '하늘'로 올라갔다는 주장들이다. 이들이 떠날 때 특이한 천체 현상과 약간의 지진이 있었다는 추가 정보도 있다. 이것이 기독교 성서 예언자들이 예언한 것과 같은 '주님의 날'의 양상들이다. **이들의 떠남은 니비루의 '귀환'과 맞물려 있었다. 신들은 니비루가 왔을 때 지구를 떠난 것이다.**

VAT-7847 문서는 두 세기에 걸친 재난의 시기에 대해 흥미로운 언급을 담고 있다. 문서는 그것이 신들의 떠남 뒤에 있을 일들에 대한 예언인지, 신들의 인간에 대한 분노와 실망이 그 기간 동안에 커져 떠나게 되었는지에 대해서는 분명히 밝히지 않고 있다. 아마도 나중 것이 맞는 듯하다. 여러 민족들의 죄악과 다가오는 '주님의 날'의 심판에 대한 기독교 성서의 예언의 시대가 니비루의 귀환 두 세기 전인 서기전 760/750년 무렵의 아모스와 호세아로부터 시작된 것이 결코 우연의 일치는 아닐 것이기 때문이다. 그 시기는 바로 니비루의 '귀환' 두 세기 전이다! 두 세기 동안 예언자들은 유일하게 합당한 '하늘-지구 연결고리'가 있는 예루살렘에서 사람들 사이의 정의와 정직, 민족들 사이의 평화를 부르짖었으며, 무의미한 봉헌과 생명 없는 우상에 대한 숭배를 조소했으며, 잔인한 정복과 무자비한 파괴를 비난했고, 한 민족 한 민족에 대해(이스라엘을 포함해) 처벌이 불가피함을 경고했다. 그러나 보람은 없었다.

그것이 맞는다면 신들의 분노와 실망이 점차 쌓여간 것이고, 아눈나키가 '이젠 됐다'는 결론에 이른 것이다. 떠날 때가 된 것이다. 이 모든 것은 실망한 엔릴을 필두로 한 신들이 다가오는 대홍수와 자신들이 비행선을 타고 하늘로 올라가는 일을 인류에게 감추기로 했던 신들의 결정을 떠올리게 한다. 니비루가 다시 접근하고 있는 이번에 떠날 계획을 세우고 있었던 것은 엔릴계 신들이었다.

누가 떠났고, 그들은 어떻게 떠났으며, 씬이 수십 년 만에 다시 돌아왔다면 그들은 어디로 갔던 것일까? 그 해답을 찾기 위해 사건의 처음으로 되돌아가 보자.

에아/엔키가 이끄는 아눈나키가 금을 얻기 위해(그들은 그 금으로 자기네 행성의 위험에 처한 대기를 보호해야 했다) 처음 지구로 왔을 때 그들은 페르시아 만의 물속에서 금을 추출할 계획이었다. 그 방법이 통하지 않자 그들은 남동 아프리카에서 광물을 캐내고 미래의 수메르인 에딘에서 녹여 제련하는 방법으로 옮겨갔다. 그들의 숫자는 더욱 늘어 지구에 600명에다 화성에 있는 간이역(거기서 니비루로 가는 장거리 우주선이 보다 쉽게 발진할 수 있었다)으로 가는 비행선을 조작하는 이기기도 300명이나 되었다. 엔키의 이복동생이자 대권 승계 경쟁자였던 엔릴이 지구로 와서 전체에 대한 지휘를 맡았다. 광산에서 고생을 하고 있던 아눈나키가 폭동을 일으키자 엔키는 '일꾼 원시인'을 만들자고 제안했다. 그것은 이미 있던 호미니드(Hominid, 사람과)의 유전자를 개량함으로써 이루어졌다. 그 뒤에 아눈나키는 '인간의 딸들을 아내로 맞아 그들에게서 자녀를 낳기'(「창세기」 6장) 시작했다. 엔키와 마르둑 또한 금기를 깼다. 대홍수가 다가오자, 화가 난 엔릴은 '인간의 사악함이 지구에 가득 차' 있기 때문에 '인간을 절멸시키자'고 말했다. 그러나 엔키는 '노아'를 통해 그 계획을 방해했다. 인류는 살아남아 인구를 늘리고 곧 문명을 전수받았다.

지구를 휩쓴 대홍수는 아프리카의 광산을 잠기게 했다. 그러나 남아메리카의 안데스 산맥에서는 금의 주광맥을 노출시켜 아눈나키가 보다 쉽고 빠르게 금을 얻을 수 있게 했다. 금을 녹이고 제련할 필요도 없었다. 산에서 씻겨 내려온 순금 덩어리인 사금은 냄비로 일어 모으기만 하면 되었기 때문이다. 이에 따라 지구에서 필요한 아눈나키의 수도 줄일 수 있었다. 아누와 안투는 서기전 4000년 무렵의 지구 공식 방문 때 티티카카 호반에 있는 대홍수 이후의 금 산지를 방문했다.

이 방문은 지구에서 니비루인들의 숫자를 줄이는 계기로 작용했다. 또한 경쟁하던 이복형제와 싸우던 그 일족들 사이에 평화 협정도 이루어졌다. 그러나 엔키와 엔릴은 영토 분할을 받아들였지만 엔키의 아들 마르둑은 옛 우주 관련 지역들에 대한 통제권을 포괄하는 지배권 경쟁을 포기하지 않았다. 이때 엔릴계 신들은 남아메리카에 대체 우주공항 시설을 준비하기 시작했다. 시나이 반도의 대홍수 이후 우주공항이 서기전 2024년 핵무기에 의해 날아가 버리자 남아메리카의 시설이 전적으로 엔릴계 신들의 수중에 남아 있는 유일한 시설이었다.

따라서 실망하고 넌더리가 난 아눈나키 지도부가 이제는 떠날 시간이라는 결정을 내렸을 때 일부는 '착륙장'을 이용할 수 있었지만, 나머지는 아마도 다량의 마지막 금덩어리 화물을 가지고 남아메리카의 시설을 이용해야 했을 것이다. 아누와 안투가 이 지역을 방문했을 때 머물던 곳에서 가까운 곳이었다.

앞서 말했듯이 지금은 푸마풍쿠로 불리는 이곳은 줄어든 티티카카 호(페루와 볼리비아가 분점하고 있다)에서 가까운 곳이지만 당시에는 호수의 남쪽 호안에 위치해 항만 시설을 갖추고 있었다. 그 중심 유적에는 네 개의 무너진 건물들이 늘어서 있는데, 각 건물은 하나의 거대한 뭉우리돌을 파내 만들어졌다. 【그림 103】그렇게 파내 만든 각각의 방들은 내부 전체를 금박으로 입혔고, 곳곳에 황금 못을 박았다. 16세기에 에스파냐인들이 그곳에 도착한 뒤 약탈해 간 엄청난 보물이었다. 그런 주거지가 어떻게 바위

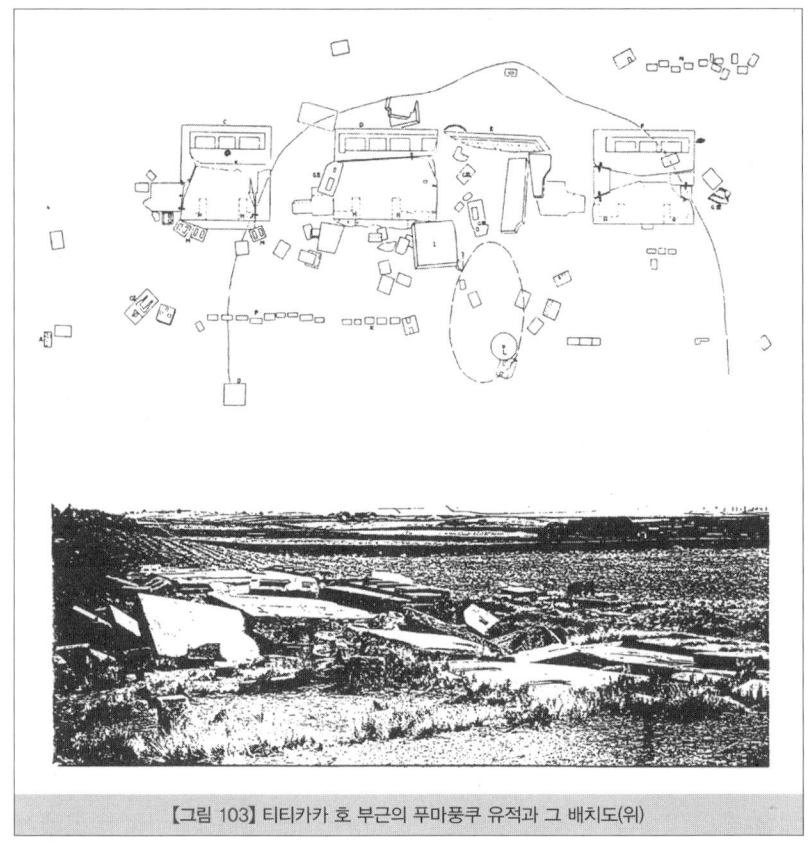

【그림 103】 티티카카 호 부근의 푸마풍쿠 유적과 그 배치도(위)

를 그리도 정밀하게 파내 만들어졌는지, 그리고 네 개의 커다란 돌이 어떻게 그곳으로 옮겨졌는지는 수수께끼로 남는다.

이 유적지에는 또 하나의 수수께끼가 있다. 이 장소의 고고학적 발견물들 가운데는 정확하게 잘리고 홈이 파이고 각도가 잡히고 모양이 만들어진 특이한 돌 토막들이 수없이 많다. 【그림 104】 공학 학위를 가지지 않은 사람의 눈으로 보아도 이 돌들은 놀라운 기술적 능력과 정밀한 장비를 가진 누군가가 자르고 구멍을 뚫고 모양을 낸 것임을 알 수 있다. 사실, 오늘

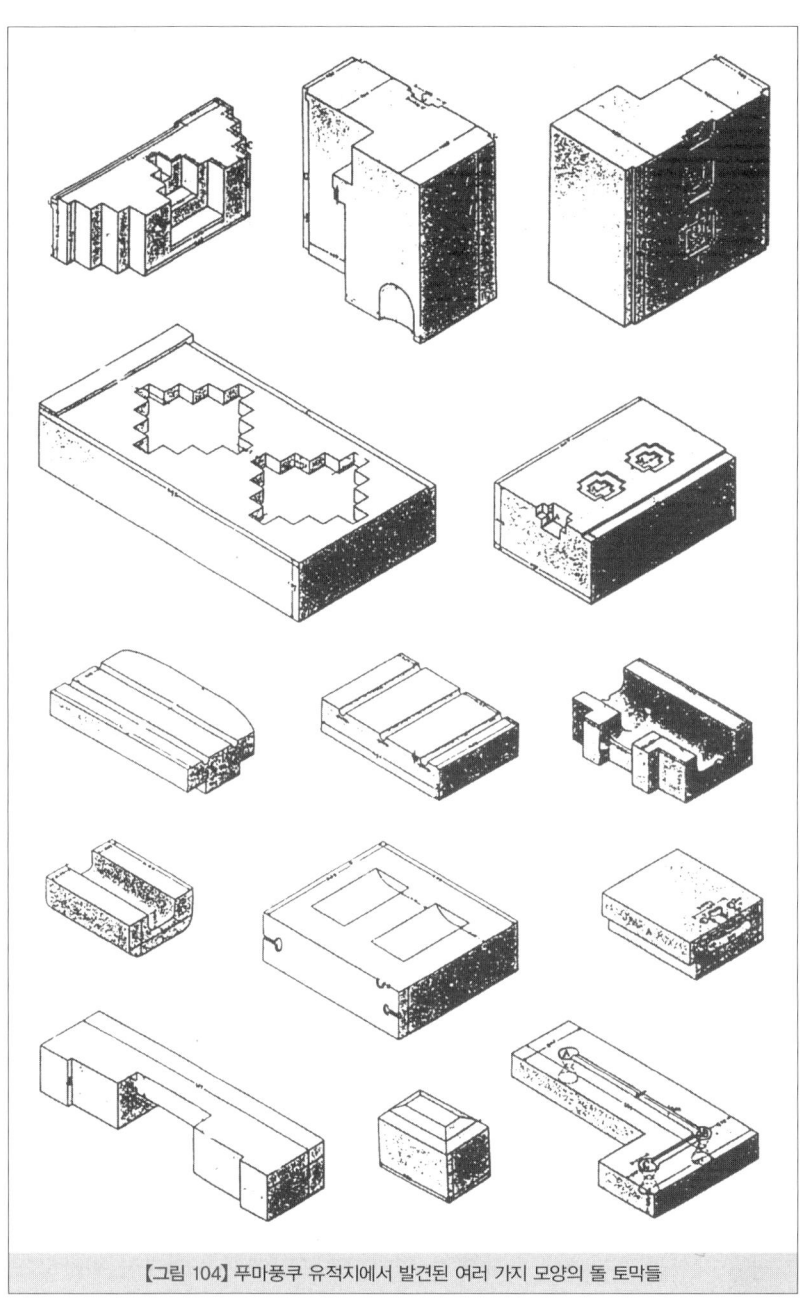

【그림 104】 푸마풍쿠 유적지에서 발견된 여러 가지 모양의 돌 토막들

날에도 '돌들'을 이렇게 만들 수 있을지 의문이 들 지경이다. 당혹감은 이 기술적인 기적들이 무슨 목적으로 이루어졌느냐 하는 수수께끼로 인해 증폭된다. 분명히 알려지지 않았지만 어떤 복잡한 목적이 있었을 것이다. 이것이 복잡한 도구를 만들기 위한 주조용 거푸집이었다면 그 도구들은 어떤 것이고 누구를 위한 것이었을까?

분명히, 아눈나키만이 이런 '거푸집'을 만들고 그 거푸집 또는 최종 제품을 사용할 수 있는 기술을 함께 가졌으리라고 생각할 수 있다. 아눈나키의 중심 기지는 내륙으로 몇 킬로미터 더 들어간 곳에 있었다. 지금은 티와나쿠로 알려져 있고, 볼리비아 영토에 속한다. 근대에 그곳에 갔던 초기 유럽인 탐험가들 가운데 한 사람이었던 조지 스콰이어(George Squire, 1821~1888)는 자신의 책 『그림으로 보는 페루 *Peru Illustrated*』에서 그곳을 '신대륙의 바알벡'이라고 묘사했다. 이 비유는 그가 느꼈던 것보다 더 정확한 비유다.

그다음의 주요한 근대 티와나쿠 탐험자인 아르투르 포스난스키(Arthur Posnansky, 1873~1946)는 『아메리카인의 요람 티와나쿠 *Tihuanacu, la Cuna del Hombre de las Americas*』에서 이 유적지의 연대에 관해 놀라운 결론을 도출해 냈다. 티와나쿠의 주요 지상 구조물들(여기에는 지하 구조물도 많다) 가운데는 수로와 암거와 수문(이들의 목적에 대해서는 『엘도라도, 혹은 사라진 신의 왕국들』에서 살펴본 바 있다)이 여기저기 나 있는 인공 산 **아카파나**(Akapana) 도 있다. 관광객들에게 인기가 있는 것으로는 **태양의 문**으로 알려진 돌문이 있다. 이 우뚝한 구조물 역시 하나의 뭉우리돌을 깎아 만든 것인데, 푸마풍쿠에서 과시된 정밀함이 일부 드러나 있다. 그것이 아마도 천문학적인 목적으로 쓰였고 틀림없이 책력의 일종이었으리라는 것은 문 위에 새겨진 조각상들로 미루어 짐작할 수 있다. 그 조각에서는 커다란 위라코차

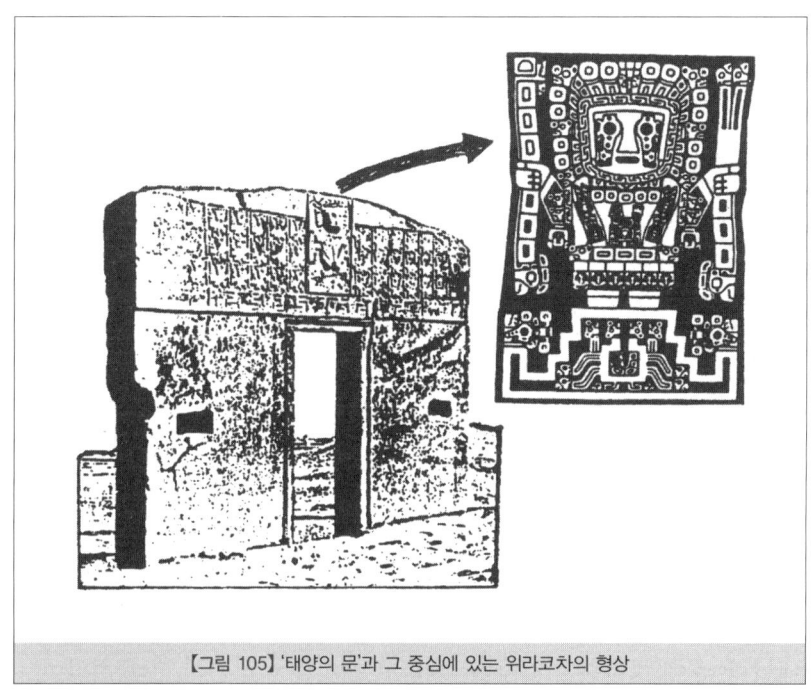

【그림 105】 '태양의 문'과 그 중심에 있는 위라코차의 형상

신의 형상이 눈에 확 들어온다. 번개 무기를 들고 있는 것이 틀림없이 근동의 아다드/테슙을 모방했다.【그림 105】사실 나는 『엘도라도, 혹은 사라진 신의 왕국들』에서 위라코차가 아다드/테슙**이었다**고 주장한 바 있다.

'태양의 문'은 거기에 위치함으로써 **칼라사사야**(Kalasasaya)라 부르는 티와나쿠의 세 번째 두드러진 구조물과 함께 천문 관측 시설의 일부가 되었다. 그것은 우묵한 중앙 안뜰이 있는 커다란 직사각형의 건물이며, 주위에는 돌기둥들이 세워져 있다. 칼라사사야가 관측소 역할을 했다는 포스난스키의 주장은 이후의 탐구들에 의해 확인되었다. 칼라사사야의 천문학적 정렬은 그것이 잉카보다 수천 년 전에 만들어졌음을 드러내고 있다는, 노먼 로키어의 고(古)천문학 지침에 바탕을 둔 그의 결론은 너무도 믿기 어려운 것이어서 독일 천문학 기구가 과학자 팀을 보내 이를 점검하기까지 했다. 그들의 보고와 과학 잡지 《배셀러 아르치프 *Baesseler Archiv*》(14호) 같은 이후의 추가 입증에 따라 칼라사사야의 방향은 틀림없이 서기전 10000년이나 **서기전 4000년**의 지구의 황도경사각과 일치한다는 것이 확인되었다.

어느 시기든 우리에겐 문제될 것이 없다고 나는 『엘도라도, 혹은 사라진 신의 왕국들』에서 이야기했다. 서기전 10000년은 대홍수 직후 그곳에서 금 채취가 시작된 때이고, 서기전 4000년은 아누가 방문한 때다. 어느 시기든 아눈나키가 거기서 활동한 일과 맞아떨어지고, 엔릴계 신들이 거기에 있었다는 증거는 곳곳에 있다.

이 유적지와 인근 지역에 대한 고고학·지질학·광물학의 연구는 티와나쿠 역시 야금 센터 역할을 했음을 확인한다. 나는 여러 가지 발견물들과 '태양의 문'에 그려진 조각상들, 그리고 그것들이 터키의 고대 히타이트 유적지의 그림들과 유사한 점 등을 근거로 거기서 행해진 금(그리고 주석!) 재취 작업을 감독한 것이 엔릴의 막내아들 이쉬쿠르/아다드였다고 주장했다. 【그림 106a/b】 구대륙에서 그의 영지는 아나톨리아였는데, 거기서 그는 '날씨의 신' 테슙으로 숭배되었고 그 상징은 번개 지팡이였다. 그러한 거대한 상징이 불가사의하게도 가파른 산허리에 새겨져 있어 공중에서 또는 페루 파라카스(Paracas) 만 앞바다에서 볼 수 있다(파라카스 만은 티와나쿠에서 산을 내려가면 닿을 수 있는 천연 항구다). 【그림 107】 '가지 촛대'라는 별명이 붙은 이 상징은 길이 130미터에 폭이 70미터이고, 1.5~4.5미터 폭의 선은 딱딱한 바위에 60센티미터 깊이로 파여 있다. 누가, 언제, 어떻게 그것을 만들었는지는 아무도 모른다. 아다드 자신이, 그가 거기 있었음을 드러내고 싶어서 만든 것이 아니라면 말이다.

【그림 106a】 티와나쿠 '태양의 문'에 그려진 조각상

【그림 106b】 히타이트 유적지에서 출토된 그림

【그림 107】 번개 지팡이를 든 테슙(왼쪽)과 남아메리카의 거대한 번개 지팡이 그림(오른쪽)

신들이 지구를 떠나던 날 **347**

파라카스 만 북쪽 내륙, 인헤니오(Ingenio) 강과 나스카(Nazca) 강 사이의 사막에서 탐험가들은 고대의 가장 불가사의한 수수께끼 가운데 하나를 발견했다. 이른바 **나스카 선묘**(線描)다. 누군가가 '세계 최대의 예술 작품'이라고 불렀듯이, 동쪽으로 팜파(pampa, 평평한 황무지)에서부터 바위투성이의 산악지대까지 펼쳐져 있는 드넓은 지역(500여 제곱킬로미터나 된다!)이 수많은 형상들을 그릴 '누군가'의 캔버스로 쓰였다. 이 그림들은 너무 커서 지상에서는 알아볼 수가 없다. 그러나 공중에서 보면 알려졌거나 상상으로 그려진 길짐승들과 날짐승들이라는 것이 분명하게 드러난다.【그림 108】그림은 표토를 몇 센티미터 깊이로 파내는 방식으로 그려졌으며, 외줄로 처리되어 죽 이어지는 줄이 구부러지거나 꼬이기는 하지만 교차하지는 않는 형태로 완성되었다. 이 지역 상공을 비행하는 사람은 누구나 (거기에 가면 그곳 여행자들이 이용할 수 있는 작은 비행기들이 있다), **공중에 있는** '누군가'가 흙을 발파하는 장치를 사용해 그 아래 땅에 낙서를 했다고 결론짓지 않을 수 없을 것이다.

그러나 '떠남'의 문제와 직접 관련이 있는 것은 더욱 헷갈리는 '나스카 선묘'의 또 다른 모습이다. 그것은 바로 **넓은 활주로처럼 보이는 실제의 '선들'**이다.【그림 109】때로 좁기도 하고 넓기도 하며 때로 짧기도 하고 길기도 하지만, 어김없이 일직선 모양을 유지하고 있는 이 일관된 직선 코스는 언덕과 골짜기를 넘어 지형을 불문하고 곧게 이어진다. 여기에는 740개 정도의 일직선 '줄'이 있고, 때로는 '찌그러진' 삼각형 모양과 결합되기도 한다.【그림 110】이들은 종종 특별한 이유도 없이 교차되기도 하고, 때로는 동물 그림들 위를 지나가기도 한다. 서로 다른 시기에 만들어졌다는 이야기다.

이 '선'의 수수께끼를 풀기 위한 갖가지 시도들이 이어졌고, 마리아 라

【그림 108】 나스카에 그려진 여러 가지 동물들

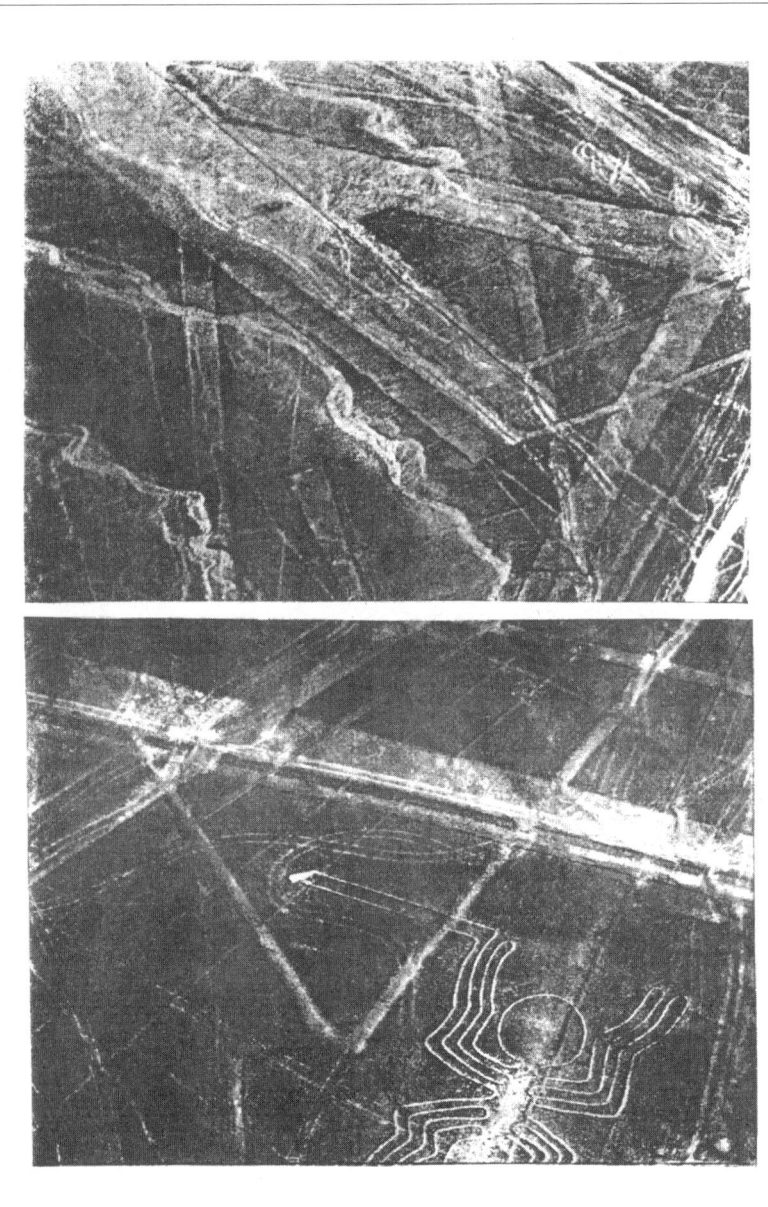

【그림 109】 '나스카 선묘' 가운데 보이는 '활주로'들

【그림 110】 '나스카 선묘' 중 도형의 모습과 연결된 일직선들

이헤(Maria Reiche, 1903~1998)의 시도들도 그 가운데 일부였다. 라이헤는 그것을 필생의 작업으로 삼았지만, '나스카 문화의 주인공들' 또는 '파라카스 문명의 주인공들' 등등 '페루 원주민이 만들었다'는 관점에서 찾아낸 설명들은 모두 실패했다. 미국지리학회(NGS)의 몇몇 연구 등 선의 방향을 춘·추분 및 하·동지나 이런저런 별들과의 정렬로 보아 천문학적으로 해명하려는 시도들도 성과가 없었다. '고대의 우주비행사' 해법을 배제하는 사람들은 수수께끼를 풀 방법이 없다.

이 넓은 길들은 공항 활주로처럼 생겨서 바퀴 달린 항공기들이 이륙하기 위해(또는 착륙하기 위해) 그 위를 달렸을 법하지만, 여기서는 맞지 않는다. 이 '선'이 수평면상으로 고르지 않기 때문이다. 이 선들은 울퉁불퉁한 지형을, 언덕이든 골짜기든 개울이든 무시하고 똑바로 달린다. 사실 이륙할 수 있도록 거기에 만들어놓은 것이라기보다는 '이륙의 결과'처럼 보인다. 항공기가 이륙하면서 그 아래 지상에 그 엔진 배기가스로 인해 만들어지는 '선'을 남겼다는 것이다. 아눈나키의 '하늘의 방'이 그런 배기가스를 내뿜었음은 우주의 신들을 나타내는, 닌기르(Dingir)라 읽는 수메르의 그림문자가 보여주고 있다. 【그림 111】

내 생각에 이것이 '나스카 선묘'의 수수께끼에 대한 해법이다. 나스카는 아눈나키의 마지막 우주공항이었다는 것이다. 시나이의 우주공항이 파괴된 뒤 그 역할을 했고, 그 뒤 마지막으로 떠날 때도 그 역할을 한 것이다.

나스카의 항공기나 비행에 관한 목격담을 담은 문서는 없다. 그러나 우리가 이미 보았듯이 틀림없이 레바논 '착륙장'을 이용했을 비행에 관한 하란과 바빌론의 문서들은 존재한다. 그 떠나가는 비행과 아눈나키의 우주선을 언급하는 목격담 가운데는 예언자 에제키엘의 증언과 앗다구피 및 나부나이드의 새김글도 포함된다.

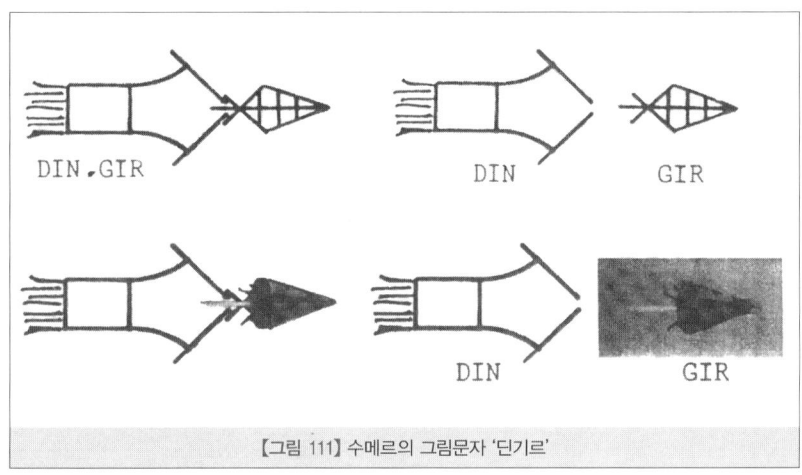

【그림 111】 수메르의 그림문자 '딘기르'

적어도 서기전 610년부터 아마도 서기전 560년 사이에 아눈나키 신들이 조직적으로 행성 지구를 떠났다는 결론을 내리지 않을 수 없다.

그들은 지구에서 올라간 뒤 어디로 갔었을까? 물론 그곳은 씬이 자기 마음을 바꾸었을 때 비교적 쉽게 돌아올 수 있는 곳이어야 한다. 그곳은 화성의 그리운 '간이역'이었다. 그곳은 장거리 우주선이 항행에 나서 공전하는 니비루를 따라잡고 그곳에 착륙하는 출발점이었다.

『수메르, 혹은 신들의 고향』에서 자세히 이야기했듯이 우리 태양계에 대한 수메르인들의 지식은 아눈나키가 화성을 간이역으로 사용했음을 언급할 정도였다. 이는 지금 러시아 상트페테르부르크의 예르미타쉬미술관에 있는 4,500년 전 원통인장의 그림을 통해 확인할 수 있다. 【그림 112】 여기에는 화성(여섯 번째 행성)의 한 우주인이 지구(태양계 밖으로부터 안쪽으로 들어오면서 세어 일곱 번째 행성)의 우주인과 교신하는 모습이 그려져 있고, 그 사이 하늘에는 우주선이 하나 떠 있다. 화성은 지구보다 중력이 약

【그림 112】 화성과 지구 사이의 교신을 나타내는 원통인장 그림

하기 때문에 아눈나키는 자신들과 화물들을 왕복선에 실어 우선 지구에서 화성까지 옮겨놓은 뒤 거기서 니비루로 수송하는 것이 쉽고 보다 합리적인 방법임을 발견했다(반대의 경우도 마찬가지다).

1976년 『수메르, 혹은 신들의 고향』이 처음 발표되었을 때 화성은 아직 공기도 없고 물도 없고 생명체도 없고 기후가 나쁜 행성으로 생각되고 있었다. 따라서 그곳에 한때 우주 기지가 있었다는 주장은 주류 학자들에게 '고대의 우주인' 관념보다 훨씬 과격한 것으로 생각되었다. 『다시 살펴보는 「창세기」 Genesis Revisited』가 출판된 1990년에는 미 항공우주국 자신의 발견과 화성에서 찍은 사진들이 풍부해 '화성의 우주 기지'라는 제목의 장을 가득 채울 수 있었다. 화성에 한때 물이 있었다는 증거가 나왔고, 벽으로 둘러싸인 건물과 도로, 중심지인 듯한 복합건물 사진들도 있었다. 【그림 113】 그리고 유명한 '얼굴' 사진도 있다. 【그림 114】

미국과 소련(지금의 러시아)은 모두 무인 우주선을 통해 화성에 가서 탐사하는 데 많은 노력을 기울였다. 그런데 다른 우주 활동들과 달리 화성

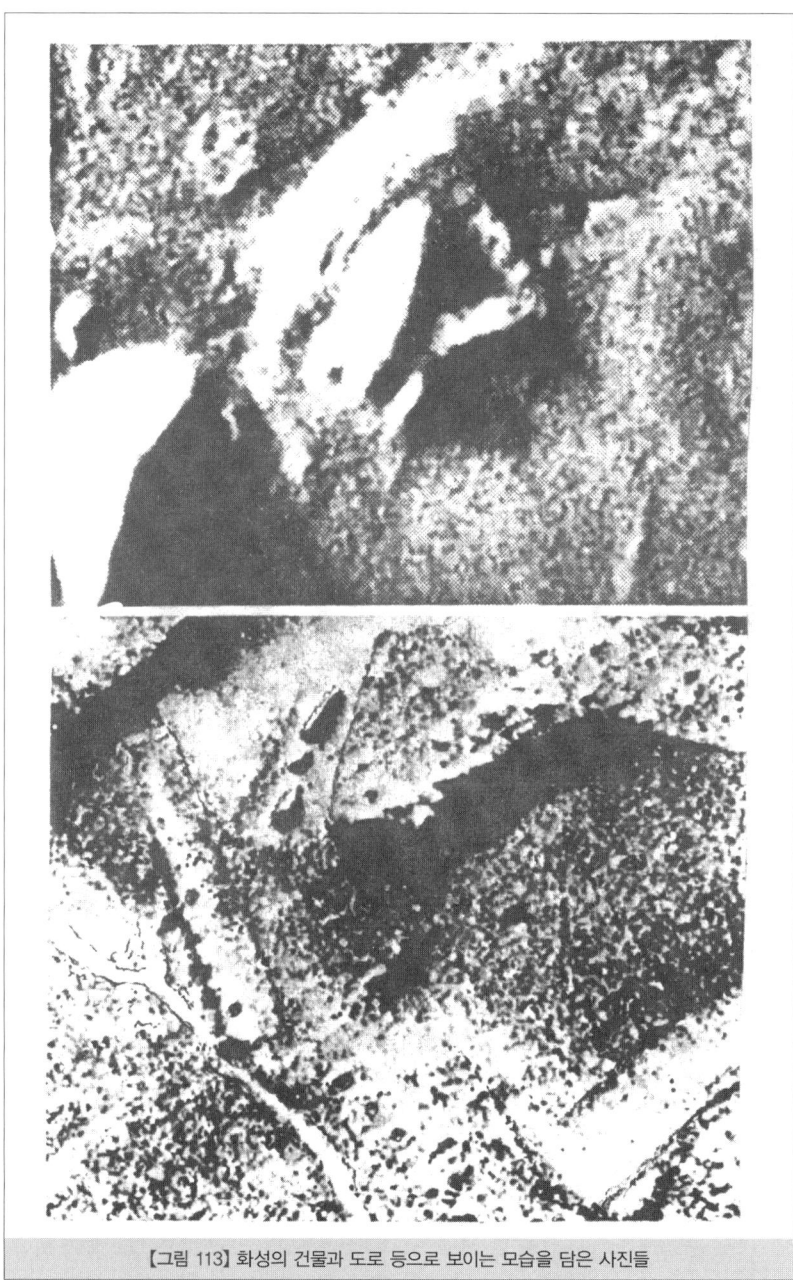

【그림 113】 화성의 건물과 도로 등으로 보이는 모습을 담은 사진들

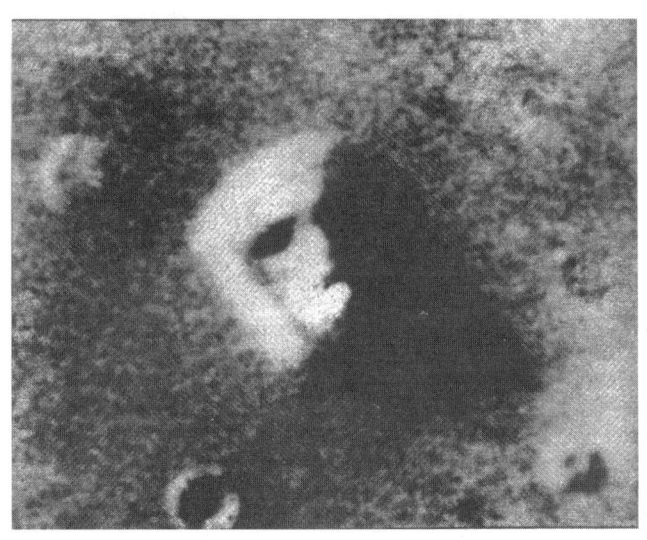

【그림 114】 얼굴 모습처럼 보이는 화성의 한 부분 사진

미션은(유럽연합이 가세한 이래) 특이하고 불안하며 의문스럽게도 실패율이 매우 높았다. 당황스럽게도 우주선이 이유 없이 사라지는 것 같은 일들이다. 그러나 꾸준한 노력 끝에 미국·소련·유럽의 여러 무인 우주선들이 지난 20년 동안 화성에 가서 탐사를 했다. 그 결과 이제는 1970년대의 '의심꾸러기' 같은 과학 잡지들이, 화성에 상당한 규모의 대기가 있었고 지금도 옅은 대기가 있다는 보고서와 연구 및 사진들로 채워지고 있다. 그곳에 한때 강·호수·바다가 있었고 아직도 물이 있으며, 어떤 곳에서는 표면 바로 아래에, 또 어떤 경우에는 얼어붙은 작은 호수가 보인다고까지 한다. 그런 것들이 신문 제목으로 뽑혀 나오기도 한다. 【그림 115】 2005년에 미 항공우주국의 화성 탐사 로봇이 그러한 결론을 뒷받침하는 화학적 증거와 사진 증거들을 보내왔다. 이와 함께 이 로봇들이 보내온, 모래에 파묻

【그림 115】 '화성에 물이 있었다'는 연구 결과들을 보도하는 신문들

【그림 116】 화성의 건물 잔해 사진

신들이 지구를 떠나던 날

힌 벽과 분명한 직각의 모서리를 지닌 건물 잔해를 보여주는 놀라운 몇몇 사진들은 여기서 다음과 같은 주장을 하기에 충분하다. 【그림 116】 **화성은 아눈나키의 간이역 역할을 할 수 있었고, 실제로 그 역할을 했다.**

화성은 가까운 곳에 있는, 떠난 신들의 1차 목적지였다. 그것은 씬이 비교적 빨리 돌아왔던 일로 확인된다. 그 밖에 누가 떠났고, 누가 남았으며, 누가 돌아올 것인가?

놀랍게도 몇 가지 대답이 역시 화성으로부터 온다.

14
종말의 날

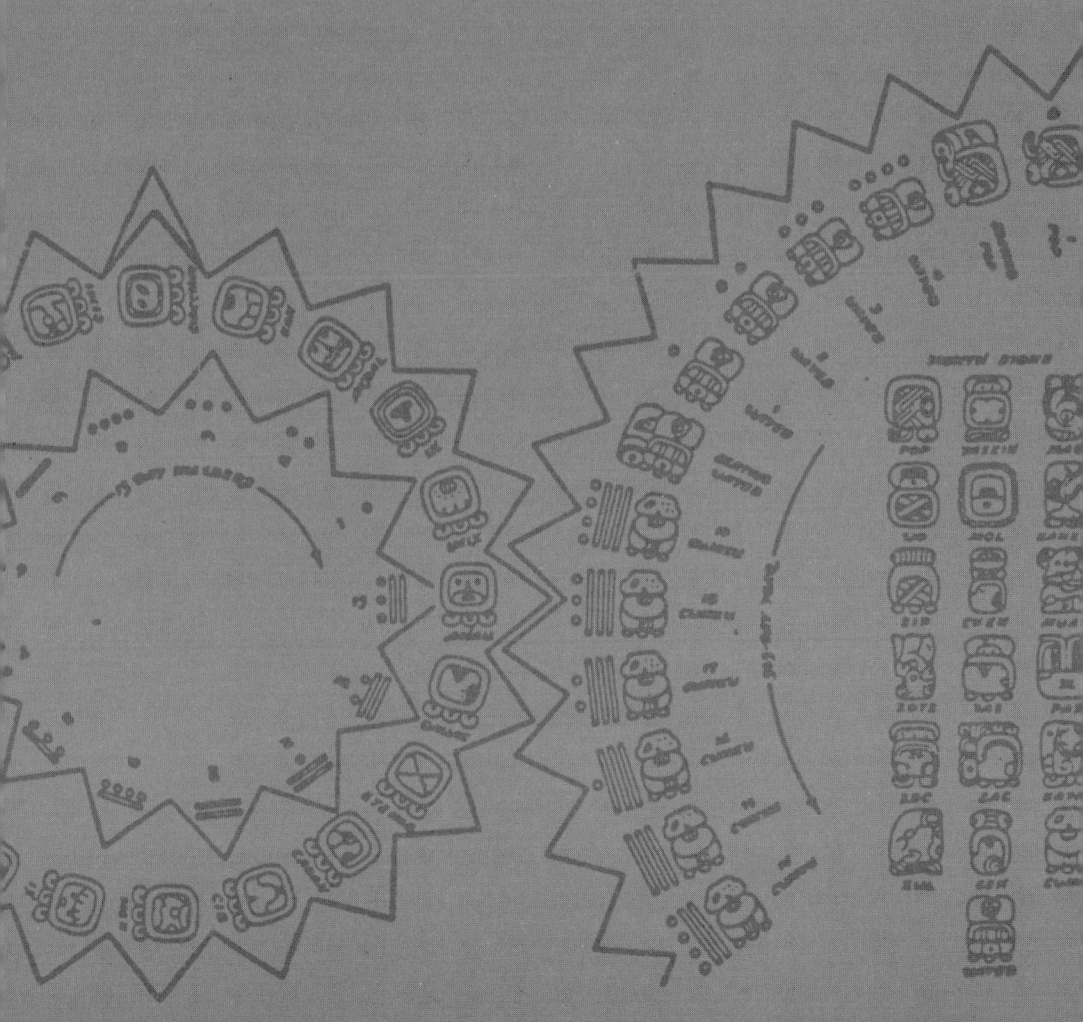

종말의 날

과거의 기념비적인 사건들에 대한 인류의 기억(대부분의 역사가들은 이를 '전설'이나 '신화'로 치부한다) 가운데는 '보편적'이라고 생각되는 이야기들이 있다. 그것이 지구 곳곳 사람들의 문화적·종교적 유산의 일부를 이루고 있는 것이다. 첫 인간 부부 이야기나 대홍수 이야기, 하늘에서 온 신들 이야기 같은 것들이 그런 범주에 속한다. 신들이 다시 하늘로 떠난 이야기도 마찬가지다.

특히 관심이 가는 부분은 그 떠남이 실제로 일어난 지역과 그 사람들에 의한 집단기억이다. 우리는 이미 고대 근동에서 나온 증거들을 다룬 바 있다. 그것은 아메리카 대륙에서도 나오고, 엔릴계와 엔키계 신들을 모두 포괄한다.

남아메리카에서 주신은 **위라코차**('만물의 창조자')라 불렸다. 안데스 산맥의 아이마라(Aymara) 원주민들은 그에 대해 이렇게 말한다. 그의 주거는 티와나쿠이며, 첫 번째 오누이 부부에게 황금 지팡이를 주어 그것으로 나중에 잉카의 수도가 되는 코스코를 건설할 정확한 지점과 마추픽추(Machu

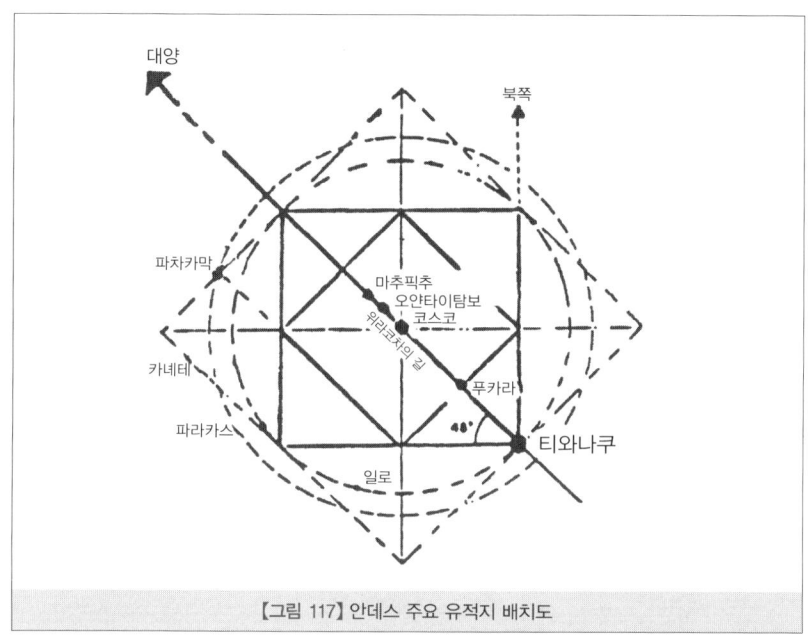

【그림 117】 안데스 주요 유적지 배치도

Picchu)의 관측소 부지, 그리고 기타 성소들을 찾게 했다. 그리고 그 모든 일을 마치고 **그는 떠났다.** 네 모서리가 정(正)방위를 향한 네모난 지구라트를 모방한 이 거대한 설계는 나중에 그가 떠날 방향을 나타냈다. 【그림 117】 우리는 티와나쿠의 신이 히타이트/수메르 신들 가운데 테슙/아다드임을 밝힌 바 있다. 그는 엔릴의 막내아들이다.

메소아메리카에서 문명 전수자는 '날개 달린 뱀' **켓살코와틀**이었다. 우리는 그가 이집트 신들 가운데 엔키의 아들인 토트임을 밝혔다. 수메르인들에게는 닌기쉬지다에 해당한다. 그는 서기전 3113년에 아프리카의 그의 추종자들을 데리고 와서 메소아메리카에 문명을 건설했다. 그가 떠난 시기는 명시되지 않았으나 그것은 그의 휘하에 있던 아프리카계 올메카(Olmeca)인들의 멸망 및 토착 마야인들의 흥기와 일치해야 했다. 바로 서

종말의 날 **361**

기전 600/500년 무렵이다. 메소아메리카의 대표적인 전설은 그가 떠나면서 남긴, 그의 비밀의 숫자 52주년에 '돌아오겠다'는 약속이었다.

따라서 서기전 제1천년기 중반이 되자 지구의 이쪽저쪽에서 차례로 인류는 오랫동안 숭배해 오던 신들을 잃어버렸다. 그리고 오래지 않아 인류는 한 가지 의문(그것은 독자들도 제기하는 의문이었다)에 빠지게 되었다. 그 신들은 과연 돌아올 것인가?

갑자기 아버지에게서 버림받은 가족처럼 인류는 '귀환'할 것이라는 희망을 움켜쥐었다. 그리고 인류는 도움이 필요한 고아처럼 메시아를 찾아 헤매었다. 예언자들은 그것이 틀림없이 일어날 것이라고 단언했다. '종말의 날'에 말이다.

아눈나키는 가장 많이 주둔했을 때 지구에 600명, 그리고 화성에 300명이 있었다. 그 숫자는 대홍수 이후, 특히 서기전 4000년 무렵에 있었던 아누의 방문 이후 줄어들었다. 수천 년이 지나는 사이에 초기 수메르 문서들과 그 신 '신 명부'에 거론된 신들 가운데 소수만이 남았다. 대부분은 그들의 고향 행성으로 돌아갔다. 통상적으로 '영생'하는 것으로 알려진 그들이었지만 일부는 지구에서 죽었다. 싸움에서 진 주(Zu)와 세트, 사지가 절단된 오시리스, 익사한 두무지, 핵 재해를 입은 바우 등을 예로 들 수 있다. 니비루의 귀환이 현실화될 때 아눈나키가 돌아간 것은 극적인 피날레였다.

신들이 사람들이 사는 도시의 성소에 살고, 파라오가 신이 자신의 전차에 함께 탔다고 주장하고, 앗시리아 왕이 하늘로부터 도움을 받았다고 으스대던 엄청난 시대는 끝나고 지나갔다. 이미 예언자 예레미야(서기전 626~586)의 시대에 유대 주변의 여러 민족들은 '살아 있는 신'이 아니라 기술자가 돌·나무·금속으로 만든 우상을 숭배하고 있다는 이유로 조롱을 받았다. 이 신들은 스스로 걸을 수 없어서 사람이 들고 날라야 하는 신들이었다.

이들이 마지막으로 떠난 뒤에 고위 아눈나키 신들 가운데 누가 지구에 남았을까? 그 이후 시기의 문서들과 새김글들에 누가 언급되고 있는지를 기준으로 판단하자면 엔키계에서는 마르둑과 나부만이 있었고, 엔릴계에서는 난나르/씬과 그의 아내 닌갈/니칼, 그의 보좌관 누스쿠, 그리고 아마도 이쉬타르 정도가 있었던 듯하다. 종교적 대분파의 양쪽에서 이제 하늘과 지구의 위대한 신 하나만이 남았다. 엔키계에게는 마르둑이었고, 엔릴계에게는 난나르/씬이었다.

바빌로니아의 마지막 왕 이야기는 새로운 환경을 반영한 것이었다. 그는 씬의 숭배 중심지 하란에서 **씬**에 의해 선택되었다. 그러나 그는 바빌론에 있는 **마르둑**의 동의와 축복을 요구했고, 마르둑의 행성 출현을 통한 하늘의 확인 또한 요구했다. 그리고 그는 **나부**나이드라는 이름을 갖고 있었다. 이 신들의 공동 왕국은 '이원적 일신교'(말을 만들자면)에 대한 시도였을 것이다. 그러나 그것은 **의도하지는 않았지만 이슬람의 씨를 뿌린 것**이었다.

역사 기록은 이런 조정에 신이나 인간 모두 만족스러워하지 않았음을 보여주고 있다. 씬은 하란의 자기 신전이 재건되었지만 우르의 거대한 지구라트 신전 또한 재건되어 숭배 중심지가 되어야 한다고 요구했다. 그리고 바빌론에서는 마르둑의 사제들이 반기를 들었다.

지금 대영박물관에 있는 한 서판에는 학자들이 '나부나이드와 바빌론의 성직자'라는 제목을 붙인 문서가 새겨져 있다. 거기에는 바빌로니아 사제들이 적은 나부나이드의 죄목이 나열되어 있다. 죄목은 '법과 명령이 그에 의해 선포되지 않았다'는 등의 내정 문제에서부터 '농민들이 게으르다'거나 '교역로가 막혔다'는 등의 경제 문제, '귀족들이 살해되었다'는 등의 치안 부재 문제 등에까지 이르렀고, 가장 심각한 죄목은 종교적인 불경죄였다.

>그는 신의 우상을 만들었다.
>그 나라에서 아무도 이전에 본 적이 없는 신이었다.
>그는 그것을 신전에 두고 받침대 위에 올려놓았다.
>그는 이를 난나르라는 이름으로 부르고 청금석으로 장식했다.
>그것에 초승달 모양의 관을 씌웠다.
>그 손은 악마가 손짓을 하는 모양으로 만들었다.

이어지는 고발장에 따르면 그것은 전에 본 적이 없는, '머리칼을 받침대까지 늘어뜨린' 낯선 신상(神像)이었다. 그것은 너무도 이상하고 흉측한 것이어서, 인간을 만들면서 괴물 같은 생명체를 만들어내기도 했던 엔키와 닌마조차도 '생각해 내기 어려운' 것이었다고 사제들은 썼다. 그것은 너무도 이상한 것이어서 '학식 있는 아다파조차도 이름 붙일 수 없는' 것이었다(아다파는 인간 지식의 최고봉으로 우상시되는 사람이다). 더욱 고약한 것은 그 경비원으로 이상한 짐승 두 가지가 조각된 일이었다. 하나는 '대홍수의 악마'였고, 다른 하나는 들소였다. 그리고 왕은 이 가증스러운 것을 가져다가 마르둑의 에삭일 신전에 두었다. 나부나이드는 앞으로 더 이상 아키투 축제를 거행하지 않겠다고 공표해 더욱 큰 죄를 지었다. 이 축제는 마르둑이 거의 죽게 되었다가 다시 살아나고 추방되었다가 결국 승리를 거둔 일을 재현하는 것이었다.

바빌로니아 사제들은 나부나이드의 '수호신이 그에게서 등을 돌렸으며' '이전에 가장 의지했던 신은 이제 불운을 당하게 되었다'고 선언하고 나부나이드를 압박해 바빌론을 떠나 '먼 곳으로' 망명하도록 했다. 나부나이드가 정말로 바빌론을 떠나고 자기 아들 벨샤르우주르(Bel-Shar-Uzur), 곧 기독교 성서 「다니엘」에 나오는 벨샤자르(Belshazzar, 벨사살)를 섭정으로 임명한 것은 역사적 사실이다.

나부나이드가 제 발로 간 '먼 곳'은 아라비아였다. 여러 새김글들에서 드러나듯이 그의 측근들 가운데는 하란 지역으로 추방된 유대 출신의 사람들이 있었다. 그의 중심 근거지는 지금의 사우디아라비아 북서쪽에 위치한 행상단의 집결지인 테이마(Teima)라는 곳이었다. 구약에도 몇 번 언급되는 곳이다. (최근의 발굴들에서 나부나이드가 그곳에 있었음을 입증하는 쐐기문자 서판들이 출토되었다.) 그는 여섯 개의 다른 정착지들을 건설해 추종자들이 살도록 했다. 그 가운데 다섯 마을은 1,000년 뒤 아라비아 작가에 의해 유대인 마을로 열거되었다. **그 가운데 하나가 메디나(Medina)였고, 거기서 무함마드(Muhammad)가 이슬람교를 창시했다.**

나부나이드 이야기의 '유대인 관련'은 사해 연안 쿰란(Qumran)에서 발견된 사해문서 일부에서 나부나이드를 언급하고 그가 테이마에서 '악성 피부병'에 걸렸으며 '한 유대인이 최고신에게 예배를 드리도록 그에게 이야기하고' 나서야 나았다고 주장한 일로 미루어 더욱 분명해진다. 이 모든 일로 미루어 나부나이드는 일신교를 염두에 두고 있었다고 추측할 수 있다. 그러나 그에게 '최고신'은 유대인들의 야훼가 아니라 자신의 후원자인 달의 신 난나르/씬이었고, 그 초승달 상징을 이슬람교에서 받아들였다. 그 뿌리가 나부나이드의 아라비아 체재로까지 거슬러 올라갈 수 있음은 의문의 여지가 없다.

씬의 행방은 나부나이드 시대 이후 메소포타미아 기록에서 점차 사라진다. 우가리트(Ugarit)는 지금은 라스샴라(Ras Shamra)로 불리는 시리아의 지중해 연안의 '카나안' 유적지인데, 거기서 발견된 문서들은 달의 신 씬이 그 아내와 함께 두 강의 합류 지점, '두 바다 사이'에 가까운 오아시스로 물러갔다고 이야기하고 있다. 왜 시나이 반도가 씬을 기려 이름 지어지고 그 중심 집산지는 그의 아내 니칼을 기려 아직도 아랍어로 나클(Nakhl)로 불리는지 늘 의문이었지만, 나는 이 늙은 부부가 홍해와 아카바(Aqaba) 만 해안 어딘가에 물러가 있었다고 추측한다.

이 우가리트 문서들은 이 달의 신을 엘(El), 간단하게 '하느님'으로 부른다. 이슬람교의 '알라(Allah)'가 여기서 나왔다. 그리고 그의 초승달 상징은 모든 이슬람교 모스크에 장식되어 있다. 그리고 전통에 따라 모스크의 옆에는 오늘날까지도 발사 대기 중인 다단계 로켓 우주선을 본뜬 첨탑이 서 있다. 【그림 118】

나부나이드 이야기의 마지막 부분은 **페르시아인들**이 고대 세계 전면에 등장한 것과 연결되어 있다. 페르시아인은 옛 수메르의 안샨과 엘람, 앗시리아 멸망의 일익을 담당했던 후대의 메디아인들을 포괄하는 이란 고원의 잡다한 민족과 국가를 뭉뚱그려 붙인 이름이다.

그리스 역사가들은 서기전 6세기에 아카이메네스(Achaemenes)인이라는 부족이 페르시아 북쪽 변방에서 일어나 지배권을 장악하고 그들을 통일해 강력한 새 제국이 되었음을 기록하고 있다. 근본적으로 '인도유럽인'으로 간주되지만 그들의 종족명은 그들의 조상 하캄아니쉬(Hakham-Anish)에서 유래했다. 셈계 히브리어로 '현명한 사람'이라는 뜻이다. 앗시리아인들이 이 지역으로 옮겨놓은 열 부족의 유대인 유배자들의 영향이 어느 정

【그림 118】 이슬람교 모스크와 주변에 선 첨탑들

도 있었음을 드러내주는 사실이다. 종교적으로 아카이메네스계 페르시아인들은 분명히 후르리-미탄니 계통과 비슷한 수메르-아카드 신들의 변형을 채택하고 있다. 이는 산스크리트 『베다 Veda』에 나오는 인도아리아(Indo-Arya)계 신들로 넘어가는 중간 단계이며, 『베다』의 신들은 편의적으로 단순화된 혼성체로 그들은 자기네가 **아후라마즈다**(Ahura-Mazda, '진실과 빛')라 부르는 최고신을 믿는다고 말한다.

서기전 560년에 아카이메네스 왕이 죽고 그 아들 쿠라쉬(Kurash)가 그 뒤를 이어 왕위에 올라 이후의 역사적 사건들에 그의 족적을 남겼다. 우리는 그를 **퀴로스**(Kyros)라 부르며, 구약은 그를 코레쉬(Koresh, 고레스)라 부르고, 바빌론을 정복해 그 왕을 쫓아내며 예루살렘의 파괴된 신전을 재건하는 야훼의 특사로 생각했다. 기독교 성서의 하느님은 예언자 이사야를

종말의 날 **367**

통해 이렇게 말했다.

> 너희가 나를 모를지라도
> 이스라엘의 하느님인 나 야훼는
> 너희를 너희 이름으로 부른 자다. (…)
> 너희가 알아보지 못할지라도
> 너희를 도울 것이다.
>
> _「이사야」 44:28, 45:1~4

바빌론 왕조의 종말은 「다니엘」에 가장 극적으로 예언되어 있다. 추방되어 바빌론으로 잡혀 온 유대인들 가운데 한 사람인 다니엘은 벨샤자르(Belshazzar)의 바빌로니아 궁정에서 일하고 있었는데, 궁궐에서 잔치를 하고 있을 때 떠다니는 손이 나타나 벽에 '메네 메네 테켈 우파르신(Mene Mene Tekel Uparshin)'이라는 글을 썼다. 깜짝 놀라고 어리둥절해진 왕은 마법사들과 현자들을 불러 그 글을 해독하도록 했으나 풀 수가 없었다. 마지막 방법으로 유배 온 다니엘이 불려가 왕에게 그 글의 의미를 알려주었다. 하느님이 바빌론과 그 왕을 평가해 보니 함량 미달이어서 그들의 시대를 마감하고, 그들은 페르시아인의 손에 종말을 맞을 것이라는 이야기였다.

서기전 539년에 퀴로스는 티그리스 강을 건너 바빌로니아 영토로 들어간 뒤 시파르로 진군해, 거기서 서둘러 돌아온 나부나이드를 막았다. 그러고는 마르둑이 직접 자신을 불렀다고 주장하며 바빌론에 무혈 입성했다. 퀴로스는 그를 이교도 나부나이드와 혐오스런 그의 아들로부터 구해줄 구원자로 생각한 사제들에게서 환영을 받고, 마르둑에 대한 존경의 표시로 '마르둑의 손을 잡았다'. 그러나 그는 또한 첫 번째 포고 가운데 하나

【그림 119】 퀴로스의 생각 속에 있던 날개 달린 케룹

를 통해 유대인 추방을 무효화했고, 예루살렘 신전 재건을 허용했으며, 네부카드네자르가 약탈했던 신전의 모든 의례 용품들을 돌려보내도록 명령했다.

유배에서 돌아온 사람들은 에즈라(Ezra, 에스라)와 네헤미야(Nehemiah, 느헤미야)의 지휘 아래 서기전 516년에 신전 재건을 완료했다(이는 이후 제2신전으로 알려지게 된다). 예레미야가 예언했던 대로 첫 번째 신전이 파괴된 지 꼭 70년 뒤였다. 구약은 퀴로스를 하느님의 계획의 도구, '야훼가 임명한 자'로 생각했다. 역사가들은 퀴로스가 종교적 일반사면을 선포해 각 민족이 자기네가 원하는 종교를 가질 수 있도록 허용했다고 생각한다. 퀴로스 자신은 무엇을 믿었던가에 대해 그가 자신을 위해 세운 기념비로 판단해 보면, 그는 자신을 날개 달린 케룹이라고 상상했던 듯하다.【그림 119】

일부 역사가들이 '퀴로스 대왕'으로 부르기도 하는 그는 한때 수메르아카드와 마리·미탄니·하티·엘람·바빌로니아·앗시리아였던 모든 땅들을 합병해 방대한 페르시아 제국을 완성했다. 제국을 이집트까지 확장하는 일은 그의 아들 캄뷔세스(Cambyses, 서기전 530~522)에게 남겨졌다. 이집트는 일부가 제3중간기로 생각하는 혼란기에서 막 회복한 상태였는데, 그 혼란기에는 나라가 분열되고 수도가 여러 차례 바뀌었으며 누비아에서 온 침략자들이 지배하거나 중앙 권력이 전혀 존재하지 않기도 했다. 이집트는 종교적으로도 무질서했다. 사제들은 숭배 대상을 몰라 우왕좌왕했다. 그래서 가장 많이 숭배된 것이 죽은 오시리스였고, 최고신은 '신의 어머니'라는 칭호를 가진 네이트(Neith) 여신이었다. 또 중요한 '숭배물'은 '아피스(Apis) 황소'라는 신성한 소였는데, 그 황소를 위해 복잡한 장례식이 치러졌다. 캄뷔세스 역시 자기 아버지와 마찬가지로 종교적 광신자는 아니어서 사람들에게 자기가 원하는 것을 믿도록 했다. 지금 바티칸박물관에 있는 한 돌기둥의 새김글에 따르면 그는 심지어 네이트 숭배의 비법을 배우기도 했으며, 아피스 황소의 장례에 참가하기도 했다.

이 종교적 자유방임 정책은 페르시아인들과 그 제국에 평화를 가져왔으나, 그것이 영원히 계속될 수는 없었다. 소요와 봉기, 반란이 거의 모든 곳에서 계속 일어났다. 특히 문제가 되는 것은 이집트와 그리스의 상업적·문화적·종교적 유대가 커져가는 것이었다. (이에 관한 상당한 정보는 서기전 460년 무렵 이집트를 방문한 뒤 그곳에 관해 상세히 썼던 그리스의 역사가 헤로도토스(Herodotos)로부터 얻을 수 있는데, 그가 이집트를 방문한 시기는 그리스의 '황금시대' 시작과 일치한다.) 페르시아인들은 이들의 유대가 달가울리 없었는데, 무엇보다도 그리스 용병들이 이집트 지역의 봉기에 참여했기 때문이었다. 역시 특별한 관심의 대상이 된 것은 소아시아 지방(오늘날의 터키)이었다. 그 서쪽 끝은 아시아와 페르시아인들이 유럽 및 그리스인들과 마주보고 있는 곳이었다. 거기서 그리스인 이민자들은 옛 정착지들을 재건하고 다시 강화하려 하고 있었고, 페르시아인들 쪽에서는 그들대로 인근의 그리스 섬들을 점령함으로써 골치 아픈 유럽인들을 막아내려 했다.

높아가던 긴장은 전면전으로 비화되었다. 페르시아인들은 그리스 본토를 침공했으나 서기전 490년 마라톤(Marathon)에서 패배했다. 10년 뒤 바다로 침공했던 페르시아인들은 살라미스(Salamis) 해협에서 그리스인들에게 패퇴했으나, 소아시아의 지배권을 둘러싼 소규모의 충돌과 전투는 그 뒤로도 100년은 더 계속되어 페르시아의 역대 왕들과 그리스의 아테네(Athene)인·스파르타(Sparta)인·마케도니아(Macedonia)인이 패권을 놓고 다투었다.

그리스 본토 내부의 투쟁 및 페르시아와의 투쟁이라는 이중 투쟁에서 소아시아의 그리스 이주민들이 보내는 지지는 매우 중요했다. 마케도니아인들이 본토에서 우위를 차지하게 되자, 그들의 왕 필리포스(Philippos) 2세는 곧바로 무장 병력을 헬레스폰토스(Hellespontos) 해협, 즉 오늘날의 다르다넬리아(Dardanellia) 해협으로 보내 그리스 이주민들의 충성심을 확보토록 했다. 서기전 334년에 그의 후계자 '대왕' 알렉산드로스는 1만 5,000명의 강병을 이끌고 그곳을 통해 아시아로 건너가 페르시아인들을 상대로 큰 전쟁을 일으켰다.

알렉산드로스의 놀라운 승리와 그에 따른 서방(그리스)의 고대 동방 정복은 역사가들(그중 일부는 알렉산드로스를 따라갔던 사람들이다)에 의해 거듭 이야기되었기 때문에 여기서 되풀이할 필요는 없다. 그러나 알렉산드로스가 아시아와 아프리카를 침략한 **개인적인** 이유에 대해서는 언급할 필요가 있다. 그리스-페르시아 대전의 모든 국제정치적·경제적 이유들과는 별도로 거기에는 알렉산드로스 자신의 개인적 욕구가 있었기 때문이다. 알렉산드로스의 진짜 아버지는 필리포스 왕이 아니라 신(이집트의 신)이며, 그는 사람으로 변장하고 올륌피아스(Olympias) 왕비에게 접근했다는 소문이 마케도니아 궁정에 끈질기게 나돌았던 것이다. 그리스의 신들은 지중해 건너에서 유래했고 열두 올륌피아 신들이 이끌었으며(수메르의 열두 신과 마찬가지다) 신들에 관한 설화('신화')는 근동의 신들 이야기를 베꼈음을 감안하면 그 신들 가운데 하나가 마케도니아 궁정에 나타난다는 것도 불가능한 일은 아니라고 생각되었다. 왕의 젊은 이집트 정부(情婦)와 이혼 및 살인이 포함된 결혼 경쟁에 관한 궁정 내의 뜬소문들도 있었기에 이 '소문'도 사실로 받아들여졌다. 누구보다도 알렉산드로스 자신이 믿었다.

알렉산드로스는 자신이 정말로 신의 아들이어서 영생을 할 수 있는지 알아보기 위해 델포이(Delphoi)의 신탁소에 갔지만 그 방문은 미스터리를 증폭시켰을 뿐이었다. 그에게 주어진 조언은 이집트의 신성한 장소로 가서 해답을 찾으라는 것이었다. 그래서 첫 번째 전투에서 페르시아인들을 물리친 알렉산드로스는 주력 부대를 남겨둔 채 이집트의 시와(Siwa) 오아시스로 달려갔다. 그곳에서 사제들은 그가 정말로 양의 신 아몬의 아들로 반신반인이라고 확인해 주었다. 알렉산드로스는 이를 축하하기 위해 은화를 발행했다. 자신에게 양 뿔이 난 모습이었다. 【그림 120】

그러면 영생 문제는 어떻게 되었을까? 재개된 전쟁과 알렉산드로스의 정복 과정은 그의 종군 역사가 칼리스테네스(Kallisthenes)와 다른 역사가들에 의해 기록되었지만, 영생에 대한 그의 개인적인 추구는 대체로 칼리스테네스 사칭 문서로 생각되는 자료들을 통해 알려졌다. '소설 알렉산드로

【그림 120】 양 뿔이 난 알렉산드로스의 모습을 새긴 은화

스'로 불리는 이 이야기들은 사실과 전설을 윤색한 것이다. 『틸문, 그리고 하늘에 이르는 계단』에서 상세히 설명했듯이 이집트 사제들은 알렉산드로스에게 시와에서 테바이로 가도록 말해 주었다. 나일 강 서안에 있는 그곳의 하트쉡수트가 지은 장례 신전에서 그는 아몬 신이 왕인 남편으로 변장하고 하트쉡수트의 어머니에게 접근해 그녀를 낳았음을 입증하는 새김글을 볼 수 있었다. 알렉산드로스가 반신반인이라는 이야기와 똑같은 것이었다. 테바이에 있는 라-아몬의 거대한 신전 지성소에서 알렉산드로스는 파라오의 왕관을 썼다. 그리고 그는 시와에서 받은 지침에 따라 시나이 반도의 지하 동굴로 들어갔으며, 마지막으로 아몬-라 즉 마르둑이 있었던 곳인 바빌론으로 갔다. 페르시아인들과의 싸움을 재개한 알렉산드로스는 서기전 331년 바빌론에 도착해 자신의 전차에 탄 채 그 도시로 들어갔다.

그곳의 성역에서 알렉산드로스는 그 이전의 정복자들이 그랬던 것처럼 마르둑의 손을 잡기 위해 에삭일 지구라트 신전으로 달려갔다. **그러나 그 높은 신은 죽었다.**

사이비 자료들에 따르면 알렉산드로스는 마르둑 신이 황금 관에 누워 있고 그 시신은 특수한 기름에 담가져(또는 보존되어) 있는 것을 보았다고 한다. 그랬든 그렇지 않았든, **마르둑이 더 이상 살아 있지 않았고** 후대의 정통 역사가들은 예외 없이 마르둑의 에삭일 지구라트를 그의 **무덤**으로 묘사했다는 것은 분명한 사실이다.

입증된 믿을 만한 자료들을 바탕으로 편집되었다고 알려진 『역사 총서 Bibliotheca historica』의 저자인 서기전 1세기의 디오도로스 시켈리오테스(Diodoros Sikeliotes)에 따르면 '점성학 분야에서 대단한 명성을 얻었으며 옛날의 관측에 근거한 방법으로 미래의 사건들을 능숙하게 예측하는 칼데아(Chaldea)인으로 불리는 학자들'이 알렉산드로스에게, 그가 바빌론에서 죽을 것이지만 '페르시아인들이 파괴한 **벨루스(Belus)의 무덤**을 그가 재건한다면 그 재앙을 피할 수 있을 것'이라고 경고했다(17권 112.1). 결국 바빌론에 들어간 알렉산드로스는 신전을 수리할 시간도 인력도 얻지 못하고 정말로 서기전 323년 바빌론에서 죽었다.

서기전 1세기에 소아시아의 그리스인 마을에서 태어난 역사가 겸 지리학자 스트라본(Strabon)은 그의 유명한 『지리학 Geographica』에서 바빌론을 묘사했다. 그 방대한 규모와 세계 7대 불가사의의 하나인 '공중정원', 구운 벽돌로 만든 고층 건물들 등에 관해서였다. 그리고 이런 말을 했다(16.1.5 부분, 강조 추가).

> 여기에는 벨루스의 무덤도 있는데, 지금은 허물어졌다.
> 크샤야르샤(Xšaya-arša, 크세르크세스)가 파괴했다고 한다.
> 그것은 구운 벽돌로 만든 사각 피라미드다.
> 높은 건물이기도 했지만
> 옆면이 긴 건물이기도 했다.

알렉산드로스는 이 피라미드를 수리하려 했지만

그것은 거대한 사업이 될 터였고

오랜 시간이 걸리는 일이기도 해서

그는 자신이 시도했던 일을 마칠 수 없었다.

이 자료에 따르면 '벨'/마르둑의 **무덤**은 서기전 486년에서 465년까지 페르시아 왕(그리고 바빌론의 지배자)이었던 크샤야르샤가 파괴했다. 스트라본은 이미 5권에서 크샤야르샤가 서기전 482년에 신전을 파괴하기로 결심했을 때 '벨루스'는 관에 누워 있었다고 이야기한 바 있다. 따라서 마르둑은 그 조금 전에 죽었다. (1922년에 예나(Jena)대학에서 회합한 독일의 주요 앗시리아학자들은 마르둑이 서기전 484년에는 이미 무덤에 들어가 있었다고 결론지었다.) 마르둑의 아들 나부 역시 같은 시기에 역사 기록에서 사라졌다. 그리고 이렇게 행성 지구에서 역사를 이끌어온 신들의 이야기가 종말을 고했다. 거의 인간과 같은 종말이었다.

이 종말이 양자리 시대가 저물어가면서 왔다는 것 역시 아마도 우연의 일치는 아닌 듯하다.

마르둑이 죽고 나부가 사라지면서 한때 지구를 지배했던 모든 고위 아눈나키 신들이 사라졌다. 알렉산드로스가 죽으면서 인류를 신들과 연결시켰던 진짜 또는 가짜 반신반인들 또한 사라졌다. 아담이 만들어진 이래 처음으로 인간은 자신을 창조한 자들로부터 떨어졌다.

인류가 의기소침했던 그 시기에 예루살렘에서 희망이 솟아났다.

놀랍게도 마르둑과 바빌론에서 맞이한 그의 마지막 운명에 관한 이야기가 기독교 성서 예언자들에 의해 정확하게 예언되었다. 우리는 이미 예레미야가 바빌론이 무너지는 종말을 예언하면서 그 신 벨/마르둑은 단지 '쇠퇴'할 운명이라고 차별화했음을 이야기한 바 있다. 살아남지만 늙고 정신이 흐릿해지며 쪼그라들어 죽게 된다는 것이다. 그 예언이 실현되었다는 사실에 놀랄 필요는 없다.

그러나 예레미야가 앗시리아·이집트·바빌론의 종국적인 멸망을 정확하게 예측할 때 그는 그 예언들과 함께 재건된 지온(시온), 재건된 신전, 그리고 **종말의 날**에 모든 민족에게 '행복한 결말'이 올 것이라는 예언을 덧붙이고 있다. 그것은 하느님이 처음부터 '마음속으로' 계획했던 미래일 것이며, 미리 예정된 미래의 어느 시기에 인류에게 드러내게 될 것이라고 그는 말했다(23:20).

> **마지막 날에 너희는 이를 깨달을 것이다.**
> _「예레미야」30:24

> 그때에 그들은
> 예루살렘을 야훼의 왕좌라 부를 것이며
> 모든 민족이 그곳으로 모일 것이다.
> _「예레미야」3:17

이사야는 그의 두 번째 예언 뭉치(때로 '제2 이사야'로 불리기도 한다)에서 바빌론의 신을 '숨은 신'(그것이 '아몬'의 의미다)이라 밝히고 미래를 이런 말로 예언한다.

> **벨**은 굴복했고 **네보**(Nebo)는 움츠러들었다.

그들의 우상이 동물들에 실려 간다. (…)
그들은 모두 웅크리고 굴복했으며
도망치지 못하고 사로잡혔다.

_「이사야」 46:1~2

이 예언들은 예레미야의 예언들과 마찬가지로 역시 인류에게 새로운 시작, 새로운 희망이 주어질 것이며, '메시아의 시간'은 '늑대가 양과 함께 살' 때 올 것이라는 약속을 담고 있다. 이사야는 또 이렇게 말한다.

종말의 날에, 야훼 신전이 있는 산이
모든 산 가운데 최고임이 입증될 것이며,
모든 언덕보다 높이 솟을 것이다.
그리고 모든 민족이 그리로 모여들 것이다.

_「이사야」 2:2

그때에는 또 이런 일이 일어날 것이라고 한다.

(모든 나라가) 칼을 쳐서 보습을 만들고
창을 두드려 가지 치는 낫을 만들 것이며,
한 나라가 다른 나라를 향해 칼을 쳐들지 않을 것이며,
더 이상 전쟁을 가르치지도 않을 것이다.

_「이사야」 2:4

고생과 시련의 시기 이후, 민족과 국가들이 그들의 잘못과 죄악에 대한

심판을 받은 뒤 평화와 정의의 시대가 올 것이라는 주장은 초기 예언자들도, 심지어 그들이 '주님의 날'을 심판의 날로 예언하면서도 했던 주장이었다. **다비드 왕가를 통해 '종말의 날'에 하느님의 왕국이 회복될 것**이라고 예언한 호세아나 이사야와 똑같은 말을 사용하며 '종말의 날에 그 일이 일어날 것'이라고 선언한 미카(Micha, 미가) 같은 예언자들이다. 중요한 것은 미카 역시 **예루살렘의 하느님 신전 재건과 다비드의 후손을 통한 야훼의 만민 통치**를 필수 조건으로, 맨 처음부터 정해진 '당위'로 생각했다는 점이다. '고대로부터, 까마득한 날들로부터 유래된' 일이었다는 것이다.

따라서 그 '종말의 날' 예언들에는 두 가지 기본 요소가 조합되어 있었다. 하나는 '주님의 날', 곧 지구와 민족들에 대한 심판의 날 뒤에 복고와 부흥 및 예루살렘을 중심지로 한 사랑의 시대가 열린다는 것이다. 다른 하나는 그것이 미리 정해진 것, 즉 '종말'이 이미 '처음'에 신에 의해 계획된 것이라는 점이다. 사실 사건의 진행이 정지(현대의 '역사의 종말' 개념의 선구 격이라 할 수 있을 것이다)되고 새로운 시대('뉴에이지'라고 말하고 싶은 욕구를 느낄 정도다), 새로운(그리고 예언된!) 주기가 시작된다는 '시대의 종말' 개념은 이미 기독교 성서의 앞부분 여러 장에도 이미 나타난다.

간혹 '마지막 날'이나 '뒷날'로 번역되기도 하지만 보다 정확하게는 '종말의 날'이라는 뜻인 히브리어 단어 아카리트 하야밈(Acharit Hayamim)은 구약「창세기」에서 이미 사용되었다. 야콥은 죽을 때 아들들을 모아놓고 이렇게 말했다.

"너희는 모두 모여라.
종말의 날에 너희에게 무슨 일이 일어날지
내가 너희들에게 이야기해 주겠다. (…)"

_「창세기」 49:1

그것은 미래에 대한 사전 지식에 바탕을 두고 예언을 하겠다는 것이었다(그 뒤에 상세한 예측이 이어졌고, 상당 부분은 황도 12궁과 관련된 것이었다). 그리고 다시 「신명기」에서는 모세가 죽기 전에 이스라엘의 신성한 유산과 그 장래를 이야기하면서 사람들에게 이렇게 충고했다.

"(…) 너희들이 고난을 당하고
그런 일들이 너희에게 일어나면
종말의 날에 너희의 신 야훼에게로 돌아가
그분의 목소리에 귀를 기울일 것이다. (…)"

_「신명기」 4:30

예루살렘의 역할과 모든 민족들이 몰려올 목표 지점으로서 지닌 신전 언덕의 중요성이 거듭 강조된 데는 신학적·도덕적 이유 이상의 것이 있었다. 매우 현실적인 이유가 지적될 수 있다. 그 장소에서 야훼의 카보드가 돌아오는 데 따른 준비를 갖출 필요가 있었던 것이다. 카보드는 바로 「출애굽기」와 그 뒤의 에제키엘이 하느님의 우주선을 묘사하기 위해 썼던 바로 그 용어다! 카보드는 재건된 신전에 봉안될 것이었고, 예언자 학가이(Haggai, 학개/하깨)가 들은 바는 이런 내용이었다.

"(…) 그곳에서 나는 평화를 주겠고
그것은 첫 번째 신전에서의 것보다 더욱 클 것이다. (…)"

_「학가이」 2:9

중요한 것은 카보드가 예루살렘에 오는 일이 「이사야」에서는 거듭 다른 우주 관련 장소인 레바논과 연결된다는 점이다. **하느님의 '카보드'는 그곳에서 출발해 예루살렘에 도착하게 되는 것이다**(「이사야」 35:2, 60:13).

이제 종말의 날에 신이 '귀환'한다는 기대가 있었다는 결론은 피할 수 없다. 그러면 종말의 날은 언제였던가?

이 질문(우리는 이에 대한 나름의 대답을 제시하겠다)은 새로운 것이 아니다. 옛날부터 있어온 질문이고, 특히 종말의 날을 이야기했던 예언자들 자신도 제기했던 질문이기 때문이다.

이사야는 '큰 나팔이 울리고' 민족들이 모여들어 '예루살렘의 성스러운 산에서 야훼에게 절하는' 때에 관해 예언하면서, 상세한 내용과 시기에 대한 언급이 없으면 사람들은 예언을 이해하지 못할 것임을 인정한다. 이사야는 하느님에게 이렇게 불평한다.

> "가르침 위에 가르침이 있고 가르침 안에 가르침이 있으며
> 지침 위에 지침이 있고 지침 옆에 지침이 있으며
> 여기에 조금, 저기에 조금(…)"
> 　　　　　　　　　　　　　　　　　　　　　_「이사야」 28:10

그가 어떤 답변을 들었는지 모르지만 그는 그 기록을 봉인하고 숨기라는 명령을 받았다. 이사야는 적어도 세 번 이상 초고의 '문자'에 해당하는 말 오티오트(Otioth)를 '계시의 징조'를 의미하는 오토트(Ototh)로 바꾸어 어떤 비밀스런 **'성서 속 암호'**의 존재를 암시함으로써 확실한 때가 되기 전까지 신의 계획을 알아챌 수 없도록 했다. 그 암호는 이사야가 '문자의

창조자'라는 하느님에게 '옛 문자를 우리에게 말해 달라'(「이사야」 41:23)고 청하면서 암시되었다.

그 이름 자체가 '야훼에 의해 암호화된'이란 뜻인 예언자 제파냐(Zephaniah, 스바냐/스바니야)는 민족들이 모여들 때 하느님이 '분명한 말로 이야기할 것'이라는 하느님의 말을 전달했다. 그러나 그 말은 '이야기할 때가 되면 알게 될 것이다'라는 말과 다를 바 없었다.

그렇다면 구약이 그 마지막 예언서에서 '시기'에 관한 질문만을 거의 유일하게 다룬 것도 놀랄 일은 아니다. '종말의 날'이 언제 올 것인가? 그것이 「다니엘」이다. 이 다니엘은 바로 벨샤자르에게 벽에 쓰인 글을 해독해 준(정확하게) 사람이다. 바로 그 다니엘이 계시의 꿈을 꾸고 '옛날부터 계신 분'(하느님)과 그의 대천사가 핵심적인 역할로 등장하는 예언적 환상을 보기 시작한 것은 그 이후였다. 혼란스러워진 다니엘은 천사들에게 설명을 청했다. 답변은 '시대의 끝'에 일어날, 또는 그리로 이어지는 미래의 사건들에 대한 예측이었다. 그러면 그것이 언제 오는가? 다니엘은 물었다. 답변은 겉으로는 명확한 듯했지만 수수께끼 위에 수수께끼를 쌓아놓았을 뿐이었다.

한번은 어떤 천사가 미래 사건들의 한 국면에 대해 이렇게 대답했다.

    사악한 왕이 때와 법을 바꾸려 하는 (시기가)
    한 기간과 여러 기간과 반 기간 동안 (지속될 것이다.)

                                      _「다니엘」 7:25

그 이후에야 약속된 '메시아의 시대'가 올 것이다.

가장 높으신 성스러운 분이

사람들에게 하늘의 왕국을 줄 것이다.

「다니엘」7:27

또 다른 두 시기에, 답변하는 천사들은 이렇게 말했다.

너희 백성과 너희 도시가

죗값을 치르고 예언의 환상이 실현되려면

7의 70곱절 하고도 60의 70곱절의 해가 지나야 한다.

「다니엘」9:25

70의 몇 곱 및 60의 몇 곱과 두 해 뒤에 메시아가 죽음을 당하고

한 우두머리가 와서 도시를 파괴하며

홍수를 통해 종말이 올 것이다.

「다니엘」9:26

그러자 다니엘은 분명한 대답을 얻기 위해 신의 심부름꾼에게 쉽게 말해달라고 부탁했다.

이 무서운 일들이 끝나기까지

얼마나 걸리겠습니까?

「다니엘」12:6

그에 대한 대답으로 다니엘은 다시 수수께끼 같은 답변을 들었다. 종말

은 '한 기간, 여러 기간, 그리고 반 기간'(「다니엘」 12:7) 뒤에 오리라는 것이었다. 그러면 '한 기간, 여러 기간, 그리고 반 기간'은 무슨 뜻이고 '7의 70 곱절의 해'는 무슨 의미인가?

다니엘은 그의 책에서 이렇게 썼다.

> 나는 듣기는 했지만 이해할 수가 없었다.
> 그래서 이렇게 물었다.
> "천사님, 이 일들의 결과는 어떤 것입니까?"
> _「다니엘」 12:8

천사는 다시 암호로 이렇게 말했다.

> "(…) 정기적인 봉헌이 없어지고
> 지독하게 혐오스러운 것이 세워질 때부터
> 1,290일이 지나서 일어날 것이다.
> 1,335일을 기다리면서 참는 사람에게
> 복이 있을 것이다. (…)"
> _「다니엘」 12:11~12

다니엘에게 그 정보를 준 천사(이전에 그를 '사람의 아들'이라고 부른 바 있는 천사다)는 그에게 이렇게 말했다.

> "(…) 이제 너의 마지막을 향해 가거라.
> 그리고 '종말의 날'에 너의 운명을 맞아라."

_「다니엘」12:13

여러 세기 동안 성서학자들과 석학들, 신학자들과 점성가들 및 심지어 천문학자들 역시 다니엘과 마찬가지로 '우리는 듣기는 했지만 이해할 수 없었다'고 말했다(유명한 아이작 뉴턴 역시 그런 천문학자들 중 하나였다). 수수께끼는 '한 기간, 여러 기간, 그리고 반 기간' 같은 것들만이 아니었다. 도대체 언제부터 셈을 시작하는(또는 시작된) 것일까? 그 불확실성은 염소가 양을 공격하고 두 뿔이 넷으로 불어났다가 쪼개지는 등의 다니엘이 본 상징적 환상에 대해 천사들이 그에게 다니엘이 살았던 바빌론 시대나 예언된 그 멸망의 시기 훨씬 뒤에, 심지어 70년 뒤로 예언된 신전 재건축 시기보다도 훨씬 뒤에 일어날 일이라고 설명했기 때문에 생긴 것이다. 페르시아 제국의 흥기와 멸망, 알렉산드로스가 이끈 그리스인들의 도래, 심지어 그가 정복한 제국이 그의 후계자들에 의해 분할되는 것까지 모든 일들이 매우 정확하게 예언되었기 때문에 많은 학자들은 다니엘의 예언들이 '사후'의 범주에 속하는 것이라고 생각했다. 이 책의 예언 부분은 실제로 서기전 250년 무렵에 쓰였으나 그 300년 전에 쓰인 것처럼 했다는 것이다.

결정적인 주장은 한 천사와 만났을 때 나온, '(신전에서의) 정기적인 봉헌이 없어지고 지독하게 혐오스러운 것이 세워질 때부터'라는 셈의 시작에 관한 언급이다. 그것은 오직 **서기전 167년**의 히브리 달력으로 키슬레브(Kislev) 달 25일 예루살렘에서 일어난 사건들에 대한 언급일 수밖에 없다.

그 날짜는 명확하게 기록되어 있다. 신전에서 '혐오스런 파괴'가 일어나 '종말의 날' 카운트다운의 시작을 알린(당시 많은 사람들이 그렇게 믿었다) 것이 그때였던 것이다.

15
예루살렘 : 성배, 사라지다

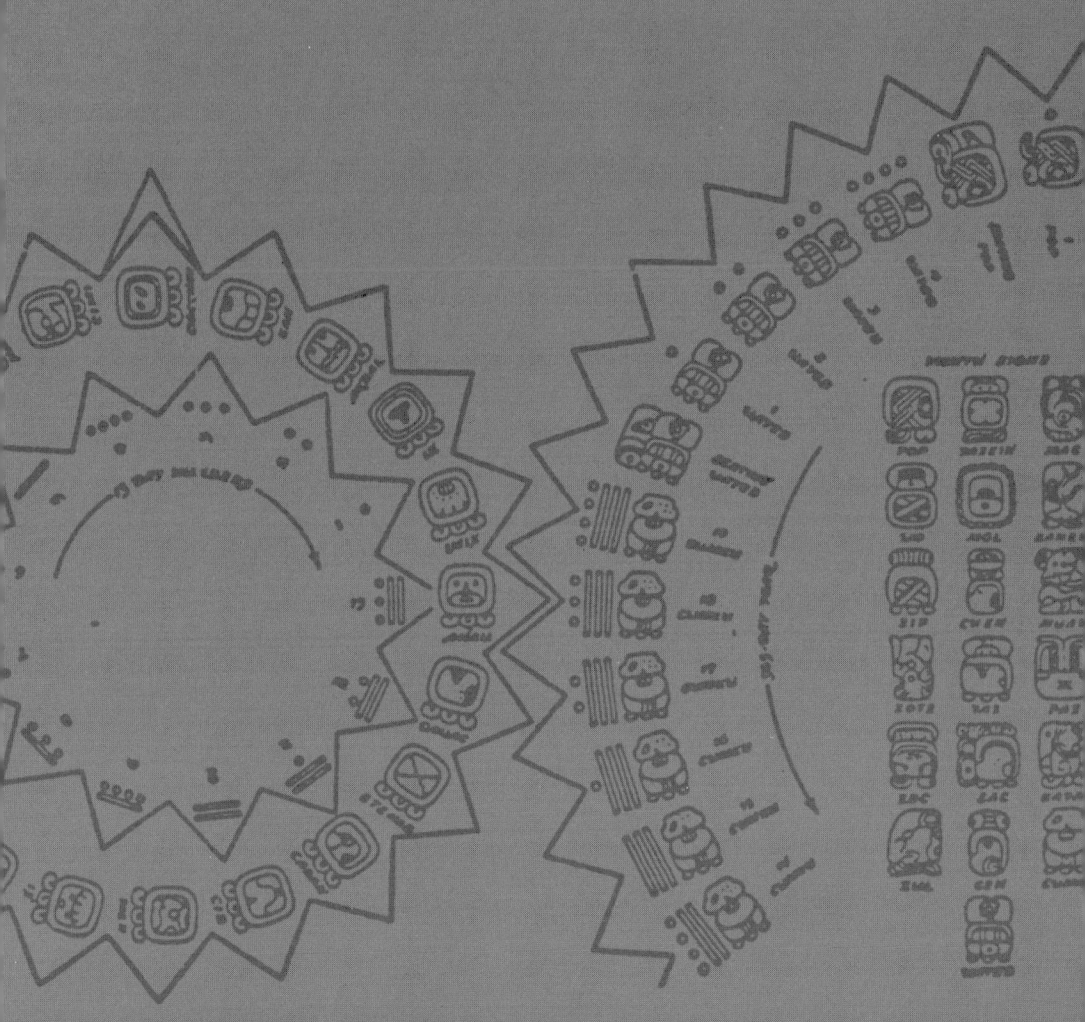

예루살렘 : 성배, 사라지다

　핵무기가 지구상에서 처음 사용되었던 서기전 21세기에 아브라함은 '우르샬렘'에서 최고신의 이름으로 축복의 포도주와 빵을 받았다. 그리고 인류 최초의 일신교를 선언했다.
　21세기 후에 아브라함의 독실한 후손 하나가 '예루살렘'에서 특별한 만찬을 즐기고 어떤 행성의 상징인 십자가를 등에 지고 처형장으로 옮겼다. 그리고 또 하나의 일신교를 일으켰다. 그에 관한 의문이 아직도 소용돌이치고 있다. 그는 과연 누구였는가? 그는 예루살렘에서 무엇을 했는가? 그는 음모의 희생자였는가, 아니면 스스로 자신에 관한 계획을 세웠었는가? 그리고 '성배(聖杯)'에 관한 전설(그리고 그에 대한 수색)을 만들어낸 그 잔은 무엇이었을까?
　그가 자유의 몸이던 마지막 날 저녁에 그는 그의 열두 제자들과 함께 포도주와 누룩 넣지 않은 빵으로, 히브리어로 '세데르(Seder)'라고 하는 유대의 유월절 성찬을 즐겼다. 그리고 이 장면은 몇몇 유명한 종교화 화가들에 의해 불멸의 작품으로 만들어졌다. 그중 레오나르도 다빈치(Leonardo

【그림 121】 레오나르도 다빈치의 〈최후의 만찬〉

da Vinci)의 〈최후의 만찬〉이 가장 유명하다.【그림 121】다빈치는 과학 지식과 신학적 통찰로 유명했다. 그의 그림이 '보여주고 있는' 것에 대해 오늘날까지도 논의되고 논쟁이 되고 분석되었으나, 수수께끼를 풀기는커녕 키우기만 했다.

우리가 보여주겠지만 미스터리를 풀 열쇠는 이 그림이 '보여주지 않고 있는' 것에 있다. 지구상의 신과 인간 이야기에서 곤혹스런 문제와 '메시아의 시대'에 대한 열망에 관한 해답을 가지고 있는 것은 거기에서 **빠져 있는 부분이다.** 과거·현재·미래가 21세기라는 간격이 있는 두 사건에서 하나로 모이고 있다. 예루살렘은 두 사건에서 모두 중요하며, 그 시기로 인해 이 사건들은 기독교 성서의 **종말의 날**에 관한 예언과 연결된다.

21세기 전에 무슨 일이 일어났는지 이해하려면 역사의 장면을 되돌려 알렉산드로스에게로 되돌아가야 한다. 그는 자신이 신의 아들이라고 생각했지만 서른두 살의 젊은 나이에 바빌론에서 죽었다. 그는 반목하는 장군들을 상과 벌을 섞어서, 그리고 심지어 갑작스런 죽음을 통해 제어했다(사실 일부에서는 알렉산드로스 자신이 독살되었다고 보기도 한다). 그가 죽자마자 그의 네 살 난 아들과 그 보호자인 알렉산드로스의 동생이 살해되었고, 다투던 장군들과 지역 사령관들은 주요 정복국들을 나누어 가졌다. 이집트에 사령부를 둔 프톨레마이오스(Ptolemaios)와 그의 후계자들은 알렉산드로스의 아프리카 영토를 장악했다. 셀레우코스(Seleucos)와 그의 후계자들은 시리아·아나톨리아·메소포타미아와 먼 아시아 땅을 지배했다. 쟁탈의 대상이었던 유대(그리고 예루살렘)는 프톨레마이오스의 영토로 귀결되었다.

이집트에서 어렵사리 매장할 알렉산드로스의 시신을 통제할 수 있게 된 프톨레마이오스는 자기네가 알렉산드로스의 진짜 후계자라고 생각했고, 대체로 다른 민족들의 종교에 대한 알렉산드로스의 관용적 태도를 유지했다. 그들은 유명한 알렉산드리아(Alexandria) 도서관을 세우고 마네토(Manetho)로 알려진 이집트 사제를 임명해 그리스인들을 위해 이집트의 극적인 역사와 신들의 선사(先史)를 쓰도록 했다(고고학은 지금까지 마네토의 저작으로 알려진 것들을 확인했다). 프톨레마이오스 왕실은 이를 통해 자기네 문명이 이집트 문명의 연장임을 확신했고, 이에 따라 자신들을 파라오의 정통 후계자라고 생각했다. 그리스 학자들은 유대의 종교와 저작들에 특별한 관심을 쏟았기 때문에 프톨레마이오스 왕실은 구약을 그리스어로 번역하는 일을 추진했고('70인역'으로 알려진 번역이다), 유대 및 이집트에서 점차 늘어나고 있던 유대인촌에서 완전한 종교적 자유를 허용했다.

프톨레마이오스 왕조와 마찬가지로 셀레우코스 왕조도 베로소스(Berossos)라는 그리스어를 할 줄 아는 전직 마르둑 사제를 고용해 그들을 위해 메소포타미아의 정보에 따라 인류와 신들의 역사 및 선사를 편찬하도록 했다.

역사의 굴곡 속에서 그는 하란 부근에 있던 쐐기문자 서판 보관소에서 연구하고 글을 썼다. 그가 쓴 세 권의 책(이에 대해서는 고대의 다른 사람들의 저작에 나오는 단편적인 인용들을 통해서밖에 알 수가 없다)을 통해 그리스와 그 뒤의 로마 등 서구 세계는 아눈나키와 그들이 지구에 온 일, 대홍수 이전 시대, 호모 사피엔스의 창조, 대홍수, 그리고 그 이후의 일들에 대해 알게 되었다. 3,600년, 곧 '사르(Sar)'가 신들의 1'년'이라는 사실을 처음으로 알게 된 것은 베로소스를 통해서였다(이는 나중에 쐐기문자 서판들의 발견과 해독에 의해 확인된다).

서기전 200년 셀레우코스 왕국은 프톨레마이오스의 영토를 침범해 유대를 점령했다. 학자들은 다른 경우에서처럼 이 전쟁의 국제정치적·경제적 원인을 연구했다. 종교적이고 메시아적인 측면은 배제한 것이었다. 베로소스는 대홍수에 관한 글에서 에아/엔키가 수메르인들의 '노아'인 지우수드라(Ziusudra)에게 지시해 '샤마쉬의 도시인 시파르에 있던 모든 문서들을 숨기도록' 했다고 썼다. 대홍수 이후에 복구될 것을 염려한 것이었는데, 이 기록들이 **'시작과 중간과 끝에 관한 것'**이었기 때문이다. 베로소스에 따르면 세계에는 주기적인 대격변이 있었고 그는 그것을 별자리 시대와 연결시켰다. 베로소스 당대의 것은 셀레우코스 시대(서기전 312년)보다 1,920년 전에 시작되었다. 양자리 시대의 시작이 서기전 2232년이라는 얘기다. 양자리 시대는 계산상의 길이가 다 주어진다 해도 곧 끝나도록 되어 있었다(2232−2160=서기전 122년).

입수할 수 있는 기록들을 보면 셀레우코스의 왕들은 이 계산을 '실현되지 않는 귀환'과 연결시켜, 귀환을 긴급하게 예상하고 준비해야 할 필요성에 사로잡혀 있었다. 수메르아카드에서 허물어진 신전 복구의 광풍이 불기 시작했다. 초점은 우루크에 있는 에안나(Eanna, '아누의 집')였다. 그들이 헬리오폴리스(태양신의 도시)라 부른 레바논의 '착륙장'에는 제우스(Zeus)를 기리는 신전이 건립되어 다시 헌정되었다. 유대를 점령하는 전쟁의 이유는 예루살렘에도 '귀환'을 대비한 우주 관련 장소를 준비해야 할 긴급한 필요성이 있었기 때문이라고 결론지을 수 있을 것이다. **우리는 그것이 신들의 재출현에 대비하는 그리스–셀레우코스의 방법이었다고 생각한다.**

프톨레마이오스 왕국과 달리 셀레우코스 지배자들은 자기네 영토 안에서 그리스의 문화와 종교를 강요하기로 결정했다. 변화는 예루살렘에서 가장 심했다. 갑자기 외국 군대가 주둔하고 신전 사제 지도부가 쫓겨났다. 그리스의 문화와 관습이 강압적으로 도입되었다. 심지어 이름까지 바꿔야 했다. 고위 사제가 솔선수범해야 했기 때문에 요슈아라는 이름을 이아손(Iason)으로 바꾸지 않을 수 없었다. 민법은 예루살렘에서 사는 유대인들의 시민권을 제한했다. 세금을 올려『율법서 Torah』가 아닌 육상과 레슬링을 가르치는 비용을 댔다. 지방에서는 행정 당국이 그리스 신들을 위한 사당을 짓고 군대가 파견되어 그리스 신들에 대한 숭배를 강요했다.

서기전 169년에 에피파네스(Epiphanes)라는 별칭을 갖고 있던 당시의 셀레우코스 왕 안티오코스(Antiochos) 4세가 예루살렘에 왔다. 그것은 예의를 갖춘 방문이 아니었다. 그는 신전의 거룩함을 범하고 지성소에 들어갔다. 그의 명령에 따라 신전에 소중하게 간직된 금붙이 의례 용품들이 압수되었다. 그리스인 총독이 도시의 책임을 맡았고, 영구적인 외국 주둔병들을 위한 요새가 신전 옆에 지어졌다. 후방의 시리아 수도에서 안티오코스는 왕국 전체에서 그리스 신들에 대한 숭배를 강요하는 선언을 발표했다. 유대에서는 안식일 준수와 할례(割禮)를 콕 집어 금지했다. 포고령에 따라 예루살렘 신전은 제우스 신전이 되었다. 그리고 서기전 167년의 히브리 달력으로 키슬레브 달 25일(**오늘날의 12월 25일에 해당한다**) 신전에 우상, 곧

'하늘의 주인' 제우스를 나타내는 조각상이 시리아계 그리스 병사들에 의해 세워졌고, 대제단이 제우스에게 희생을 바치는 용도로 전환되었다. 이보다 더 큰 불경이 없었다.

유대인들의 봉기는 피할 수 없었다. 마티트야후(Matityahu, 마타티야)라는 사제와 그의 다섯 아들이 시작하고 이끈 봉기는 하쉬몬(Hashmon) 폭동 또는 마카바이오스(Makkabaios, 마카베오/마카바이) 폭동으로 알려져 있다. 지방에서 시작된 이 봉기는 금세 지역의 그리스 주둔병들을 격파했다. 그리스인들이 병력을 증강하는 사이에 폭동은 온 나라로 확산되었다. 반란군은 병력과 무기에서는 열세였지만 그것을 그들의 강한 종교적 열정으로 메웠다. 『마카베오의 책』에(그리고 그 이후의 역사가들에 의해) 묘사된 이 사건들은 소수의 사람들이 강력한 왕국을 상대로 벌였던 이 싸움이 어떤 시간표대로 움직인 것이었음을 분명히 하고 있다. **어떤 시한까지 예루살렘을 탈환하고 신전을 정화하여 이를 다시 야훼에게 바치는 것은 명령이었다.** 반란군은 서기전 164년에 가까스로 신전 언덕만을 탈환하고 신전을 정화했으며, 그해에 성화가 다시 불타올랐다. 예루살렘을 완전히 장악하고 유대의 독립을 회복하는 길목이었던 마지막 승리는 **서기전 160년**에 거두었다. 유대인들은 오늘날에도 키슬레브 달 25일의 하누카(Hanukkah, '재헌정') 축일로 이 승리와 신전의 재헌정을 기념하고 있다.

이 연속된 사건들과 그 타이밍은 '종말의 날'에 관한 예언들과 연결된 듯했다. 앞에서 본 것처럼 이 예언들 가운데 궁극적인 미래, 곧 '종말의 날'에 관한 숫자화된 실마리는 천사들에 의해 다니엘에게 전해졌다. 그러나 숫자가 '기간'이나 '쉬미타(Shmita, 7년)'라는 단위, 심지어 날수 등으로 알 수 없게 표현되었기 때문에 분명한 것은 아니었다. 그리고 계산이 시작된 때를 말해 주어 끝날 때를 알 수 있게 했던 경우에는 날수로만 이야기했다. 그 경우에 계산은 예루살렘 신전에서 '정기적인 봉헌이 없어지고 지독하게 혐오스러운 것이 세워지는' 날로부터 시작된다는 것이었다. 우리는 그러한 혐오스러운 행동이 서기전 167년의 어느 날 실제로 일어났음을 입증한 바 있다.

연속된 사건들을 생각하면 다니엘에게 주어진 날짜 계산은 신전에서 일어난 특정한 사건들에 해당하는 것이었음이 틀림없다. 서기전 167년 신전에서의 신성모독('정기적인 봉헌이 없어지고 지독하게 혐오스러운 것이 세워진 때'), 서기전 164년의 신전 정화('1,290일' 뒤), 그리고 서기전 160년에 마무리된 예루살렘의 완전한 해방('1,335일을 기다리면서 참는 사람에게 복이 있을 것이다') 등이다. 1,290일과 1,335일이라는 날수는 근본적으로 신전에서 일어난 연속적인 사건들과 일치한다.

「다니엘서」에 나오는 예언들에 따르면 '종말의 날'의 시계가 째깍거리기 시작한 것은 바로 그때였다.

서기전 160년까지 도시 전체를 재점령하고 할례받지 않은 외국 병사들을 신전 언덕에서 몰아내야 한다는 책무는 또 다른 실마리에 대한 열쇠를 쥐고 있다. 우리는 사건들의 연대를 표시하기 위해 '서기전'과 '서기'라는 일반화된 기원법을 사용하고 있지만, 그 옛날 사람들은 분명히 '미래의' 예수를 기준으로 한 기원법을 사용할 수도 없었고 사용하지도 않았다. 앞서 말했듯이 히브리 책력은 서기전 3760년 니푸르에서 시작된 책력이었다. 그리고 그 책력에 따르면 **우리가 서기전 160년이라고 부르는 해는 정확하게 3600년이었다!**

이제는 독자들도 알겠지만 그것은 니비루 본래의(계산상의) 공전 주기인 1사르였다. 그리고 니비루는 400년 일찍 재출현했지만 사르의 해(3600

년, '신들의 해' 1년의 만료)가 되는 것은 무시할 수 없는 중요성을 지니고 있었다. 야훼의 카보드가 그의 신전 언덕으로 돌아온다는 기독교 성서의 예언들이 신의 선언임을 의심치 않는 사람들에게 우리가 '서기전 160년'이라고 부르는 해는 중요한 진실의 순간이었다. 그 행성이 어디에 있든 하느님은 그의 신전으로 돌아오겠다고 약속했고, 신전은 정화되고 그에 대한 대비를 하고 있어야 했다.

그 소란스러운 시대에도 니푸르/히브리 책력에 따른 시간의 경과를 시야에서 놓치지 않았음은 「요벨의 책」에 의해 입증된다. 이 책은 마카바이오스 폭동 이후의 시기에 예루살렘에서 히브리어로 쓰인 것으로 추정되는 외경(外經)인데, 지금은 그리스·라틴·시리아·에티오피아·슬라브 역본으로만 볼 수 있다. 이 책은 이집트 집단 탈출 이후의 유대 민족 역사를 요벨이라는 시간 단위로 다시 이야기한다. 요벨은 야훼가 시나이 산에서 정한 50년의 시간 단위다(이 책 9번째 장 참조). 거기서 다시 이후에 **안노문디**(Anno Mundi)로 알려진 연속적이고 역사적인 기원법이 만들어졌다. 안노문디는 라틴어로 '세계의 해'라는 뜻인데, 서기전 3760년부터 시작한다. 찰스(R. H. Charles, 1855~1931) 목사가 그 책의 영역본에서 한 것처럼 학자들은 요벨과 쉬미타를 안노문디 기원법으로 변환한 바 있다.

그러한 책력이 고대 근동 전역에서 통용되었을 뿐만 아니라 사건들이 언제 일어날지까지 결정했다는 사실은 우리가 앞에서 검토했던 몇몇 중요한 사건들만 간단히 훑어보아도 입증될 수 있다(몇 가지는 굵은 글자로 처리했다). 그 중요한 역사적 사건들 몇 가지만 골라본다면 '서기전'을 '니푸르력(曆)'으로 환산할 때 이런 결과가 나온다.

서기전	니푸르력	사건
3760	0	수메르 문명. 니푸르 책력의 시작
3460	300	바벨탑 사건
2860	900	길가메쉬가 '하늘의 황소'를 죽임
2360	1400	사르곤의 아카드 시대 시작
2160	1600	이집트의 제1중간기
		닌우르타의 시대(구데아가 '50의 신전'을 지음)
2060	1700	나부가 마르둑 추종자들을 조직화함
		아브라함이 카나안으로 감
		왕들의 전쟁
1960	**1800**	바빌론에 마르둑의 에삭일 신전을 세움
1760	2000	함무라비가 마르둑의 지배권을 강화함
1560	2200	이집트에 새 왕조('중왕국')가 들어섬
		바빌론에서 새 왕조('카시트')의 지배가 시작됨
1460	2300	안샨·엘람·미탄니가 바빌론에 대항해 일어남
		모세가 시나이에서 '불타는 숲'을 봄
960	2800	신(新)앗시리아 제국이 시작됨
		바빌론에서 아키투 축제가 재개됨
860	2900	아슈르나시르팔이 십자가 상징을 걸침
760	**3000**	아모스를 필두로 예루살렘에서 예언이 시작됨
560	3200	아눈나키 신들이 모두 떠남
		페르시아인들이 바빌론에 도전함
		퀴로스의 등장
460	3100	그리스의 황금시대

		헤로도토스가 이집트에 감
160	3600	마카바이오스가 예루살렘을 해방시키고 신전을 재헌정함

조급한 독자들은 그다음 목록 채우는 것을 기다리기 어려울 것이다.

60	3700	로마인들이 바알벡에 유피테르 신전을 세우고 예루살렘을 점령함
0	3760	나자레트(Nazareth, 나사렛)에서 예수 탄생 서력기원이 시작됨

마카바이오스가 예루살렘을 해방시키고 예수가 그곳에 도착한 이후 그와 관련되어 일어난 사건들까지에 이르는 한 세기 반은 고대 세계와 특히 유대 민족의 역사에서 가장 소란스러운 시기였다.

오늘날까지도 우리에게 영향을 미치고 있는 사건들이 일어난 이 중대한 시기는 고개가 끄덕여지는 환호와 함께 시작되었다. 유대인들은 몇 세기 만에 처음으로 다시 거룩한 수도의 주인이 되었고, 성스러운 신전을 완성했으며, 자유롭게 자기네 왕과 고위 사제들을 임명했다. 국경에서는 전투가 계속되었지만, 그 국경 자체도 이제 다비드 시대의 옛 통일 왕국 영토의 대부분을 포괄할 정도로 확장되었다. 하쉬몬가(家)의 지휘 아래 예루살렘을 수도로 해서 유대인들의 독립 국가를 세운 것은 모든 면에서 성공적인 사건이었다. 그러나 한 가지 측면만은 예외였다.

'종말의 날'에 기대되었던 야훼의 카보드의 귀환은 일어나지 않았다. 혐오스러운 일이 일어난 시기로부터 세는 날짜 계산은 맞는 것 같았는데도 말이다. '완료의 시기'가 아직 오지 않은 것일까 하고 많은 사람들은 고개를 갸웃거렸다. 그리고 '년'과 '쉬미타'와 '기간 및 기간들' 같은 「다니엘」에 나오는 다른 수수께끼들도 아직 풀리지 않았음이 분명해졌다.

실마리는 바빌론·페르시아·이집트 '이후에' 나타날 '미래의' 왕국들의 흥망을 이야기하는 「다니엘」의 예언 부분이었다. 이 왕국들은 '남쪽의', '북쪽의', 아니면 해양국가 '키팀(Kittim, 깃딤)' 같이 모호하게 표현되었고, 그들은 분열하고 서로 싸우고 '바다 사이에 왕궁 예배당을 세우게' 될 것이었다. 모든 미래의 존재들은 또한 양·염소·사자 등 여러 가지 동물들로 모호하게 표현되었는데, '뿔'로 불린 그 자손들이 다시 분열되고 서로 싸우게 된다는 것이었다. 그 미래의 나라들은 어떤 나라들이고, 예언된 것은 어떤 전쟁들이었을까?

예언자 에제키엘 역시 남쪽 나라와 북쪽 나라 사이의, 정체불명의 곡(Gog)과 그에 맞서는 마곡(Magog) 사이의 대규모 전쟁을 이야기하고 있다. 그래서 사람들은 예언에 나오는 왕국들이 알렉산드로스의 그리스나 셀레우코스·프톨레마이오스처럼 이미 역사 무대에 나타난 나라인지 아닌지 의문스러워했다. 예언에 나오는 것이 이들 나라였을까, 아니면 훨씬 먼 미래에 나타날 어떤 나라였을까?

거기에는 신학적인 혼란이 있었다. 예루살렘 신전에서 물리적 실체인 카보드를 기대하는 것이 예언을 올바르게 이해하는 것일까, 아니면 기대하던 '도래'라는 것이 그저 상징적이고 무의미한, '정신적인 임재(臨在)'일 뿐이었을까? 사람들은 무엇을 해야 하나? 일어나도록 된 일은 어떻든 일어나는 것일까? 유대 지도부는 독실한 근본주의자인 파리사이(바리사이/바리새)파와 보다 자유주의적인 사두가이(사두개)파로 갈라졌다. 후자는 보다 국제적인 감각을 지니고 있었고, 이미 이집트에서 아나톨리아나 메소포타미아까지 퍼진 유대 디아스포라(diaspora)의 중요성을 인식하고 있었다. 이 두 큰 흐름 외에, 작은 분파들도 생겨났고 그들은 종종 자신들의 집단 거주지를 형성하기도 했다. 이들 가운데 가장 잘 알려진 것이 사해문서로 유명한 에세네파였고, 이들은 쿰란에 따로 떨어져 살았다.

예언을 해독하기 위한 노력에서는 신흥 강국 **로마**를 고려해야 했다. 로마인들은 페니키아인 및 그리스인들과의 싸움에서 연전연승하며 지중해의 지배권을 장악하고 이집트의 프톨레마이오스와 지중해 동부 연안(유대 포함)의 셀레우코스의 일에 개입하기 시작했다. 제국의 사절들을 따라 군대가 파견되었다. 서기전 60년에는 폼페이우스(Pompeius)가 이끄는 로마인들이 예루살렘을 점령했다. 그곳으로 가는 길에 폼페이우스는 이전에 알렉산드로스가 그랬던 것처럼 헬리오폴리스(곧 바알벡)에 들러 유피테르에게 희생을 바쳤다. 그 뒤, 이전부터 있던 그곳의 거대한 돌 토막들 위에 로마 제국 최대의 유피테르 신전이 세워졌다. 【그림 122】 그 유적지에서 기념비 새김글이 발견되었는데, 네로(Nero)가 서기 60년에 그곳을 방문했다고 적혀 있어 그 신전이 건립된 것은 그 이전이었음을 알려주고 있다.

이 시기는 민족적·종교적으로 혼란기였기 때문에 역사적·예언적 저작들이 쏟아져나왔다. 「요벨의 책」, 「에노크의 책」, 「열두 족장의 유언」, 「모세의 승천(昇天)」 같은 것들이며, 이들은 뭉뚱그려 외경(外經) 또는 위경(僞經)으로 알려져 있다. 이들의 공통된 주제는, 역사는 순환하는 것이며 모든 것은 예언되어 있고, '종말의 날'(혼란과 격변의 시기)은 역사 순환의 끝을 나타낼 뿐 아니라 새로운 시대의 시작을 나타내기도 하는 것이며, '전환기'(현대적 표현을 사용하자면)는 히브리어로 마쉬아크(Mashi'ach)인 **'임명된 자'**가 옴으로써 드러난다는 믿음이다. 히브리어 '마쉬아크'는 그리스어로 크리스토스(Khristos)로 번역되었고, 여기서 메시아(Messiah)나 그리스도(Christ)라는 말이 나왔다.

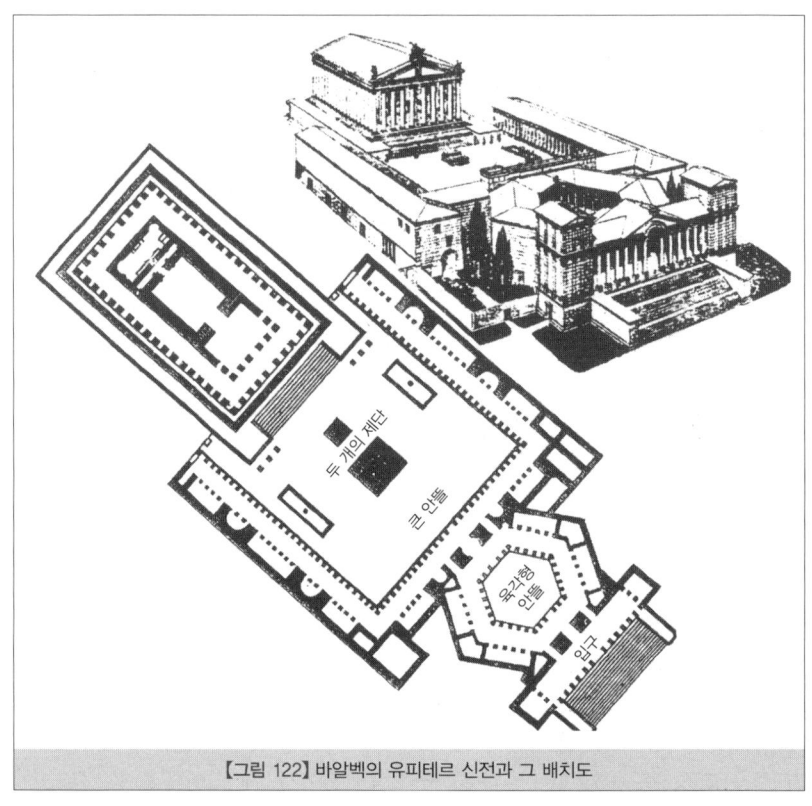

【그림 122】 바알벡의 유피테르 신전과 그 배치도

새로운 왕을 성스러운 기름을 발라 임명하는 행위는 고대 세계에서 적어도 사르곤 시대 이후에는 확인이 되고 있다. 이는 구약에서 일찍부터 하느님에게 봉헌하는 행위로 인식되었지만, 가장 기억에 남는 경우는 언약궤의 수호자인 사제 사무엘이 예세의 아들 다비드를 불러 그가 하느님의 은총을 받아 왕이 되었음을 선포한 장면이다.

(사무엘은) 다비드의 형제들이 보는 가운데
기름이 담긴 뿔을 들어 그에게 기름을 부었다.

그리고 하느님의 영(靈)이

그날 이후로 다비드에게 내렸다.

_「사무엘 상」16:13

    모든 예언들과 예언적인 말들을 연구하면서 예루살렘의 독실한 신자들은 **신이 임명한 다비드**가 반복적으로 언급되고 '그의 씨'가 (다비드 왕가의 후손에 의해) **다가올 날들에** 예루살렘에서 다시 왕좌에 오를 것이라는 신의 언질이 있었음을 발견하게 되었다. 다비드 왕가 출신일 미래의 왕들이 예루살렘에서 앉게 되는 왕좌는 '다비드의 옥좌'였다. 그리고 그런 일이 일어날 때 지구상의 왕들과 군주들이 정의와 평화, 그리고 하느님의 말씀을 구해 예루살렘으로 모여들게 되는 것이다. 하느님은 이것이 '영원한 약속'이며 '모든 세대에게 하는' 하느님의 언약이라고 맹세했다. 이 맹세가 곳곳에 있음은 다음의 구절들만 떠들어보아도 확인할 수 있다.

- 「이사야」16:5, 22:22
- 「예레미아」17:25, 23:5, 30:3
- 「아모스」9:11
- 「하바쿡」3:13
- 「제카리아」12:8
- 「시편」18:50, 89:4, 132:10, 132:17 등

    이 말들은 강력한 것이고 **다비드 왕가에게 한** 그들의 메시아에 대한 약속이었음이 틀림없다. 그러나 이 말들은 예루살렘에서 일어나는 사건들의 향방을 실질적으로 좌지우지하는 폭발적인 측면들로 가득 차 있다. 이

와 연관된 것이 **예언자 엘리야**의 문제다.

　엘리야는 길레아드(Gile'ad, 길르앗) 지역에 있던 그의 고향 이름을 따서 '티쉬베(Thishbe, 디셉/티스베) 사람'이라는 별칭으로 불렸는데, 서기전 9세기 이스라엘(유대와 분열된 이후의) 왕국에서 활동했던 기독교 성서의 예언자였다. 이 시기는 아하브(Ahav, 아합) 왕과 그의 카나안인 왕비 이제벨(Izevel, 이세벨)이 통치하던 때였다. 이제벨은 카나안 신 바알('주인') 숭배를 진흥시키려 했는데, 엘리야는 그의 히브리 이름 엘리야후(Eli-Yahu, '야훼는 나의 하느님')에 걸맞게도 바알 사제들 및 '대변자'들과 끊임없는 갈등을 겪었다. 그는 요르단 강 부근의 은신처에서 한동안 은둔 생활을 했고 거기서 '하느님의 사람'으로 임명되었으며, 그 이후 마력을 지닌 '모직 망토'를 받아 하느님의 이름으로 기적을 행할 수 있게 되었다. 그의 첫 번째 기적으로 기록된 것은 밀가루 한 숟갈과 식용유 약간을 가진 과부에게 평생 먹어도 그것이 떨어지지 않게 해준 것이었다(「열왕기 상」 17장). 그리고 그는 심한 병에 걸려 죽은 그 과부의 아들을 살려냈다. 카르멜(Carmel, 갈멜/가르멜) 산에서 바알의 예언자들과 겨루기를 할 때는 하늘에서 불을 불러올 수 있었다. 그는 기독교 성서 속에서 이집트 탈출 이후 시나이 산을 다시 찾아간 유일한 이스라엘인이었다. 그가 이제벨과 바알 사제들의 분노를 피해 도망쳤을 때 하느님의 천사 하나가 그를 시나이 산의 한 동굴에 숨겨주었다.

　구약은 엘리야에 관해, 그가 죽지 않고 회오리바람에 의해 하늘로 들어올려져 하느님과 함께 지냈다고 말하고 있다. 「열왕기 하」 2장에 상세하게 묘사된 그의 승천은 갑작스럽거나 예상치 못한 사건이 아니었다. 오히려 그것은 미리 계획되고 미리 준비된 일이어서, 그 장소와 시간이 미리 엘리야에게 통보된 것이었다.

지정된 장소는 요르단 강 유역, 강의 동쪽에 있는 곳이었다. 그곳으로 갈 시간이 되자 엘리샤(Elisha, 엘리사)라는 이름의 제자를 비롯한 제자들도 함께 갔다. 그는 요슈아가 이끈 이스라엘인들에게 기적을 보여주었던 장소인 길갈(Gilgal)에 들렀다. 거기서 엘리야는 제자들을 돌려보내려 했으나 그들은 베트엘(Beth-El, 베델/벧엘)까지 함께 따라갔다. 엘리야는 제자들에게 거기 머물라고 말하고 자기 혼자 강을 건너가겠다고 했으나 제자들은 최종 목적지인 예리코까지 꼭 붙어 따라갔다. 그러는 동안 제자들은 내내 엘리샤에게 '주님이 오늘 엘리야 선생님을 하늘로 데려가시는 게 사실이냐'고 물었다.

요르단 강 강변에서 엘리야는 그의 기적의 망토를 말아서 강물을 쳐 물을 가르니 강을 건널 수 있게 되었다. 다른 제자들은 뒤에 남았으나 엘리샤는 이때도 엘리야를 따라가겠다고 우겨서 그와 함께 강을 건넜다.

> 그들이 걸어가면서 이야기를 하고 있었는데,
> 불에 휩싸인 수레와 불에 휩싸인 말이 나타나
> 두 사람이 떨어지게 되었다.
> 그리고 엘리야는 회오리바람을 타고 하늘로 올라갔다.
> 엘리샤는 이를 보고 외쳤다.
> "나의 아버지! 나의 아버지!
> 이스라엘의 수레이시고 기병이신 분이여!"
> 그리고 그것은 엘리샤의 시야에서 사라졌다.
>
> _「열왕기 하」 2:11~12

요르단에 있는, 이 기독교 성서 이야기의 지리적 위치와 부합하는 유적

【그림 123】 예루살렘의 교황청 성서연구원 간판

지 텔갓술(Tell Ghassul, '예언자의 언덕')에 대한 고고학적 발굴에서 '회오리바람'을 그린 벽화가 발견되었다. 【그림 102 참조】 이곳이 바티칸의 지원 아래 발굴된 유일한 유적지였다. 내가 이스라엘과 요르단의 고고학박물관들을 뒤지며 발굴물들을 찾아보고 요르단의 그 유적지를 방문한 뒤 결국 예수회에서 운영하는 예루살렘의 교황청 성서연구원(PIB)까지 갔던 일은 『지구 연대기 여행』에 묘사되어 있다. 【그림 123】

유대인의 전승에는 하늘로 올라간 엘리야가 어느 날 이스라엘 사람들에 대한 궁극적 구속(救贖)의 선발대, 곧 **메시아의 전령**으로 돌아올 것이라는 이야기가 있다. 이 전승은 이미 서기전 5세기에 기독교 성서의 마지막 예언자인 말라키가 그의 마지막 예언에서 기록해 놓았다. 전승에는 천사가 엘리야를 숨겨준 시나이 산의 동굴이, 하느님께서 모세 앞에 자신을 나타내 보인 곳으로 생각했기 때문에 엘리야는 이집트 탈출을 기념하는 유월절 축제 시작 때 다시 나타날 것으로 기대되었다. 오늘날에도 7일간의 유월절 휴일이 시작되는 첫날의 의례적인 만찬 세데르에서는 엘리야가 도착하면 마실 포도주를 채운 잔을 식탁에 놓도록 되어 있다. 또 그가 들어올 수 있도록 문을 열어두고 지정된 찬가가 암송되어 그가 곧 '다비드의 자손인 메시아'의 도래를 알려줄 것이라는 희망을 표현하고 있다. (크리스마스 날 아이들에게 산타클로스가 굴뚝으로 몰래 들어와 그들이 받는 선물을 놓고 간다고 이야기하는 것과 똑같이, 유대인들은 아이들에게 보이지는 않지만 엘리야가 몰래 들어와 포도주를 한 모금 마신다고 이야기한다.) 관습에 의해 '엘리야의 잔'은 장식이 되어 기교를 부린 굽 달린 잔이 되었다. 그것은 유월절 식사 때의 엘리야 의식 외에는 어떤 목적으로도 쓰이지 않는 성배다.

예수의 '최후의 만찬'은 그 전통이 충만한 유월절 식사였다.

유대는 외관상 자기네의 고위 성직자와 왕을 선택할 수 있는 권한을 지니고 있는 듯했지만, 사실상 로마의 식민지가 되어 처음에는 시리아에 있는 사령부로부터, 그리고 나중에는 지역 총독의 통치를 받았다. 행정장관(procurator)이라 불린 로마 총독은 유대인들이 에트나르크(Ethnarch, '유대인 평의회의 우두머리')를 선택해 신전의 고위 사제 노릇을 맡길 수 있도록 했으며, 처음에는 '유대인의 왕'(나라인 '유대의 왕'이 아니라)도 선택할 수 있었다. 물론 로마의 비위에 맞는 사람이어야 했다. 서기전 36년에서 서기전 4년까지의 왕은 유대교로 개종한 에돔인의 후손 호르도스(Hordos, 헤로데/헤롯)였다. 그는 클레오파트라(Cleopatra)와 관련되어 유명한 로마의 두 장군 마르쿠스 안토니우스(Marcus Antonius)와 옥타비아누스(Octavianus)/아우구스투스(Augustus)가 선택한 사람이었다. 호르도스는 신전 언덕을 확충하고 사해의 마사다(Masada)에 요새 왕궁을 짓는 등 기념비적인 건축물들을 유산으로 남겼다. 그는 또한 사실상 로마의 제후(諸侯)로서 총독의 심기에도 촉각을 곤두세웠다.

나자레트의 예수는 서기 33년에(학자들이 받아들이고 있는 연대에 따른 것이다) 하쉬몬 왕가와 호르도스의 건축 공사로 증축되고 확장된 바로 그 예루살렘에 들어갔다. 유월절 휴일을 맞아 참배자들이 모여들고 있는 때였다. 이때는 유대인들이 종교적인 자율권만 인정받고 있었다. 70명의 장로들로 구성되는 산헤드린(Sanhedrin)이라는 협의체였다. 이제 더 이상 유대인의 왕은 없었다. 이제 더 이상 유대인의 나라가 아니라 로마의 주(州)일 뿐인 이 땅은 신전에 인접한 안토니아(Antonia) 요새에 들어앉은 행정장관 폰티우스 필라투스(Pontius Pilatus, 본디오 빌라도)가 통치하고 있었다.

유대인 대중과 이 땅을 지배하던 로마인들 사이의 긴장은 높아졌고, 결국 예루살렘에서 연속적인 유혈 폭동이 일어났다. 서기 26년에 예루살렘에 온 필라투스는 로마 군단병과 함께 신전에서 금지된 우상이 들어 있는 '깃발'과 동전을 이 도시에 들여옴으로써 사태를 더욱 악화시켰다. 저항하는 유대인들은 가차 없이 십자가형에 처해졌고, 그 수가 하도 많아 처형장에는 굴가타(Gulgatha, 골고다/골고타), 즉 '해골 마당'이라는 별명이 붙었다.

예수는 전에 예루살렘에 온 적이 있었다.

> 예수의 부모는 해마다 유월절 축제 때 예루살렘으로 갔다.
> 예수가 열두 살이 되는 해에도,
> 그들은 축제 풍습을 따라 예루살렘에 올라갔다.
> 그런데 그들이 날짜를 채우고 돌아올 때에,
> 소년 예수는 예루살렘에 그대로 머물러 있었다.
> 　　　　　　　　　　　　　　　　_「루카 복음서」 2:41~43

이번에 예수가 제자들과 함께 도착했을 때는 상황이 분명히 기대했던 것과 달랐다. 기독교 성서의 예언들이 약속했던 것과 달랐던 것이다. 독실한 유대인들(예수가 가장 분명하게 그런 사람이었지만)은 구속(救贖)과 메시아에 의한 구원이라는 관념에 빠져 있었고, 그 중심에는 하느님과 다비드 왕가 사이의 특별하고 영원한 유대가 있었다. 이는 장엄한「시편」에 분명하고도 가장 단호하게 표현되었다. 거기서 야훼는 자신의 충실한 추종자들에게 환상 속에서 이렇게 말했다.

"나는 사람들 가운데서 선택한 자를 높이 세웠다.
나는 내 종 다비드를 찾아서
내 거룩한 기름을 부어 그를 임명했다. (…)
그는 내게 소리쳐 말할 것이다.
'당신은 나의 아버지, 나의 하느님,
내 구원의 반석이십니다!'
나도 그를 맏아들로 삼아서,
지구상의 모든 왕들 가운데서 최고가 되게 하겠다.
나는 그를 영원히 보살피며,
그에 대한 진실함을 버리지 않겠다.
내가 그와 맺은 언약을 저버리지 않으며
내가 말한 것을 바꾸지 않겠다. (…)
나는 그의 자손이 영원히 이어질 수 있도록 하며,
그의 왕조가 '하늘의 날들'까지 지속되도록 하겠다. (…)"

_「시편」89:19~29

'하늘의 날들'에 대한 언급이 실마리가 아니었을까. 메시아의 도래와 예언된 '종말의 날' 사이의 연결이 아니었을까. 그때가 예언이 실현되는 것을 보아야 할 시기가 아니었을까. 그래서 이제 열두 명의 제자들과 함께 예루살렘에 온 나자레트의 예수가 스스로 일을 떠맡기로 결심한 것이 아닐까. 구원에 다비드 왕가 출신의 '임명된 자'가 필요하다면 그가, 예수가 바로 주인공일 것이다!

'예후슈아(Yehu-shuah)/요슈아(Joshua)'라는 그의 히브리어 이름 자체가 '야훼의 구세주'라는 의미였다. '임명된 자'('메시아')가 다비드 왕가 출신이어야 한다는 조건을 보더라도 그가 바로 다비드 왕가 출신이었다. 신약의 첫 구절인 「마태오 복음서」 첫머리는 이렇다.

> 다비드의 자손이며 아브라함의 자손인
> 예수 그리스도의 세계(世系)에 관한 책.
>
> _「마태오 복음서」 1:1

그리고 그곳과 신약의 다른 곳에도 예수의 가계가 수십 세대에 걸쳐 제시되고 있다. 아브라함에서 다비드까지가 14세대, 다비드에서 바빌론 유배까지가 14세대, 그로부터 예수까지가 14세대다. 그는 자격을 갖춘 자라고 복음서들은 이구동성으로 말하고 있다.

그다음에 어떤 일이 일어났는지를 알려주는 자료는 복음서들과 신약의 다른 책들이다. 우리는 '목격담'들이 사실은 사건이 일어난 지 한참 뒤에 쓰였음을 알고 있다. 그리고 이 체계화된 판본은 3세기 뒤 로마 황제 콘스탄티누스(Constantinus)가 소집한 회의에서 토의한 결과임도 알고 있다. 우리는 또 나그함마디(Nag Hammadi) 문서나 「유다 복음서」 같은 '영지주의(靈智主義)'적 원고들이 다른 판본을 이루어 교회가 억압하지 않을 수 없었음도 알고 있다. 우리는 심지어, 처음에는 예수의 동생이 이끄는 예루살렘 교회가 있어 오로지 유대인 추종자들만을 대상으로 했으나, 이방인을 대상으로 하는 로마 교회가 그것을 넘어서고 대체하고 소멸시켰음도 알고 있다(이는 논란의 여지가 없는 사실이다). 그러나 우리는 '공식' 판본을 따라가려 한다. 그것 자체가 예루살렘에서의 예수와 관련된 사건들을 그 이전 수백, 수천 년 동안의 일들과 연결시키고 있기 때문이다. 이 책에서 지금까지 이야기했던 것처럼 말이다.

먼저 예수가 유월절 기간에 예루살렘에 왔고 '최후의 만찬'이 유월절 세데르였다는 데 대한 의혹부터(아직도 그것이 존재한다면) 말끔히 제거해야겠다. 예수는 제자들과 함께 예루살렘에 도착해서 그들에게 이렇게 말했다.

"너희가 아는 대로,
이틀이 지나면 유월절 축제다. (…)"

_「마태오 복음서」26:2

이틀 후면 유월절 축제였다.
누룩 넣지 않은 빵을 먹는 때였다.

_「마르코 복음서」14:1

이제 누룩 넣지 않은 빵의 축제가 다가왔다.
그것은 유월절이라고 불린다.

_「루카 복음서」22:1

세 복음서는 이어서 예수가 제자들에게 어떤 집으로 가면 휴일의 시작을 알리는 유월절 식사를 할 수 있을 것이라고 말했음을 전한다.

다음으로 다루어야 할 것은 도래하는 메시아의 전령 엘리야 문제다(「루카 복음서」1장 17절은 「말라키」에서 상응하는 구절을 인용하기까지 했다). 복음서들에 따르면 예수가 행한 기적에 대해 들은 사람들은 처음에 예수가 다시 나타난 엘리야가 아닌가 생각했다고 한다(예수의 기적은 예언자 엘리야의 기적과 매우 흡사했다). 예수는 부정하지 않으면서 그의 가장 가까운 제자들에게 물었다.

"**너희**는 내가 누구라고 이야기하느냐?"
베드로가 예수께 대답했다.
"선생님은 '임명된 분'이십니다."

_「마르코 복음서」 8:28~29

그렇다면 먼저 나타나야 할 엘리야는 어디 있느냐는 질문이 들어왔다. 예수는 대답했다. 아, 물론, 그는 이미 왔다고!

그들이 예수께 이렇게 물었다.
"왜 학자들은 엘리야가 먼저 와야 한다고 합니까?"
예수께서 그들에게 말씀하셨다.
"확실히 엘리야가 먼저 와서, 모든 것을 회복한다. (…)
그러나 나는 너희에게 말한다.
엘리야는 정말로 왔다. (…)"

_「마르코 복음서」 9:11/13

이것은 대담한 발언이었다. 곧 검증될 일이었다. 엘리야가 정말로 지구로 돌아왔다면, '**정말로 왔다면**', 그래서 메시아 도래의 전제를 충족시켰다면, **그는 세데르에 나타나 그의 잔에 담겨 있는 포도주를 마셔야 한다!**

관습과 전통에 따라 예수와 그 제자들의 세데르 식탁 위에는 포도주를 따른 엘리야의 잔이 놓여 있었다. 이 의례적인 식사는 「마르코 복음서」 14장에 묘사되어 있다. 세데르를 주관한 예수는 누룩 넣지 않은 빵[無酵餠]을 집어 축복을 하고는 그것을 떼어 제자들에게 나누어주었다.

> 그리고 그가 그 잔을 들었다.
> 감사를 드린 다음 그들에게 주니,
> 그들이 모두 그 잔을 마셨다.
>
> _「마르코 복음서」 14:23

그러니 의문의 여지 없이 엘리야의 잔은 거기 있었다. 그러나 다빈치는 그것을 보여주지 않는 쪽을 선택했다. 이 '최후의 만찬' 그림은 오로지 신약 구절들에만 근거해서 그릴 수밖에 없었는데, 여기서 **예수는 문제의 잔을 들고 있지 않고 식탁 위 어디에도 포도주 잔이 놓여 있지 않다!** 그 대신 **예수의 오른쪽에 알 수 없는 공간이 있다.** 【그림 124】 그리고 그의 오른쪽에 있는 제자는 비스듬히 몸을 비키고 있다. 보이지 않는 누군가가 그들 사이로 들어오도록 비켜주는 것처럼 말이다.

신학적으로 전혀 오류가 없는 다빈치는 보이지 않는 엘리야가 열린 창문으로 들어와 예수 뒤에 서서 자기 몫으로 놓인 잔을 가져갔음을 시사하고 있는 것일까? 그렇다면 이 그림은 엘리야가 돌아왔음을 시사하고 있다. 다비드 왕가 출신의 '임명된 자'에 앞서 전령이 도착했던 것이다.

【그림 124】 레오나르도 다빈치의 〈최후의 만찬〉의 부분

이는 예수가 체포되어 로마 총독 앞에 불려갔던 장면에서 확인된다. 총독은 그에게 물었다.

"네가 **유대인의 왕**이냐?"
예수가 그에게 말했다.
"당신 말대로요."

_「마태오 복음서」27:11

십자가 처형 판결은 피할 수 없는 것이었다.

예수가 포도주 잔을 들어 절차에 따른 축복을 내릴 때 그는 제자들에게 이렇게 말했다.

"이것은 새 언약을 위한 나의 피다. (…)"

_「마르코 복음서」14:24

'만약' 이것이 그가 말한 그대로라면 그는 피로 변한 포도주를 함께 마시자는 것을 의미하지는 않았다. 아주 이른 시기부터 유대교에서 가장 엄격하게 금지되었던 일 가운데 하나를 어기는 중대 범죄였기 때문이다. '피는 곧 영혼'이었으니 말이다. 그가 말한(또는 말해서 전달하려고 했던) 것은 '이 잔', 곧 '엘리야의 잔'에 담긴 포도주가 언약이고 그의 **혈통**을 확인하는 것이라는 점이다. 그리고 다빈치는 잔이 사라지게 함으로써 이를 설득력 있게 그려냈다. 잔은 아마도 찾아온 엘리야가 가져갔으리라는 것이다.

사라진 잔은 여러 세기 동안 작가들의 단골 주제가 되었다. 이 이야기는 전설이 되었다. 십자군 전사들은 그것을 찾아 나섰고, 성전(聖殿)기사단이 그것을 발견해 유럽으로 가져왔다는 것이다. 그 잔은 굽 달린 잔이 되었고, 성배(聖杯)가 되었다. 그것은 왕가의 피를 상징하는 성배였다. 프랑스어의 Sang Réal이 San Greal로 변하고 거기서 '성배'를 뜻하는 영어의 **Holy Grail**이라는 말이 나온 것이다.

그렇다면 그 성배는 결코 예루살렘을 떠나지 않았던 것일까?

계속적인 정복과 유대에 있는 유대인들에 대한 로마인들의 강도 높은 억압은 결국 로마 역사상 가장 강력한 폭동으로 이어졌다. 로마는 최고의 장군들과 최정예 부대를 동원하고도 7년이 지나서야 꼬맹이 유대를 물리치고 예루살렘을 차지할 수 있었다. 서기 70년, 오랜 포위 공격과 백병전 끝에 로마인들은 신전의 방어벽을 돌파했다. 사령관 티투스(Titus)는 신전에 불을 지르도록 명령했다. 다른 지역에서 일어난 저항이 3년 더 이어졌지만 유대인들의 대반란은 끝이 났다. 승리한 로마인들은 너무나 기쁜 나

【그림 125】 신전 약탈 장면을 그린 아치의 부조(浮彫)

【그림 126】 성배 그림이 있는 유대의 동전

머지 세상에 대고 '유대가 점령되었다(Judaea Capta)'고 선언하는 동전을 여럿 주조해 이 승리를 기념했고, 로마에 약탈한 신전의 의례 용품들을 그린 승리의 아치를 세우기도 했다. 【그림 125】

그러나 유대인들은 독립 기간에 '1년', '2년' 등을 새긴 동전을 주조했는데, 거기에는 장식 주제로 '지온의 자유를 위해' 그 나라의 산물들을 동원했다. **불가사의하게도 '2년'과 '3년'의 주화는 성배의 모습을 담고 있었다.** 【그림 126】

'성배'는 여전히 예루살렘에 있었던 것일까?

16
아마겟돈과 귀환 예언들

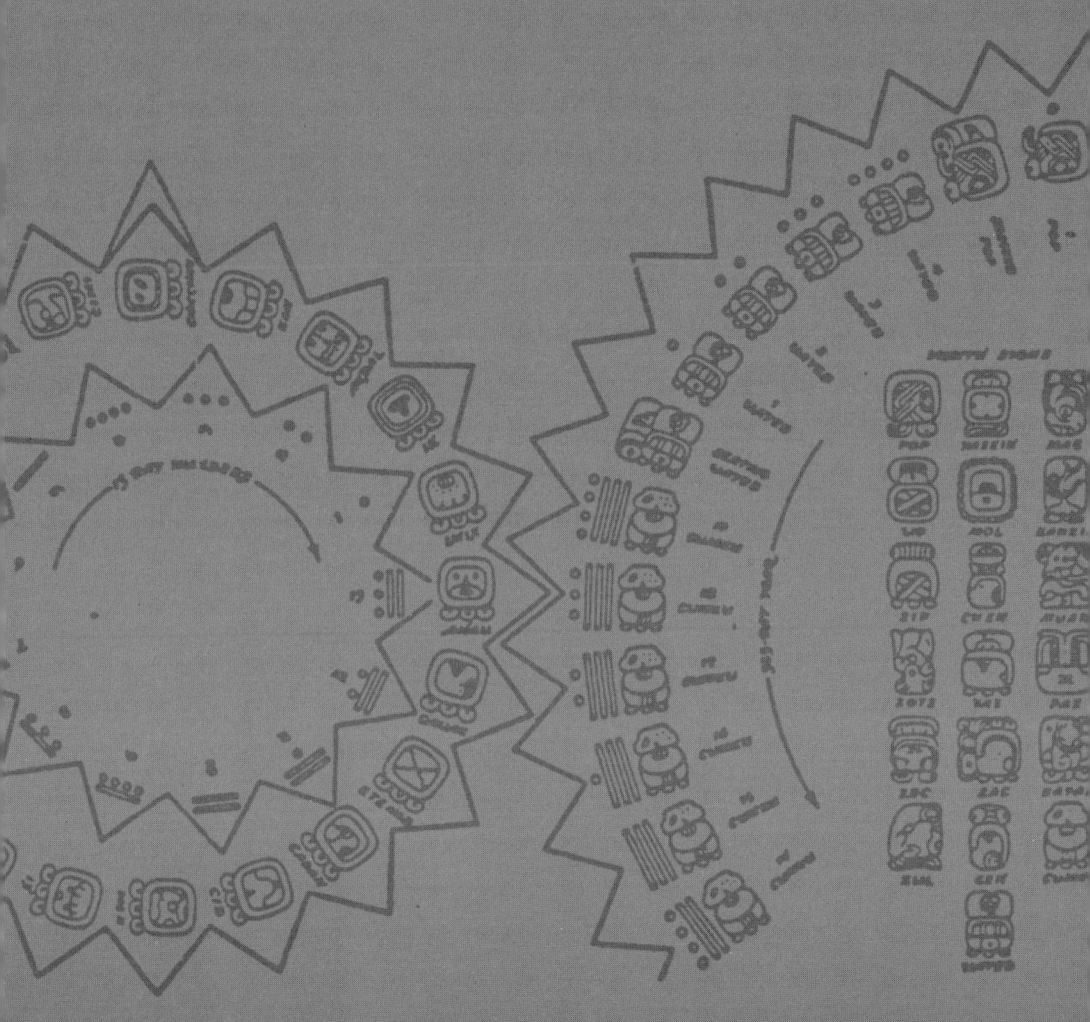

아마겟돈과 귀환 예언들

그들은 돌아올까? 언제 돌아올까?

내가 수도 없이 받았던 질문이다. 여기서 '그들'이란 아눈나키 신들이다. 내 책들에는 그들의 이야기로 가득 차 있다. 첫 번째 질문에 대한 대답은 '그렇다'이다. 눈여겨봐야 할 실마리들이 있고, '귀환'에 관한 예언들은 실현되어야 한다. 두 번째 질문에 대한 대답은 2,000여 년 전 예루살렘에서 일어났던 획기적인 사건들 이후 인류가 몰두해온 것이었다.

그러나 문제는 '여부'나 '시기'에 국한된 것이 아니다. '귀환'의 신호는 어떤 형태로 올 것이며, 그 결과 어떤 일이 일어날 것인가? 그것은 자비로운 일이 될 것인가, 대홍수의 경우처럼 '종말'을 가져올 것인가? 어떤 예언들이 실현될 것인가? **메시아의 시대**, **재림(再臨)**, 새로운 '**시작**'이 될 것인가, 아니면 파국적인 대참사, '**궁극적 종말**', **아마겟돈(하르마게돈)이 올 것인가?**

나중 가능성은 이 예언들을 신학이나 종말론 또는 단순한 호기심에서 인류 자체의 생존 문제로 옮겨놓는다. 아마겟돈은 상상을 초월할 정도의 재난을 가져오는 전쟁을 나타내기 위해 만들어진 말인데, 그것은 **사실 핵에 의한 전멸의 위협을 당하게 되는 나라에 있는 특정 지역의 이름이다.**

서기전 21세기에 동방의 왕들과 서방의 왕들 사이에 전쟁이 벌어진 뒤 핵 재앙이 닥쳤었다. 21세기가 지나 서력기원이 시작될 무렵에 인류의 공포는 두루마리에 적혀 사해 부근의 한 동굴에 감춰졌다. 여기에는 대규모이자 최종적인 '빛의 자손과 어둠의 자손 사이의 전쟁'이 묘사되어 있다. 이제 서기 21세기에 다시 핵 위협이 똑같은 역사적 장소 위에 걸려 있다. 따라서 이렇게 묻는 것은 당연하다. 역사는 '다시' 반복될 것인가? 역사는 어떤 신비한 방식으로 21세기마다 반복되고 '있는' 것일까?

「에제키엘」 38~39장에는 '종말의 날' 시나리오의 일부로서 하나의 전쟁, 전멸로 이끄는 대화재가 묘사되고 있다. '마곡 땅의 곡' 또는 '곡과 마곡'이 이 마지막 전쟁의 주요 유발자로 예언되어 있지만, 교전국들의 명단을 보면 중요한 나라들은 거의 모두 전쟁에 휩싸이고 있다. 그리고 이 대화재의 초점은 '지구의 배꼽에 사는 주민들'이다. 구약에 따르면 예루살렘 사람들이지만, 멸망해 버린 니푸르를 대체한 '바빌론' 사람들이다.

에제키엘이 제시하는 마지막 전쟁(아마겟돈)에 참여하게 되는 수많은 나라의 목록(38:5)이 '페르시아'로부터 시작한다는 사실은 등골이 오싹한 일이다. 이 나라는 오늘날의 이란으로, 그 지도자들은 하르메깃도(Har-Megiddo)가 있는 곳에 사는 사람들을 '지구상에서 쓸어버릴' 핵무기 보유를 추구하고 있다!

그 '마곡 땅의 곡'은 어느 나라이며, 2,500년 전의 그 예언은 왜 그리도 현재의 신문 표제들과 비슷하게 들릴까? 예언의 구체적 내용이 그렇게 정확한 것은 그 '시기'가 **우리 시대, 우리가 살고 있는 세기**임을 가리키고 있는 것일까?

아마겟돈, 곧 곡과 마곡의 '마지막 전쟁'은 또한 신약의 예언서「요한 계시록」(완전한 이름은 '성직자 성 요한의 계시'다)에 나오는 '종말의 날' 시나리오의 필수적인 부분이다. 이 책은 이 미심쩍은 사건들의 촉발자들을 두 짐승과 비교한다. 그 가운데 하나는 '사람들이 보는 가운데 불을 하늘에서 지구로 내려오게'(「요한 계시록」13:13) 할 수 있다. 그 정체에 대해서는 모호한 실마리만이 주어진다.

> 이것이 지혜다.
> 알 만한 사람에게
> 그 짐승의 수를 세어보게 하라.
> 그것은 어떤 사람의 수인데,
> 그의 수는
> 육백육십육이다.
>
> _「요한 계시록」13:18

많은 사람들이 이 수수께끼의 숫자 666을 해독해 보려 했다. 그것이 '종말의 날'과 관련된 암호화된 메시지라고 생각한 것이다. 이 책이 로마에서 기독교도들을 박해하기 시작할 때 쓰였기 때문에, 이 숫자는 압제자인 네로 황제를 암호화한 것이라는 설이 받아들여졌다. 그의 히브리어 이름(NeRON QeSaR)의 숫자 값을 더하면 666이 된다는 것이었다. 그가 서기 **60년**에 바알벡의 우주 승강장에 갔고 아마도 그곳의 유피테르 신전을 봉헌했을 것이라는 사실이 666 수수께끼와 어떤 관련이 있을 수도 있다 (물론 관계가 없을 수도 있지만).

666에 네로와의 관련보다 더한 것이 있으리라는 것은 600과 60과 6이 모두 수메르 60진법 체계에서 기본 수들이라는 흥미로운 사실로부터 끌어낼 수 있다. 이 '암호'가 어떤 과거 문서들로 거슬러 올라가도록 하기 위한 것이라는 말이다. 아눈나키는 600명이 있었고, 아누의 숫자서열은 60이었으며, 이쉬쿠르/아다드의 서열은 6이었다. 이 세 숫자를 더하지 말고 곱해 보면 666은 600×60×6=216,000이다. 그것은 익숙한 2,160(별자리 시대)의 100배다. 이 결과로부터 끝없는 추측이 가능하다.

다음 수수께끼는 일곱 천사가 미래의 연속적인 사건들을 보여줄 때 그것을 로마와 연결시키지 않았다는 점이다. 천사들은 그 사건들을 '**바빌론**'과 연결시켰다. 통상적인 설명은 666을 로마 지배자에 대한 암호로 본 것처럼 '바빌론'이 로마를 가리키는 암호였다는 것이다. 그러나 바빌론은 「요한 계시록」이 쓰일 때는 이미 수백 년 전에 사라진 나라였고, 「요한 계시록」에서 바빌론에 대해 말할 때는 반드시 그 예언들을 '큰 강 에우프라테스'(9:14)와 연결시키고 있다. 심지어 '여섯 번째 천사가 그의 유리병을 큰 강 에우프라테스에 쏟아'(16:12) 강을 말리고 동방의 왕들이 싸움터로 갈 수 있도록 했다고 묘사하기도 한다. 이 이야기는 에우프라테스 강가에 있는 도시와 나라 이야기지, 테베레(Tevere) 강가 이야기가 아니다.

「요한 계시록」의 예언들은 미래에 관한 것이기 때문에 '**바빌론**'은 **암호가 아니라는** 결론을 내릴 수 있다. **바빌론은 바빌론을, 미래의 바빌론을 의미하며**, 그 바빌론은 '아마겟돈'의 전쟁에 말려들게 된다. 아마겟돈에 대해 「요한 계시록」 16장 16절은 '히브리의 혀 부분에 있는 곳'의 이름(하르메깃도, 이스라엘의 메깃도 산)이라고 올바르게 설명하고 있으며, 이 성지가 전쟁터가 되는 것이다.

이 미래의 바빌론이 정말로 이라크라면 이 예언 구절들은 다시 한 번 등골을 오싹하게 한다. 짧지만 무시무시한 전쟁 끝에 바빌론이 함락되는 일로 이어지는 현대의 사건들이 예언되고, **바빌론/이라크가 세 조각으로 쪼개지는 것을 예언**(16:19)하고 있기 때문이다!

「다니엘」에서 메시아의 출현 과정상 고난의 시기와 힘든 단계가 있음을 예언하고 있는 것처럼, 「요한 계시록」도 20장에서 수수께끼의 구약 예언들을 설명하려 하고 있다. '첫 번째 부활'과 함께 오는 첫 번째 메시아의 시대가 1,000년 동안 계속되고, 이어 사탄의 지배가 1,000년 동안 계속되며 이때 '곡과 마곡'이 대규모의 전쟁을 치르고, 그 뒤에 두 번째 메시아의 시대와 또 하나의 부활(그래서 '재림'이다)이 있다는 것이다.

이 예언들은 서기 2000년이 다가오면서 불가피하게 구구한 억측들을 촉발시켰다. 인류와 지구의 역사에서 머지않아 예언들이 실현될 시점으로서의 새 **천년기**라는 억측들이었다.

2000년이 다가오면서 새 천년기 문제에 관한 질문을 많이 받았는데, 나는 **2000년에 아무 일도 일어나지 않을 것**이라고 답해 주었다. 우선은 예수 탄생으로부터 계산한 진짜 천년기의 시작은 이미 지났다. 예수는 어떤 학술적인 계산으로도 서기전 6년이나 7년에 태어났다. 그러나 내 견해의 주된 이유는, 예언들이 '일직선적인' 시간표(제1년, 제2년, 제900년 하는 식의)를 보여준 것이 아니라 **순환적인** 사건의 반복을 이야기하고 있는 듯하기 때문이다. 그것은 '맨 처음 것이 맨 나중 것이 된다'는 근본적인 믿음이다. 그것은 역사와 역사적 시간이 순환적으로 움직일 때, 출발점이 종착점이고 종착점이 출발점인 곳에서만 일어날 수 있는 일이다.

이 순환적 역사 설계에 내재해 있는 것은 '영원하고 신성한 존재'로서의 하느님 관념이다. 그는 하늘과 지구가 창조되던 '맨 처음'에도 있었고, 그의 왕국이 그의 신성한 산에서 일신될 때인 '종말의 날'에도 거기 있을 것이다. 이는 기독교 성서의 초기 주장에서부터 마지막 예언자들에 이르기까지 거듭 표현되었다. 예를 들어 하느님은 이사야를 통해 이렇게 천명했다.

> 내가 그다. 내가 '시작'이고, 또한 '마지막'도 나다. (…)
> '시작'할 때부터 나는 '마지막'을 예언했다.
> 그리고 옛날부터 아직 이루어지지 않은 일들을 예언했다.
> _「이사야」 48:12, 46:10

그리고 신약의 「요한 계시록」도 (다시) 똑같다.

> 지금도 계시고 전에도 계셨고 앞으로도 계실
> 주님께서 말씀하십니다.
> "나는 알파요 오메가이며
> 시작이요 끝이다."
> _「요한 계시록」 1:8

사실 예언의 근거는 '종말'이 '처음'에 설정되었다는 믿음, '미래'는 '과거'를 알고 있기 때문에 예언할 수 있다는 믿음이었다. 인간이 알지 못한다 해도 하느님이 알고 있다는 것이다. 야훼는 자신이 **'시작부터 종말을 말하는'**(「이사야」 46:10) 자라고 말했다. 예언자 제카리아(Zechariah, 스가랴)는 하느님의 미래(**'마지막 날들'**)에 대한 계획을 '과거', 곧 **처음 날들**을 빗대어 예언한다(「제카리아」 1:4, 7:7, 7:12).

이러한 믿음은 「시편」과 「잠언」, 그리고 「욥기」에서 되풀이되고 있는데, 지구 전체와 그 모든 나라들에 대한 일반적인 신의 계획으로 보인다. 예언자 이사야는 지구의 민족들이 모여들어 예정된 일을 맞닥뜨리는 환상을 이야기하면서 그들이 서로 이렇게 묻는다고 말한다.

"우리 가운데 누가 '처음 일들'을 들려줌으로써
미래를 이야기할 수 있는가?"

「이사야」 41 : 22

이것이 보편적인 신조였음은 앗시리아 예언들을 통해서도 확인된다. 나부 신은 앗시리아 왕 에사르핫돈에게 이렇게 말했다.

"미래는 과거와 같을 것이다."

'귀환'에 관한 기독교 성서 예언들의 순환적 측면은 '시기' 문제에 대한 하나의 통상적인 답변으로 이어진다.

독자들도 기억하겠지만 역사 시대의 주기적인 순환은 메소아메리카에서 발견되었다. 바퀴의 톱니처럼 두 가지 책력이 맞물려 돌아가 52년의 '묶음'을 만들어낸 것이다. 【그림 66 참조】 그 순환이 완성되면(몇 번의 순환인지는 명시되지 않았지만) 켓살코와틀, 곧 토트/닌기쉬지다가 돌아온다고 약속했다. 우리는 이를 통해 이른바 '마야의 예언들'을 만나게 되는데, 이에 따르면 **'종말의 날'은 서기 2012년에 온다**는 것이다.

예언된 결정적 시기가 가까이 다가왔다는 전망은 당연히 많은 주목을 끌었고, 설명하고 분석할 가치가 있다. 2012년이 바로 그때라는 주장은, 계산하는 방식에 달려 있는 문제이기는 하지만 그해가 박툰(Baktun)이라는 시간 단위가 열세 바퀴를 완전히 도는 해라는 점을 근거로 하고 있다. 1박툰이 14만 4,000일이니 이는 상당히 중요한 사건이다.

이 시나리오가 안고 있는 몇 가지 잘못 또는 불합리한 가정은 지적해 둘 필요가 있다. 첫째로 박툰은 52년마다 만나는 두 '톱니' 책력, 곧 하압 이나 촐킨에 속하는 것이 아니라 '만년력'이라는 더 오래된 제3의 책력에 속한다는 점이다. 그것은 올메카인들이 도입했는데, 그들은 토트가 이집 트에서 쫓겨날 때 메소아메리카로 온 아프리카인들이며 날짜 계산도 사 실 그 사건에서 시작되었다. 우리가 계산하기로는 그 만년력의 첫날은 서 기전 3113년 8월이었다. 그 달력에 있는 그림문자는 다음과 같은 단위들 을 나타내고 있다.

1킨(kin)		= 1일
1위날(Uinal)	= 1킨×20	= 20일
1툰(Tun)	= 1킨×360	= 360일
1카툰(Katun)	= 1툰×20	= 7,200일
1박툰	= 1카툰×20	= 144,000일
1픽툰(Pictun)	= 1박툰×20	= 2,880,000일

이 단위들은 이전 단위의 배수로 표시되어 이렇게 박툰 이상으로 이어 지면서 더 큰 그림문자로 표현된다. 그러나 마야의 유물들은 12박툰을 넘 는 것이 없고 172만 8,000일이라는 그 날수는 마야의 역사를 넘어서는 것 이기 때문에 13번째 박툰이 정말로 중요한 사건으로 보이는 것이다. 또한 마야의 전승은 현재의 '태양'(시대)이 13번째 박툰과 함께 끝난다고 생각했 다고 한다. 그 날짜 수(144,000×13=1,872,000)를 365.25로 나누면 5,125년 이 지났다는 계산이 나온다. 서기전 3113년으로부터 계산하면 **그 결과는 서기 2012년**이 된다.

이것은 자극적이고도 불길한 예측이다. 그러나 그 연도에 관해서는 이미 한 세기 전에 학자들의 이의가 제기되었다. 『티와나쿠 문화의 마야 책력 El Calendario Maya en la Cultura de Tiahuanacu』을 쓴 프리츠 벅(Fritz Buck) 같은 사람들이다. 이들은 위의 리스트에 나타나듯이 곱하는 수(따라서 나누는 수이기도 한)는 책력 자체의 계산상으로 완전한 360이어야지 365.25가 아니라는 것이다. 그렇게 보면 1,872,000일은 5,200년이 된다. 이는 완벽한 결과다. 토트의 마법의 숫자 52의 100 '묶음'인 것이다. 그렇게 계산한다면 **토트가 '귀환'하는 마법의 해는 서기 2087년**이 된다(5200-3113=2087).

이것만으로도 충분할 것이다. 흠잡을 것이라고는 '**만년력**'이, 요구되었던 **순환적인 시간 계산이 아니라 일직선적인 계산**이어서 그 계산된 날짜는 14박툰, 15박툰 식으로 계속될 수 있다는 것뿐이다.

그러나 이 모든 것도 예언 천년기의 중요성을 감소시키지는 못한다. 종말의 시기로서 '천년기'의 근거는 서기전 2세기 이후의 유대 계시록들에 뿌리를 두고 있기 때문에 의미에 대한 탐구는 그쪽으로 옮겨가야 한다. 사실 시대 규정으로서 '1,000'(1,000년)을 언급한 것은 멀리 구약에 그 뿌리가 있다. 「신명기」는 하느님의 이스라엘 사람들과의 계약 기간을 '1,000세대'로 밝히고 있다(「신명기」 7:9). 이 말은 다윗이 언약궤를 예루살렘으로 옮겨왔을 때 반복된다(「역대 상」 16:15). 「시편」은 거듭 숫자 '1,000'을 야훼 및 그의 기적, 심지어 그의 수레와도 연결시킨다(「시편」 68:17).

'종말의 날' 및 '귀환' 문제와 직접 관련이 있는 것은 「시편」에 나오는 모세가 했다는 말이다. 여기서는 하느님에 대해 이렇게 말한다.

> "1,000년도 당신의 눈에는
> 지나간 하루와 같습니다."
>
> _「시편」 90 : 4

이 말은 그것이 파악하기 어려운 메시아의 '종말의 날'을 표현하기 위한 방식이 아닐까 하는 추측을 불러일으켰다(그런 추측은 로마인들의 신전 파괴 직후 시작되었다). 「창세기」에서 이야기하듯이 하느님의 창조('시작')에 엿새가 걸렸고 신의 하루가 1,000년이라면 '시작'부터 '종말'까지의 기간은 6,000년이라는 결론이 나온다. 따라서 종말의 날은 안노문디 6000년에 온다는 이야기다.

서기전 3760년에 시작된 히브리인들의 니푸르 책력을 적용하면 **이는 '종말의 날'이 서기 2240년에 온다는 의미다**(6000-3760=2240).

이 세 번째 '종말의 날' 계산법은 실망스럽거나 다행으로 생각될 것이다. 각자가 무엇을 예상했느냐에 따라 달라진다. 이 계산법의 매력은 그것이 수메르의 60진법(기수가 60인) 체계와 완벽한 조화를 이루고 있다는 점이다. 이것이 미래에 옳은 것으로 입증될 수도 있지만 나는 그렇게 생각하지 않는다. 이것 역시 일직선적인 것이고, 예언들에서 요구된 것은 순환적인 시간 단위였다.

예언된 날짜에 대한 '현대'의 해석이 모두 신통찮다면 옛날의 '신조'를 돌아봐야 할 것이다. 이사야의 충고대로 **'지난날의 자취를 돌아보라'**는 것이다. '순환적인 것'으로는 두 가지가 있다. 하나는 니비루의 공전 주기인 '신의 시간'이고, 또 하나는 황도대 세차 운동이라는 '하늘의 시간'이다. 이 가운데 어느 것일까?

아눈나키는 니비루가 근지점(태양에 가장 가깝고 따라서 지구와 화성에도 가장 근접했을 때)에 도달한 '짧은 기회'에 왔다가 갔을 것이 너무도 분명하기 때문에 내 책의 일부 독자들은 간단하게 4000(아누가 마지막으로 방문한 대략적인 연도)에서 3600을 빼 서기전 400년이라는 결과를 얻거나, 3760(니푸르 책력이 시작된 때)에서 3600을 빼(마카바이오스가 그렇게 했다) 서기전 160년을 산출하는 것이 보통이었다. 어느 경우든 니비루의 다음 도착은 아주 먼 미래다.

독자들도 이제 알겠지만 니비루는 실제로는 더 일찍, 서기전 560년 무렵에 도착했다. 그런 '이변'을 생각할 때, 완전한 사르(3,600)는 언제나 '계산상의' 공전 주기라는 것을 염두에 두어야 한다. 행성·혜성·소행성 등 천체의 궤도는 그것이 지나가는 길목에 있는 다른 천체들의 인력으로 인해 돌 때마다 달라지기 때문이다. 추적이 잘된 핼리 혜성을 예로 들어보면 75년이라는 그 공전 주기는 실제로는 74년에서 76년 사이로 일정치 않은 것이다. 그것이 마지막으로 나타난 1986년에는 주기가 76년이었다. 핼리 혜성의 편차를 니비루의 3,600년에 확대 적용하면 올 때마다 전후로 약 50년씩의 편차가 있음을 알 수 있다.

니비루가 왜 통상적인 사르에서 그렇게 많이 벗어났는지에 대해 의문을 품는 또 하나의 이유가 있다. 서기전 10900년 무렵에 이상하게도 대홍수가 일어났던 것이다.

대홍수가 있기 '전의' 120사르 동안에는 니비루가 그런 재앙을 일으키지 않고 공전했다. 그런데 이때 무언가 특별한 일이 일어나 니비루가 지구로 더 가까이 접근했다. 이에 따라 남극대륙을 덮고 있던 얼음판이 미끄러져 내리면서 대홍수가 일어났다. '무언가 특별한 일'이란 과연 어떤 일이었을까?

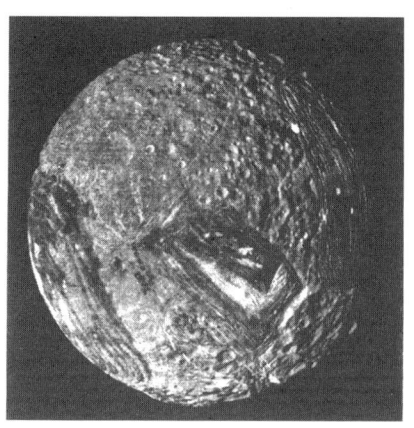

【그림 127】 이상한 상처를 지니고 있는 천왕성의 위성 미란다

그 해답은 멀리 천왕성·해왕성이 돌고 있는 외태양계에 있는지도 모른다. 이 행성들의 수많은 위성 가운데는 알 수 없게도 니비루의 공전 궤도에서 '반대 방향으로'('역행') 도는 것들이 있는 것이다.

우리 태양계의 커다란 미스터리 가운데 하나는 천왕성이 말 그대로 옆으로 누워 있다는 점이다. 그 남-북 축이 수직으로 태양을 향하고 있는 것이 아니라 수평으로 향하고 있다. 과거 어느 때 '무언가'가 천왕성에 '큰 충격'을 가했다고 미 항공우주국 과학자들은 말하고 있으나, 그 '무언가'가 무엇인지에 대해서는 추측해 보려 하지 않았다. 나는 가끔 이 '무언가'가, 1986년 미 항공우주국의 보이저(Voyager) 2호가 천왕성의 위성 미란다(Miranda)에서 발견한 불가사의한 '찍힘' 자국과 이유가 밝혀지지 않은 홈이 파인 모습도 만들어낸 것이 아닐까 생각해 본다. 【그림 127】이 위성은 여러 가지 측면에서 천왕성의 다른 위성들과 차이가 있다. **지나가던 니비루와 그 위성들 사이의 천체 충돌이 이 모든 일을 일으킨 것일까?**

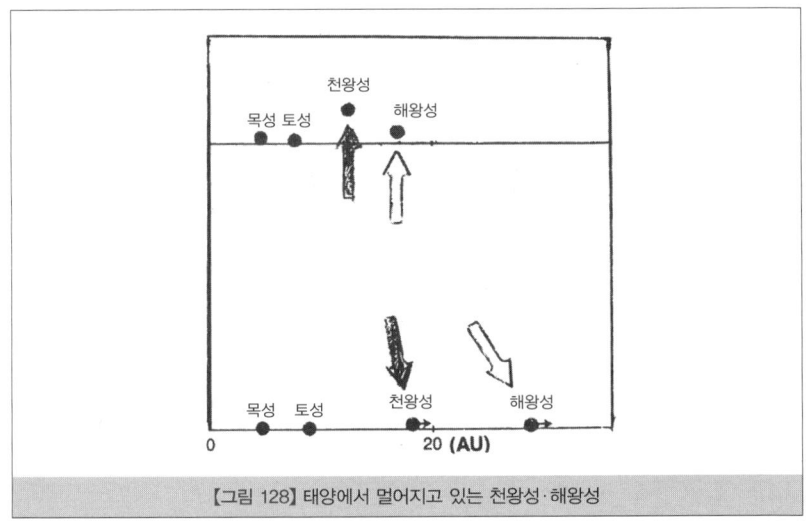

【그림 128】 태양에서 멀어지고 있는 천왕성·해왕성

 최근에 천문학자들은 외태양계의 큰 행성들이 처음 만들어진 자리에 그대로 있는 것이 아니라 바깥쪽으로, 태양에서 멀리 떠내려가고 있음을 확인했다. 이 연구들은 그런 이동이 천왕성과 해왕성의 경우에 가장 분명하다고 결론지었다. 【그림 128】 그리고 그것은 니비루가 여러 번 공전할 때 아무 일이 없다가 갑자기 어떤 일이 생긴 까닭을 설명해 준다. '대홍수' 공전 때 니비루가 떠내려가던 천왕성을 만나고 **니비루의 위성 가운데 하나가 천왕성에 부딪쳐** 그것을 옆으로 뉘여 놓았다고 가정하는 것도 무리한 일은 아니다. 심지어 '공격자'가 수수께끼의 위성 미란다였고, 그것은 **니비루의 위성**으로 천왕성에 부딪친 뒤 붙잡혀 천왕성을 돌게 되었을 수도 있다. 그러한 사건이 니비루의 공전에 영향을 미쳐 주기를 지구 햇수로 3,600년이 아니라 3,450년으로 줄이고, 그 결과 대홍수 이후 재출현이 서기전 7450년 무렵과 서기전 4000년 무렵, 서기전 550년 무렵으로 바뀐 것이다.

만약 이것이 사실이라면 니비루가 서기전 556년에 '일찍' 나타난 일이 설명될 수 있고, **그 다음번 출현은 서기 2900년 무렵**이라는 계산이 나오는 것이다. 예언된 파국적 사건들을 니비루(어떤 사람들에게는 '미지의 행성'이다)의 귀환과 연결시킨다면 그 시기는 아직 더 시간이 필요한 것이다.

그러나 아눈나키가 지구에 왔다 가는 것을 니비루 행성이 근지점에 도달하는 짧은 '기회'에만 있을 수 있는 일로 국한시키는 생각은 전혀 옳지 않다. 그들은 다른 때도 계속 왕래할 수 있는 것이다.

고대 문서들은 신들이 왕복 여행을 했다는 다양한 사례들을, 니비루 행성의 접근과 연관시킴이 없이 기록하고 있다. 니비루가 하늘에 나타났다는 이야기는 전혀 없이 지구인들이 지구와 니비루 사이를 여행했다는 이야기도 많이 나온다(반면에 서기전 4000년 무렵 아누가 지구를 방문했을 때는 니비루의 출현이 무척 강조되었다). 한번은 엔키와 지구인 여자 사이에서 태어나 '지혜'는 받았지만 영생은 얻지 못한 아다파가 두무지 및 닌기쉬지다 신과 함께 니비루로 단기 여행을 다녀오기도 했다. 수메르의 엔메두르안키의 복사판인 에노크도 지구에서 사는 동안 두 번 그곳을 다녀왔다.

그것은 적어도 두 가지 방식으로 가능했다. 【그림 129】 하나는 니비루가 들어오는 국면에서 우주선을 가속시켜 니비루의 근지점 도착보다 먼저 도착하는 것이고(A), 다른 하나는 니비루가 멀어져가는 국면에서 우주선을 감속시켜 태양을 향해(따라서 지구와 화성을 향해) '떨어지게' 하는 것이다(B). 아누의 경우와 같은 지구 단기 방문은 'A' 형태로 도착하고 'B' 형태로 떠나가는 식으로 두 가지를 조합하면 가능하다. 아다파의 경우와 같은 니비루 단기 방문은 이 과정을 거꾸로 해서 지구를 떠나 'A' 형태로 니비루에 도착하고 'B' 형태로 니비루를 떠나 지구에 도착하면 된다.

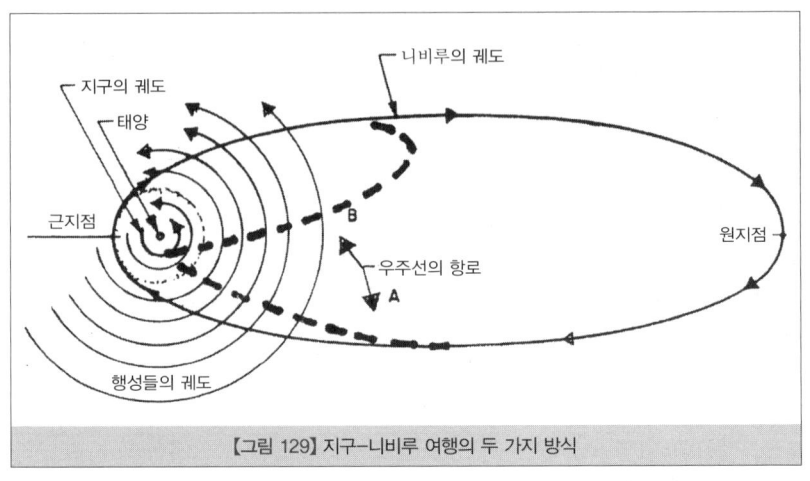

【그림 129】 지구-니비루 여행의 두 가지 방식

니비루가 귀환하는 때가 아닌 시기의 아눈나키의 '귀환'은 이렇게 이루어질 수 있고, 따라서 우리는 이제 다른 순환적 시간인 별자리 시간을 다루는 일이 남았다.

나는 이를 **하늘의 시간**이라 부른 바 있다. '지구의 시간'(우리 행성의 궤도 순환) 및 '신의 시간'(아눈나키 행성의 시계)과 구분되면서 그 둘을 연결시키는 시간이다. 기대한 '귀환'이 아눈나키의 행성이 아니라 아눈나키 자체의 귀환이었다면 신들과 인간들의 수수께끼에 대한 해답은 그들을 연결시킨 시계, 즉 순환적인 '하늘의 별자리 시간'을 통해 찾아야 한다. 그것은 결국 그 두 순환을 조화시키는 방법으로 아눈나키가 고안한 것이었다. 니비루의 3,600년과 황도대 시대 2,160년의 비율은 10 대 6의 황금비율이었다. 거기서 수메르의 천문학과 수학이 바탕을 둔 60진법 체계가 나왔다고 나는 주장한 바 있다(6×10×6×10 등).

앞서 언급했듯이 베로소스는 별자리 시대가 신들과 인간들의 일에 전환점을 이룬다고 생각했으며, 세계는 물이나 불에 의해 주기적으로 파멸적인 대재앙을 맞으며 그 시기는 하늘의 현상에 의해 결정된다고 보았다. 이집트에서 그와 비슷한 역할을 했던 마네토와 마찬가지로 그도 선사 시대와 역사 시대를 신의 시대와 반신반인의 시대, 그리고 신 이후의 시대로 나누었다. '이 세계의 나이'는 모두 합쳐 216만 년이라고 한다. 놀랍고도 놀라운 일이다! 이는 **정확하게 1,000번의 별자리 시대**에 해당하는 것이다.

수학과 천문학에 관한 고대의 점토판들을 연구하고 있는 학자들은 이 점토판들이 출발점으로 1,296만(정말로 12,960,000이다)이라는 엄청난 숫자를 사용했음을 발견하고 경악했다. 그들은 이것이 별자리 시대 2,160년과 관련된 것일 수밖에 없다고 결론지었다. 그 배수는 2,160에 6을 곱할 경우 12,960이 되고, 60을 곱하면 129,600이 되며, 600을 곱하면 1,296,000이 된다. 그리고 놀랍고도 놀라운 일은 이 고대의 리스트가 시작된 엄청난 숫자 12,960,000이 **2,160의 6,000배**라는 것이다. **6,000년은 바로 신의 창조에 걸린 6일이다.**

중요한 사건들에서 신들의 일이 인간들의 일에 영향을 주었고 그 사건들이 이 별자리 시대와 연관되어 있음은 '지구 연대기' 시리즈에서 이미 다룬 바 있다. 각 시대가 시작될 때마다 어떤 중대한 사건들이 일어났다. 황소자리 시대는 인류에게 문명을 부여하는 계기가 되었다. 양자리 시대는 핵에 의한 대격변으로 시작되었고 신들이 떠남으로써 끝났다. 물고기자리 시대는 신전 파괴 및 기독교의 시작과 함께 왔다. **예언자들이 말한 '종말의 날'이 정말로 (별자리) '시대의 종말'을 의미하는 게 아니냐는 생각을 갖지 않을 수 있겠는가?**

다니엘의 '기간, 기간들, 그리고 절반'은 그저 별자리 시대를 가리키는 말이 아니었을까? 이 가능성에 대해서는 300년쯤 전에 다름 아닌 **아이작 뉴턴**에 의해 검토된 바 있다. 그는 천체 운동(태양을 도는 행성 같은 것들)을 지배하는 자연법칙을 공식화한 것으로 가장 유명하지만, 그는 종교사상 쪽에도 관심이 있어 구약과 기독교 성서의 예언들에 관한 긴 논문들을 쓰기도 했다. 뉴턴은 자신이 공식화한 천체 운동이 '하느님의 작용'이라고 생각했으며, 갈릴레이(Galilei) · 코페르니쿠스(Copernicus)가 시작하고 자신이 이어간 과학적 발견들은 그 작용들이 나타났을 때 이루어지게 된 것이라고 굳게 믿었다. 이에 따라 그는 '다니엘의 계산'에 대해 특별한 관심을 기울였다.

2003년 3월에 영국 BBC 방송은 뉴턴에 관한 프로그램을 방영해 과학계 및 종교계 지도자들을 깜짝 놀라게 했다. 이 프로그램은 뉴턴이 직접 쓴 문서 하나를 공개했는데, 앞뒷면에 쓴 이 문서는 다니엘의 예언에 따라 '종말의 날'을 계산한 것이었다.

뉴턴은 종이 한쪽 면에 그의 숫자 계산을 적었고, 종이 다른 쪽 면에는 계산에 대한 그의 분석을 일곱 개 '항목'으로 적었다. 나는 요행히 그 사진 복사물을 얻었는데, 이 기록을 자세히 검토해 보면 그가 계산에 사용한 숫자들 가운데 216과 2,160이 여러 번 나옴을 발견할 수 있다. 내게는 그의 생각의 줄기를 이해하는 실마리라고 생각되었다. **그는 별자리 시간을 생각하고 있었다. 그에게는 그것이 '메시아의 시계'였던 것이다!**

그는 다니엘의 예언에 나오는 실마리를 세 개의 '어느 시기 이후'와 하나의 '어느 시기 이전'이라는 시간대로 기록해 결론을 요약했다.

- 다니엘이 제시한 한 실마리에 따르면 2132년에서 2370년 사이
- 두 번째 실마리에 따르면 2090년에서 2374년 사이

• 결정적인 '기간, 기간들 및 절반의 기간'은 2060년에서 2370년 사이

BBC 방송은 '아이작 뉴턴은 세상이 **2060년**에 종말을 맞이할 것으로 예측했다'고 밝혔다. 아마도 꼭 그렇지는 않을 것이다. 그러나 우리가 앞서 이야기했던 별자리 시대의 일람표에 나타나는 바와 같이, 그가 이야기한 두 개의 '어느 시기 이후'의 연도, 곧 **2060년과 2090년**이 전혀 엉뚱한 것은 아닐 것이다.

뉴턴의 이 귀중한 기록 원본은 지금 유대 국립 도서관(JNUL)의 필사본 보관소가 가지고 있다. **예루살렘에 있는 것이다!**

우연의 일치일까?

나는 1990년에 출간된 『다시 살펴보는 「창세기」』에서 쉬쉬하던 '포보스 (Phobos) 사건'을 처음으로 공개한 바 있다. 그것은 화성과 아마도 움푹 팬 모습일 그 작은 위성 포보스를 탐사하기 위해 발사된 구소련 우주선 하나가 1989년 실종된 일에 관한 것이었다.

사실은 하나가 아니라 두 개의 구소련 우주선이 실종되었다. 화성의 위성 포보스를 탐사한다는 목적에 걸맞게 포보스 1호와 포보스 2호로 명명된 이 두 우주선은 1988년 발사되어 1989년 화성에 도착했다. 그것은 구소련의 프로젝트이기는 했지만 미 항공우주국과 유럽 우주 기관의 지원을 받았다. 포보스 1호는 금세 실종되었다. 자세한 이야기나 설명은 발표되지 않았다. 포보스 2호는 화성에 도착해 두 개의 카메라로 찍은 사진들을 보내오기 시작했다. 일반 카메라와 적외선 카메라였다.

놀랍고도 두려운 일이었다. 그 사진들 가운데는 화성 상공을 날고 있는 긴 타원형 물체의 그림자가 찍힌 사진이 있었다. 이 소련 우주선과 화성

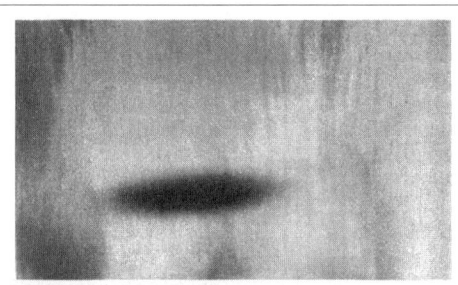

【그림 130】 포보스 2호의 두 카메라가 찍은 긴 타원형의 물체

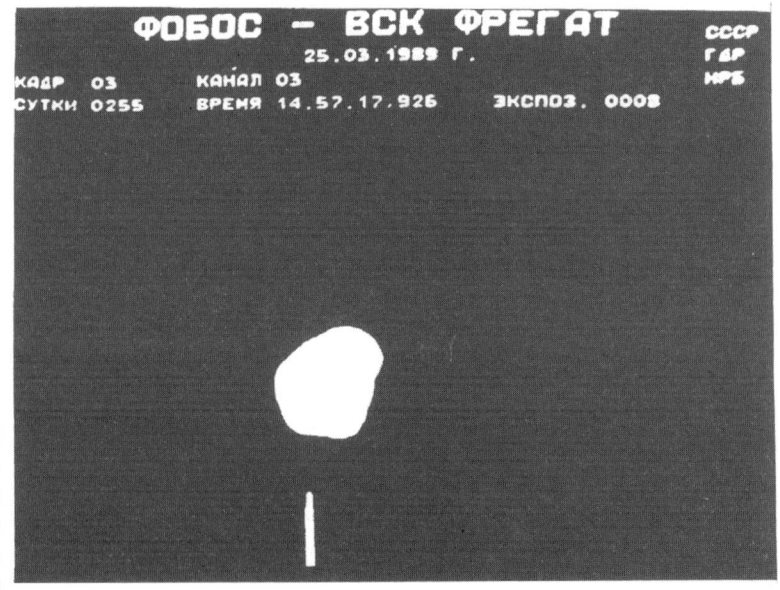

【그림 131】 포보스 2호가 마지막으로 보내온 사진

표면 사이에 있는 것이었다. 【그림 130】 소련의 미션 책임자들은 그림자를 던진 이 물체를 '비행접시라고 부를 만한 것'이라고 표현했다. 곧바로 우주선은 화성 궤도에서 나와 포보스 위성 쪽으로 이동한 뒤 50미터 거리에서 그 물체에 레이저 광선을 퍼부으라는 지시를 받았다. **포보스 2호가 마지막으로 보내온 사진은 포보스 위성으로부터 우주선을 향해 미사일이 날아왔음을 보여주었다.** 【그림 131】 바로 그 직후 우주선은 추락하고 전송이 중단되었다. 알 수 없는 미사일에 의해 파괴된 것이다.

이 '포보스 사건'은 공식적으로는 '알 수 없는 사고'로 남았다. 사실은 그 직후 우주 개발에 나선 모든 주요국들이 망라된 비밀 위원회가 행동에 돌입했다. 이 위원회와 거기서 발표한 문서들은 실제로 받았던 것보다 더 주목을 받을 가치가 있다. 세계의 주요 국가들이 니비루와 아눈나키에 관해 실제로 무엇을 알았느냐를 이해하는 데 관건이 되기 때문이다.

비밀 그룹의 창설로 이어진 국제정치적 사건들은 1983년 미 항공우주국의 적외선천문위성(IRAS)이 '해왕성 크기의 행성'을 발견하면서 시작되었다. 적외선천문위성은 시각적으로 훑은 게 아니라 열을 발산하는 천체를 탐지해 태양계 끄트머리를 훑었다. 열 번째 행성을 찾는 일은 미 항공우주국의 공언된 목표 가운데 하나였고, 실제로 하나를 발견한 것이다. 그것을 행성으로 단정한 것은, 6개월 후에 그것이 다시 발견되었고 분명히 우리 쪽을 향해 움직이고 있었기 때문이다. 이 발견 소식은 신문에 대문짝만 하게 보도되었으나 이튿날 '오해'였다는 이유로 철회되었다. 【그림 132】 그러나 실제로는 이 발견이 너무도 충격적이어서 미—소 관계에 갑작스런 변화를 초래했고, 레이건(Reagan) 미국 대통령과 고르바초프(Gorbachyov) 소련 공산당 서기장 사이에 우주 개발 협조에 관한 회담과 합의가 이루어졌으며, 레이건 대통령은 유엔과 그 밖의 포럼에서 다음과 같은 공개 담화를

【그림 132】 새 천체 발견을 보도한 신문들

발표하기도 했다(그는 이 이야기를 하면서 손가락으로 하늘 쪽을 가리켰다).

외계의 다른 행성에서 온 다른 생물 종(種)으로부터 이 세계가 갑자기 위협을 받는다면 그가 해야 할 일과 내가 해야 할 일이 이 회담들을 통해 얼마나 쉬워질까를 생각해 보십시오. (…) 나는 가끔 우리가 이 세계 밖으로부터 온 외계인의 위협에 직면할 경우 우리의 차이점들이 얼마나 빨리 사라질지에 대해 생각합니다.

이런 우려의 결과로 구성된 실행 위원회는 몇 차례 회의를 열고 느슨한 조언을 했다. 1989년 3월의 포보스 사건이 일어나기 전까지였다. 위원회는 부산스럽게 **1989년 4월** '외계 지적생명체 탐사 이후의 활동들에 관한 원칙 선언'으로 알려진 일련의 가이드라인을 마련했다. 이를 통해 '**외계 지적생명체의 신호나 기타 증거**'를 받은 뒤 취해야 할 절차에 대한 합의가 이루어졌다. 위원회는 이렇게 밝혔다.

> 신호는 단순히 그것이 지적생명체로부터 온 것임을 드러낼 뿐만 아니라 해독이 필요한 **실질적인 메시지**일 수 있다.

합의된 절차 가운데는 **반응을 하기 전에** 최소한 24시간 동안 접촉 사실의 공개를 유예한다는 보장도 포함되어 있었다. 이것은 메시지가 여러 광년 떨어진 행성에서 왔다면 분명히 우스꽝스러운 이야기였다. 그게 아니었다. 이러한 준비는 멀지 않은 곳에 있는 존재들과의 만남에 대비한 것이었다!

나는 1983년 이후 일어난 모든 사건들과 앞에서 간략하게 언급한 화성에 관한 모든 증거들, 그리고 포보스 위성에서 발사된 미사일 등으로 미루어 아눈나키가 그들의 오랜 간이역 화성에 아직도 있다고 생각한다. 아마도 그들의 로봇이 있을 것이다. 그것은 미래의 재방문을 대비한 시설을 갖춘다는 계획을 미리 세웠음을 시사하는 것일 수 있다. **요컨대 이는 '귀환 의사'를 시사한다.**

내가 생각하기에 지구-화성이 등장하는 원통인장 그림은 '과거'의 일이기도 하고 '미래'를 예고하는 것이기도 하다. 【그림 112 참조】 거기에 시대가 적혀 있기 때문이다. **물고기 두 마리의 상징으로 표현된 시대, 곧 물고기자리 시대다.**

이는 이전 물고기자리 시대에 일어난 일이 다음 물고기자리 시대에 반복될 것임을 말하는 것일까? 예언들이 실현된다면, '처음 것'이 '마지막 것'이 된다면, '과거'가 곧 '미래'라면 그 답은 '그렇다'여야 한다.

우리는 아직 물고기자리 시대에 살고 있다. 이 표시는 '귀환'이 현재의 물고기자리 시대가 끝나기 전에 일어날 것이라고 말하고 있다.

| 마지막 말 |

    2005년 11월 이스라엘에서 중대한 고고학적 발견이 이루어졌다. 새로운 건물을 짓기 위해 바닥을 정리하는 과정에서 고대의 거대한 건축물 잔해가 드러났다. 조심스런 발굴을 감독하기 위해 고고학자들이 소집되었다. 이 건물은 기독교 교회로 밝혀졌다. 이스라엘에서 발견된 것 중에서 가장 오래된 교회였다. 그리스어로 쓰인 새김글은 그것이 서기 3세기에 건축(또는 재건축)된 것임을 시사하고 있다. 잔해가 정리되자 웅장한 모자이크 바닥이 드러났다. 그 한가운데에는 '물고기 두 마리'의 그림이 있었다. **물고기자리의 황도대 상징**이다. 【그림 133】

【그림 133】 3세기 교회 유적 바닥에 그려진 물고기자리 상징

그 의미는 무엇일까?

그것이 발견된 장소는 메깃도 산 발치에 있는 메깃도였다. 메깃도 산은 하르메깃도, **아마겟돈**이다.

또 다른 우연의 일치일까?

| 역자 후기 |

이 책은 제카리아 시친의 '지구 연대기'의 완결편이다. 저자 자신이 '마무리 짓는 책(Concluding Book)'이라고 했다. 어떻게 마무리 짓는다는 얘길까?

'지구 연대기' 시리즈를 읽어온 독자들은 알겠지만, 시친은 아주 독특한 관점에서 지구 및 인류의 역사를 이야기하고 있다. 빅뱅에 의해서든 뭐에 의해서든 우주가 처음 만들어지고, 순차적으로 태양이 만들어지고, 태양계가 형성되고, 그 태양계의 일원인 지구에 원시적인 생명체가 만들어지고, 그것이 차츰 진화해 인간이 만들어지고, 그 인간도 처음에는 원숭이와 같은 생활을 하다가, 차츰 나무에서 내려오고, 직립 보행을 하고, 사회를 형성하고, 점차 사회의 단위가 커지고, 이에 따라 각종 문화가 생기고, 그렇게 굴러오다가 현재와 같은 '문명사회'에 이르렀다⋯ 이런 방식이 아니다.

황당하게도 그는 우주인 이야기를 동원한다. 우주가 처음 어떻게 만들어졌는지는 알 수 없지만, 그의 이야기는 태양계의 형성에서부터 달라진다. 형성 초기 태양계에 큰 별 하나가 '난입'해 행성 하나와 충돌하고 그 행성이 쪼개져 지구가 되고 난입한 별은 지금 우리 눈에는 보이지 않지만 아주 긴 공전 주기를 갖는 태양의 행성으로 편입되었다고 한다. 우리 인류는 이 행성의 지적생명체(인간은 그들을 '신'이라 불렀다고 한다)가 인류를 창조하고 고대의 문명도 그들이 가져다주었다는 것이다.

시친은 '지구 연대기' 시리즈를 통해 이를 입증하려는 노력을 기울여왔다. 자료는 수메르 점토판 문서들을 포함한 고대의 기록들이다. 흥미롭게도 시친은 기독교 경전인 구약에서 그 고대 기록들을 뒷받침할 자료를 찾는다. 그리고 그가 설명하는 방식이 옳다면 구약은 이런 가설을 완벽하게 입증한다. 심지어 수천 년 전 사건들의 연도를 끝자리까지 제시한다. 그의 설명에 의해, 신빙성을 의심받던 구약조차 '정확한 역사책'으로 거듭난다. 물론 그의 이론 체계에 따라 유일신 부분만은 예외다.

이 마지막 책에서 시친은 인류의 영원한 관심사에 도전한다. 바로 종말론 문제다. 이런 그의 체계 속에서 종말론은 어떻게 설명될 수 있을까. 구체적으로 당장 코앞에 닥친 2012년 종말론(이는 마야의 전승에 기반을 둔 것이다)은 어떻게 이해해야 할까. 놀랍게도 시친은 이런 문제들에 대한 해답도 가지고 있다. 그것이 바로 이 책의 줄거리다.

그는 종말론 이야기를 '믿음'의 문제가 아니라 '합리적 설명'으로 이해시키려 한다. 아이러니는 그 자료가 지구상의 많은 사람들에게 '믿음'의 원천인 기독교 경전이라는 점이다. 이전 책들에서 그랬듯이 말이다. 이런 것도 '이이제이(以夷制夷)'라 할 수 있을까.

2011년 10월
옮긴이 이재황